KB075450

현대 중국의
사상적 곤경

허 자오톈 賀照田 지음 ★ 임우경 옮김

當代中國的思想無意識

현대 중국의
사상적 곤경

창비

머리말

 허 자오톈이라는 이름을 처음 접한 것은 2006년경에 신좌파 지식인으로 널리 알려진 중국 학자가 한중 지식인 네트워크를 이어갈 중국측 학자로 그를 추천했다는 이야기를 통해서였으니, 그는 꽤 오래전부터 학술적 역량을 인정받고 있었던 셈이다. 다만 이런 식의 소개가 그를 여러 신좌파 지식인 중의 한 사람으로 인식하게 만들었던 탓인지, 2008년 대만의 한 심포지엄에서 처음 만난 뒤로도 꽤 오랫동안 그와의 관계가 특별히 긴밀해지지는 않았다.

 간헐적으로 이어지는 교류 속에서 그를 새롭게 보게 된 것은 그가 중국 지식사회 내 유행 담론의 문제점을 예민하게 인식하고 그것을 극복하기 위해 분투하고 있다는 사실을 깨닫게 된 이후였다. 이제 그는 어떤 사상적 경향으로 쉽게 회수되지 않을 뿐만 아니라 현대 중국이 겪고 있는 변화를 중국의 역사와 현실에 뿌리를 둔 예민한 감각으로 설명할 수 있는 매우 예외적인 지식인으로서, 내가 중국을 이해해가는 데 있어 누구도 대체하기 힘든 위치를 차지하고 있다. 그에 대한 나의 인식전환에 중요한 계기가 되었던 글이 처음 베이징에서 만났을 때 허 자오톈이 자신의 첫번째 저작이라며 선물했던 책『당대 중국의 지식감각과 관념감각』(當代中國的知識感覺與觀念感覺, 2006)에 실린「중국 당대 사상논쟁의 역사적 품격과 지식적 품격」(이하「품격」)이다.

한국사회에서는 중국 지식사회를 '자유주의-신좌파' 프레임으로 이해하는 경우가 많았기 때문에 '자유주의-신좌파 논쟁'의 문제점을 날카롭게 지적한 이 글은 당시에도 특별히 눈길을 끌었다. 「품격」은 '자유주의-신좌파 논쟁'이 중국이 직면한 문제를 정확하게 인식하기 어렵게 만들고 그 결과 문제해결에도 도움을 주지 못하는 방향으로 전개되었다고 비판한다. 이 논쟁의 구도는 1990년대 이후 중국 지식사회는 물론이고 한국의 중국 지식사회에 대한 인식과 평가에도 큰 영향을 주었는데, 만약 허 자오톈의 주장이 타당하다면 한국의 중국 지식계에 대한 이해방식, 특히 두 경향 중 어느 하나를 주요 프레임으로 수용해 중국을 파악하는 방식에도 큰 허점이 있다는 것을 의미한다. 주요한 사상경향을 대표하는 중국 지식인들의 저작이 이미 적지 않게 출판된 상황에서 허 자오톈의 글들을 번역, 출판하는 가장 중요한 의의가 여기에 있다. 중국이 직면한 문제를 중국 지식사회의 주류 담론들과 다른 방식으로 논의하는 그의 글들을 통해, 우리의 중국인식의 지평을 넓히고 개혁개방 이후 중국 지식사회의 성과와 한계에 대한 우리의 인식을 갱신하는 계기를 찾을 수 있을 것이다.

「품격」은 '자유주의-신좌파 논쟁'의 한계는 이 논쟁에 참여한 학자들의 지식이나 사상이 "역사-현실과 효과적으로 상호 추동할 수 있는 능력을 상실"(219면)한 것에 기인했다고 단언한다. 우선, 1980년대에 중국에서 자유주의가 소환된 데에는 역사적 이유가 있었지만, 이 자유주의는 점차 '작은 국가' '시장' 등의 도식적 관념으로 복잡한 역사현실을 재단하고 문제해결의 방향을 설정하면서 곤경에 빠졌다. 이런 방식의 사유는 중국의 현실, 구체적으로 "시장현실과 시장에 관한 각종 담론을 직시하고 해석하는 데 무기력했"(229면)으며 빈부격차, 배금주의, 노동자·농민의 사회경제적 지위 하락 등의 사회문제에 대해서 현실적 대안을 내놓기 어렵게 만들었다는 것이다.

한때 신계몽주의라는 흐름에 포괄되어 있던 적지 않은 중국 지식인들이 1990년대 초반 소위 신좌파로 분화된 원인도 여기에 있다. 사실 신좌파라는 표현 자체는 자유주의에 대한 문제제기를 폄하하려는 의도가 담긴 것으로 받아들여지기도 했다. 1990년대 초반까지만 해도 좌파는 과거 문화대혁명 시기의 부정적 기억들과 연관되기 쉬웠기 때문이다. 이에 따라 '자유주의 좌파' '비판적 지식인' 등을 대안적 표현으로 들고 나오기도 했지만, 좌파가 폄하적 의미로만 해석되지 않을 수 있는 상황에서는 신좌파라는 개념이 크게 문제 있는 개념은 아니다. 이와 같은 개념의 정합성 여부는 차치하더라도, 「품격」은 신좌파도 중국 현실을 처리하는 방식에서 서구의 신자유주의 비판담론에 의존하게 되면서 '신자유주의'라는 단순한 프레임으로 중국의 현실을 재단했기 때문에 이상적인 결과를 낳지 못했다고 진단한다.

「품격」은 이러한 한계를 극복하고 '역사-현실'과 효과적으로 상호추동할 수 있는 사유방법을 '이론의 불투명성'이라는 개념을 통해 논의한다. 이는 허 자오톈의 다른 글을 이해하는 데, 그리고 그의 중국현대사에 대한 접근방법을 이해하는 데 중요한 개념이다. "개념이나 명제의 의미를 직접 분석하거나 양자의 관련성을 분석함으로써 바로 획득"되는 부분을 '이론적 투명성'이라고 한다면 "이론을 특정한 사상적 맥락 및 그것이 탄생한 특정한 지식이론적 국면과 역사적 실천의 맥락 속에 놓고 부단히 이해하려고 노력해야만 비로소 인식 가능"한 부분이 '이론의 불투명성'인데, 이에 대한 "학습과 체득, 깨달음이야말로 우리가 이론과 현실의 복잡한 관계(…)를 진정으로 이해하는 데 도움이 된다"(245~46면). 이러한 논리를 따르면 이론 및 사상 작업에서 더욱 중요한 것은 "기존 이론과 전형적 사례 분석이 제공하는 이해와 사건 당사자가 주는 해석논리에 포괄되지 않는 세계"를 대면하고, "우리가 대면하고 처리하는 세계가 우리를 향해 활짝 열리고, 그 속에 숨겨져 있던 이론적 공헌의 가능성이 충분히 발굴되고 실현"(256, 57면)되도록 하는 것이다. 그렇기 때문에 허 자오텐은 중국 지식사회 주류의 사유방식들이 이 이론의 투명성 영역에 과도하게 의존하면서 중국의 당대 역사-현실을 자신의 관념에 들어맞게 재단했다는 점을 지속적으로 문제화한다.

「당대 중국 허무주의의 역사와 그 관념구조: '판샤오 토론'을 중심으로」(이하 「판샤오 토론」)와 「계몽과 혁명의 이중변주」(이하 「이중변주」)는 각각 문화대혁명에서 개혁개방으로의 전환기인 1980년대 초반에 출현하여 이후 중국의 사상·정신 상황에 큰 영향을 준 논의('판샤오 토론')와 논술(신계몽주의)을 세밀하게 분석한다. 이 논의와 논술은 현재의 한국 독자들은 물론이고 1980년대를 경험하지 못한 중국 독자들에게도 그리 익숙하지 않다. 그럼에도 허 자오텐은 이 논의와 논술을 다시 소환한다. 이 논의와 논술이 문화대혁명이 남긴 정신사적 과제에 적극적이고 능동적으로 대응할 수 있는 쟁점을 다루며 많은 관심을 모았지만 제기된 쟁점들의 표면적 투명성에 과도하게 의존하고 각자가 추구하던 역사적 혹은 사상적 기획 속으로 문제를 해소하는 식으로 논의가 전개된 탓에, 새롭게 출현한 정신적 문제를 해결하는 데 무력했을 뿐만 아니라 허무주의적 정신상황과 윤리적 곤경을 초래한 중요한 원인을 제공했다는 혐의를 벗을 수 없기 때문이다.

「판샤오 토론」은 현대 중국의 문제에 대한 허 자오텐의 인식과 우려가 가장 잘 드러나는 글이다. 「저자 후기」에서 소개한 것처럼 이 글의 개요 작성에서 완성까지 10년이 걸렸다는 사실은 그가 이 글을 얼마나 중시했고 이 글을 완성하기 위해 얼마나 분투했는지를 보여준다. 이 글의 문제의식은 "수천년간 의(義)와 이(利)의 논쟁을 벌여온 전통에도 불구하고, 또한 지난 (마오 쩌둥 시대) 수십년간 더없이 높은 이상과 신앙을 가진 사회였음에도 불구하고, 왜 중국사회는 불과 십수년 만에 이처럼 실리가 일체의 기준이 되는 사회(…)가 되어버렸을까?"(136면)라는 문장에 잘 집약되어 있다. 즉 그는 사람들이 더이상 삶의 의미라는 문제를 제대로 다루고 심신의 안정을 갖게 만들 수 있는 윤리감각이나 생활감각을 형성할 수 없고, 그로부터 도덕의 위기와 허무주의가 만연하게 된 것이 오늘 중국의 정신상황이라고 진단한다.

이러한 현상이 중국에 존재한다는 것이 낯선 주장은 아니다. 차이는 이를 어떤 차원에서 이해하는가에 있다. 첫째, 허 자오톈에게 이 정신상황은 중국 내부의 사회·정치 문제들의 근원이며, 나아가 부상하는 중국과 세계의 관계에도 부정적인 영향을 미치고 있다는 점에서 단순히 윤리적 위기를 넘어서는 문제이다. 둘째, 허 자오톈은 이 현상이 1980년대 초반 직면했던 사상·정신의 문제를 잘못 처리하고 개혁개방으로 나아간 것과 매우 깊은 관련이 있다고 주장한다. 중국에서는 윤리적 문제를 자본주의나 현대성 문제, 신앙 혹은 인문정신의 결핍 등으로 추상화하여 논의하는 경우가 많은데, 허 자오톈은 이를 비역사적 접근이라고 규정하며 거리를 두고자 한다. 「이중변주」에서도 강조하는 것처럼 「판샤오 토론」에서 허 자오톈은 1980년대 초반의 사상·정신과 관련한 논의에서 중국공산당과 지식인들이 문화대혁명을 포함한 사회주의 실천과 그로부터 제기된 곤경을 '개혁과 반개혁' 혹은 '봉건 대 계몽' 같은 도식적 틀로 단죄하고 해석한 것이 역사 발전의 다른 가능성을 봉쇄하고 현재의 문제를 초래했다고 본다.

소위 '판샤오 토론'은 1980년 잡지 『중국청년』에 당시 청년들이 빠진 허무주의적이고 자아에 과도하게 집착하는 정신상황을 생생하게 드러낸 편지글이 '판샤오'라는 필명으로 게재되면서 시작되었다. 표면적으로 보면 청년들의 이러한 정신상황은 문혁 시기 혁명적 이상주의에 대한 반동이었다. 하지만 허 자오톈이 주목한 점은 이러한 허무주의적 정신상황 이면에서 여전히 청년세대가 "너무나 열렬한 이상주의적 격정을 추구했으며, 충만한 가치와 의미 상태에 이르기를 간절히 원하고 기대"(76면)했다는 것이다. 따라서 이에 대한 논술은 "어떻게 해야 그 이상주의적 격정에 든든한 새 버팀목을 찾아줄 수 있을지, 그리고 그 이상주의의 좌절로 인한 깊은 허무감와 환멸감, 거기서 비롯된 파괴적 에너지와 충돌의 힘들을 어떻게 소화하고 흡수할 것인지에 대해 진지하게 고민했어야"(76면) 했다. 이는 앞에서 언급한 '이론의 불투명성'을 대면하고 그 속에서 긍정적 자원을 발굴하는 작업에 해당한다. 그런데 당시 개혁개방의 깃발을 들고 나아가던 중국공산당이나 신계몽주의를 내세운 지식인들은 이러한 역설적 정신구조를 제대로 포착하지 못하고 그 표면만 주목했다. 그리하여 이 문제의 해결책으로 개혁개방이라는 새로운 국가적 기획에 참여하는 방식을 제안하거나 청년들이 갈구하는 것으로 보이는 자아를 승인함으로써 이러한 정신적 곤경에서 벗어날 수 있다는 제안을 내놓으면서 긴박하게 제기되던 사상적·정신적 과제를 외면했다. 혁명 혹은 사회주의 실천의 유산을 새로운 시대에 맞게 소화하고 재배치하려는 노력을 기울이지 않고 그것을 해소해버리는 길을 택한 것인데, 이러한 해결방식은 "삶의 의미 문제에 대한 고도의 관심, 그리고 그 역설적 내부구조에 포함된 역사적 가능성을 모두 제거해버림으로써 더 많은 사람들을 경제주의와 물질주의의 함정으로 내모는"(108면) 결과를 초래했다는 것이 '판샤오 토론'이 남긴 결과에 대한 허 자오톈의 최종 평가이다.

「이중변주」는 중국혁명의 의미를 재조명하고 개혁개방 이후 등장한

다양한 포스트혁명 담론과 대결하는 작업으로 볼 수 있다. 허 자오톈은 여기서 리 쩌허우(李澤厚)의 신계몽주의, 즉 계몽과 혁명을 대립시키고 혁명에서 계몽으로의 전환을 시대적 과제로 제시했던 방식의 문제점을 주로 다룬다. 이 글의 제목 자체가 현대 중국을 연구하는 사람이라면 모두 들어보았을 리 쩌허우의 명문 「계몽과 구국의 이중변주(啓蒙與救亡的雙重變奏)」와 대결하는 구도라는 점에서 더욱 흥미를 돋운다. 허 자오톈은 리 쩌허우의 접근법이 "당초 신문화운동의 한 지류에 불과했던 중국 공산혁명이 어떻게 중국현대사에서 그처럼 큰 역할을 할 수 있었는가? 어떻게 현대사의 면모를 근본적으로 변화시킨 역량이 될 수 있었는가?"(173면)라는 질문을 회피하고 "그가 지지하는 형태의 계몽, 즉 근대적 관념과 근대적 이해, 근대적 지식을 지닌 계몽자의 우월한 지위를 절대화하고" "그 계몽관으로 인해 원래 마땅히 긍정되고 전화되어야 할 많은 사회적 에너지와 소질을 무시하거나 심지어 적대시하도록 만들었다"(174, 75면)라고 단호하게 비판한다.

「이중변주」는 중국혁명이 성공할 수 있었던 비결이 바로 그러한 특권적 계몽관에서 벗어나 계몽과 피계몽 관계를 쌍방향운동으로 만든 것이고, 그 과정에서 혁명적 에너지를 이끌어낼 수 있는 제도, 조직, 사회생활 방식을 창조한 데 있다고 주장한다. 이러한 관점에서 보면 리 쩌허우가 이해한 계몽이 중국 현실에 적실한 것이 아님에도(중국혁명 과정에서 이러한 계몽관을 내세운 지식인들의 시도는 실패를 반복했다), 그가 이에 대한 성찰은 없이 단순히 중국이 역사적 실천에서 드러낸 문제를 계몽의 부재로 해석했을 뿐만 아니라 계몽의 세례를 통해 봉건주의를 일소하고 근대기획을 완성하는 것을 신시대의 역사방향으로 제시한 것은, 역사를 이야기하는 것처럼 보이지만 실제로는 몰역사적 도식에 역사를 끼워맞추면서 역사의 다른 가능성을 봉쇄했다는 비판을 피하기 어렵다.

 이처럼 허 자오텐은 사회주의 실천에 내재한 긴장을 경제주의 혐의가 짙은 새로운 국가목표 아래에 인민을 동원하는 방식으로 처리하거나 자아승인의 연장으로 사회제도를 재배치함으로써 중국이 직면한 여러 문제를 해결할 수 있다는 단순한 제안은 결코 해결책이 될 수 없으며, 오히려 그것이야말로 현재 중국이 직면한 정신위기를 초래한 주요 원인이라고 일관되게 강조하고 있다. 이러한 방안들이 중국인들의 삶에 의미와 가치를 부여할 수 있는 자원들을 소멸시켰고, 이로부터 초래된 허무주의적 정신상황이 경제성장과 함께 출현한 여러 문제에 대한 중국의 대응능력을 약화시키는 악순환을 낳고 있다고 보기 때문이다. 「중국이 세계로 깊이 들어갈 때」에서는 이러한 문제가 단지 중국 내부뿐만 아니라 중국과 세계의 관계에도 부정적인 영향을 주고 있다는 점을 논의한다. 의미나 가치가 결여된 삶의 방식이 무반성적으로 세계로 확산될 경우 중국과 세계 사이에 긍정적 상호작용을 만들어내기 어렵다는 논점은 현재 중국의 부상이 초래하는 문제들의 근원을 잘 포착하고 있다. 신좌파에 대한 허 자오텐의 불만도 그들이 이러한 정신적 위기를 비롯해 개혁개방이 초래한 여러 위기상황, 그리고 이를 초래한 '역사-현실'을 제대로 처리하지 않고 주로 경제제도나 사회제도의 조정과 재배치로 대응하려는 데 있다. 이러한 대응은 현실적 근거가 취약하기 때문에 추상적 반신자유주의 프레임에 의존하거나 경우에 따라서는 중국공산당의 제안에 과도한 기대를 거는 경향으로 이어지곤 한다.

 「포스트사회주의 역사와 중국 당대 문학비평관의 변천」은 1990년대 문학계가 느끼는 무력감의 근원을 1980년대 초반 형성된 관념적 방향과 전제에서 찾는다. 당시 문학계에서 "모든 것을 거대한 역사와 정치적 목표를 중심으로 사고하도록 요구했던 사회주의식 과거에 대한 염증과 공포, 그리고 인성에 대한 무한한 낙관과 신뢰는 이제 거꾸로 무제한적 자아표현을 추구하는 문학 관념과 비평관을 형성시켰다"(193~94면)라는 지적은 앞의 두 글의 문제의식과 일맥상통한다. 특히 개혁개방 시기 현재와 과거, 혁명과 신시대를 대립시키는 관습적 사고방식이 비판의 주요 대상이 되고 있다. 그에 따라 형성된 "외부세계에 대한 사유와 책임으로부터 자유로워진 자아쓰기"(197면)라는 문학관념은 1990년대가 되면 파탄지경에 이른다. 즉 "외부의 지배는 건드리지 못하면서 육체의 욕망과 본능의 느낌을 자아표현의 핵심으로 삼는 글쓰기 방식은 너무나 쉽게 시장의 환영을 받고 그 속에 통합되었으며 새로운 '시장'의 상품으로 선전되고 각광받았다. (…) 너무나 빠르게 중국식 시장이데올로기의 일부로 타락해버렸다"(204면).

이처럼 현대 중국에 나타난 정신적·사상적 곤경의 원인을 1980년대 초반의 사건이나 사조에서 찾는 방식은 한국 독자들에게는 다소 낯선 방식이고, 글의 내부로 선뜻 접근하기 어렵게 만드는 면이 있다. 그러나 현대 중국을 이해하고자 하는 사람이라면 이는 낯설다고 회피할 것이 아니라 극복해야 할 특색이다. 한중관계가 역사적 곡절을 겪은 탓에 현대 중국에 대한 한국의 인식에는 오랜 공백이 존재한다. 냉전 시기에는 사회주의 중국에 대한 연구가 자유롭지 않았다. 한중수교 이후 현대 중국에 대한 연구가 양적으로 질적으로 빠르게 발전했지만, 한중수교 이전의 중국을 건너뛰고 바로 현재의 중국을 연구대상으로 삼는 경우가 많았다. 따라서 같은 개혁개방 시기에 속하지만 수교 이전 중국의 변화에 대한 우리의 인식은 매우 일천하다. 이러한 상황에서 허 자오톈의 글들은 현대 중국에 대한 인식을 확장하고 중국의 현 상황을 더 깊이있게 인식할 수 있는 실마리를 제공해준다.

이와 더불어 허 자오톈의 사유방식과 관련해 짚고 넘어갈 점이 있다.

바로 '중국의 혁명과 사회주의 실천을 긍정적 사상자원으로 발굴하려는 시도를 어떻게 볼 것인가' 하는 점이다. 중국이 시장경제로 전환하고 세계경제 전반에 깊이 참여하고 있는 상황에서 사회주의 실천의 역사는 현재 중국에서 진행되는 변화를 설명하는 데 있어 의미를 상실한 것으로 보이기 때문이다. 중국공산당은 여전히 사회주의·공산주의 실현을 목표로 내세우고 있지만 이는 자신들의 통치를 합리화하기 위한 수사로 간주된다. 그러나 사회주의는 단순한 구호가 아니라 수십년 동안 중국인들에게 영감을 불어넣고 아래부터의 참여를 이끌어냈던 역사적 실체이다. 시장경제로의 전환과 세계경제 참여가 이러한 실천이 현대 중국 내부에 기입한 함의를 무화할 수 있다는 인식은 몰역사적이다. 중국의 변화에 대한 서구의 주류적 예측이 어긋난 전망으로 이어진 것은 미래에 대한 예측이 어렵기 때문만이 아니라, 이처럼 잘못된 인식에서 출발했기 때문이기도 하다. 이는 서구의 문제만은 아니고, 허 자오톈이 이 책에 실린 글들에서 강조한 것처럼 중국 내 지식사회에도 만연한 문제이다. 이 역사적 경험과 실천을 우회해서는 현대 중국의 변화를 제대로 파악하기 어렵다. 혁명과 사회주의운동이 중국의 변화와 중국인들의 정신과 삶에 어떤 영향을 미치고 있는가, 이를 긍정적 자원으로 전환해낼 수 있는 방법은 무엇인가 등을 따지는 일은 자본주의 세계체제가 심각한 위기에 직면한 현재 더욱 중요한 의미를 갖는다.

혁명과 사회주의 실천에서 긍정적 자원을 발굴하고 현재 중국이 직면한 문제를 해결하는 데 도움이 되도록 이 자원들을 정리하려는 시도는 종종 중국공산당의 통치를 정당화하려는 시도로 오해되기도 한다. 신좌파를 대표한다던 지식인들이 국가나 당과의 거리를 확보하지 못하고 관변 이데올로기와 노선을 쉽게 승인하는 사태가 이러한 오해를 초래하는 주요 원인 중 하나이기도 하다. 다만 '역사-현실'과 상호작용하지 않는 개념들 사이의 무매개적 연결을 통해 관념과 사상을 구축하는 경향을 경계하는 허 자오톈에게는 이러한 비판이 적절하지 않다. 「저자후기」의 "중국대륙에 각종 문제들이 첩첩이 쌓여 서로 얽히고설켜 있고 또 동아시아와 세계에도 수많은 문제들이 뒤섞여 있는 마당에, 중국대륙의 가장 지배적인 권력과 사조는 이처럼 인지적으로 과도한 자신감에 차 있으며, 또한 그같은 과도한 자신감 때문에 다양한 생각과 목소리를 강하게 억압하고 있다. 사정이 이러한데 당대 중국대륙의 인지적 도전성에 대해 심각하게 느끼고 있는 내가 어찌 깊은 우려를 표하지 않을 수 있겠는가?"(309면)라는 토로가 허 자오톈이 현재 중국에서 진행되고 있는 사태를 어떤 방식으로 보고 있는지를 잘 드러내준다.

여기서 제기되는 중요한 질문은 중국 현실에 대한 비판성 유무가 아니라, 비판성의 준거를 어디에 두는가이다. 서구의 주류 견해들은 중국이 시장경제의 수용에 그치고 정치적 민주주의로 나아가지 못한 지점에 비판의 초점을 맞춘다. 그리고 이로부터 초래되는 권력집중, 인권침해 등을 중국의 주요 문제로 파악한다. 특히 시 진핑 체제 등장 이후 이러한 경향이 더 강화되고 있다. 이러한 비판에 근거가 없지는 않다. 그렇지만 문제가 서구에서 형성되고 규범적으로 승인된 정치모델을 수용하지 않은 탓이라고 전제하고 논의를 진행하는 방식은 중국 현실의 진단에서나 대안의 제시에서나 모두 적절치 않다. 예를 들어 시 진핑 체제가 강조하는 사회주의적 성격을 단순히 권력독점을 위한 수단에 불과하고 실체가 없는 것이라고 간주하면, 권력독점을 위해 사회주의 이념을 강조하는 이유와 이것이 중국의 변화에 미치는 영향을 파악하기 어렵다. 이는 허 자오톈이 강조하는 '역사-현실'의 영역에 눈을 돌릴 때 파악될 수 있다. 물론 시 진핑 체제와 중국의 '역사-현실' 사이의 상호작용이 긍정적 에너지를 만들어낼 수 있는가는 또다른 문제이며, 바로 이 지점에 비판이 개입할 필요가 있다. 외생적 관념에 의존해 중국의 현실을 재단하는 것이 아닌 이러한 접근이야말로 중국이 직면한 문제가 무엇인가, 현재 중국이 이러한 문제를 해결하는 데 도움이 되는 방향으로 움직이고 있는가, 어떤 지점에 비판적 개입이 필요한가 등의 일련의 문제에 올바르게 답할 수 있는 것이다.

허 자오톈의 글은 그의 독특한 사유방식에 익숙하지 않은 이들에게, 심지어는 그와 꾸준히 지적 교류를 해온 이들에게도 여러 도전적 요소를 지니고 있다. 특히 그가 '역사-현실' '정감-의식-심리-가치감각' '생활감각' '역사감각' 같은 복합적이고 함축적인 표현으로 자신의 논의가 도식적 사유로 귀결되는 것을 피하면서 역사적 변화를 설명하려고 시도하는 점이 그러한 어려움을 더하는 요인이다. 그러나 이 어려움을 대면하는 것은 현대 중국의 복잡한 현실로 들어가는 과정이기도 하다. 이를 통해 관습화된 방식이 아니라 열린 자세로 중국의 변화를 이해하고 세계인식의 지평을 넓히는 즐거움과 기회를 가질 수 있을 것이다.

이남주 | 성공회대 중어중국학과 교수, 『창작과비평』 편집위원

차례

머리말 — 이남주   005

제1장   당대 중국 허무주의의 역사와 그 관념구조   019
              : '판샤오 토론'을 중심으로

제2장   계몽과 혁명의 이중변주   143

제3장   포스트사회주의 역사와   183
              중국 당대 문학비평관의 변천

제4장   중국 당대 사상논쟁의   215
              역사적 품격과 지식적 품격

제5장   중국이 세계로 깊이 들어갈 때   261

저자 후기: 한국의 독자들에게   290

주   315

옮긴이의 말 — 임우경   336

찾아보기   343

당대 중국 허무주의의 역사와 그 관념구조

: '판샤오 토론'을 중심으로

이 글은 1980년 중국에서 벌어졌던 '판샤오(潘曉) 토론'(또는 '인생의 의미 토론')을, 그 촉발 계기가 되었던 '판샤오'의 편지에 초점을 맞추어 분석하고자 한다. 당시의 청년세대가 대거 참여했던 이 토론은 우리가 역사를 이해하는 데 도움이 될 내용을 많이 담고 있을 뿐 아니라 당대 중국대륙의 정신사, 특히 최근 30여년의 정신사를 이해하는 데 도움이 되는 특별한 인식적 가치를 지니고 있다. 그럼에도 불구하고 이 토론에 대한 기존의 분석이나 언급은 이런 점을 간과하거나 제대로 규명하지 못했다. 30년이나 지난 지금 이 자리에서 다시 한번 이 토론을 집중적으로 재조명하는 것은 무엇보다 기존의 분석들보다 훨씬 더 충분하고 정확하게 토론의 실제 면면을 파악하기 위해서다. 나아가 이를 통해 당대 중국대륙의 정신사 및 그 속의 허무주의를 좀더 분명하게 이해하는 데 있어 판샤오 토론의 특별한 시사성을 충분히 드러냄으로써, 당면한 중국대륙의 정신윤리 문제를 더 깊이 이해하고 사고하는 데 유용한 역사적 시야를 제공하고자 한다.

1. 곤혹스럽고 불안한 당대 중국대륙의 정신사

당대 중국대륙의 몇몇 중요한 현상들을 적당한 거리를 두고 상대적으로 바라보면 1990년대 이후 중국대륙의 정신사가 실은 매우 특별하고도 곤혹스러운 것이었음을 어렵지 않게 알 수 있다.

세계 곳곳을 다녀본 한 대만 친구는 자기가 본 다양한 지역들 중 일상적 언어로 보나 삶의 분위기로 보나 중국만큼 돈을 중시하는 곳은 없을 거라며 개탄했다.[1] 그의 관찰은 내게 꽤나 의미있게 다가왔다. 우선 그의 관찰은 그같은 현상이 매우 특별한 것임을 새삼 확인시켜주었다. 나도 전에 그런 점을 느끼곤 했는데, 내 경우가 주로 중국의 역사적 선후를 비교하는 과정에서 얻은 결론이었다면 그 친구의 경우는 더 큰 공간적 시야 속에서 이루어진 관찰이라는 점이 달랐을 뿐이다. 다음으로 그의 관찰은 내게 매우 중요한 문제 하나를 던져주었다. 흔히 가치와 윤리를 중시하는 삶이 오랜 기간 축적된 사회에서는 상업논리나 소비주의가 쉽게 관철되지 못할 거라고 생각하기 쉽다. 그러나 그 친구의 관찰에 따르면 1990년대 이후의 중국사회는 그와 같은 상식적 가정에 전혀 맞지 않는 사례처럼 보인다. 중국은 아주 오랜 시간 동안 일상적 윤리를 매우 강조해온 사회인데, 왜 이런 곳에서 도리어 시장논리가 그처럼 쉽게 관철되고 소비주의가 그처럼 쉽게 모든 것을 지배하게 된 것일까?

대만 친구의 개탄이 개인적 체험에서 나온 것이라면, 한 미국인 목사는 과거와는 양상이 많이 바뀐 중국의 선교환경에서 포스트 마오 시대 중국의 정신심리에 커다란 변화가 발생했음을 민감하게 포착해냈다. 참고로 이 목사는 중국의 기독교 선교상황을 제외하고는 중국에 대한 이해가 그리 깊지 않은 인물이다. 그에 따르면 과거에는 서구 선교사들이 중국에 와서 다양한 방법으로 직접 선교활동을 할 수 있었다. 그들은 선교를 위해 교육이나 의료 방면의 편익을 제공하기도 하고 경제적·정치적 이익을 제공하기도 했다. 그럼에도 불구하고 중국 전체 신도 수—천주교든 기독교든—의 증가현황으로 볼 때 선교의 효과는 극히 미미했다고 한다. 상대적으로 1990년대 이후에는 해외 선교사의 직접 선교활동이 금지되었고 물질적 지원을 위한 물자를 중국으로 들여오는 것도 어려워졌다. 그런데도 천주교와 기독교의 전파 속도는 놀라울 정도였으며 신도 수는 기하급수적으로 증가했다고 한다. 이 놀라운 선교효과의 차이에 대해 그 목사는 사회주의 시기 마오 쩌둥(毛澤東)이 중국의 악룡(惡龍)들을 해치워버린 덕분에 기독교 복음이 중국에서 쉽게 전파될 수 있었다고 분석하고, 마땅히 마오에게 감사해야 한다고 결론지었다. 그는 마오로 대표되는 중국혁명에는 반감을 갖고 있었지만 중국 전통문화를 강력하게 파괴한 혁명이야말로 기독교 복음이 중국에서 순조롭게 전파될 수 있었던 결정적 공신이라고 본 것이다.[2]

그는 중국을 잘 모르지만 기독교 전파상황의 역사적 대비를 통해 매우 중요한 문제 하나를 짚어냈다. 즉 지금 현재 중국대륙 정신사의 상황이 중국혁명과 그것의 연속성, 즉 마오 쩌둥 시대의 독특한 사회주의적 실천들과 매우 깊이 관련되어 있음을 보여준 것이다. 물론 그는 중국을 잘 모르고 중국현대사에 대한 지식도 얕기 때문에 중요한 문제를 직감하고도 더 심화된 질문들을 던지지는 못했다. 그의 말대로 중국의 공산주의혁명과 마오 시대의 사회주의가 맹렬하게 전통문화를 공격한 것은 맞지만, 그것이 목표로 했던 인간 정신의 주체적 상태와 사회문화 분위기는 사실 종교에 매우 적대적인 것이었다. 또 마오 시대뿐만 아니라 문화대혁명(이하 '문혁') 종결 이후, 그리고 마오 시대를 승계한 1970, 80년대의 이상주의 역시 대체로 반종교적이었으며, 최소한 비종교적이었다. 따라서 그 목사처럼 마오 시대에 이뤄진 전통문화에 대한 공격 덕분에 중국대륙 사회가 쉽게 기독교를 수용하게 됐다고 단정하기는 어렵다. 목사의 말대로 1980년대 이후 중국대륙 사회에 거센 종교화 흐름이 있었던 것은 사실이지만, 그 밑에 깔린 역사적·사회적·심리적 기제는 분명 그가 이해한 것보다 훨씬 더 복잡하다. 이렇게 말하는 것은 그 목사가 중국에 얼마나 무지한지를 강조하기 위해서가 아니라, 그가 짚어낸 중요한 문제를 제대로 이해하기 위해서는 그 중간에 존재했던 상당히 많은 문제적 과정과 역사적 곡절에 대해 파악하고 해석할 필요가 있음을 강조하기 위해서다.

앞서 소개한 두 사람의 관찰은 모두 당대 중국대륙의 정신사를 근본적으로 이해하는 일과 연관된다. 그중 전자는 공간을 중심으로 한 비교의 시야를, 후자는 시간을 중심으로 한 비교의 시야를 토대로 한다. 한편, 그와 함께 어느 한국 친구의 관찰 역시 내게 깊은 인상을 남겼다. 그는 중국 당대의 정신 문제가 세계적 사회주의 실천과정에서 주체의 문제를 해결하지 못한 것과 관련된다고 지적했다. 그 친구는 1980년대 한국의 학생운동 속에서 배출된 이론가로서 맑스주의와 레닌주의, 그리고 20세기 사회주의 사조와 실천 속에서 사상적 자원을 흡수했으며, 당시 한국에 상당한 영향을 미친 일련의 사상적·이론적 활동을 전개한 바 있다. 80년대 후반 그는 투옥되었고, 그가 감옥에 있는 동안 소련과 동구에서 거대한 변화가 일어났다. 크나큰 충격과 곤혹스러움에 그는 감옥에서 나오자마자 중국으로 건너왔다. 현실사회주의를 직접 확인하고 싶었던 것이다. 그리고 그 중국행에서 그에게 가장 깊은 인상을 남긴 것이 바로 과거 사회주의의 실천들이 결코 그에 상응하는 사회주의적 주체를 만들어내지 못했다는 점이었다. 이 문제는 몇년 후 그가 나를 만날 때까지 당시의 세부 경험들을 또렷이 기억하고 있을 정도로 그에게는 매우 중요한 것이었고 또한 그후 그의 연구 및 사유의 설정에도 막대한 영향을 미쳤다.

나는 그의 이 지적에 매우 공감하지만, 내가 공감하는 이유는 전세계적 사회주의의 좌절과 주체 문제 간의 상관성 때문이 아니라 당대 중국대륙을 이해하는 데 주체 문제가 너무나 중요한 위치를 차지하기 때문이다. 나와 그 한국 친구는 이렇게 주체 문제에 대한 관심의 출발점도 다르지만 그것을 다루고자 하는 경로도 다르다. 그 친구는 '왜 사회주의 실천은 사회주의적 주체를 만들어내지 못했는가' 하는 문제에 부딪친 후로 자기 연구와 사유의 방향을 바꾸었다. 한편으로 그는 여전히 맑스주의의 분석력과 비판력을 인정하면서 또 한편으로는 주체 문제에 관한 맑스주의적 사고의 결함이 어디에 있는지를 집중적으로 성찰하며, 그 문제를 해결하기 위해 주체와 관련한 당대 프랑스의 철학적 성과를 맑스주의와 결합하고자 노력한다. 나는 문제를 포착하는 그 친구의 예리함과 이론에 대한 높은 기대에 탄복한다. 하지만 나는 그보다 구체적 역사해석에 더 많은 관심을 갖고 있다. 나는 그같은 철학적·이론적 문제 설정과 전개도 분명 중요하지만 그것이 당대 중국대륙의 역사에 대한 절박한 질문을 대신할 수는 없다고 생각한다.

만약 그 친구처럼 문제를 설정하게 되면 그가 목도했던 1990년대 중국대륙의 정신적 상황이 왜 그렇게 될 수밖에 없었는지, 그것이 중국 고유의 사회주의 실천과 어떤 관련이 있는지 하는 문제를 구체적으로 물을 필요가 없어진다. 하지만 나는 이 문제에 관심을 갖지 않을 수 없다. 왜냐하면 주체 문제에 대한 지대한 관심이야말로 중국의 마오 시대 사회주의가 소련이나 동구의 사회주의와 구별되는 각별한 특징 중 하나이기 때문이다. 중국의 사회주의는 사상적으로 공산주의적 신인간 창조에 전력했을 뿐만 아니라 실천적으로도 국가 차원에서 매우 진지한 실험들을 전개했다. 문혁 이후 중국대륙의 정신적 궤적도 바로 그 실험들과 밀접한 관계를 지닌다. 따라서 당대 중국대륙의 주체 문제를 더 정확하고 깊이있게 파악하는 일은, 그 한국 친구가 목도했던 90년대 중국대륙 사회의 정신적 주체의 상황과 마오 시대에 대규모로 진행된 공산주의적 신인간 창조 사이에 실제로 어떤 역사적 상관관계가 있는지를 구체적으로 분석하는 작업과 불가분의 관계에 있다. 특히 마오 시대의 이상주의가 개혁개방 시기에도 직접 계승되어 80년대까지 상당한 역사적 지위를 누리다가 92년 이래 시장경제개혁이 급속하게 전개되면서 비로소 그 역할을 상실했다는 점을 고려하면, 더더욱 양자 사이에 당대 중국대륙의 정신사 문제를 이해하는 데 매우 중요한 해석의 단서가 존재함을 알 수 있다. 중국대륙의 정신적 주체 문제를 어떻게 더 세밀하고 정확하게 파악할 것인가를 고민하는 나로서는 이 모두가 반드시 진지하게 직시하고 대답하지 않으면 안되는 문제들이다.

그리하여 2000년을 전후로 나는 중국대륙, 특히 당대의 정신사 문제에 깊은 관심을 기울이기 시작했다. 앞에서 언급한 친구들의 관찰과 토론에서 자극을 받기도 했지만 사실 그보다는 나 자신이 바로 그 역사와 현실 속에서 많은 아픔과 곤경을 경험했기 때문이다. 당대 중국대륙의 많은 지식인들은 매우 관념적이고 직관적인 방식으로 정신이나 가치 문제를 논의하는 데 익숙하다. 그런데 2005년 한 대학생의 자살은 나로 하여금 그런 방식을 벗어나 당대 중국대륙의 구체적인 정신사적 과정에 관심을 갖게 만든 결정적 계기가 되었다. 자살 전 학생이 남긴 유언과 주변 친구들의 반응을 보면서, 나는 구체적 경험에 대한 분석을 토대로 하지 않는 지식인들의 관념적 토론이나 직관적 추론이 이들 구체적인 생명의 사건과는 거리가 멀거나 부질없는 일임을 분명히 깨달았다. 지식인들의 관념적 토론은 그 사건의 당사자들이 자신의 경험을 건설적으로 정리하거나 우울감을 떨쳐내는 데에도, 이 가슴 아픈 사건의 당사자들이 특정한 곤란이나 곤경에 빠질 수밖에 없었던 역사-사회-문화-관념의 기제를 거시적으로 이해하는 데에도 전혀 도움이 되지 않았다.

이 사건을 계기로 나는 전부터 주의해오던 세가지 문제를 집중적으로 사고하기 시작했다. 첫째는 대만 친구가 제기한 문제인데, 내가 그것을 문제화하는 구체적 맥락은 그와 좀 다르다. 대만 친구의 관찰을 문제화했다는 것은 다음의 문제에 주목한다는 의미다. 첫째, 원래 중국은 전통적으로 윤리를 매우 강조하던 사회였고[3] 현대에 들어 사회주의 정권도 강렬한 이상주의 교육을 실시했건만 왜 개혁개방 이후 20년도 채 안되는 짧은 기간 동안 일상의 삶은 모두 상업논리에 지배되고 일상적 언어와 감각 역시 시장논리와 소비주의로 물들어버렸을까? 둘째, 중국인은 원래 삶을 즐길 줄 알고 고난을 견디는 능력이 매우 강하다고 여겨졌는데[4] 근래 들어 중국의 자살률이 이처럼 급상승한 까닭은 무엇인가? 마지막으로 셋째는 앞서 미국 목사가 언급한 당대 중국대륙의 종교 문제다. 사실 1990년대 중국대륙에서 신흥종교가 그처럼 신속하고 광범위하게 전파되었다는 사실은 나를 긴장시켰다. 왜냐하면 나는 역사적으로 중국에서 신흥종교가 그처럼 신속하게 전파될 때 수반되는 구조적 조건이나 그 대규모 전파가 초래할 다양한 측면의 악영향에 대해 잘 알고 있기 때문이다.

이렇게 중요한 인식적 가치를 지닌 문제들을 다시 성찰하면서 나는 당대 중국대륙의 정신 문제를 이해하고 파악하는 데 있어 과거의 역사가 매우 중요한 위치를 차지한다는 것을 다시 한번 확신하게 되었다. 왜냐하면 앞에서 언급한 놀라운 현상들은 모두 당대 정신사의 구조와 긴밀히 관련되기 때문이다. 나는 그중에서도 특히 당대의 허무주의를 집중적으로 살펴보려 한다. 물론 중국 당대의 문제를 서구에서 그동안 성찰해온 허무주의 문제와 비교하려는 것은 결코 아니다. 그것은 나의 능력 밖의 일이려니와 실제 내 관심사도 아니다. 허무주의라는 용어를 사용하는 것은 중국대륙 지식계가 정신 문제를 토론할 때 늘 간과하는 역사-현실을 강조하기 위해서다. 왜냐하면 지식계의 수많은 토론들은 정신·윤리 문제를 너무 성급하게 특정한 다른 문제로 귀결시키거나 기존의 해석논리로 환원시켜버리기 때문이다. 예컨대 정신 문제를 성급하게 자본주의나 현대성, 사회경제, 사회제도 문제로 귀결시킨다든지, 궁극에 대한 관심의 결핍, 신앙의 결핍, 인문정신의 결핍 따위로 추상화한다든지, 심지어 인류사회가 존재하는 한 피할 수 없는 영원한 정신 및 심리 문제 따위로 귀결시키는 것이다. 이들 토론에도 그 나름의 의미가 없는 것은 아니다. 하지만 그처럼 성급한 답안 도출은 늘 문제 자체를 해소해버리거나, 문제 본연의 양상과 맥락에 의거해 그 배후의 역사적·관념적 기제를 찾아내려는 우리의 시도를 방해하곤 한다. 또한 그것은 역사적·관념적 착종이 사람들에게 초래한 곤혹스러움과 상처를 발견하기 어렵게 한다. 그 곤혹과 상처는 직관적 방식만으로는 파악되기 어려우며, 오직 역사-관념의 구조에 대한 심오한 탐색을 통해서만 도달하고, 드러나고, 제거될 수 있다.

따라서 내가 허무주의에 주목한다 함은 토론의 성격을 성급하게 결정짓거나 미리 토론의 방향을 정하려는 것이 아니라 최대한 열린 자세로 역사에 접근하고 다시 역사의 개방을 통해 '허무주의'에 당대 중국대륙의 정신사적 의미를 부여하려는 것이다. 역사로 충분히 돌아가야만 비로소 우리가 습관적으로 논하는 시장사회나 자본주의나 현대성 문제, 그리고 습관적으로 비판하는 제도 운영, 사회적 기획 같은 것이 우리의 정신이나 삶과 맺고 있는 진짜 관계를 더 깊고 정확하게 볼 수 있다. 이를 전제로 할 때라야만 우리의 관념적 성찰, 사회적 분석과 비판도 단지 논리적 상상이나 사이비에 그치지 않고 더욱 핍진하게 우리 정신과 심신의 문제를 직시하고 포괄하게 된다.

그런데 이처럼 역사 속으로 더 많이 들어가 중국대륙의 정신사를 진실로 깊이 관찰하고 이해하려고 시도하면서 나는 중국대륙 지식계의 관련 담론이나 성찰 상황에 점점 더 큰 불만을 갖게 되었다. 예컨대 오늘날 중국대륙의 일상언어나 일상생활이 왜 이렇게 시장논리와 소비주의에 잠식당해버렸는가에 대해 많은 사람들은 시장경제와 소비주의의 영향 때문이라고 해석한다. 하지만 세계 대다수 지역도 모두 시장경제 아래에 있고 대중매체가 물샐틈없이 소비를 조장하는 분위기 속에 있는데 그들 지역은 왜 지금 중국대륙처럼 그렇게 극단적 상황에 이르지 않았는가라고 물을 수 있다. 그러면 그들은 그건 혁명이 중국의 전통적 문화와 가치관을 파괴해버렸기 때문이라고 답할 것이다. 다시 마오 시대가 지난 후인 1980년대에도 여전히 매우 분명하고 강력한 이상주의가 존재하지 않았느냐고 물으면 그들은 또 1989년 민주운동에 대한 공산당의 진압이 그 이상주의를 파괴해버렸다고 답할 것이다. 그러나 여기서 멈추지 말고 계속해서 질문을 던져보자. 89년 사건은 주로 정치적·사회적 사건이었지 정신적 사건은 결코 아니었는데 왜 그처럼 짧은 시간 안에 그처럼 거대한 정신사적 악영향을 초래할 수 있었는가? 이쯤 이르면 대개 대화는 더이상 진행되지 못한다. 물론 중국 지식계가 내놓는 이러한 해석은 목전의 중국 정신사의 상황과 관련된 일련의 문제를 건드리기는 하지만 그것은 늘 모호하고 사이비적이다. 그같은 해석들은 우리가 목도해온 당대 중국대륙 정신사의 변화 궤적과 그 현상들 사이에 도대체 어떤 역사적 관련성이 있는지를 확실히 이해한 후에 내린 결론이 결코 아니기 때문이다.

그렇다면 어떻게 해야 당대 중국대륙의 정신사에 대한 사이비적 해석들을 효과적으로 돌파할 수 있을까? 그리고 역사 속으로 깊이 들어가 그 정신사적 과제를 이해하고 파악할 수 있을까? 수년의 독서와 사색을 거치는 동안 나는 문혁 이후 중국대륙 정신사의 내면을 진실로 깊이 이해하기 위해서는 반드시 마오 시대와 이후 정신사 간의 복잡한 관계를 정밀하게 이해해야만 한다는 확신을 갖게 되었다. 마오 시대 역사의 좌절은 문혁 이후 중국대륙의 정신상태에 결정적인 영향을 미쳤다. 또한 문혁 직후에 일반인은 물론이고 정치엘리트와 지식엘리트 모두 당시 정신상태의 핵심 구조를 제대로 파악하지 못했던 것도 그후의 정신사의 양상에 큰 영향을 미쳤다. 즉 문혁 이후 중국대륙의 정신사가 지금의 이 모양이 된 것은 역사적 필연 때문이 아니라, 역사와 그에 대한 사람들의 부적절한 대응이 서로 결합해 생겨난 결과라는 것이다. 훗날의 정신사적 궤적을 파악하는 데 결정적으로 중요한 역사적 지점의 역사-관념적 의미를 분명히 이해해야만, 우리는 비로소 이후의 많은 역사적 사건과 관념의 변화가 왜 역사의 당사자들이 기대했던 것처럼 건설적이기는커녕 파괴적인 것이 될 수밖에 없었는가를 이해할 수 있다.

2. '판샤오 토론'과 당대 중국대륙 정신사의 인식

　　내가 알기로, 마오 시대와 신시기 정신사 사이의 복잡한 관계를 심도 있게 파악하고자 할 때 가장 적절한 입구는 바로 '판샤오 토론'이다. 판샤오 토론은 1980년대 초반을 휩쓸었던 인생의 의미에 관한 대토론으로서, 마오 시대와 그후 정신사 간의 복잡성을 충분히 보여주는 사건이었다. 당대 중국을 대표하는 저명한 기자이자 보고문학가인 루 위에강

(盧躍剛)은 최근 어느 인터뷰에서 판샤오 토론의 과정, 규모 및 그 역사적 위상의 중요성에 대해 다음과 같이 간략하게 정리했다.[5]

　　'판샤오 토론'(일명 '인생관 대토론')은 『중국청년(中國靑年)』 잡지사가 발기하고 『중국청년보(中國靑年報)』와 『공인일보(工人日報)』 양대 신문이 토론에 참여하면서 약 반년간 지속되었다.[6] '판샤오'는 당시 두 청년의 이름을 합쳐 만든 이름이다. "주관은 자아를 위하고 객관은 타인을 위한다"라는 윤리적 명제와 "인생의 길이란 왜 갈수록 더 좁아드는지…"라며[7] 곤혹스러움을 제기한 이들의 긴 편지가 『중국청년』 1980년 5월호에 발표되었다. 당시 『중국청년』은 398만부를 발행했으며[8] 최소한 1,500만명의 독자가 있었다. 『중국청년보』와 『공인일보』의 당시 발행부수는 각각 220만부, 240만부로, 각각 천만 이상의 독자를 거느리고 있었고 독자의 대다수는 청년들이었다. 수천만명의 청년이 사회윤리와 인생관에 대한 대규모 토론에 휘말려들어갔으니 당시 상황을 '파란장활(波瀾壯闊)'●이라는 말로 표현해도 과언은 아닐 것이다. 1980년대의 대문은 판샤오 토론으로 열렸다고 할 만하다. 그럼에도 판샤오 토론의 사상사적 가치는 너무나 평가절하되어 있다. 그것이 중국사회에 미친 영향은 두가지인데, 하나는 문제를 던졌다는 것이고, 또 하나는 1980년대의 청년엘리트 대오를 양성했다는 점이다. 판샤오 토론은 진정한 의미의 사상해방운동이었고, 개혁개방 초기 중국인, 특히 청년들의 정신적 위기에 대중매체들이 호응한 사건이었다.

● 기세가 웅장하고 규모가 크다는 뜻.

인터뷰에서 루 위에강은 판샤오 토론, 그리고 1980년대의 또다른 중요한 두개의 토론 '인도주의와 소외 논쟁'과 '자본주의 사회주의 대토론(姓'資'姓'社'大討論)'을 함께 거론했다. 그는 "1980년대는 사회사조의 파도가 거세게 일었는데 그 표지는 세 차례의 대규모 논쟁이었다. 첫번째가 '판샤오 토론'이었고, 두번째가 '인도주의와 소외 논쟁', 그리고 세번째가 '자본주의 사회주의 대토론'이었다"라고 강조했다. 『신주간(新周刊)』에 실린 루 위에강의 이 인터뷰가[9] 인상 깊었던 이유는 우선 그가 판샤오 토론의 핵심을 매우 정확하고 간결하게 정리한 때문이기도 했지만, 또 한편으로는 판샤오 토론의 역사적 위상을 매우 강조했기 때문이기도 하다. 당대 중국대륙 역사에 관한 연구를 거듭하면서 점차 판샤오 토론이 중국대륙 역사에서 지니는 중요한 위상을 깨닫게 되었기에 "판샤오 토론의 중요성은 결코 다른 두번의 대토론인 '인도주의와 소외 논쟁'과 '자본주의 사회주의 대토론'에 뒤지지 않는다"라는 루 위에강의 판단에 나는 탄복을 금할 수 없었다.

　그러나 루의 판단을 지지하면서도 한편으로는 다른 의문이 생긴다. 세 차례 토론의 역사적 위상이 똑같이 중요했다면 왜 훗날 각각에 대한 역사적 대우는 그처럼 달랐던 것일까? 뒤의 두 토론, 특히 '자본주의 사회주의 대토론'은 1980년대에 관한 수많은 서술 ──〔주류 이데올로기와 다른〕 자율적 지식을 추구한다고 자처하는 사람들의 역사서술을 포함해서 ── 에서 모두 대서특필되곤 했다. 그에 비해 판샤오 토론은 아예 간과되든지 아니면 가볍게만 언급되었을 뿐이다. 루 위에강의 말로 하자면 판샤오 토론의 사상사적 가치가 지나치게 폄하된 것이고, 나의 말로 하자면 판샤오 토론의 실제 역사적 지위와 그에 대한 역사적 대우가 일치하지 않는 셈이다. 판샤오 토론이 역사적으로 서술되지 않았다는 것은 사실 매우 이상한 일이다. 왜냐하면 역사를 서술해온 많은 사람들이 당시 그 토론을 몸소 경험했고, 충격의 정도로 보나 감정적·사상적 몰입의 정도로 보나 그들 중 일부는 당시 토론의 당사자라고까지 할 수 있기 때문이다. 사건 자체의 중요성이 존재하고, 사건의 기본 방향에 대한 서사가 사회적으로 특별히 금지되었던 것도 아니며, 실질적 의미에서의 당사자들이 그 서술자가 되었음에도 불구하고, 왜 이 사건은 당대 중국대륙의 역사서술 ─ 자율적이라고 자처하는 역사서술을 포함하여 ─ 에서 빛을 보지 못한 것일까?

어떤 의미로는 루 위에강이 세 차례 대토론의 핵심이 무엇인지를 강조하는 방식에서 우리는 상당부분 판샤오 토론이 당대 중국대륙의 역사서술에서 빛을 보지 못한 이유를 짐작할 수 있을지도 모른다. 루는 그 3대 토론을 다음과 같이 평가했다.

표면적으로 보면 세개의 논쟁은 각각 윤리 문제, 철학 문제, 개혁 목표에 관한 논쟁이었지만 본질적으로는 모두 정치논쟁이며, 논쟁의 형태는 기본적으로 '좌'와 '우'의 논쟁이었다. 이들 사회사조는 모두 20세기 중국의 제2차 '서학동점(西學東漸)', 즉 '신계몽'을 특징으로 하는 학술계의 '새로운 이론조류'가 주도하던 이른바 '문화적 성찰(文化反思)'을 배경으로 했다.[10]

루 위에강이 1980년대 사조를 파악하고 자리매김하는 방식은 사실 자율적이라고 자처하는 대다수 역사서술자들이 80년대, 특히 80년대의 지식사조를 파악하는 전형적 방식이기도 하다. 문제는 80년대를 파악하는 이같은 방식이 대상 자체에 효과적으로 도달하는 데 도움이 되는가이다. 루 위에강이 인터뷰에서 언급한 세 차례의 대토론을 예로 들어보자. 세번의 토론이 모두 중요한 역사적·정치적 악영향을 남겼음은 부인할 수 없지만 그렇다고 그들의 본질을 정치적 논쟁이었다고 단정할 수 있는가는 문제로 남는다. 적어도 판샤오 토론은 그렇게 단정 지을 수 없다. '인도주의와 소외 논쟁'도 그렇게 정의할 경우 중요한 것을 빠뜨릴 수 있다. 물론 판샤오 토론이 진행되는 과정에서 루 위에강이 말한 대로 제2차 '서학동점', 즉 학술계의 '신계몽'과 만나는 교집합이 있었던 것은 사실이다. 그러나 이 토론이 제기된 것, 또 한 세대 사람들이 모두 그 토론에 참여하게 된 근본적 이유는 역사의 당사자로서 그들 자신의 정신적 역정을 어떻게 보아야 하는지, 그 속에서 지쳐버린 자신의 심신을 어떻게 안정시킬 수 있을지 같은 절실한 개인의 문제들 때문이었다. 그것은 모두 지나간 역사와 현재에 대한 당사자들의 반응이자 심신의 고통과 불안에 대한 반응이었다.

이는 '무엇이 옳고 그른가는 이미 내 마음속에 있다'는 식의 확신에 찼던 '신계몽' 사조 ─ 특정 관념에 대해서는 유독 신뢰하면서 또다른 특정 관념에 대해서는 유독 신뢰하지 않는 ─ 와는 확연히 달랐다. 신계몽 사조는 스스로가 당대 중국대륙의 주체나 자아 문제를 처리하는 데 매우 유용하다고 자처했다. 실제로 그것이 강조하는 '인간의 재발견'이니 '대문자 인간'이니 하는 것들이 정신 및 생명의 혼란스러움에 대해 어느정도 치료효과를 가졌을 수도 있다. 그러나 판샤오 토론의 역사-관념적 의미를 깊이 들여다보면, 그처럼 광범한 시대적 공명을 끌어냈던 사람들의 정신과 심신과 사상의 문제를 신계몽 사조가 직접 다 포괄하거나 소화할 수는 없었음을 알 수 있다. 자율적이라 자처하는 대륙의 대다수 지식인과 루 위에강이 1980년대를 서술하면서 사용하곤 하는 '개혁과 반개혁'이라는 시각도, 제2차 '서학동점'이나 '신계몽'이라는 시각도, 중국대륙에서는 대놓고 논하기 힘들지만 해외에서는 매우 유행하는 '자유, 민주, 인권, 반독재'라는 시각도, 모두 판샤오 토론을 정면으로 개괄하거나 서술하는 데는 적합하지 않다. 하물며 그것으로 판샤오 토론을 근사하게 파악하거나 분석하는 것은 더더욱 불가능하다. 그렇게 보면 기존 역사서술의 문제는 단지 판샤오 토론이라는 중요한 역사적 사건을 충분히 중시하지 않았다는 데 그치지 않는다. 더 큰 문제는 바로 판샤오 토론의 함축적 의미에 기초해서 그것을 정면으로 개괄하고 파악해야 한다는 의식이 기존 역사서술에 부재하다는 점이다.

우리의 역사서술이 명백히 역사인식적 중요성을 담지한 사건이었던 판샤오 토론마저 정면으로 개괄하지 못했다는 것은 그 자체로 기존의 역사서술과 우리가 실제 몸담은 역사-현실 사이에 분명한 괴리가 존재함을 짐작하게 해준다. 따라서 만약 우리가 의식적으로든 무의식으로든 기존의 역사서술을 사고의 전제로 삼는 한, 그 성찰과 이해가 아무리 역사-현실에 유용하다고 스스로 주장한다 하더라도 그것은 오류를 면하기 어렵다. 그렇기 때문에 중국대륙 역사-현실에 대해 책임있는 사고를 하기 위해서는 기존의 관련 역사서술이 이상적인지 아닌지를 먼저 진지하게 살펴야 한다. 그러지 않으면 스스로 중국을 위한 사고라 생각하더라도, 중요한 허점이 존재하는 기존의 역사서술에 오도되어 시작부터 역사-현실의 실제를 벗어나버릴 수도 있는 것이다.

3. '판샤오' 자세히 읽기, 역사를 활짝 열기

판샤오 토론을 적극적으로 해석하여 당대 중국사의 일부로 서술할 수 있게 만드는 역사적 이해방식은 아직 없다. 또 당대 중국대륙 정신사의 구조와 변화과정을 안으로부터 깊이 이해하고 파악하는 데 직접적으로 도움이 될 만한 역사적 탐문방식이나 사유방식도 아직은 존재하지 않는다. 그럼에도 불구하고 당대 중국대륙의 정신사를 이해하는 데 판샤오 토론이 결정적 의미를 지닌다고 주장하려면 판샤오 토론의 역사적·인식적 내용을 우선 정확하게 전달할 필요가 있다. 가장 신중하면서 착오를 줄이는 방법은 곧 어떤 선입견도 없이 판샤오 토론의 세세한 내용을 최대한 있는 그대로 보여주고, 매 구절에 담긴 표면적인 뜻과 그 경험적 배경을 진지하게 가늠하고 느껴보며, 표현과 표현 사이에 숨은 긴장을 진지하게 생각해보고, 또 말 한마디 한마디에 들어 있는 망설임이나 감정의 변화를 세심하게 느끼고 신중하게 사고하는 것이다. 즉 토론 속에 있는 역사적·정서적·관념적 주름들을 단 하나도 놓치지 않는 것이다.

편지의 내용을 취사선택하면 중요한 내용을 빠뜨릴 염려가 있다는 점, 그리고 토론을 촉발시켰던, '판샤오'라는 이름으로 발표된 이 유명한 편지 자체가 실은 당대 중국대륙의 정신사적 구조 및 그런 구조가 형성될 수밖에 없었던 조건들을 이해하는 데 중요한 내용을 담고 있다는 점에서, 나는 그 편지와 『중국청년』 편집진이 이 편지에 붙인 「편집자 부기」를 하나도 빼지 않고 전부 인용할 것이다. 편지 내용과 「편집자 부기」는 해서체로 표기하고* 각 인용문마다 필자의 견해와 평가를 덧붙임으로써 편지에 내포된 역사-관념적 의미를 충분히 드러내려 한다.

다음은 바로 그 유명한 편지와 『중국청년』의 「편집자 부기」, 그리고 그것에 대한 나의 분석이다.[11]

---

* 중국어 원문의 해서체 인용문은 이 책에서 다른 인용문과 서체를 달리했다.

1) 거리감 없는 편집의 배경

인생의 의미란 대체 무엇인가?(원제)

편집자의 말

우리는 지금 청년을 연구하고, 청년은 지금 사회와 인생을 연구한다.

훗날 많은 이들이 판샤오 토론에 대해 이미 익숙해진 시각으로 말하거나 규정지을 때는 아무래도 실제 토론과는 거리감이 존재할 수밖에 없었다. 그에 비해 토론 당시 판샤오의 편지와 함께 나온『중국청년』의「편집자 부기」는 자신들이 기획한 이 토론을 가까이에서, 매우 민감하게 느끼고 있었음을 보여준다.[12]

청년들은 늘 이런 경험을 한다. 자기가 굳게 믿고 추구했던 것이 갑자기 사라져버렸다고 생각될 때, 시간이 흘러보니 자신이 아무것도 이룬 것이 없다고 뼈저리게 느껴질 때, 어떤 일을 계기로 지나간 일들을 되돌아보게 됐을 때, 마치 면전에서 뚫어져라 쳐다보는 재판관처럼 '인생의 의미란 대체 무엇인가?'라는 엄숙한 질문 하나가 눈앞에 떠오르는 것이다.

문혁 직후 한동안은 정말로 여기 편집자의 말 그대로였다. 그것은 그때 막 종결된 마오 쩌둥 시대와 깊은 연관이 있었다. 마오 시대에는 걸핏하면 인생의 의미를 묻는 식으로 담론을 끌어가거나, 의미에 대한 강렬하고 분명한 느낌이 있을 때 비로소 인생을 의미있게 살았다고 할 수 있다는 식으로 의미감을 규정하거나, 습관적으로 그것을 긍정적인 정신의 고양감과 관련시키는 방식으로 성급하고 지나치게 의미감을 부여하곤 했다. 그로 인해 당시의 청년들은 무의미하다고 생각되는 상태를 유독 못견뎌하거나 그에 과민반응을 보였다. 그리고 개인의 삶이나 심신의 고달픔도 걸핏하면 곧장 의미의 문제로 여기고 질문을 던졌다. 그러나 그 허무감에 대한 과도한 예민함도, 의미감에 대한 과도한 추구도 1980년대 중반 이후에는 모두 확연히 사그라지기 시작했다.

또 그 문제인가? 그렇다, 또 그 문제다! 하지만 이제 그것은 1980년 대라는 특정한 내용을 담고 있다. 최근 십몇년간의 부침과 변화를 아는 사람은 누구나 인생에 대한 청년들의 지난한 탐색의 역정도 어렵지 않게 이해할 것이다.

「편집자 부기」가 이렇듯 거리감 없이 밀착되어 있는 것은 상당부분 편집진 역시 같은 거대역사를 지나온 사람들이고, 그들 역시 많든 적든 시대에 대한 환멸감과 당혹감을 갖고 있었기 때문이며, 무엇이 의미인 가라는 문제에 대해 그들도 청년들과 같거나 적어도 근사한 감각과 생각을 갖고 있었기 때문이다.[13]

판샤오처럼 원래는 그들도 진심으로 세상의 모든 것이 아름답다고 믿었고, 혁명과 신앙을 위해 헌신할 수 있기를 진심으로 바랐다. 그러나 10년의 대동란은 이 모든 것을 부숴버렸다. 이상과 현실 사이에 그처럼 놀라운 거리가 존재했던가. 인생의 여정이란 이처럼 고달픈 것이던가. 인생의 목표는 또 이처럼 모호하고 종잡을 수 없는 것이던가?! 그들은 방황하고 고뇌한다…

이 단락은 판샤오의 편지로 당시의 청년세대를 개술하고 있다. 이 개술에 묻어나는 강렬한 공감은 판샤오의 글이 편집진에게도 강렬하게 어필했음을 보여준다. 당시 판샤오 토론을 직접 조직하고 「편집자 부기」 초고를 작성했던 『중국청년』의 편집자 마 샤오둥(馬笑冬)은 몇년이 지난 후에도 당시 일을 또렷이 기억했다. 그녀는 판샤오 편지의 저본이 되었던 여공 황 샤오쥐(黃曉菊)의 편지를 보고 매우 큰 충격을 받았으며,[14] 그리하여 자신도 당시의 토론에 깊이 이끌리고 공감했으며 많은 깨달음을 얻었을 뿐만 아니라 사상까지 변하게 되었다고 한다.[15]

그렇지만 그들은 허무를 향해 가려 하지 않는다. 그 대신 그들은 여전히 탐색한다, 지난한 탐색을! "길은 아득히 멀구나, 나는 사방을 찾아 헤매리(路漫漫其修遠兮, 吾將上下而求索)."●

앞서 지적한 것처럼 인생의 의미에 대한 마오 시대의 감각과 중시는 인생을 어떻게 살아야 하는가에 대한 1980년대 사람들의 감각과 이해방식에도 막대한 영향을 미쳤다. 80년대 사람들이 그처럼 허무감 또는 유사허무감을 견디기 어려워했던 것도, 의미감을 그처럼 강하게 추구했던 것도 바로 의미를 추구하는 마오 시대의 감각과 이해방식이 그 밑바닥에 깔려 있었기 때문이다. 마오 시대라는 역사적 배경이 없었다면 판샤오 토론이 순식간에 그토록 강렬하고 광범하게 그처럼 심각한 반향을 얻기는 어려웠을 것이다.

그들은 지난 상처로 인생을 탐색하고 있는 것이다.

● 굴원(屈原)이 쓴 「이소(離騷)」의 한 구절.

편집자는 당대 사람들의 생각과 느낌이 바로 그들의 지난 경험과 밀접한 관련이 있음을 분명히 지적하고 있다.

그들은 현대과학의 발전에 매료된 눈빛으로 인생을 새롭게 주시한다.

앞서의 구절들이 판샤오의 편지 내용과 청년들의 상황에 대한 편집자의 관찰 내용에 모두 부합하는 것이었다면 이 구절은 주로 편집자 본인이 생각하는 '당위'를 드러내고 있다. 이 '당위'적 감각은 당시 널리 퍼져 있던 과학에 대한 믿음, 그리고 윤리와 가치판단에서도 과학이 매우 중요하다는 인식을 보여준다. 1980년대 변혁에 대한 숱한 긍정적 견해들이 대개 오늘날 우리가 비판하는 과학주의적 사고나 표현에 기대고 있는 것도 바로 그와 같은 인식에서 비롯되었다.

그들은 조국의 운명과 인류의 미래에 대한 관심으로 인생을 사색한다.

확실히 이는 당시 수많은 청년들의 특징이었으며, 또한 전체 판샤오 토론이 내게 남긴 가장 깊은 인상 중의 하나이기도 하다. 그런데 이 역시 마오 시대와 관련된다. 마오 시대에 인생의 의미를 논할 때 개인적 의미는 늘 집단적 의미나 역사적 의미와 연결되었으며, 집단적이고 역사적인 의미와 관련될 때에만 개인적 인생의 의미는 비로소 정당하고 진정한 의미가 될 수 있다고 강조되었기 때문이다.

흔히들 그랬던 것처럼, 인류 역사상 비교적 거대한 사회적 진보가 이루어기 직전에는 대개 대규모의 인생관 토론이 벌어지곤 했다. 유럽 문예부흥기의 인성-인도주의 논쟁, 러시아혁명 전야에 벌어진 인본주의 및 신인간·신생활 토론, 우리나라 5·4 시기의 과학과 인생관 논쟁 등은 모두 사회의 전진에 공헌했다.

판샤오 토론을 당시 특히 중요하다고 공인된 역사적 순간들과 유비한 것은 편집진이 자신들이 기획한 토론과 그후 전개될 역사의 관계를 사실 좀 무리하게 예단한 것일 수 있다. 하지만 훗날의 역사는 그들의 예감이 매우 예리하고 정확한 것이었음을 충분히 증명했다. 물론 이 구절과 이어지는 다음 구절에서 우리는 아직 계몽 비판, 현대성 비판, 급진주의 비판, 과학주의 비판, 민족주의 비판 같은 사조의 세례를 받지 않은, 1980년대 중국대륙 사상계에 널리 퍼져 있던 일련의 특징적 표현을 볼 수 있다.

그런데 오늘 우리 민족이 거대한 재난을 겪고 난 지금, 우리나라가 하루라도 빨리 떨쳐일어나야 할 이 중요한 시점에, 과학문명이 벌써 이만큼이나 발전해버린 당대에, 다시금 인생의 의미라는 과제가 우리 청년들 가운데서 필연적으로, 불가피하게 제기되고 있다.

이 구절은 당시 국가와 사회를 막론하고 모두 중시했던 국가진흥의 문제를 인생의 의미 문제와 직결시키고자 하는 편집진의 바람을 보여준다. 여기에서는 당시 국가 소유 신문사의 자율성 확보 가능성이 실은 신문사의 세부적인 운영방식과 관련되어 있음도 살펴볼 수 있다. 즉 소수의 극단적 상황을 제외하면 중국대륙의 신문사가 스스로 조정할 수 있는 편집공간은 매우 탄력적이었으며, 신문사가 다루고 싶은 문제를 국가의 목표와 최대한 긴밀하게 관련된 것처럼 표현하기만 하면 통상 신문사의 자주적 편집공간은 훨씬 더 확대될 수 있었다. 몇몇 극단적 상황을 제외한다면 신문사가 발휘할 수 있는 권력의 한계에는 융통의 여지가 있었던 것이다. 그리고 그 여지의 많고 적음은 한편으로 부단히 변화하는 시대 분위기나 체제적 환경에, 또 한편으로는 체제와 상호 추동할 수 있는 편집진의 능력과 기술에 달려 있었다.

방황하고 고민하는 것은 무뎌지거나 경직되는 것에 비해 분명 역사적 진보라 할 것이다. 우리는 우리 사회에 여전히 병폐가 있다고 말하는 데 거리낄 필요가 없다. 그것은 누군가가 기피한다고 해서, 또 누군가가 울분을 토한다고 해서 결코 저절로 없어지지 않는다. 그러나 10년간 동란의 피와 불길의 세례 속에서 숱한 좌절과 위기를 겪으며 단련된 결과 우리 공화국의 젊은 세대는 시대적 책임을 방기하지 않고 시대의 주류로서 더 강인해졌다. 그들은 민족의 희망을 걸머지고 조국의 대지에 발 딛고 서서 새로운 장정의 횃불을 높이 들고 또다시 꿋꿋하게 나아가고 있다! 인생의 의미에 대한 사유와 모색은 청년 세대의 인생여정에 새로운 기점이 될 것이다.

이 단락의 주된 요지는, 편집진이 이번 토론을 조직하게 된 이유가 청년들이 그들에게 주어진 역사적 부담을 털어버리고 시대적 과제인 현대화 건설에 투신하는 데 도움이 될 것이라 믿기 때문임을 말하는 데 있는 것처럼 보인다. 그러나 그 표현을 곰곰이 뜯어보면 판샤오 편지 속에 드러난 청년들의 강렬한 시대적 고민과 분노의 감정이 공중 앞에 직접적으로 드러나는 데 대한 우려도 없지 않았음이 느껴진다. 필경 파괴적 에너지를 지닌 시대적 고민과 허무, 세상에 대한 분노를 대표적인 전국적 잡지에 이처럼 공개적이고 이처럼 첨예하고 가감 없는 방식으로 발표한다는 것은 그때까지의 공화국 역사상 선례가 없는 일이었고, 어쩌면 곧바로 반격에 부딪칠 수도 있었다. 편집진은 바로 이를 대비해 해석의 복선을 깐 것이다. 그런가 하면 이러한 미묘한 불안감 한편에서 편집진은 상반된 믿음을 보여주기도 한다. 즉 그들이 이처럼 공개적이고 첨예하고 가감 없는 방식으로, 그처럼 첨예한 시대의 곤혹을 시대가 결코 회피할 수 없는 방식으로 사람들 앞에 던지려 했던 것은, 바로 곤경을 정면으로 직시할 때 공화국과 그 사람들이 비로소 더 밝고 더 솔직하고 더 굳건해질 수 있고, 역사-현실을 진지하게 직시하는 과정에서 비로소 미래로 나아갈 수 있다고 믿었기 때문이다.

그러나 뒤에서 살펴보겠지만, 『중국청년』 편집진의 이같은 바람이 정말로 실현되기 위해서는 판샤오 편지에서 드러났던 청년들의 강렬한 시대적 고민과 분노에 내포된 이중성을 그들이 좀더 분명히 깨달았어야 했다. 청년들에게 한편으로 방황, 고민, 허무, 분노가 존재했다면 또 한편으로는 그같은 상태에 대한 강한 불만과 그것을 인정하고 싶지 않은 마음, 분명하고 강렬하고 충만한 의미가 있는 인생에 대한 깊은 갈망이 동시에 존재했던 것이다. 그러한 이중성 때문에 청년들은 건설적인 방향으로 갈 수도 혹은 파괴적인 방향으로도 갈 수도 있는 두개의 역사적 가능성을 모두 갖고 있었다. 그러나 이처럼 양면적인 청년들의 정신적·심리적 에너지를 어떻게 편집진이 원하는 방향으로 발전시킬 것인가에 대해 앞의 「편집자 부기」는 어떤 실질적인 의견도 제시하지 못했다. 비록 이 「부기」 후반에 가면 청년들이 자기가 희망하는 방향으로 발전하기를 갈망하는 편집진의 마음이 축원과도 같은 표현 속에 확연히 드러남에도 불구하고 말이다.[16]

확실히 훗날의 역사는 신시기[17] 벽두에 벌어진 이 '인생의 의미에 대한 사유와 모색'이 그후 중국대륙 정신사의 기본 면모를 형성하는 데 결정적인 역사의 일환이었음을 증명했다. 역사적 후견지명으로 보자면, 이 토론이 정말로 편집진이 원하는 건설적 가능성을 갖도록, 즉 공화국이 재출발하는 시점에서 인민들이 충만한 이상적 정신을 갖도록 만들고자 했다면 우선 이 '인생의 의미' 문제에 내포된 특정한 역사적·정신적 내용을 제대로 성찰하고 처리했어야만 했다. 그러나 아쉽게도 토론이 전개되던 당시나 그후 관련 논의에서나 모두 특정한 역사적·정신적 내용을 지닌 이 인생의 의미 문제는 모두 제대로 처리되거나 성찰되지 못했다. 그것이 그후의 역사와 사람들에게 어떤 영향을 미쳤을까? 이는 당대 중국대륙의 역사, 특히 그 정신사와 허무주의를 성찰할 때 매우 진지하게 물어야 하는 문제다. 그러나 훗날의 사상가들과 역사서술자들 중 이 문제를 특별히 더 캐물었던 사람은 없다. 이는 판샤오가 부각한 인생의 의미 문제를 제대로 처리하는 것이 이후 역사의 정신적 질감을 좌우할 것이라고 예견했던, 『중국청년』「편집자 부기」가 보여준 역사적 민감함보다도 퇴보한 것이다. 그런 점에서 이 글은 바로 『중국청년』 편집진의 당시의 감각과 인식으로 되돌아가려는 진지한 노력이기도 하다. 나의 이 작업이 당시 그들의 예민함과 책임감에 욕이 되지 않기를 바랄 뿐이다.

사회를 어떻게 대해야 할 것인가? 인생을 어떻게 대할 것인가? 이상과 현실 사이에 모순이 발생할 때는 어떻게 해야 의미있는 삶을 살 수 있을까? 인간 생명의 가치는 어디에 있을까? 이 심각한 문제들을 청년들 스스로 토론하게 하자!

여기 판샤오 동지가 편집부에 보내온 진솔하고도 절박한 편지 한 통을 소개한다. 판샤오 동지는 "청년들의 마음은 서로 통한다"라고 말한다. 우리는 인생의 의미에 대한 광범위하고 평등하고 과학적인 토론 속에서 청년들이 얻는 바가 있으리라 믿는다. 판샤오 동지와 더 많은 청년들은 서로 다른 인생의 길 위에서 자신의 앞길을 이끌어줄 이정표를 찾을 수 있을 것이다!

문제의 성격과 심각성, 중요성을 문제의 당사자에게 분명히 밝히고 당사자들이 직접 그에 대해 사고하고 토론하도록 한 것은 물론 적절했다. 그러나 토론의 실제 전개과정에서 편집진이 바랐던 성과는 이루어지지 못했다. 즉 토론을 통해 개인들이 충만해지거나, 그 충만함이 자연스럽게 당시 국가가 호소하던 민족진흥 사업으로까지 이어지지는 못했던 것이다. 개인의 충만함과 국가의 신속한 발전을 결합시키고자 애쓰는 것, 그것은 그 시대의 확연한 특징이었으니, 편집진의 이같은 바람도 그 시대에는 상당히 자연스러운 것이었다. 그러나 아쉽게도 국가나 유명 지식인들은 해당 토론이 지닌 실제 역사적·관념적 내용 자체에 대한 감이 거의 없는 상태에서 토론에 개입했고, 자신들의 가장 큰 관심이던 현대화 건설 같은 목표로 청년들을 끌어오는 데만 급급했다. 그 때문에 많은 사람들이 그들에게 기대했던 건설적 역할은 제한적일 수밖에 없었다.

토론에 직접 개입했던 중국공산당 내 사상문화선전공작 담당 이론가 후 차오무(胡喬木)를 예로 들어보자. 그의 관련 발언은 그가 예민한 감각과 풍부한 경험을 가진 사람임을 느끼게 해주는 매우 인상적인 것이었다.[18] 하지만 당시 『중국청년』 편집자들을 감동시키고 분발하게 만들었다던 그의 담화를 자세히 살펴보면 두가지 사실을 알 수 있다. 첫째, 그는 판샤오 토론이 처한 역사적 지점의 중요성을 제대로 인식하지 못했고, 둘째, 당시 중국대륙이 걷고 있던 길이 정신과 도덕 방면에 미칠 영향을 지나치게 낙관적으로 보았다. 이것이 바로 판샤오 토론을 둘러싸고 비판이 제기됐을 때 그가 자신의 유리한 위치(그는 당시 이데올로기 공작을 담당하는 중앙서기처 서기였다)를 이용해서라도 토론을 지속시키지 못했던 사상적 이유다. 물론 그것은 후 차오무가 토론의 핵심을 파악하는 데도 불리하게 작용했다. 그 결과 그는 청년들을 국가가 기획한 현대화 건설로 동원하기에 급급했던 사람들과 자신을 구분짓는 데 끝내 실패하고 말았다.

2) 판샤오의 고통 배후의 역사적 곤혹과 이상주의적 곤혹

> 인생의 길은 어쩌해 갈수록 좁아드는지…

앞서 주7(316~17면)에서 밝힌 대로 판샤오 편지는 당시 『중국청년』의 편집자 마 샤오둥이 여공 황 샤오쥐와 대학생 판 이(潘禕)의 편지를 바탕으로 다른 좌담회에서 나온 내용 중 일부를 짜깁기해 작성한 것이다. 그러나 주요 경험이나 핵심 사상과 관련된 내용은 대부분 황 샤오쥐의 편지에 기초했기 때문에 대토론을 촉발했던 판샤오의 편지는 대부분 황 샤오쥐의 시각과 감각이라고 볼 수 있다.[19] 이 편지는 매우 구체적이고 감성적이면서도 매우 간결하고 예리한 표현으로 역사적 좌절이 한 세대 사람들의 정신과 심리에 미친 심각한 영향을 집중적으로 보여준다. 아마도 마오 쩌둥의 편지 몇통이 그 개인의 특별한 지위나 정국, 국가의 권위 덕에 상당한 영향력을 발휘했던 것을 제외하면 판샤오의 편지는 1949년 이래 중국대륙에서 가장 많은 사람들에게 가장 뜨거운 대접을 받은 편지일 것이다.

편집자 동지,

저는 금년에 스물셋이니 이제 막 인생의 길을 걷기 시작한 셈입니다. 하지만 저에게 인생은 더이상 신비롭지도 매력적이지도 않습니다. 저는 벌써 인생의 끝까지 다 걸어버린 듯합니다. 돌아보건대 그간 제가 걸어온 길은 붉은색에서 회색으로, 희망에서 실망과 절망으로 바뀌는 과정이었고, 애초 무사(無私)에서 시작된 사상의 장강(長河)이 결국은 자기에게 귀착하는 과정이었습니다.

이 단락은 매우 직설적인데, 당시 상황 속에 놓고 보아도 매우 특별한 서두가 아닐 수 없다. 편지는 처음부터 감정을 실어 판단을 내리는 방식으로 강렬하고 신랄하게 자기 자신을 소개하고 있다. 이 편지는 첫 대목부터 직설적이고 대담하게 문제의 핵심을 짚어넘으로써 독자들이 미처 경계할 틈도 없이 신선한 충격을 던진다. 시대나 사상적 변론부터 시작하는 것이 아니라 자신의 개인적 느낌에서 출발하여 다짜고짜 속엣말을 풀어내는 방식은 마치 무방비 상태의 상대방에 대한 전격전(電擊戰) 같다. 그것은 독자의 감정과 마음 속으로 불쑥 뚫고 들어가 경험과 심정의 밑바닥에 맺혀 있던 응어리들에 충격을 가함으로써 먼저 감성과 마음에 호소하고, 다음으로 경험과 사유와 지식에 호소한다. 물론 이때의 경험과 사유, 지식은 모두 감성과 심장의 두근거림에 듬뿍 적셔진 것들이 아닐 수 없다. 또 자기 이야기에서 출발하되 그 경험을 바로 일반화하지 않고 강렬한 개인적 감정을 줄곧 유지한다. 그러면서도 알게 모르게 내용은 모두 거대역사와 서로 변증법적 관계에 놓여 있다. 물론 그로 인해 독자는 그녀가 제공한 경험적 시각과 심정을 통해 거대역사를 느끼고 바라보며, 또한 그 속에 함께 처한 본인의 모습도 다시 돌아보고 그려볼 수 있게 된다.

이외에 또 하나 주목할 점은 전체 구절의 정서적 논조와 마지막 구절의 내용 사이에 존재하는 긴장이다. 자신의 지난 삶에 대해 필자가 느끼는 곤혹스러움 속에는 시대와 사회의 가르침을 전적으로 믿고 따랐던 성장기의 상처가 담겨 있다. 그런데 또 한편으로 여기에는 사상적으로 '무사'에서 출발했던 자신의 삶에 대해 최선을 다해 성찰한 결과 "자기에게 귀착"했지만 그런 후에도 삶과 내면의 평온함은 얻을 수 없었다는 절망감도 포함되어 있다. 즉 판샤오의 이 편지는 개인의 아픔을 통해 지난 역사를 회의하고 논증하는 동시에 역사에 대한 궁극의 사상적 성찰에도 불구하고 여전히 심신의 평온함도, 곤혹으로부터의 해탈도 얻지 못한 데서 비롯된 강렬한 고통과 불안을 함께 말하고 있는 것이다.

　　예전의 저는 인생에 대한 아름다운 동경과 환상으로 충만했습니다. 저는 초등학교 시절 사람들이 『강철은 어떻게 단련되었는가』와 『레이 펑 일기(雷鋒日記)』에 대해 하는 이야기를 들었습니다.• 비록 완전히 다 이해하지는 못했지만 영웅들의 이야기에 흥분한 저는 며칠이나 밤잠을 이루지 못했습니다. 저는 인생의 의미에 대해 빠벨이 했던 다음과 같은 말을 일기장 첫 페이지에 정성 들여 베꼈습니다. "사람은 훗날 자신의 삶을 돌아볼 때 그간 헛되이 시간을 보냈다고 후회하지 않고 아무것도 이룬 것이 없다고 부끄러워하지 않을 수 있는 삶을 살아야 한다." 일기장을 다 쓰고 나면 또 새로 바꾼 일기장

• 『강철은 어떻게 단련되었는가』는 니꼴라이 오스뜨롭스끼(Nikolai Ostrovskii)의 자전적 소설. 러시아 혁명전쟁에 참전했다 부상당하고도 노동에 대한 열정으로 삶을 불사른 주인공 빠벨은 불굴의 공산주의적 신인간의 전형이라 일컬어졌다. 『레이 펑 일기』는 마오 쩌둥 시기 인민과 국가를 위해 헌신한 영웅으로 추앙된 인민해방군 전사 레이 펑의 일기. 그가 순직하자 전국적으로 레이 펑 학습운동이 벌어졌다.

에도 그 말을 베꼈습니다. 그 말은 저를 얼마나 많이 북돋아주었는지요! 저는 아빠, 엄마, 외할아버지가 모두 공산당원이니 나 역시 공산주의를 믿고 앞으로 입당도 해야 한다고 생각했습니다. 그건 추호도 의심할 여지가 없는 일이었습니다.

이 단락은 길지 않지만 마오 시대 중국대륙에서 공산주의적 신인간을 만들어내던 핵심적인 방식과 당시 청소년들에게 제시되었던 이상주의의 핵심적 특징, 그리고 청소년들의 의미감을 부추겼던 전형적인 방식 등을 한눈에 보여준다.

그후 저는 『누구를 위해 살며 어떻게 사람노릇을 할 것인가(爲誰活着, 怎樣作人)』라는[20] 소책자를 우연히 보게 됐습니다. 그 책을 읽고 또 읽으며 저는 완전히 사로잡혀버렸습니다. 생전 처음으로, 가장 아름다운 제 인생관이 그때 만들어졌습니다. 바로 '사람이 사는 것은 타인의 삶이 더 아름다워지도록 만들기 위해서다. 사람에게는 반드시 숭고한 신념이 있어야 하며, 당과 인민이 필요로 할 때면 주저 없이 자신의 모든 것을 바칠 수 있어야 한다'라는 것이었습니다. 저는 희생의 격정에 도취되어 사방을 환하게 밝히는 듯한 거창한 말들로 일기장을 가득 채웠으며 말 한마디 행동 하나하나까지도 모두 영웅이 한 대로 따라했습니다.

이 단락도 앞과 마찬가지로 마오 시대가 기대했던 공산주의적 신인간의 핵심 내용, 인생관과 의미감을 공산주의적 신인간 창조와 긴밀하게 연계시켰던 당시의 전형적인 방식을 간략하면서도 분명하게 보여준다.

그러나 남모를 고통도 느꼈습니다. 제가 목도한 현실들이 종종 머릿속의 교육내용과 첨예하게 충돌했기 때문입니다. 제가 초등학교에 들어가고 얼마 되지 않아 문혁의 격랑이 시작되더니 점점 더 격렬해졌고, 저는 많은 일들을 목도하게 됐습니다. 가택수색과 무장투쟁, 그리고 사람의 목숨이 초개처럼 다뤄지는 것을 보았습니다. 가족들은 온종일 말도 않고 웃지도 않았으며 외할아버지는 조심스럽게 조사를 대비했습니다. 저보다 좀 나이 많은 청년들은 종일 욕지거리에 포커를 치고 담배를 피워댔습니다. 시골로 내려가는 작은 이모를 배웅하러 갔을 때는 사람들이 모두 얼굴을 묻은 채 울거나 가슴을 치고 발을 구르는 것을 보았습니다… 저는 좀 당황스러웠습니다. 전에 책에서 보았던 것처럼 세상이 그렇게 멋지기만 한 건 아니라는 걸 비로소 깨달았던 것이죠. 저는 스스로에게 책을 믿어야 할지 내 눈을 믿어야 할지, 선배를 믿어야 할지 아니면 나 자신을 믿어야 할지 물었습니다. 도무지 갈피를 잡을 수가 없었죠. 하지만 그때만 해도 전 아직 어렸고, 그런 사회현상을 분석할 줄도 몰랐습니다. 더구나 과거에 받은 교육은 저에게 이상한 능력을 주었지요. 바로 눈을 감아버리고, 자신을 설득하고, 어록을 단단히 외워서 자기만의 고상한 정신의 세계로 숨어버리도록 하는 능력 말입니다.

여기서 판샤오가 말한 문혁 당시의 현상들은 주로 문혁 초기 몇년, 그것도 대개는 중대형 도시에서 벌어진 일이었다. 특히 중대형 도시에서 비교적 타격을 심하게 받은 가정의 경우 이와 같은 경험에 대한 인상이 훨씬 더 강렬하게 남아 있다.

이 단락이 사실의 서술 외에 이해의 차원에서도 특별히 중요한 것은 그것이 다음과 같은 점을 분명히 보여준다는 데 있다. 즉 문혁의 경험이 초래한 엄청난 혼란스러움은 그녀가 직접 겪은 일련의 사건에서 비롯된 것이었지만 동시에 마오 시대가 젊은이들에게 제시한 이상주의 자체에 구조적 결함이 존재했기 때문이기도 하다는 것이다. 마오 시대는 사람들로 하여금 거대한 문제에 관심을 갖도록 호소했고 사람들의 숭고감과 사명감을 호명하고자 했을 뿐, 사람들이 실제로 늘 부딪치는 일상과 심신의 문제에 대해서는 그다지 주의를 기울이지 않았다. 즉 구체적으로 대면하게 되는 일상과 심신의 문제를 어떻게 처리할 것인가, 그렇게 사소하고 그다지 숭고해 보이지 않는 문제들을 어떻게 그 크고 숭고한 문제들과 유기적으로 연결시킬 것인가 하는 중요한 문제에 대해서는 등한했던 것이다. 도리어 사람들의 일상적이고 개인적인 문제나 혼돈이 바로 큰 시각이나 큰 포부, 숭고감, 사명감 등이 없어 생긴 결과라며 너무 단순하고 성급하게 결론짓기 일쑤였다. 이는 사상의 차원에서 일상과 심신의 문제를 진지하게 고민하지 않았을 뿐만 아니라 실천의 차원에서도 진지하고 세심하게 고민하거나 소화하지 못했음을 의미한다. 그리하여 일상과 심신의 문제는 큰 문제, 큰 시각, 큰 포부, 숭고함, 사명감 같은 것에 대한 강조 속에서 늘 해결되지 못한 채로 남아 있었다. 당연히 그것은 반대로 그 '큰' 문제들, 숭고감과 사명감에 대한 강조를 사람들이 느끼고 받아들이는 데 영향을 주었을 것이다.

재미있는 것은 1980년대에도 이같은 경향이 계승되었으며 그 결과 이번에는 정반대의 극단적 현상이 나타났다는 점이다. 이제는 전혀 반대로 일상적인 심신의 문제가 모두 필연적이며 당연한 것처럼 여겨지게 된 것이다. 그리하여 이제는 사람들의 일상적 경험과 서술을 큰 시각이나 큰 포부, 숭고함이나 사명감과 관련지어 바라보거나 이해하고 분석하는 작업을 지나칠 정도로 하지 않게 되었다. 이처럼 일상성을 지나치게 성급하게 인정해버리게 된 상황은 마오 시대가 사상적으로 실천적으로 이들 문제의 심각성을 충분히 직시하지 않았던 것만큼이나 이해하기 어렵고 놀라운 일이 아닐 수 없다.

하지만 나중에는 그럴 수가 없었습니다. 제 삶에 직접 타격이 왔거든요. 제가 초등학교를 졸업하던 해에 외할아버지가 돌아가셨습니다. 화목하고 다정하던 집안은 갑자기 싸늘하게 변하고 돈 문제로 관계가 틀어졌습니다. 외지에 계시던 어머니는 제게 양육비 부치는 걸 거절하셨고 저는 학교를 계속 다닐 수 없어 사회청년•으로 전락해야 했습니다. 정말로 몽둥이로 머리를 얻어맞은 듯했습니다. 세상에, 혈육지간도 이 모양인데 사회에서 사람들 간의 관계는 어떻겠습니까? 저는 크게 병이 나고 말았습니다. 병이 다 나은 후 저는 몇몇 친한 친구들의 도움으로 가도판사처(街道辦事處)••에 편지를 보냈습니다. 다행히 동정을 얻어 어느 작은 집단소유제 공장에 취직하게 되었고, 그 후로는 제 힘으로 먹고살기 시작했습니다. 그때만 해도 저는 아직 진리와 선과 아름다움에 대한 바람을 지니고 있었습니다. 어쩌면 가정의 불행은 그저 예외적인 경우에 불과했을 수 있고, 이제는 저도 본격적인 삶의 길로 들어서게 된 겁니다. 삶은 여전히 매력으로 가득 차 있었고 저를 향해 손을 흔들고 있었습니다.

술술 읽히는 이 단락은 문제에 대한 필자의 정리방식과 사고방식이 드러나는데, 개인적 경험에 대한 서술에서 그런 면모를 찾아볼 수 있다. 단락 앞부분의 서술과 개탄에서 필자는 자기가 실망했던 가족에 대해 '혈

• 1950년대 말 대약진운동의 실패 후 생겨난 말로, 중·고등학교 졸업 후 진학도 취직도 못한 청년을 가리킨다.
•• 일종의 주민센터.

육(親情)'이라는 표현을 씀으로써 실은 자기중심적으로 추상화하고 있다. 일반적으로 '혈육'관계와 '사회'관계는 관심의 정도에서 차등이 있다고 여겨지는데, 필자는 알게 모르게 이러한 전제에 기대어 자기 개인의 가족경험을 외부로까지 확장하고 있다. '혈육' 간의 관계가 이러할진대 '사회'적인 인간과 인간의 관계는 더 말할 필요가 없다는 것이다.

그런데 이같은 논리적 추론은 그뒤에 이어지는 필자의 직접경험과 바로 배치된다. 그녀가 가족으로부터 독립하고 가족 때문에 초래된 혼란을 빠른 시간 내에 극복할 수 있었던 것은 바로 친구의 도움과 가도판사처의 동정 덕분이다. 이로 보건대 그녀의 문제는 경험에 상응하는 인식적 성찰이 수반되지 않았다는 데 있다. 그녀가 자립하고 또다시 미래에 대한 꿈을 꿀 수 있도록 도운 것은 다름 아닌 친구와 가도판사처 같은 사회적 힘이었다. 이는 그녀가 "혈육지간도 이 모양인데 사회에서 사람들 간의 관계는 어떻겠습니까?"라고 한 말의 전제를 완전히 뒤집는 것으로, 개인의 경험을 필요한 과정을 거치지 않고 성급하게 보편화하는 것이 잘못이거나 위험할 수 있음을 보여준다. 이어지는 편지에서도 필자는 경험을 토대 삼아 더 정밀한 사유로 나아가지는 못한다. 오히려 여전히 개인적 경험이 마치 그 범주와 관련된 본질인 것처럼 섣불리 미루어 단정해버린다. 이같은 분석상의 허술함 때문에 경험에 대한 판샤오의 판단 및 감각적 정형화는 그 경험의 실제 내용과 늘 괴리하게 된다.

그러나 저는 또 한번 실망했습니다.

저는 조직을 믿었습니다. 하지만 상급자에게 이견을 제시했다는 이유로 저는 수년 동안 입단을 할 수 없었습니다… 저는 우정에 기대려 했습니다. 하지만 제가 약간의 실수를 범했을 때 제 친한 친구는

제가 그녀에게 털어놓았던 속이야기를 전부 저 몰래 보고서로 작성
해 상부에 제출해버렸습니다…

문혁의 폭발로 마오 시대의 이상주의는 정점에 이르렀다. 그 이상주
의의 대표적인 요구 중 하나가 바로 전통적으로 강조했던 혈육의 정이
나 윤리, 사람의 도리 같은 것을 초월하고 5·4신문화운동 이래 강조되
어온 개인의식과 사랑에 대한 중시를 초월하여 몸과 마음을 다 바쳐 공
산주의 사업에 헌신하라는 것이었다. 당시 몸과 마음을 다 바쳐 공산주
의 사업에 헌신한다는 말은 동료관계나 상하급 관계, 친구·가족·연인
간의 관계가 모두 이상화된 공산주의 도덕을 준칙으로 이루어져야 한
다는 의미로 해석되었다. 그런데 문혁의 발생은 마오 시대 이상주의적
충동이 최고봉에 달한 것이면서 동시에 그것이 급속하게 쇠퇴하기 시
작한 전환점이기도 했다. 문혁 시기 이상주의는 사실 이미 상당히 쇠락
한 상태였지만 외형적으로나 공개적인 자리에서는 여전히 최고의 이상
주의가 기준으로 유통되었다. 판샤오가 앞에서 언급한 상황이 종종 벌
어졌던 이유가 여기에 있다. 사실 판샤오가 상급 간부에게 이의를 제기
한 것은 그녀가 받은 이상주의적 교육과 당시의 이상주의적 호소에 따
른 것이었다. 문제는 이상주의가 실질적으로 이미 상당히 쇠퇴했던 문
혁 중후반 무렵 상당수의 간부들은 공개적으로는 이상주의를 강조했
지만 속으로는 그렇지 않은 표리부동한 상태였다는 것, 게다가 그 표리
부동함이 대개는 '일상적인' 것으로서 수용되고 묵인되었다는 데 있다.
이런 상황에서 판샤오가 상급자에게 이의를 제기한 일은 비판받은 사
람의 반감을 사는 것은 물론이고 다른 주변 사람의 격려와 동정도 얻기
쉽지 않았을 것이다. 사회적으로 팽배했던 이런 분위기는 또한 속 좁은
상급자가 별 걱정 없이 보복행위를 할 수 있게 만들어주었다.

이러한 시대적 병리현상이 그 시대에 매우 보편적으로 침습해 있었음은 친구의 행위에 대한 판샤오의 반응을 통해서도 알 수 있다. 판샤오에게 깊은 상처를 남긴 친구의 '밀고'는 각도를 달리해서 보면 사실 고조에 이르렀던 이상주의의 요구에 부합하는 것이었다. 즉 이상주의에 따르면 이상적 혁명가는 혁명조직이 내부 모든 사람의 정확한 상황을 이해할 수 있도록 도울 의무가 있다. 물론 당시 이상주의의 이름으로 혹은 이상주의가 추천하는 형식을 핑계 삼아 개인적 이익을 도모하는 경우도 적지 않았다. 그 때문에 겉으로는 이상주의적 행위처럼 보이지만 실은 개인적 이익을 위해 이상주의를 이용하는 것일 뿐이라고 추측되는 경우에도 대부분의 사람들은 진상을 더 알려고 하지 않고 그것을 그저 '자연스럽게' 받아들였다. 이렇게 반응하는 사람들이 어느정도 많아졌다는 것은 곧 이상주의가 이미 딜레마에 빠졌음을 의미한다. 즉 실제 상황의 진위 여부와 무관하게 사람들은 이미 자연스럽게 이상주의적 행위를 남에게 잘 보이기 위한 표현이자 위선이며, 남이야 손해를 보건 말건 자기 이익만 챙기려는 이기적인 행위로 여기게 된 것이다. 사회적으로 팽배한 이같은 심리적 분위기 속에서 판샤오 역시 매우 '자연스럽게' 동정적이거나 긍정적이기보다는 부정적인 시각에서 친구의 행위를 바라보았던 것이고, '자연스럽게' 친구의 행위를 우정에 대한 배신으로 이해했던 것이다. 그녀는 상부에 이견을 제시함으로써 빠지게 된 곤경이 사실은 혁명적 이상주의가 쇠퇴하여 생겨난 사회적 심리상태와 긴밀한 관련이 있다는 점을 미처 생각하지 못했다. 또한 대다수 독자들이 '자연스럽게' 그 친구의 '보고'를 '밀고'로 간주했다면, 그 시대 대다수 사람들의 그 '자연스러운' 반응 자체가 실은 꼼꼼히 따져보고 연구해야 할 문제라는 생각을 그녀는 더더구나 하지 못했을 것이다.

여기서 우리는 판샤오의 경험 및 심리의 역사-관념적 구조를 볼 수 있다. 문혁 후기 중국사회는 이상주의가 이미 상당히 쇠퇴했음에도 불구하고 공식적으로는 여전히 이상주의의 높은 기준에 따라 세계를 해석했으며 또한 그 기준을 세계에 요구했다. 하지만 이상주의의 쇠퇴와 함께 사회는 이미 상당부분 변질되어버렸고, 그 속의 일원인 판샤오 역시 시대적 증상에 깊이 물들어 있었다. 본인은 결코 그것을 알아차리지 못했을지라도 말이다.

앞의 두 단락에 드러난 판샤오의 경험을 통해 우리는 마오 시대 이상주의가 이때 이미 매우 심각한 딜레마에 빠져 있긴 했지만 그렇다고 사회심리적 토대를 모두 상실한 시체는 아니었음도 알 수 있다. 왜냐하면 간부에 대한 판샤오의 이의제기는 상당부분 마오 시대 이상주의가 '당연'하다고 여겼던 방식이기 때문이다. 많은 자료들이 보여주듯, 간부에 대한 판샤오의 이상주의적 요구와 그 심리적 반응은 당시 결코 예외적인 것이 아니라 상당히 보편적인 것이었다. 결국 한편으로 이상주의가 심각한 딜레마에 빠졌다는 것, 하지만 동시에 그 이상주의가 여전히 매우 강한 사회심리적 기초를 이루고 있었다는 점이 이 판샤오 경험의 배후에 자리하고 있는 것이다. 요컨대 중요한 것은, 판샤오식 정서나 반응에 맞장구나 치며 끌려가는 것이 아니라 그녀의 정서와 반응 속에 존재하는 긴장과 모순을 간파하고 그 속에서 건설적 계기들을 찾아냄으로써 사람들이 역사-현실에 내재된 긍정적 에너지를 발굴하고 곤경으로부터 벗어날 수 있도록 돕는 것이다.

3) 구원으로서의 사랑이라는 시대논리

저는 사랑을 갈구했습니다. 그러다 어느 간부의 자제를 알게 되었죠.[21] 그의 아버지는 '사인방'의 박해를 받아 매우 비참한 처지에 놓여 있었습니다. 저는 가장 진실한 사랑과 가장 깊은 동정을 그에게 쏟았고 상처받은 저의 마음으로 그의 상처를 어루만졌습니다. 누군가 그랬죠. 여자는 모든 것을 사랑에 쏟아부으며 오직 사랑 속에서만 생명의 힘을 얻을 수 있다고. 그 말을 완전히 틀렸다고만 할 수는 없습니다. 비록 밖에서는 상처를 입었지만 저에게는 사랑이 있었고, 사랑은 저에게 위로와 행복을 가져다주었습니다. 하지만 뜻밖에도 '사인방'이 타도되고 그가 다시 신분을 회복하자 그는 더이상 저를 거들떠보지 않았습니다…

여기서 주목할 점은 혈육에게 상처받았다고 여겼던 판샤오가 사회로 진입한 후에는 조직, 우정, 사랑에서 차례로 인생의 버팀목을 찾았다는 사실이다. 왜 그랬을까? 그것은 단지 우연이었을까, 아니면 거기에는 더 분석되어야 할 무언가가 있는 것일까? 인생의 혼란에 부딪쳤을 때 전통적으로 중국인들은 모든 걸 잊고 자연 속에서 위로를 찾거나, 몸과 마음을 적극적으로 조절함으로써 평정을 찾거나, 또는 자기가 좋아하는 일에 몰두함으로써 주의를 전환하곤 한다. 판샤오처럼 조직이나 우정이나 사랑에 기대어 인생의 버팀목을 찾고자 하는 경우는 많지 않다. 혈육한테 상처받은 판샤오가 조직과 우정과 사랑을 통해 다시 삶을 일으키려 했다거나, 그 기대의 순서가 조직, 우정, 사랑이었다는 것은 결코 '자연스러운' 반응은 아닌 셈이다. 그것은 바로 중국현대사, 그중에서도 중국 공산주의혁명의 역사적 변천과 긴밀하게 관련된다.

중국 공산주의혁명의 중요한 특징 중 하나는 바로 혁명참여자가 인생의 의미감, 심신의 충만감을 획득할 수 있도록 힘껏 추동하되 그것을 혁명에 대한 참여나 몰입과 연계시키려 했다는 점이다. 1949년 건국 후부터 66년 문혁 전까지 혁명적 올바름을 보증하는 것은 바로 중국공산당과 그 국가였다. 그리고 당과 국가의 올바름의 상징이 바로 마오 쩌둥이었으니, 그는 '당과 국가'와 결코 분리되지 않는다. 그런데 문혁 초기 특징 중의 하나는 바로 마오 쩌둥을 당과 국가로부터 분리했다는 점이다. 당시 혁명이 올바른 길로 가고 있음을 보증하는 것은 당과 국가가 아니라 바로 마오 쩌둥 개인이었다. 문혁 초기의 폭풍우가 지나고 중국 공산당 제9차 전국대표대회(1969년 4월)가 시작되면서 국가가 재건되었다는 것은 곧 당과 국가와 마오가 다시 통일되기 시작했음을 의미한다. 물론 여전히 많은 급진파의 눈에는 그 통일이 이상적이거나 안정적이지 않았고 당과 국가는 아직도 특별히 평가되고 검증받아야 하는 대상이었다. 하지만 많은 사람들이 이미 그런 시기 — 개인이 마오에 대한 충성을 서약하고 마오를 배신한 조직과 간부들에게 저항하기 위해 바로 들고일어날 수 있는 — 는 지났으며 사람들이 신뢰할 수 있을 만큼 조직도 권위를 회복했다고 생각했다. 그런 상황에서 혁명공작에 참가한다는 것은 곧 조직이야말로 자신의 인생을 극도로 단련시키고 충실하게 해주는 혁명의 용광로임을 굳게 믿는 것이기도 했다. 따라서 판샤오가 가족에게 실망하고 사회에 희망을 걸고자 했을 때 조직이 그 의식 속에 가장 먼저 떠오른 대상이었던 것은 전혀 이상한 일이 아니다.

그에 비해 우정은 조직처럼 개인과 혁명을 관념적으로 직결해주는 확실한 지지대는 아니었다. 하지만 오랜 혁명과정에서 우정에 관한 강조나 서사는 흔히 볼 수 있다. 특히 우정은 '동지(同志)', 즉 뜻을 같이하게 된 후의 결과물이라는 점이 부각되었다. 이는 전통적으로 강조했던 가족 간의 정이나 종족적 책임이 '혈연'에 기초한 것이었던 데 비해 훨씬 더 '현대적'이라는 점에서 정당성을 부여받았다. 혁명으로 모든 것을 재단하는 풍조가 가장 극단적이었던 문혁 직전과 문혁 초기, 혁명이 모든 것을 압도한다는 담론들 속에서도 우정은 당시 '혁명적 우의(友

誼)' '혁명의 전우' 같은 이름으로 긍정적 명분을 갖고 공식 서사에 등
장하곤 했다. 따라서 사회에 희망을 걸고 조직으로부터 위로를 찾고자
했던 노력이 좌절된 직후 판샤오가 우정에 기대를 걸었던 것은 문혁 후
기의 분위기에서 상당히 '자연스러운' 것이었다. 이때의 우정에 대한
감각은 인생에 필요한 다른 많은 항목이 사회에 의해 제거된 상황에서
나왔기 때문에 당시 사람들, 특히 젊은이들은 종종 우정에 지나치게 많
은 기대를 걸곤 했다. 그처럼 우정을 특별히 중시하는 상황은 사람들,
특히 젊은이들로 하여금 친구 간 '우정'에 대해 지나치게 높은 순도나
강도를 요구하거나 반대로 통렬히 책망하게 만들었다.

그런가 하면, 조직이나 우정에 비해 이성 간의 사랑은 혁명의 역사에
서 더 많은 우여곡절을 겪었다. 문혁 직전 다시금 혁명화를 소리 높여
제창하던 시기, 문혁의 공개적 담론이나 서사 속에서 사랑은 완전히 생
략되고 사라져버렸다. 하지만 문혁과 문혁 전 수십년의 역사를 통시적
으로 보면 당시 사랑의 퇴장은 그저 잠깐에 불과했다. 문혁 전 독서나
관람이 허가되었던 대량의 번역문학과 영화, 그리고 중국 현대문학 작
품 속에서 사랑은 매우 중요한 위치를 차지했다. 사랑은 모두 봉건적 속
박을 부수고 그로부터 벗어난 증거로 여겨졌다. 또한 1949년 이후 64,
65년 혁명화 제창 전까지 나온 수많은 서사와 영화에서도 사랑은 늘 상
당한 지위를 차지했다. 비록 문혁 직전과 문혁 기간에 발표된 문학이나
영화에는 사랑이 삭제되어 등장하지 않았지만 그렇다고 사랑이 특별히
엄청나게 공격당하거나 부정되는 불행을 겪은 것도 아니었다.

혈육의 정이 인생의 선택항목에서 배제되어버린 후 판샤오가 인생의
버팀목으로 찾은 항목이 차례대로 조직, 우정, 사랑이었던 것도 결코 우
연이 아닌 것이다. 판샤오의 선택은 20세기 중국 공산주의 혁명과정, 그
리고 그 속에서 만들어진 시대의 관념적 감각상태, 심리적 감각상태 등

과 매우 긴밀하게 연관된다. 이는 1980년대 중국대륙의 많은 사람들이 왜 그토록 인생에서 사랑이 차지하는 결정적 의미를 강조했는지, 그 역사적 구조성을 이해하는 데 중요한 단서를 제공한다. 혁명이 점점 극단에 치달을수록 선택 가능한 인생의 항목들이 끊임없이 배제되었고 그 결과 문혁 직후 사람들이 선택할 수 있는 폭은 매우 한정적일 수밖에 없었다. 다른 사람들이 선택할 수 있는 항목도 대개는 판샤오나 별다를 바 없었던 것이다.

그런데 문혁 후기에 비해 문혁 직후는 일련의 심각한 문제들이 잇달아 폭로되고 수많은 개인들의 불유쾌한 경험들까지 가세하면서 '당과 국가'(즉 조직)의 매력이 문혁 후기보다 훨씬 더 강력하게 부정되었다. 또 문혁 후기에는 우정이 매우 강조되었지만, 문혁이 종결되자 조반파(造反派)●와 무장투쟁에 대한 다방면의 비난이 쏟아지면서 '혁명적 우의'라는 긍정적 이미지도 타격을 받게 되었다. 게다가 문혁 직후 숱하게 보도된 각종 범죄조직, 특히 청소년 범죄패거리 문제는 과거 '우정'에 대한 사람들의 긍정적 인식에 악영향을 미쳤다. 이런 상황은 상대적으로 사랑에 대한 관심을 높이는 데 일조했다. 사랑은 1960년대 전반까지만 해도 혁명에서 시종일관 긍정적인 존재였고, 문혁 때는 비록 퇴장해 있었지만 바로 그 때문에 문혁과 연루되지도 않았으며 또 문혁에 의해 이미지를 훼손당하지도 않았다. 그리하여 여전히 시각적 제한이 상당히 많았던 70년대 말 80년대 초였음에도 사랑은 비교적 쉽게 참신한 모습으로 두각을 드러낼 수 있었고, 인생의 의미에 대한 시대적 추구 속에서 집중적인 관심의 대상이 될 수 있었다.

과거의 혁명사가 문혁 직후 사람들의 감각에 미친 영향을 더 깊이 이

● 문혁 때 마오 쩌둥을 지지하고 자본주의파, 당권파 등에 반대했던 조직 또는 사람.

해하려면 1970년대 말 80년대 초 혈육의 정과 사랑의 처지를 비교해보면 된다. 전통 중국인들의 생활감각에서 매우 중요한 위치를 차지했던 혈육의 정은 문혁 후기 혁명열정이 퇴조하면서 사람들의 삶 속에서 다시 중시되기 시작했다. 그러나 흥미롭게도 혁명열정에 의해 이미 상당한 정도로 폄하되었던 혈육의 정이 실제 삶 속에 다시 유력하게 '회귀'하는 동안에도 그것의 담론적 '가치-의미'는 그에 상응하여 복권되지 않았다. 이는 과거에 혁명을 위해 과감하게 '혈육의 정'을 포기할 수 있는가를 개인 혁명성의 판단기준으로 삼았던 것과 관련된다. 또 극단적 혁명의 시대에 '혈육의 정'은 '봉건적인' 것이라며 비난받기도 했다. 혈육의 정은 혁명과 확연히 구분되는 것으로 이해되었던 것이다. 게다가 가족은 혈연관계로 이루어진다는 전제까지 가세하면, 반드시 자연적 관계를 탈피해야만 삶이 더 이상적일 수 있다는 혁명적 감각과 혈육의 정 사이의 거리는 더 멀어질 수밖에 없었다.

혈육의 정이 봉건적인 것으로 여겨진 것과는 반대로, 사랑의 대표적 범주인 이성 간의 '자유연애'는 혁명 시기 전체에 걸쳐 명백한 반봉건으로 여겨졌다. 또 그것은 당연히 부정되어야 할 중국의 전통과도 완전히 무관한 것으로 여겨졌다. 거기다 연애대상의 범위가 무제한이라는 점에서 비롯되는 일종의 낭만성은 혁명의 내핵인 낭만화되고 이상화된 충동과 환상을 더 쉽게 만족시켰다. 바로 이같은 시대적 감각의 기제들로 인해 당시 혈육의 정은 실생활에서는 매우 중요한 역할을 했음에도 불구하고 사랑만큼 인생의 의미라는 무게감을 부여받지 못했다. 요컨대 1980년대 초 중국대륙에서 사랑이 인생에 근본적인 버팀목이 될 수 있을 거라는 믿음이 그처럼 강렬하고 그처럼 보편적이었던 것은 결코 우연이 아니다. 그것은 과거 혁명사가 전개되는 시대적 과정에서 형성된 심리적·관념적 감각상태와 고도로 밀접한 관련이 있다.

4) 허무감을 떨쳐내려는 노력과 좌절

저는 몸져누웠고 며칠 밤낮을 먹을 수도 잘 수도 없었습니다. 저는 분노했고 초조했으며 금방이라도 폭발해버릴 것처럼 마음이 답답했습니다. 인생아, 네가 정말로 추악하고 흉칙한 얼굴을 드러냈구나. 네가 내게 보여줄 신비로움이란 게 설마 겨우 이런 것이더냐!

판샤오는 자신의 경험을 근거로 인생은 추악하다고 격앙된 결론을 내렸다. 앞서의 분석과 연결해보면, 그것은 사실 특정한 역사적 시각과 특정한 의미에 대한 기대 안에서 삶을 보장받고 유지하려던 노력이 거듭 좌절되면서 얻은 결론임을 알 수 있다. 그녀는 편지의 서두에서 자신의 깊은 상실감을 고백하며 "애초 무사에서 시작된 사상의 장강이 결국은 자기에게 귀착하는 과정"이었다고 표현한 바 있다. 그러나 그녀가 '장강'이라고 여겼던 것은 사실 특정한 시각과 의미감 속에 갇혀 있던 '한 구간'의 인공수로(渠流)였을 뿐이다. 비록 그 인공수로 역시 엄청난 기세로 여차하면 제방까지 무너뜨릴 수 있는 에너지를 가진 것이긴 했지만, 그렇더라도 그것은 숱한 인생의 우여곡절을 겪고 수천만의 세계를 검토한 후의 성찰적 회고 속에서나 말할 수 있는 '장강'과는 분명 차이가 있다.

인생의 의미가 무엇이지 답을 찾기 위해 저는 사람들을 관찰하고 가르침을 청했습니다. 백발이 성성한 노인, 풋내기 청년, 부지런하고 성실한 사부(師傅), ● 아침 일찍 출근해 밤늦게 퇴근하는 회사원… 그

● 기술자, 숙련공.

러나 어떤 답도 만족스럽지 않았습니다. 혁명을 위해 산다고 한다면 너무 추상적이고, 현실적이지 않습니다. 더구나 저는 이제 그런 설교 따위는 더이상 듣고 싶지 않습니다. 만약 이름을 남기기 위해 산다고 한다면 평범한 사람들과는 아무래도 거리가 있을 수밖에 없습니다. '유방백세(流芳百世)'하거나 '귀취만년(貴臭萬年)'하는● 사람들은 결코 많지 않으니까요. 만약 인류를 위해서라고 한다면 그 역시 현실과 맞지 않습니다. 겨우 몇센티미터 때문에 남의 머리를 깨부수고 사소한 일로 욕질하며 길거리를 부수는 판에 어찌 인류를 운운할 수 있겠습니까? 먹고 놀기 위해서라고 한다면, 발가벗고 태어나 빈손으로 돌아가니 그저 세상에 한번 왔다 가는 것도 그리 재미는 없습니다. 사람들은 저더러 굳이 뭘 그리 깊이 생각하느냐며 "그냥 살기 위해 사는 거지. 다른 사람들은 그 이유를 몰라도 다 잘 살아"라고 말합니다. 하지만 저는 그게 안됩니다. 인생, 의미, 이런 말들이 수시로 머릿속에 떠올라서는 목을 조르듯이 당장 선택하라고 저를 독촉합니다.

이 단락은 판샤오가 허무에 불복하기 위한 탐색을 결코 멈추지 않았음을 잘 보여준다. 그러나 그녀가 미처 생각하지 못한 게 있다. 바로 그녀가 탐색을 위해 가르침을 구했던 사람들도 실은 대부분 그녀와 별다를 바 없었다는 사실이다. 그들 역시 비슷한 시각에 갇혀 있었고, 비슷한 구조적 경험을 했으며, 또한 그 경험을 정확하게 직시하는 데 별 도움이 안되는 관념-언어 때문에 곤혹스러워하기는 매한가지였다. 게다가 급격한 시대적 변화는 그들의 곤혹스러움을 더 견디기 힘든 것으로 만들었다. 물론 혁명의 내적 완결성과 설득력이 점점 바닥을 드러내는

●꽃다운 이름을 후세에 길이 전하거나 귀함과 추함이 만년에 전해짐.

중에도 공식 담론에서는 여전히 혁명에 대한 극단적 이해가 모든 합법성의 근원을 이루고 있던 당시 상황에서, 사람들이 일상과 직장에 팽배한 곤혹스러움에 대해 정확히 문제를 제기하고 또 차분하게 답을 내놓기란 어려운 일이었음에 틀림없다. 만약 그런 상황에서 사람들에게〔인생의〕의미에 대해 물었다면 당연히 '자연스럽고' 합법적인 대답은 바로 "혁명을 위해서"라거나 "전인류의 해방을 위해서"였을 것이다. 혁명적 이상주의가 급속히 형해화되고 사람들이 아직 그에 적응하지 못한 상태에서, 늘 입가에 준비되어 있던 이 거창한 대답은 당연히 실제 사람들의 마음이나 느낌과는 거리가 멀었다. 심지어 그것은 시대에 대한 조롱과도 같았다.

그같은 시대상황 속에서 당시 사람들은 사적인 자리에서는 '실재'나 '삶〔活着〕'에 대해 논하기를 즐겼다. 그러나 실재나 삶에 대한 그들의 이해는 대부분 개인의 일상이나 경험을 차분하게 분석해서 얻은 결론도 아니고 선인, 지인들의 경험을 진지하게 참작해서 얻은 결론도 아니었다. 그것은 그저 거창하고 큰 말들〔大詞〕• 및 그와 관련된 억압이나 설교에 대한 반작용에 불과했다. 앞서 본 것처럼 그 큰 말들은 큰 시각이나 큰 포부, 숭고감, 사명감 같은 대의명분 아래 사람들의 일상이나 직장에서의 애로사항에는 관심을 두지 않거나 무시하기 일쑤였다. 따라서 사람들은 그에 대한 반발로 실재나 삶을 언급할 때 이해관계를 주로 부각했다. 그중에서도 특히 물질적 이익이 실재나 삶에서 얼마나 중요한지가 강조되었다.

당시 사람들은 시대적인 큰 말들로부터, 그리고 그와 관련된 모든 것으로부터 벗어나는 것이 바로 공허의 세계에서 진짜 세계로 다시 돌아

• 일상생활 용어에 반대되는 사회적·경제적·정치적 용어.

가는 길이라 여겼다. 이같은 사람들의 느낌과 처리방식은 한때의 심리적 반발이었다고 이해할 수 있다. 그러나 문제는 그 심리적 반발로 인한 실재나 삶에 대한 이해 역시 인생에 튼튼한 버팀목을 제공해줄 수 없었다는 데 있다. 그것은 지극히 감정적인 것에 불과했다. 그 결과 사람들은 좋은 의미에서 중국인들이 원래부터 갖고 있었을지 모르는 실재나 삶에 대한 풍부한 이해까지 협소하게 재단해버렸다. 자연히 무엇이 삶이고 무엇이 인생인가를 묻는 판샤오의 탐색에 그런 이해방식이 도움이 됐을 리 만무하다. 오히려 그것은 협애하고 무미건조하고 허약한 정신으로 인해 판샤오가 인생의 의미에 대한 중국 전통의 풍부한 관찰과 이해, 풍성한 삶의 흥취가 녹아 있는 일상생활로부터 너무나 빨리 떠나가게 만들었다. 그 결과 그녀는 특수한 시대에 뿌리내린 언어의 표상들을 뚫고 들어가 자신이 처한 생활세계의 속살까지 이르는 데 실패하고 말았다. 그러니 당시 생활세계에 존재하던, 심신의 충만과 안정에 도움이 되는 자원들을 판샤오가 발견하고 체험하고 음미하며, 이를 통해 생활세계를 공정하게 파악하고 건설적으로 사유하는 데까지 나아가지 못했음은 더 말할 필요도 없다.

　　인류 지혜의 보고에도 도움을 구해봤습니다. 죽어라 책을 읽으며 그 안에서 위로와 답을 찾을 수 있기를 바랐습니다. 헤겔, 다윈, 오언(Robert Owen)의 사회과학 저술들도 읽고, 발자끄, 위고, 뚜르게네프, 똘스또이, 루쉰, 차오 위(曹禺), 바 진(巴金) 같은 사람들의 작품도 읽었습니다. 하지만 책을 보아도 번뇌에서 벗어날 수는 없었습니다. 칼날처럼 예리한 붓끝으로 사람의 본성을 하나하나 드러내는 대가들 덕분에 저는 인간세상의 모든 추악함을 더 깊이 간파하게 됐습니다. 저는 현실의 사람과 일들이 대가들이 썼던 것과 어쩌면 그리도 닮았는지 놀라움을 금치 못했습니다. 책 속에 빠져 있든 현실로 돌아오든 보이는 것은 모두 그랑데, 네흘류도프 같은 인물들뿐이었습니다. 저는 침대에 누워 전전반측하며 생각했습니다. 죽어라고 생각하고 또 생각했습니다. 저는 서서히 평정을 되찾았고, 냉담해지기 시작했습니다. 사회진화론은 제게 깊은 깨달음을 주었습니다. 인간은 결국 인간이라는 것! 누구도 그 자신의 규율을 벗어날 수 없다는 것. 밀접한 이해관계가 걸려 있을 때면 누구나 자신의 본능에 따라 선택할 뿐 평소 입에 걸고 사는 숭고한 도덕과 신념에 진심으로 경건하게 복종하는 사람은 아무도 없다는 것을. 사람은 모두 이기적이며 자신을 망각할 만큼 고상한 사람은 있을 리 없습니다. 과거의 선전들은 모두 거짓이거나 사실을 과장한 것일 뿐입니다. 그렇지 않다면 묻건대, 만약 위대한 성인이나 박식한 학자나 존귀한 교사나 존경할 만한 선전가가 모두 자기 자신에게 용감하게 솔직했다면 그중 몇명이나 인간은 사욕을 위해 투쟁한다는 법칙에서 자유로울 수 있었을까요? 예전에 저는 '사람이 사는 것은 타인의 삶이 더 아름다워지도록 만들기 위해서다' '인민을 위해서라면 생명을 바치는 것도 아깝지 않다'고 광적으로 믿었지요. 지금 생각해보면 얼마나 가소로운지요!

사실 판샤오 개인의 경험은 그리 보편적인 것이 아니다. 예컨대 혁명적 이상주의가 유명무실해지고 당시 사람들의 정력과 열정이 분출될 수 있는 길이 많지 않았기 때문에, 문혁 후기 대부분의 가정에서 가족의 삶은 더 긴밀해졌고 혈육의 정은 사람들의 생존과 삶에서 훨씬 더 중요해졌다. 즉 판샤오가 가정에서 겪은 실패의 경험은 실은 특별한 대표성을 지니지 못한다는 것이다.[22]
또 어떤 의미에서 판샤오 개인의 사회적 좌절 역시 그리 심각한 것은 아니었다. 예를 들어 문혁 후기에 이르면 혁명적 이상주의가 심각하게 와해되었다고 하지만 그 위엄은 건재했다. 많은 경우 그것은 여전히 당연한 권위를 지녔고, 여전히 진지하게 대면해야 하는 존재였다. 이상주의가 초래한 많은 습관과 분위기 역시 아직 팽배했고 여전히 현실을 제약하는 힘도 있었다. 예컨대 악명 높은 관료주의의 경우, 오늘날 중국대륙의 대다수 사람들은 습관적으로 이미 그것을 반드시 받아들이고 대면해야 하는 '일상적 상태'로 간주한다. 물론 사람들은 말로 또 마음속으로 그것을 비난하지만 더 많게는 그것에 적응하고 그것을 습관화하려고 노력한다. 그러나 문혁 후기에는 관료주의가 그렇게 쉽고 편하게 존재할 수 없었다. 당시 관료주의는 분위기에서나 관념 및 심리적으로나 강렬한 반관료주의의 제약을 받았고, '인민을 위해 복무한다'는 뿌리 깊은 관념과 평등이라는 습관의 제약 또한 받아야 했다. 그뿐만 아니라 당시에는 성문화되거나 혹은 그렇지 않더라도 수많은 상호제어 방식과 공간이 존재했다. 덕분에 심리적으로는 관료주의자라 하더라도 관료주의적 표현으로 인해 치러야 할 댓가가 걱정되어 스스로를 단속하지 않으면 안되게끔 만들었다. 만약 관료주의적 언행이 다른 사람에게 발각된 경우, 당시는 그에 대한 폭로나 투쟁의 방법(예컨대 대자보 같은)을 찾기가 훨씬 더 용이했다. 또 그때는 국가 역시 관료주의에 깊은 반감을 갖고 관련 문제를 훨씬 더 중시했기 때문에 관료주의적 언행이 문제가 된 관료들은 지금보다 더 큰 댓가를 치러야 했다. 물론 이런 상황은 관료주의의 악순환을 억제하는 데 도움이 됐다. 즉 평등이나 청렴을 기준으로 보면 문혁 후기 기층조직의 운영은 그 나름 훌륭한 면이 있었다고 할 수 있다. 예컨대 앞서 판샤오를 매우 상심하게 한, 상부에 이의를 제기한 사건의 경우, 그녀에 대한 상급자의 보복이라고 해야 기껏 그녀의 입단을 막은 것에 불과했다. 당시 상황에서 더 직접적으로 모욕을 주어 타격을 입히거나 더 악독한 보복행위를 한다는 건 거의 불가능했던 것이다.

5) 개인과 역사—구조의 변증법

판샤오의 가족경험이 상당히 특수한 것이고 그녀가 일을 시작한 후 맛본 좌절 역시 그리 심각한 것이 아니었다면, 다음과 같은 질문을 던져볼 필요가 있다. 그렇게 대표적이거나 보편적인 것도 아닌 경험과 특별할 것도 없는 경력이 어떻게 독자들, 특히 당시의 청년 독자들에게 그처럼 열렬한 공명을 불러일으킬 수 있었을까? 그 이유는, 독자의 마음을 움직인 것은 판샤오의 경험 자체만이 아니라 그녀가 그것을 말하는 방식, 그리고 그 문제들을 분석하고 수용하는 방식이기도 했기 때문이다. 상부에 이의를 제기했던 사건을 예로 들어보자. 앞뒤를 맞춰보면 당시 그녀가 그토록 마음을 다친 것은 단지 그 사건 때문만이 아니었다. 그보다는 그 사건으로 인해 과거 그녀가 받은 교육과 그 교육에 대한 강한 신뢰, 현실에 대한 높은 기대감이 타격을 입었다는 게 더 큰 원인일 것이다. 그때까지 교육받은 대로, 그녀는 자기가 이의를 제기하면 상부도 반가워하며 즉시 잘못을 바로잡겠다고 약속할 것이며 심지어 그 일로 그녀를 다시 보게 될 것이라고 기대했을 터이다. 그러나 그녀의 예상은 빗나가고 말았다. 그녀가 '당연'하다고 생각한 일은 일어나지 않은 대신 그녀가 전혀 생각지도 못한 일이 벌어졌다. 즉 상급자가 그 일로 그녀를 백안시하고 심지어 그녀의 입단까지 막은 것이다. 그 일이 판샤오에게 준 충격이 그처럼 컸던 이유는 바로 그 과정에서 발생한 그녀 자신의 심리적 낙차 때문이었다. 그 낙차 한 끝의 최고점은 사회주의 교육과정에서 형성된 그녀의 장밋빛 상상 저 높은 곳에 찍혀 있었다. 그 낙차의 최저점이 사실 그리 낮은 곳에 있지 않았음에도 불구하고 최고점이 너무 높았던 까닭에 낙차는 클 수밖에 없었고, 그로 인해 훼손된 부분도 그녀 개인의 감정에서 나아가 그 배후에 있는 거시적 역사에까지 미쳤던 것이다.

이처럼 개인의 경험을 분석하고 서술하는 판샤오의 방식 덕분에 그 경험들은 개인적 범주를 초월해 한 세대 전체의 성장과 긴밀하게 연관된 거시적 역사-구조와 서로 변증하는 관계에 놓이게 되었고, 그 변증 속에서 그녀 개인의 경험은 다시 새로운 감각적 내용을 부여받게 된다. 독자들이 판샤오의 편지에 그처럼 주목할 수 있었던 것도 바로 그 때문이다. 판샤오의 편지가 독자들의 개인적 경험과 그 경험 배후의 역사-구조를 직접 연결해준 것이다. 숱한 사건들 뒤에 숨어 있던 역사-구조가 어느 순간 개인의 희로애락을 분석하는 강력한 요소로서 가시화되었을 뿐만 아니라 개인의 경험에서 출발하여 역사를 논하고 변증하는 것이 가능해졌다. 즉 판샤오가 그처럼 광범위한 독자들의 공명을 얻을 수 있었던 이유, 그리고 그처럼 광범위한 발화 욕망과 참여를 이끌어낼 수 있었던 이유는 바로 그녀가 그들을 대신해 개인과 역사-구조 사이에 구체적이고 감성적이면서 동시에 이성적이고 성찰적이며 변증법적인 연결통로를 세워주었기 때문이다.

판샤오의 편지가 문혁 시기에 성장한 세대에게서 그처럼 광범위하고 강렬한 반응을 끌어낼 수 있었던 경험적 기반은 무엇보다 그들에 대한 역사-구조의 강력한 규정성에 있었다. 그 세대의 인격과 마음의 성장은 문혁의 전개과정 — 진입, 고조, 실패 — 과 무엇보다도 긴밀하게 맞물려 있었다. 문혁은 이 세대를 신앙의 꼭대기까지 데려갔다. 그들은 문혁 이전의 탐색과정이나 문혁기의 창조가 세계 무산계급혁명의 역사적 신기원을 열어갈 것이라고 믿었다. 세계사의 현재와 미래, 그리고 중국의 현재와 미래에 관련된 혁명에 대한 이같은 이해와 설계 덕분에 중국에서는 소련을 수정주의로 변질시켰던 사회, 정치, 경제, 문화 및 그에 상응하는 인간의 정신, 사상, 그리고 개인의 존재상태를 신속하고 효과적으로 극복할 수 있을 것이라 생각했다. 또한 그 덕분에 중국은 영원히 수정주의로 변질되지 않고 순조롭게 공산주의라는 새로운 세계와 제도를 신속하고 효과적으로 정착시킬 것이며, 대다수 중국인들의 정신의 면모가 한층 더 향상되거나 완전히 일신될 수 있도록 신사상, 신문화, 신교육을 빠르고 효율적으로 보급할 것이라 여겨졌다. 그들에게 이같은 혁명의 이해와 설계는 중국 이외의 국가와 민족들이 성공적으로 공산주의의 길을 향하는 데 있어 실로 모범적 의미를 지니는 것으로 보였다. 그런 신념 덕분에 문혁세대는 이처럼 위대한 시대를 만나고 이처럼 위대한 시대에 헌신할 기회가 자신에게 주어졌다는 사실을 무한한 행복으로 느꼈다. 그런 시대는 한 개인이 충만하고 충실하며 의미있는 삶을 보내기 위한 절호의 기회와 무대를 제공하기 때문이다.

그러나 절정에 이르렀던 그들의 신앙과 그로 인한 희열은 그리 오래가지 못했다. 문혁이 전개되는 동안 많은 신자들이 자기가 커오면서 주입받은 '현실'서사와 실제 현실 사이에 커다란 간극이 존재함을 깨달았기 때문이다. 또한 문혁의 구체적 실천의 결과들은 그들 세대를 휩쓸며 풍미했던 관념 및 그에 대한 신념에서 촉발된 혁명적 충동이나 상상과도 너무나 거리가 먼 것이었다. 특히, 문혁이 후반기에 이르렀음에도 혁명의 약속이 실현될 가능성은 보이지 않았다. 혁명의 열정은 지속되기 어려웠고, 이미 오랫동안 혁명을 해온 현실은 오히려 문혁 이전만도 못했다. 혁명의 이상은 딜레마에 빠져버렸다. 그리하여 미래와 현재에 대한 장엄한 약속과 상상을 가장 많이 동경하고 열렬히 호응했던 바로 그 사람들이 먼저 그 신앙의 절정에서 곤두박질치게 되었다.

따라서 이 세대에게 문혁의 좌절이란 일반적으로 사람들이 맞닥뜨리게 되는 역사적·사회적·정치적 인생의 좌절과는 다르다. 그들에게 문혁의 실패가 준 충격과 상처는 세계에 대한 기본적인 인식구조, 인생의 의미와 역사의 의미까지 관련된 근원적인 것이었다.[23] 대다수의 문혁세대는 혁명을 위해 피와 불의 세례를 감내할 정신적 준비가 되어 있었기에 고생이나 고난, 자기희생 같은 건 큰 문제가 아니었다. 그들에게 가장 결정적인 충격은 바로 자신들이 옳다고 믿었던 혁명이 사실은 자기가 믿었던 것처럼 역사와 진리의 방향을 대표하고 중국과 세계의 아름다움을 위해 궁극적 책임을 감당하고자 하는 창조적 노력이 결코 아니었다는 점이다. 그것이야말로 그들 신앙의 핵심이었건만, 문혁, 특히 문혁 후기와 문혁 종결 후에 밝혀진 숱한 문제들은 그들로 하여금 그 핵심 부분을 회의하지 않을 수 없게 만들었다. 그 결과 과거 그들이 굳게 믿었고 덕분에 열렬히 인생을 추구하고 충만한 의미를 느낄 수 있었던 가장 중요한 버팀목이 무너져버린 것이다.

문혁을 전후로 한 10여년간의 역사-구조는, 판샤오가 보여준 대로 1940년대 말에서 50년대 말 사이에 태어난 세대를 매우 강렬하고 효과적으로 주조해냈다. 문혁은 이상주의가 더 충만했던 전기와 상대적으로 유명무실해진 후기로 구분되지만, 문혁 초기의 적극적 청년들과 문혁 후기에 사회로 진입한 청년들은 기본적으로 동일한 역사-관념-교육 구조에 의해 규정되는 심리적 경험을 공유했다. 후기 세대에 속하는 판샤오는 사상적 신앙이나 혁명적 충동이 가장 강렬했던 문혁 초기 사회를 직접 겪은 것은 아니지만, 자신이 받은 교육과 받아들인 관념을 통해 문혁 초기의 광적인 참가자들과 동일한 신앙, 동일한 인식, 동일한 세계관을 공유했다. 따라서 사회로 진입한 후 판샤오가 느낀 심리적 낙차가 문혁 중후반에 사회로 진출한 비슷한 연령의 청년들과 서로 통했던 것은 말할 것도 없고, 문혁 초기에 투신했던 좀더 나이 든 청년들과도 여러가지 면 — 정신적 경험, 심신의 곤혹스러움, 의식의 고통 같은 — 에서 서로 공명하고 공감할 수 있었던 것이다.

　문혁 후기에 사회로 진출한 청년들은 문혁 초기 적극적으로 투신했던 청년들과 상당히 다른 경험을 한 것처럼 보이지만 실은 동일한 심리적·관념적 낙차 때문에 곤혹스러워했다. 그들 모두 한때는 진리가 내게 있고 의미가 내게 있다고 자신했지만, 그것이 한바탕 역사적 환영에 불과했음을 곧 깨달았기 때문이다. 한때 믿음이 간절했을수록, 그리고 순수한 사람일수록 낙차는 더 크고 고통도 더 깊었다. 이같은 역사-관념-교육의 영향이 판샤오의 편지가 10살 이상 차이가 나는 그 세대 사람들의 마음을 모두 움직이게 만든 역사-구조적 기초였던 것이다. 요컨대 판샤오의 편지가 그토록 거대한 파란을 불러일으킬 수 있었던 결정적 원인은 판샤오가 겪은 구체적 경험들이 보편적이었기 때문이 아니라 그 경험 이면에 자리한 감정이 그만큼 보편적이었기 때문이다. 또한 그 감성을 시대적 역사-관념-교육의 구조와 직접 관련시켜 변증하는 그녀의 분석방식도 주효했다. 즉 많게는 10살 넘게 차이가 나는 문혁세대의 시대적 관념-심리 구조, 그리고 근본적으로 이 관념-심리 구조에 상응하는 판샤오의 강렬한 감정이 함께 작용한 덕분에 판샤오의 편지는 그 세대에게 그처럼 거대한 호소력을 발휘할 수 있었던 것이다.

6) 구원으로서의 독서라는 상상

　판샤오는 가정에서 좌절하고 사회에서도 좌절을 맛본 후로 의식적인 독서를 통해 자기 혼란의 해답을 찾으려 했다고 말한다. 그녀의 말에서 우리는 지난날 그녀가 지녔던 신앙이나 인식은 물론이거니와, 그녀가 환경적 제약을 넘어 독립적으로 사고하기 위해 했다는 적잖은 독서 역시 실은 똑같은 시대적 제약 속에 있었음을 알 수 있다.

판샤오가 곤혹을 해소하기 위해 읽은 책들 중 헤겔, 다윈, 오언 등의 저서는 모두 당시 맑스주의 계통으로 분류되었다. 따라서 그들의 저작은 마오 시대에 번역과 출판, 유통이 모두 용이했고 개인 소장도 가능했다. 즉 상대적으로 구하기 쉽고 그 내용도 쉽게 수용될 수 있었다. 한편 판샤오가 거론한 문학가들은 주로 문혁 이전 시기에 그 나름 의미있다고 인정받던 비판적 리얼리즘 계열의 작가들이다. 그중 보통 낭만주의 작가로 분류되는 위고는 당시 중국에서 적극적 낭만주의 작가로 간주되었다. 1960년대 초까지만 해도 중국에서 적극적 낭만주의는 당대 유럽에서 시대적 의미가 있을 뿐 아니라 중국에서도 읽을 만한 가치가 있다고 여겨졌다. 또한 당시 자주 거론되던 낭만주의 작가들과 비교할 때 위고의 작품은 비교적 사실적이고 현실비판적 성격도 강해서 대체로 비판적 리얼리즘 작가의 작품과 비슷하게 평가되고 인정받았으며 긍정적으로 수용되었다. 판샤오 편지를 잘 들여다보면 위고의 작품이 그녀에게 깊은 인상을 남긴 것도 대체로 그와 같은 부분이었음을 알 수 있다. 즉 판샤오에게 위고는 사실 비판적 리얼리즘 작가로 읽혔던 것이다. 판샤오 이전부터 중국대륙에는 흔히 비판적 리얼리즘으로 읽히는 작가의 작품들을 소개하고 평가하는 일정한 틀이 있었는데, 판샤오의 편지는 바로 그 틀이 그녀의 독서에도 깊은 영향을 미쳤음을 보여준다.

'인성'에 대한 판샤오의 이해에 최종적으로 영향을 미친 것은 그녀가 말한 사회다윈주의였을지 모른다. 그러나 우리는 앞단락과 그전 단락에서 그녀가 사회다윈주의를 수용할 수 있도록 뒷받침해준 것은 그녀의 개인적 경험들 외에 바로 그녀가 섭렵한 이들 문학작품이었음을 분명히 알 수 있다. 사실 이들 작품은 인성과 인생에 대한 판샤오의 분노 어린 결론을 회의하고 성찰하게 만드는 자원이 될 수도 있었다. 하지만 결과적으로는 오히려 그녀의 결론에 더 큰 확신을 심어주고 말았다. 그것은 판샤오 본인의 강렬한 트라우마가 독서에 영향을 미쳤기 때문일 테지만, 또한 당시 이들 비판적 리얼리즘으로 분류되는 작가들의 작품에 대한 정의나 해석방식이 그녀에게 영향을 미쳤기 때문이기도 하다. 건국 직후인 1950년대와 60년대 전반기 비판적 리얼리즘 작품에 대한 분석들을 보면 그들 작품이 '인간'의 악함을 폭로했다는 점이 특히 강조되어 있다. 악의 존재, 특히 원래는 소박하고 순결했던 청년을 악한 존재로 만드는 원흉이 바로 죄악에 물든 자본주의 제도나 식민지봉건주의라고 고발하는 한편, 오늘날 사회주의로 들어선 후로는 상황이 완전히 달라졌다고 강조하는 것이다. 이렇게 판샤오는 한편으로 당시 청년들의 눈에는 이미 타도되어버린 과거의 착취사회를 이 작품들을 통해 다시 한번 부정하고, 또 한편으로는 대다수 청년들이 이미 의심할 여지 없이 확신하고 있던 사회주의 혁명과 제도의 필요성, 도덕성, 우월성을 다시 한번 증명하고 강조했다. 그런데 판샤오가 이 작품들을 읽었을 때는 이미 사회주의 사회의 경험에서 좌절과 트라우마를 겪은 후였기 때문에 그녀는 기존의 선과 악이라는 이분법적 틀, 즉 기본적으로 자본주의 제도는 비판하고 사회주의혁명은 긍정하는 문학비평의 낡은 틀로부터 비교적 쉽게 벗어날 수 있었다.[24] 그러나 또 한편으로 비판 아니면 긍정이라는 낡은 틀에서 비롯된, 작품의 복잡성을 떠나 사회와 인성의 추악함에 대한 작품의 비판성만을 유독 강조하는 기존 틀의 습관은 판샤오가 이들 작가의 작품을 읽고 수용하는 과정에서도 결정적인 역할을 했다. 그 결과 이들 작품에 묘사된 혁명 이전 사회의 인성 문제가 판샤오의 의식 속에서는 탈맥락적이고 탈구조적이며 복잡성이 전혀 고려되지 않은 채로 자신이 경험했던 혁명 이후의 인성 문제와 뒤섞여버렸다. 덕분에 그전에는 협소한 개인적 경험과 관찰에 얽매여 인성과 인생의 진면모에 대해 감히 단정짓지 못하던 그녀가 이제는 거침없이 격앙된 결론을 내릴 수 있게 된 것이다. 개인의 협소한 경험적 시공간에 얽매여 있던 그녀의 인생 탄식에 비해 그 격앙된 결론이 훨씬 절대적이고, 더 허무하며, 사고의 여지를 더욱 차단해버리는 것임은 두말할 나위도 없다.

7) 판샤오의 분노가 지닌 역설적 구조

인생에 대해 간파한 후로 저는 이중인격자가 되어버렸습니다. 한편으로는 이 범속한 현실을 비난하면서 또 한편으로는 저 역시 그 흐름에 몸을 맡기게 된 겁니다. 헤겔은 "이성적인 것은 모두 현실적이며 현실적인 것은 모두 이성적이다"라고 말한 적이 있습니다. 그 말은 이제 저 스스로를 위로하고 상처를 어루만지는 명언이 되었습니다. 저도 사람입니다. 저는 고상한 사람은 아니지만, 모든 사람이 다 이성적인 것처럼 저도 이성적인 사람입니다. 저도 돈을 벌고, 성과급에 연연하며, 아부도 할 줄 알고, 거짓말도 할 줄 알게 되었습니다… 그때마다 저의 마음은 매우 고통스럽지만 헤겔의 말을 떠올리면 마음은 이내 평정을 되찾습니다.

이 단락은 앞서 「편집자 부기」에서도 이미 주목했던 판샤오식 정서, 격분, 허무감 속에 내재된 역설적 구조를 매우 선명하게 보여준다. 인성에 관한 판샤오 자신의 결론은 개인적 경험으로 이미 증명된 듯했고, 세계와 인생과 인성을 깊이 이해하고 있는 대문호와 사상가들에 의해 증명된 듯했다. 그런데도 그녀는 그 결론을 받아들이지 못한다. 그녀의 결론이 그녀를 통일시키는 것이 아니라 오히려 분열시키고, 그녀를 평온하게 하는 것이 아니라 오히려 더 고뇌하게 만든 것이다. 그녀가 편지에 쓴 말을 그대로 인용하자면 "인생에 대해 간파"함으로써 그녀는 오히려 "이중인격자가 되어"버린 것이다. 그녀에게 이 분열감은 사실 그녀의 결론이 이미 부정했던 내용, 즉 이상과 의미에 대한 열렬한 갈망에서 비롯된다. 심지어 이 이율배반적 구조 속에서 분열감은 그녀의 허무감보다도 우위에 있다. 그게 아니라면 너무나 일상적인 행위들, 예를 들어 돈을 벌고 성과급에 연연하고 아부하고 거짓말하는 따위의 너무나 흔하고 평범한 일들이 왜 그녀를 그처럼 고통스럽게 하고, 그리하여 늘 "이성적인 것은 모두 현실적인 것이고 현실적인 것은 모두 이성적인 것"이라는 헤겔의 말까지 빌려가며 자신을 설득하고 평정을 찾으려 애썼는지 이해하기 어렵다. 다시 말해 판샤오는 겉으로는 인성과 인생이 허무함을 단호하게 인정하는 것처럼 보이지만 속으로는 사실 그와 반대로 너무나 열렬한 이상주의적 격정을 추구했으며, 충만한 가치와 의미 상태에 이르기를 간절히 원하고 기대했던 것이다.

　이 점을 분명히 이해할 때 비로소 '인생의 의미' 토론의 가장 중요한 책무가 무엇이었는지가 확실하게 드러난다. 판샤오 편지가 그처럼 많은 사람의 공감대를 형성할 수 있었던 것은 판샤오의 정신, 심리, 정서의 역설적 구조가 바로 그 시대 정신사적 구조의 핵심이기도 했음을 분명히 보여준다. 따라서 만약 모순으로 가득한 판샤오식 정신, 심리, 정서의 존재를 그 시대가 건설적으로 대면하고자 했다면 반드시 그 소중한 이상주의 정신을 어떻게 해야 잘 계승하고 전환할 수 있을지, 어떻게 해야 그 이상주의적 격정에 든든한 새 버팀목을 찾아줄 수 있을지, 그리고 그 이상주의의 좌절로 인한 깊은 허무감과 환멸감, 거기서 비롯된 파괴적 에너지와 충돌의 힘들을 어떻게 소화하고 흡수할 것인지에 대해 진지하게 고민했어야 한다. 그런 의미에서 판샤오 토론은 그 시대가 공화국 정신사의 관건적 시점에 처해 있음을 분명히 깨달을 절호의 기회를 제공했다고 할 수 있다. 즉 정신사의 차원에서 볼 때 판샤오식의 역설적 정신구조는 그 시대가 오늘날 중국대륙 정신사의 기본 성격과 면모까지 결정짓는 매우 관건적 순간이었음을 보여준다. 그것이 관건적 순간이었다 함은, 바로 당시 팽배했던 그 모순적 정신구조 때문에 중국의 정신사가 위로 발전할 수도 아래로 전락할 수도 있는 기로에 있었으며, 사상과 실천이 그에 어떻게 반응하는가에 따라 그후 정신사의 면모를 상당부분 결정할 수 있는 순간이었음을 말한다. 그러나 판샤오 편지의 「편집자 부기」처럼 시대정신의 구조에 내재된 그 충만한 긴장감을 어느정도 느끼고 있던 참가자가 적지 않았음에도, 안타깝게도 그들 모두 편집자의 인식 이상 더 나아가지는 못했다. 즉 문제의 복잡성을 깨닫고 나아가 판샤오 편지와 그를 둘러싼 열렬한 반응들 속에서 시대의 정신사적 구조의 핵심을 명확하게 파악하며, 그것이 사상과 실천에 어떤 도전장을 내밀었는지를 파악하는 데까지 나아가지는 못했던 것이다. 그로 인해 그 시대가 만약 적절한 선택을 했더라면 충분히 건설적인 역할을 했을지도 모를 절호의 기회를 놓쳐버렸음은 물론이다.

8) 자아·타자의 성 쌓기와 성 부수기

물론 저는 먹고 마시고 놀며 일생을 헛되이 살고 싶지 않습니다. 저에게는 저만의 사업*이 있습니다. 저는 어려서부터 문학을 좋아했는데, 특히 인생의 쓴맛을 다 맛본 후로는 더더욱 문학의 붓으로 그 모든 것을 써보고 싶어졌습니다. 제가 살아가는 것, 지금 하는 모든 것이 다 그것, 문학을 위한 것이라고 할 수 있습니다.

* 여기서 사업은 일정한 목표와 규모와 체계를 갖고 사회 발전에 기여할 수 있는 지속적 활동 또는 그로 인한 개인적 성취를 가리킨다.

그렇지만 저를 이해해주는 사람은 없는 듯합니다. 제가 다니는 공장의 노동자 대부분은 가정주부이고, 그나마 젊은 여성들은 파마 아니면 옷차림 얘기만 합니다. 그녀들과 저는 공통된 언어를 찾기가 무척 힘듭니다. 그녀들은 제가 너무 고상하고 괴팍하다 하고 독신으로 살 거냐고 묻기도 합니다. 저는 대답하지 않습니다. 그녀들의 저속함이 싫으니까요. 그런데 늘 주변 사람들과 어울리지 않다보면 처량하고 외로운 느낌이 듭니다. 무서우리만치 외로움을 느낄 때면 저도 사람들의 담소에 함께 끼어들고 싶어집니다. 하지만 그들의 그 천박한 담소를 접할라치면 또 저만의 고독 속에 숨어 있는 편이 차라리 낫겠다는 생각이 듭니다.

앞서 판샤오가 말한 대로 그녀의 결론이 그녀의 혼란을 진정으로 해소해줄 수 없었다면 일상생활이나 직장생활은 그 정신적 고통을 해소하거나 조금이라도 줄여주는 데 도움이 되었을까? 이 단락에서 그녀는 자신의 문학적 추구와 그에 비해 이상적이지 못한 직업환경에 대해 말하고 있다. 그녀의 눈에, 집단공장의 동료들은 주로 가정주부이고 나머지 젊은 여성들도 헤어스타일이나 옷차림에 관한 얘기밖에 하지 않는다. 그리고 판샤오는 그런 그녀들을 저속하다고 느낀다.

물론 판샤오 진술의 진실성을 의심하는 것은 아니지만, 한가지 더 따져봐야 할 문제는 그녀가 책망하는 동료들의 행동, 즉 그들이 헤어스타일이나 옷차림 얘기만 하는 이유가 무엇이냐는 것이다. 문혁 전과 문혁 시기를 전체적으로 휩쓸었던 분위기나 동원의 힘은 개인이 싫다고 해서 거부할 수 있는 것이 아니었다. 그렇게 보면 머리나 옷에만 관심있는 것처럼 보이는 동료들도 실은, 겉으로는 늘 월급이나 상여금에 목매는 판샤오처럼 내심 의미에 대한 미련과 심신의 충실함에 대한 기대를 품고 있었을지 모른다. 판샤오의 그것만큼 예리하고 강렬하고 분명한 것은 아니었을지라도 말이다. 판샤오를 강한 고통에 빠지게 했던 시대의 역사-구조로부터 그녀의 직장 동료들이라고 자유로울 수 있었을까? 만약 판샤오가 헤어스타일이나 옷차림만 말하는 것처럼 보이는 동료들의 겉모습을 뛰어넘을 수 있었더라면 그들도 실은 자신과 많은 부분에서 비슷하다는 사실을 발견할 수 있었을지도 모른다. 사실 헤어스타일이나 옷차림만 얘기한다고 해서 그들이 정말로 '그것들'에만 마음을 두고 있었는지는 알 수 없는 일이다. 어쩌면 '그것들'에 대한 과도한 표현은 그들 역시 판샤오가 그랬듯이 도구적 이상주의가 이미 유명무실해져버린 현실에 실망했기 때문이었는지 모른다. 또한 자신의 경험과 심정을 어떻게 정리하고 전달해야 할지, 어떻게 의식적인 활동과 계획으로 삶을 더 충만하게 하고 심신을 더 편안하게 할 수 있을지 그 방법을 몰랐기 때문일 수도 있다. 판샤오와 비슷한 자신의 경험을 정확하게 말할 능력이 부족하거나, 형용하기 어려운 경험과 곤혹스러움을 전할 수 있는 분위기나 계기가 주어지지 않은 상태에서, 자연스럽게 헤어스타일이나 옷차림처럼 모두에게 편하고 단순한 대화 주제를 선택하게 된 것일 수도 있다. 당연히 그것은 '마음'이 정면으로 드러나는 방식을 찾지 못한 교류이고 따라서 '마음으로 마음을 발견'하기가 어렵다. 유감인 것은 이 방면에 상당히 능력 있는 판샤오마저 구조적 제약에 갇힌 그들의 표현을 그저 그들의 생활 자체에 대한 표현일 뿐이라 여겼다는 점이다. 판샤오는 어떤 계기만 주어진다면 자신의 일과 생활의 동반자인 동료들의 마음이 진심으로 열릴 수도 있다는 사실을 인식하지 못했으며, 따라서 그런 방향으로 자신의 능력을 적극 활용할 여지 또한 없었던 것이다.

만약 자기가 그랬던 것처럼 동료들도 역사를 구경만 하지 못하고 끼어들었다가 결국 역사에 조롱당했다는 걸 판샤오가 알았더라면 그녀

역시 동료들의 일상적인 표상을 뛰어넘어 그들이 방법을 몰라 표현하지 못하는 삶과 심신의 내면까지 깊이 들어가 그들을 이해할 계기를 만들었을지 모른다. 그리하여 자신과 동료들이 사실은 많은 공통된 경험을 갖고 있음을 발견했을지도 모른다. 그리하여 그 공통된 경험을 서로 비춰보는 과정에서 자신과 동료들의 성장과정 간에 존재하는 서로의 특별함도 발견하게 됐을지 모른다. 다만 이때 자아와 타자 사이에서 발견하는 차이는 과거 판샤오가 자아와 타자의 차이를 그저 직관적으로 판단했을 때와는 판이하게 다른 차원의 것이다. 이때의 차이는 각자의 삶과 생명의 내부로 훨씬 더 깊이 들어가서 발견하게 되는 차이다. 이 차이는 예전에 표면만 보고 판단하던 인식과정을 뛰어넘어 '마음으로 마음을 발견'하는 교류를 하는 과정에서 비로소 발견할 수 있는 것이다. 한걸음 더 나아가 이때 차이의 발견은 같음을 발견하는 계기가 되기도 한다. 이렇듯 자아와 타자가 직관적 다름 속에서 같음을 발견하고, 그 같음 속에서 또다시 차이를 발견하며, 한 차원 더 깊은 차이 속에서 또다시 같음을 발견해가는 것, 이를 통해 자아와 타자는 서로 왕복하는 변증법적 인식을 실현할 수 있게 된다. 타자에 대한 인식의 심화는 자아를 더 깊이 인식하는 데 필요한 대상화의 매개로서 타자를 볼 수 있게 하고, 자아에 대한 부단한 인식의 심화는 다시 또 타자에 대한 인식의 심화를 촉진하는 계기가 된다.

이 과정에서 자아와 타자는 더이상 타성적이고 직관적인 의미에서의 당연한 '자아'나 당연한 '타자'가 아니며, 각각의 인식을 심화시키는 변증법적 왕복과정에서 부단히 개현(開顯)되는 인식적이고 돈오(頓悟)적인 것이다. 또한 자아가 타자를 더 깊이 인식-돈오하고 자아 자신을 더 깊이 인식-돈오하는 데 없어서는 안될 유기적 매개이기도 하다. 이렇게 끝없는 변증법적 왕복과정을 거친 후에도 자아와 타자는 여전히 구분되는 존재겠지만, 그렇더라도 이때의 자아와 타자는 과거 우리가 타성에 의해 직관적으로 확정했던 자아 및 타자의 해체를 전제로 하는 것이다. 그것은 자아와 타자가 서로 반복해서 건설적으로 상대를 열어가는 계기들을 통해, 즉 그같은 건설적 노력을 통해 비로소 획득된다. 다시 말해 이같은 일련의 과정을 거쳐 비로소 획득한 새로운 자아와 타자 인식은 과거 우리가 갖고 있던 자아와 타자 의식을 부단히 내려놓으면서 마음의 박동과 생명의 박동으로 교류하고 전념(貫注)한 연후에 비로소 얻어지는 것이다. '마음으로 마음을 발견'하려는 노력 속에서 자아가 상실될지도 모른다는 위험을 무릅쓰고 얻게 되는 새로운 자아는 과거의 자아에 비해 더 많은 자아의 차원을 열어줄 수 있을 뿐 아니라 타자를 깊이 인식하고 건설적으로 타자에 이르는 데 필요한 예민한 매개가 될 수 있다. 이때의 자아는 더이상 타자를 깊이 인식하고 효과적으로 타자에 이르는 것을 방해하는 장애물이 아니다.

'자아-타자'의 이같은 유기적이고 왕복적인 인지과정 속에서 자아는 더 효과적인 자원을 얻게 된다. 자기 혼자서는 대상화하기 어려웠던 많은 심리적 감각들, 알 수 없는 감정들이 이제 타자라는 효과적인 대상화 매개를 통해 관조되고 이해되며 분석될 수 있다. 그리고 자신의 정서나 심정을 대상화하여 파악하지 못한 데서 비롯되었던 주관적 감각 및 감정적 곤혹스러움도 줄어들 수 있다. 만약 자아의 대상화가 다름 아닌 자신의 일상과 일터에서 함께 살아가는 타자와의 공감과 공조 속에서 이루어진다면 자아에 대한 더 깊은 인식-돈오가 자신의 일상과 일터에 대한 것까지 포함하고, 반대로 자기가 처한 일상과 일터에 대한 진일보한 인식-돈오가 다시 자아에 대한 인식을 포함하게 된다. 이는 자아와 일터, 자아와 시대, 일터와 시대를 서로 무관하거나 단절적인 것으로 느끼거나 인식하지 않음을 의미한다.

일단 자아와 세계 사이에 이렇게 표충적인 언어 및 행위의 제약을 뛰어넘는 긍정적인 인지추동 방식이 수립되면 사람들은 그제야 일상적인 삶과 일터에서 자기 내면의 경험에 기초한, 자기 내면의 진짜 곤혹과 기쁨을 바탕으로 하는 소통과 교제 방식을 창조할 수 있게 된다. 또한 그 소통과 교제는 기존의 기본적인 생활과 일, 삶의 조건을 바꾸지 않고도 가능하다. 당연히 이같은 인지-감각기제에 근거해 세워진 우정과 연대야말로 자아와 타자의 문제, 일상생활과 일터의 문제를 정면으로 대면할 수 있게 한다. 또 그 우정과 연대 속에서 한 사람 한 사람이 모두 심신의 편안함을 누릴 수 있게 되고, 그 안에서 상호 감정의 연대, 인지계발의 연대, 심신배양의 연대가 충분히 실현될 수 있으며, 개개인이 몸담은 일상생활과 일터의 질도 효과적으로 개선될 것이다.

　그런데 앞의 인용문을 보면 판샤오는 미처 거기까지 생각하지는 못했던 듯하다. 즉 그녀는 시대적 고달픔으로 인해 '자연스럽게' 표현된 사람들의 행위 및 언어라는 표충의 표상을 돌파해야만 정말로 중요한 경험과 정신의 층위에 도달할 수 있음을 미처 깨닫지 못했던 것이다. 많은 사람들이 그 경험과 정신의 층위를 잘 이해하지 못하더라도, 표충의 표상을 뛰어넘는 것은 내면의 마음을 심도있게 파악하고 또 그로부터 현실을 개선하는 데 도움이 되는 정신적 역량을 발굴하는 데에도 매우 중요하다. 그런데 판샤오는 역사-구조의 고달픔에서 기인한 일상적 표충의 표상만을 보고 그들의 본질을 무리하게 판단했으며, 그 판단에 기대어 자기가 상대방보다 고상하다고 자처했다. 사정이 그렇다보니 자신의 내적 필요에 부합하고 자기와 타인에게 모두 정서적으로나 경험적으로나 진실하며 서로 진정으로 위로가 되고 힘이 되는 교류관계를 자신의 일터에서 창조해낼 수 없었음은 당연하다. 의미감에 대한 강렬한 욕구를 지녔고 한때 출렁이는 시대의 파도 속에서 강렬한 의미감으로 흥분에 들떴던 판샤오지만, 시대는 이제 더이상 그녀에게 의미감으로 인한 흥분을 선사하지 못했다. 게다가 그녀는 아직도 자아를 지탱할 방식을 찾지 못하고 있었다. 그러다보니 과거 의미감으로 충만했던 그녀의 창해(滄海)가 지금은 그녀의 상실을 더욱 견딜 수 없는 것으로 만들 뿐이다. 그녀는 자신의 경험을 어떻게 건설적으로 전화시킬지, 또 어떻게 자신의 경험을 통해 시대와 타인에 대한 더 깊은 이해에 이를 수 있는지 알지 못했다. 이것이 바로 사상적으로 자아 문제를 해결한 것처럼 보였던 판샤오가 스스로 믿을 만하다고 생각했고 또 '저속한' 동료들보다 훨씬 더 고상하다고 여겼던 자아를 이기지 못하고 자기가 그처럼 무시했던 동료들의 담소에 참여하고 싶어하는 정신적 모순에 빠진 결정적 이유다. 물론 여기서 그녀가 말한 참여는 그저 단순한 심리적 충동이었을 뿐 그녀 사유의 기본 전제를 검토하거나 자신을 동료들보다 고상하게 평가했던 전제 자체를 검토한 후의 판단은 아니었다. 따라서 설령 그녀가 담소에 참여했다 해도 그녀가 싫어하는 '그들'의 표현이나 '현실' 자체를 돌파할 수는 없었을 것이다. 즉 성찰을 거치지 않은 판샤오의 참여는 여공들 사이에 있던 표층적이고 산발적인 교류상황을 바꿔내지 못했으리라는 것이다. 하물며 기존 교류를 뛰어넘어 판샤오에게 의미있는 교류, 즉 판샤오가 자아를 객관화하고 대상화해서 바라볼 수 있고 또 이를 통해 위안과 힘을 얻을 수 있는 새로운 교류상태를 만들어내기란 더더욱 어려웠을 터이다.

따라서 앞에 인용된 판샤오의 편지는 스스로 예리하다고 여겼던 사유의 결과가 그녀를 곤경에서 꺼내주기는커녕 똑같이 견디기 힘든 새로운 곤경 속으로 다시 데려갔음을 보여준다. 판샤오는 '자아'야말로 인생의 버팀목이라고 판단했지만, 자아에 대한 판단과 이해 자체에 문제가 있었기 때문에 그 판단이 완성된 바로 그 순간부터 그녀는 그토록 궁정했던 자아를 도리어 견딜 수 없게 돼버린 것이다. 그리고 그녀가 자신과 타인을 위로하고 힘을 주는 데 유익한 환경과 교류관계를 만들어낼 가능성도 사라져버렸다. 좀 심하게 말한다면 그런 점에서, 판샤오는 당시 현실을 참을 수 없어했지만 정작 자신은 자기가 싫어하던 현실을 개선하기보다 오히려 그것을 부추기는 데 동참했던 것이다.

9) 자아 고양의 이면

제가 글을 쓰고자 하는 것은 인민을 위해 공헌하거나 '4개 현대화' 같은 목표를 실현하기 위해서가 아닙니다. 저는 그저 자아를 위하고 개성의 필요에 따를 뿐입니다. 저는 사회가 저를 별 볼일 없는 사람으로 보기를 원치 않으며, 저의 작품으로 저의 존재를 밝히고 싶습니다. 금방이라도 집어삼킬 듯한 망망대해 속에서 쪽배 하나에 안간힘을 다해 매달리는 것처럼, 저는 죽을힘을 다해 이 유일한 정신적 지주를 붙들고 있습니다.

스스로 이성의 세례를 거쳤다고 믿었던 자아가 일이나 사교에 어떤 도움도 주지 못했다면, 그 자아가 특별히 선택한 문학사업은 판샤오의 자아에 양분이나 도움이 되었을까? 이어지는 서술을 보면 그녀가 "죽을힘을 다해" 붙들었던, 그리고 유일한 정신적 지주라고 느꼈던 문학이 심신의 집중이나 안정에 기대했던 역할을 하지는 못했던 듯하다. 왜 그랬을까? 인성에 대한 그녀의 절대적 판단은 세계에 대한 관찰이나 그간의 경험에 대한 반추와 성찰, 그리고 문학을 받아들이는 태도에도 영향을 미쳤을 것이다. 한편, 문학을 읽어내는 판샤오의 방식은 그녀가 그 뛰어난 작품들을 통해 더 넓고 풍부한 세계로 나아가는 법을 배우거나 세상을 더 의미있고 건설적인 것으로 상상하는 데 방해가 되었을 것이다. 원래 판샤오에게 문학은 자신의 경험과 주변 세상을 보다 깊이 음미하는 데에 가장 도움이 되는 존재였다. 그러나 그녀가 세계와 인성에 대한 자신의 절대적 판단을 깨부수지 않는 한, 그리고 문학을 받아들이는 기존의 태도와 습관을 바꾸지 않는 한, 문학은 그녀가 자신과 주변 환경과 세계에 대한 이해를 개척하는 데 필요한 이기(利器)가 될 수 없다. 나아가 그녀를 견딜 수 없는 생활과 심신의 곤혹스러움에 빠뜨렸던 그녀 자신의 문제적 의식과 이해방식도 해결해줄 수 없다. 즉 판샤오가 당시 그처럼 고통스런 상태에 빠진 것은 시대적·사회적 원인도 있었지만 그보다 더 근본적으로는 그녀 자신의 의식상태와 관련이 있다. 바로 그 개인의 의식상태 덕분에 그녀는 문학 속에서 자신의 곤혹을 해결하는 데에 직접적으로 도움이 될 만한 자원과 조우할 수 있었지만, 또한 바로 그 문제적인 의식상태 탓에 그 자원에 반응하지도 못했던 것이다.

하지만 문학 속에서 스스로를 개선할 기회를 놓치게 만들어버린 관념적 장애가 있었음에도 불구하고 그녀가 언제나 문학을 사랑했다는 것은 문학이 그녀와 잘 맞았음을, 그녀를 위로하고 고양시키는 무언가가 문학 속에 있었음을 말해준다. 즉 그때 만일 그녀가 문학 가운데 자신과 잘 맞고 자신을 위로하며 고양시키는 그 부분을 집중적으로 파고들었다면 문학은 그녀가 살아가는 동안 근심이 있을 때나 적적할 때, 어딘가에 기대고 싶을 때마다 의지가 되어주었을 것이다. 또 늘 불안해하는 자아에 어떤 자양분과 균형감각을 제공해주었을지도 모른다. 하지만 안타깝게도 당시 그녀의 문학적 선택이란 개인 심신의 필요에서 출발한 것이 아니었다. 물론 그녀는 "제가 글을 쓰고자 하는 것은 인민을 위해 공헌하거나 '4개 현대화' 같은 목표를 실현하기 위해서가 아닙니다. 저는 그저 자아를 위하고 개성의 필요에 따를 뿐입니다"라고 말한다. 마치 외부의 속박을 거부하고 오로지 자신만을 중심에 두겠다고 단호히 결심한 것처럼 말이다. 하지만 그 단호함은 바로 다음에서 "저는 사회가 저를 별 볼일 없는 사람으로 보기를 원치 않으며, 저의 작품으로 저의 존재를 밝히고 싶습니다"라는 구절로 이어진다. 곰곰이 들여다보면 여기에 미묘하지만 중요한 반전이 존재함을 알 수 있다. 즉 그녀가 문학을 선택한 가장 근본적인 이유는 바로 사회적 관심을 끌고 싶은 욕망 때문이었음이 드러나는 것이다. 판샤오가 문학을 자기 사업으로 선택하게 만든 근본 동력이 다름 아닌 사회로부터의 인정이라면, 자신의 내면을 돕기 위한 문학적 노력과 문학에 대한 사회적 중시 사이에 괴리가 생길 때 그녀는 선택의 문제에 직면하게 될 것이다. 즉 내면으로부터의 필요를 자기 문학사업의 주축으로 삼을 것인가, 아니면 문학에 대한 사회적 관심을 주축으로 삼을 것인가 하는 문제다. 사회로부터 무시당하지 않는 것에 중점을 두었던 판샤오는 후자를 선택했다. 판샤오 본인은 자아의 필요에서 문학을 선택했다고 여겼지만 실제로는 문학에 대한 시대적 관심과 수용을 사업의 주축으로 삼았던 것이다. 판샤오에게 문학은 여전히 자아를 위한 것처럼 보였을지 몰라도, 시대의 문학적 관심이 마침 그녀의 정신적 곤혹을 해결하는 일과 맞아떨어진다면 모를까 그렇지 않을 경우 그녀의 문학적 노력은 실제 그녀의 자아와는 무관해질 수밖에 없다. 따라서 문학은 결코 그녀의 "정신적 지주"가 될 수 없었으니, "유일한 정신적 지주"란 더 말할 필요도 없다.

문학을 선택한 것이 당시 판샤오의 생활과 생명이 필요로 하던 지원을 해주지 못한 이유가 바로 여기에 있다. 앞서 말한 대로, 판샤오의 관념과 잘못된 문학 정전 읽기로 인해 문학은 기본 관념과 인식 면에서 근본적으로 그녀를 변화시킬 잠재력을 발휘할 수 없었다. 하지만 그렇더라도 문학은 그녀에게 잘 맞거나 위로가 되거나 고양감을 느끼게 해줌으로써 적어도 그녀의 생활과 생명에 윤기를 제공할 수는 있었다. 정말로 그랬다면 판샤오는 본인이 언급했던 그런 불안과 정신적 고통에 깊이 빠지지 않았을 것이다. 따라서 문학이 판샤오의 고통에 적절한 양분을 제공하거나 진정작용을 하지 못했다는 것은 바로 그녀가 진정한 자아가 아니라 사회적 관점을 축으로 문학을 선택했기 때문임을 보여준다.

나아가 판샤오가 자아의 가치를 증명할 사업으로 문학을 선택한 것 자체도 논의해볼 만한 일이다. 중국대륙에서 문혁 직후의 10여년이 그야말로 문학의 황금시대였음을 상기해보자. 그때는 그 많은 종류의 문학잡지들이 모두 수십만권씩 발행되었다. 누가 소설을 써 국가급 상을 받으면 즉시 그 사람은 전국적으로 유명인사가 되었다. 그런데 1970년대 말, 80년대 초의 사회적 관심이 문학에 집중되었기 때문에 문학을 선택했다면 같은 이치로 92년에는 다른 이의 평가나 사회적 인정을 받기 위해 또 어떤 선택을 하게 되었을까? 당연히 시장을 선택하게 되었을 것이다. 92년 이후에는 시장경제와 관련된 성공이 온 중국대륙의 이목을 집중시킨 초점이었기 때문이다.

만일 개인의 선택기준이 시대와 사회의 관심에 있다면 시대가 관심을 갖는 성공의 방식이 실제로 자신의 개성이나 능력과 잘 맞지 않을 경우, 아무리 자신의 선택이 자아를 위한 것이고 개성에 따른 것이었다고 스스로 강변하더라도 사실은 자아와 무관한 것이다. 누구든 진실로 자아와 맞는 길을 걸어가려면 독립적으로 판단하고 선택할 용기가 필요할 뿐 아니라 정말로 독립적으로 판단하고 선택할 능력도 필요한 법이다.

생존이 됐든 창작이 됐든, 저는 누구에게나 모두 주관은 자아를 위하고 객관은 타인을 위한다(主觀爲自我, 客觀爲別人)라는 도리를 깨닫게 되었습니다. 마치 태양이 빛을 발하는 것은 무엇보다 자기가 생존하기 위한 운동의 필연적 현상이며, 만물을 비추는 것은 그로부터 파생된 일종의 객관적 의미에 지나지 않는 것처럼 말입니다. 따라서 저는 한 사람 한 사람이 모두 최선을 다해 자기 존재의 가치를 높이려 노력한다면 인류사회는 필연적으로 전진하게 되리라 생각합니다. 이는 아마도 인류의 법칙이자 생물 진화의 법칙——그 어떤 독단적인 설교로도 묻어버리거나 기만할 수 없는——일 것입니다!

앞서의 분석에서 우리는 판샤오의 문학적 경험을 통해 다음과 같은 사실을 발견했다. 즉 자신의 고민이 일단락되었다고 판단한 판샤오는 주저 없이 자아를 강조하는 것처럼 보였지만, 실은 자신의 생존감각과 긴밀하게 관련된 사업을 설정할 때 살짝 핵심에서 벗어난 결과 본인이 관념적으로 가장 강조했던 자아는 놓친 채 오히려 사회적 관심과 분위기에 의해 주도되고 말았다. 판샤오의 문학 경험은 자아를 목표로 하는 것처럼 보였지만 정작 그 목표를 실현하기 위한 실천의 설계에서 자아는 방치되었다. 그저 방치한 데에 그친 것이 아니라, 심지어 자아의 방치를 진정한 자아의 대면으로 오해하기까지 했다.

10) 판샤오의 명언 "주관은 자아를 위하고 객관은 타인을 위한다" 속의 '자아'와 '타인'

앞부분에서는 판샤오가 자신의 구체적 경험을 이야기하면서 자기도 모르게 자아에 대한 신념과 그 실천 사이에 균열을 드러냈다면, 바로 앞 단락은 그녀의 생각을 직접적으로 드러내고 있다. 이 단락에는 판샤오 토론 가운데 가장 유명하고 훗날의 회고에서도 가장 많이 등장하는 명언 "주관은 자아를 위하고 객관은 타인을 위한다"라는 구절이 포함되어 있다. 하지만 유감스럽게도, 토론에서는 이 명언을 둘러싼 의론이 가장 분분했음에도 그에 대한 반응들은 궁극적으로 찬성, 반대, 절충, 판단 보류 네가지로 귀결되었다. 그리고 대부분은 그 말이 그 시대에 그와 같이 말해진 것이야말로 시대적 심리와 정서를 표징한다고 강조했을 뿐, 순식간에 퍼져나간 이 명언이 실제 내포한 사상의 복잡성을 끈기있고 세심하게 분석한 사람은 많지 않다.

재미있는 점은, 자고로 중국의 '자타관'은 판샤오 토론에서 나온 세 가지 외에도 더 많았다는 것이다. 판샤오 토론에 등장한 세가지 '자타관'이란 첫째, 시대가 판샤오에게 주입한 자타관, 둘째, 시대가 주입한 자타관을 깨고 판샤오가 만들어낸 "주관은 자아를 위하고 객관은 타인을 위한다"라는 자타관, 셋째, 토론과정에서 늘 반면교사로 거론되곤 했던 "사람은 바깥에서 오는 재물 없이 부를 쌓을 수 없고, 말은 밤에 먹는 풀 없이 살을 찌울 수 없다(人無外財不富, 馬無夜草不肥)"는 식의 자타관이다. 이외에도 중국 사상에는 다양한 자타관이 존재했다. 그중 가장 유명한 것으로 공자가 "옛날에 배우는 자는 자신을 위해서"였다며 높이 평가하고 "오늘날 배우는 자는 남을 위해서(『論語·憲問』)"라며 비판한 것을 들 수 있다. 주자는 『사서장구집주』에서 공자의 이 말에 대해 다음과 같이 해석을 덧붙였다.

정자(程子)가 이르기를 '자기를 위한다는 것은 스스로에게 얻고자 함이요, 남을 위한다는 것은 다른 이에게 보여주고자 함이다(爲己, 欲得之於己也. 爲人, 欲見之於人也)'라고 했다. 정자가 이르기를 '옛날에 배우는 자는 자신을 위해서였지만 그 끝은 사물을 완성하는 데에 이르렀다. 오늘날 배우는 자는 남을 위해서이며 그 끝은 자신을 잃는 데에 이른다(古之學者爲己, 其終至於成物. 今之學者爲人, 其終至於喪己)'라고 했다. 내가 보건대, 성현께서 배우는 자의 마음가짐의 득실을 논함에 여러가지 설이 있으나 이 말씀처럼 적절하고 핵심적인 것은 없었으니, 이에 밝게 분별하고 날마다 살핀다면 무엇을 따라야 할지 헷갈리지 않을 것이다. (『四書章句集註·論語集註』卷七)[25]

공자, 정자, 주자의 이러한 '자아'와 '타인' 이해는 "주관은 자아를 위하고 객관은 타인을 위한다"라는 판샤오의 말과 사상적으로 겹칠 뿐 아니라 판샤오의 말에 내포된 사상적 공간까지도 충분히 지탱해줄 만한 것이다.

그런데 이러한 고전적 사유를 진지하게 고민하기 위해서는 다음과 같은 몇가지 질문을 더 던져야 한다. 왜 '자기를 위함'은 칭찬받아야 하고 '남을 위함'은 오히려 비판받아야 하는가? 이것은 우리가 어려서부터 배워온 '인민을 위해 복무하라'라는 가르침과 너무나 다르지 않은가? '남을 위한다'는 말을 정자가 말한 대로 '남에게 보이기 위한 것'이라고 이해한다 해도 여전히 의문이 남는다. 어떤 시대적 가치나 도덕적 풍조가 올바른 것이라면 그 시대에 자신을 알리기를 원하고 그 가치와 도덕에 부합하기 위해 노력하는 것 역시 좋은 일 아닌가? 왜 그렇게 하면 자기를 잃는다는 것일까? 게다가 따라야 할 가치나 도덕이 올바르다면 자신을 잃는 것이 무슨 문제가 되는가? 또 판샤오 토론과 관련하여 이런 의문도 생길 수 있다. 판샤오는 "주관은 자아를 위하고 객관은 타인을 위한다"라는 구절에 이어 "한 사람 한 사람이 모두 최선을 다해 자기 존재의 가치를 높이려 노력한다면 인류사회는 필연적으로 전진하게" 될 것이라고 했는데, 이것이야말로 정자가 말한바 '자신을 위함으로써 사물을 완성하는' 것이 아닌가?

이러한 질문에 답하기 위해서는 먼저 공자와 정자, 주자의 언술들이 어떻게 하면 더 건설적이고 덜 파괴적으로 자아를 확립하고 나아가 자아와 타인, 자아와 세계의 관계를 확립할 것인가에 대한 그들의 사유와 관련되어 있는지를 알아야 한다. 즉 중국 역사상 이들 성현에게 '자기〔己, 자아〕'란 미리 딱 정해진 것이 아니기에 '자기를 위함(爲己)'이란 늘 자아의 개선 또는 도덕·인격·정신의 성장과 관계되고, 나아가 자아·타인·세계에 대한 이해의 심화와도 연계된다. '자기를 위함'에 있어 심신·도덕·인격·정신이 성장함에 따라 자연스레 인지가 진전되고, 인지의 진전은 '자기'의 심신·도덕·인격·정신의 성장을 주도하는 인지판단의 권리가 자기 자신에게 있도록 해준다. 주도권이 자신에게 있게 되면 자신의 정신적 생명이 자신의 생명경험과 생활세계에 더 충분히 뿌리내릴 수 있고, 그리하여 '자기'의 심신·도덕·인격·정신이 성장할 때 그 생명상태 역시 신장되고 원활해질 수 있다. 또한 자신의 생활세계에 충분히 뿌리를 내리기 때문에 '자기'의 심신·도덕·인격·정신의 추구와 유기적으로 조화를 이루는 형식도 건립할 수 있게 된다. 그런가 하면 또 한편으로 '자기'가 몸담은 사회의 축적된 역사와 문화를 진지하게 대면하면서 성현이 가르친 '자기를 위함'을 제대로 소화하는 일은, '자기'와, '자기'와 동일한 역사적·문화적 세계에 있는 타인을 단절시키는 것이 아니라, '자기를 위하는' 동시에 타인과 소통하고 타인을 이해하며 세계와 소통하고 세계를 이해하는 통로를 만드는 일이기도 하다. 즉 그들이 강조하는 '자기를 위함'이란 사실 타인에 대해, 그리고 '자기'와 타인이 모두 속한 세계와 역사에 대해 더 깊이, 효과적으로 이해하며 소통할 수 있는 계기도 포함하는 것이다. 그리하여 타인, 그리고 우리의 세계와 역사에 대한 이해의 계기가 일단 열리면, '자기를 위함'은 '자기'가 자신에 대한 이해를 한층 심화하고, 자신의 상황에 근거하면서도 효과적으로 세계에 대해 책임질 수 있는 실천적 위치나 개입방식을 더 정확하게 찾도록 해주는 인식과 사유의 매개가 될 수 있다. 이는 자신에 대한 관심과 타인 및 세계에 대한 주목이 서로를 건설적으로 추동하는 정비례 관계에 있음을 의미한다. 이때 타인과 세계에 주목하는 주체는 더이상 과거의 '나'가 아니라 충분히 단련되고 함양된 후의 '나'다. 당연히 이렇게 단련되고 함양된 '나'는 타인과 세계의 깊은 의미와 더욱 효과적으로 소통할 매개가 될지언정 장벽이 될 리 만무하다. 또한 '자기'가 타인과 세계에 대해 진정으로 깊고 더 넓게 이해할 때, 그리고 '자기'가 세계에 대한 책임을 걸머질 때라야만 비로소 더 정확하게 타인과 세계에 그 자체의 생생한 맥을 따라 실천적으로 개입할 수 있다. 그리하여 타인과 세계의 문제를 잘 극복했을 때 그들의 생명력을 최대한 보존하고 그 생생한 맥을 최대한 소통시킬 수 있으며, 대상의 생생한 맥은 파악하지 못한 채 '자기'가 정한 '선함'과 방법론을 타인과 세계에 강요하는 일을 피할 수 있다. 다시 말해, 앞서 말한 성현의 '자기를 위함'이라는 가르침을 따르다보면 우리는 '자기'를 더 잘 위할 수 있게 됨과 동시에 더욱 책임감 있는 태도로 세계의 '사물을 완성'할 수 있게 되는 것이다.

반대로, '자기를 위함'으로써 '사물을 완성'하는 길을 걷지 않고 조급하게 '남을 위함(爲人)'으로써 '사물을 완성'하는 데 집중하는 경우가 있다. 이때 사람들을 주도하는 시각이 도덕적으로나 가치적으로 정확한 것이라 해도, 그 시각 자체는 외부에 존재하는 것이므로 그 도덕과 가치의 실천과정은 아무래도 사람들의 생명이나 생생한 삶의 맥락에 뿌리내리기 어렵다. 즉 그 도덕관과 가치관의 진지한 실천과정이 개인의 생명을 더욱 창달하거나 삶을 더욱 자유롭게 하거나 더 원활하게 하는 계기가 되기는 쉽지 않다는 것이다. 또 한편 '남을 위하는' 방식은 그 주도 시각이 외부에 있는 까닭에 자아와 타인, 자아와 세계 간에 '자기를 위하고' '남을 위하는' 선순환적 인식의 변증을 실현하기 어렵고, 따라서

'자기'가 타자와 세계에 대한 인식을 부단히 심화하는 매개로 개발되기 어렵다. 이 경우 두가지 악영향이 초래된다. 우선, 오로지 '남을 위하는' 사람의 경우 세계에 대한 인식은 점점 더 교조화되고, 그가 믿는 가치와 세계의 관계는 그의 감각과 인식 속에서 점점 더 논리에 치우치고 추상화되기 십상이다. 또 하나는, 실천에 있어 '자기'가 진정으로 '선'을 추구한다 해도, 그리고 그가 베푸는 '선'이 사람들이 보편적으로 받아들이는 원칙이자 가치라 해도, 그것을 베푸는 사람인 '자기'가 그 베풂의 대상인 타인 및 세계를 잘 이해하지 못하는 탓에 그들의 맥락에 최대한 근접한 베풂의 지점이나 방식을 선택하는 것이 불가능하다. 그리하여 스스로는 '선'이라 생각하는 행위가 오히려 그 대상이 원래 가진 생명구조를 파괴하는 결과를 초래할 수도 있다. 따라서 성현들이 강조했던 '자기를 위하는' 길에 비하면, 지나치게 조급하게 '남을 위하는' 일에 집중하는 것은 진정으로 '자기'를 위하지 못할 뿐 아니라('자기를 잃음'), '남을 위하는 것'('사물의 완성')도 제대로 할 수 없게 되는 것이다.

이처럼 처음에는 털끝만큼 차이 나는 것처럼 보이는 '자기를 위함'과 '남을 위함'의 사이는 궁극적으로 엄청난 차이를 보이게 된다. 그렇기에 우리는 공자와 정자, 주자 같은 중국 역사상의 성현들이 왜 그렇게 입을 모아 '자기를 위할 것'을 호소했는지, 또 언뜻 고상해 보이는 '남을 위함'이 실은 너무나 쉽게 빠질 수 있는 함정을 숨기고 있다고 경고했는지 이해할 수 있다. 이렇게 이해하고 나면 세상을 걱정하고 백성을 가엾게 여겼던 이들 성현이 '자기를 위함'을 높이 평가하고 '남을 위함'을 비판한 것도 전혀 이상한 일이 아니었음도 알게 된다. 또 판샤오가 말한바 "한 사람 한 사람이 모두 최선을 다해 자기 존재의 가치를 높이려고 노력한다면 인류사회는 필연적으로 전진하게" 될 것이라는 구절의 표면적 의미만 갖고 그것을 '자기를 위함으로써 사물을 완성한다'는 정자의 말과 직접적으로 동일시하지는 않게 될 것이다.

이처럼 중국 전통의 자아와 타인에 대한 고전적 사유에 비춰보면, 판샤오가 자아와 타인에 대한 사유를 통해 명확한 결론을 얻은 후에도 스스로가 선택한 자아를 받아들일 수 없었던 것이 '주관은 자아를 위하고 객관은 타인을 위한다'나 '한 사람 한 사람이 모두 최선을 다해 자기 존재의 가치를 높이고자 노력한다면 인류사회는 필연적으로 전진하게 될 것'이라는 그녀 생각의 필연적 결과는 아니었음을 알 수 있다. 표면적인 의미로만 보면 '주관은 자아를 위하고 객관은 타인을 위한다'라는 생각은 공자와 정자, 주자의 관련 논지와 위배되지 않기 때문이다. 물론 공자, 정자, 주자는 판샤오처럼 '주관'과 '객관'을 뚜렷하게 이분적인 것으로 보지 않았다. 따라서 판샤오가 '주관은 자아를 위하고 객관은 타인을 위한다'라는 결론을 얻은 후에도 강렬한 자아의 곤혹에 빠지게 된 사상적 원인은 그 결론 자체의 옳고 그름 때문이 아니라 그녀의 사고가 그 자리에 멈춰버린 데 있다고 할 수 있다. 그녀는 어떻게 '자기를 위함'으로써 '사물을 완성'할 수 있는지, '사물을 좇는 것'이 왜 '자기를 잃게' 하는지와 같은 차원으로 사고를 더 밀고 나가지 못했던 것이다. 그 결과 자아와 타인에 관한 그녀의 사유는 안정적인 건설의 차원에 고정되었지만, 실제로 자아를 인정하거나 자아를 위해 사업을 선택할 때면 반대로 자아로부터 멀어졌다. 그녀는 "주관은 자아를 위하고" "최선을 다해 자기 존재의 가치를 높여야" 한다고 선언했지만 이 말들은 정작 자아를 위하고자 했던 그녀의 실천 속에서는 제대로 안착하지 못한 것이다.

이런 점에서 보면 판샤오 관련 토론 가운데 '주관은 자아를 위하고 객관은 타인을 위한다'를 둘러싸고 벌어진 논쟁이 찬반을 막론하고 왜 사상적 기여를 하는 데까지 이르지 못했는지 알 수 있다. 그것은 '주관은 자아를 위하고 객관은 타인을 위한다'와 '한 사람 한 사람이 모두 최선을 다해 자기 존재의 가치를 높이고자 노력한다면 인류사회는 필연적으로 전진하게 될 것'이라는 판단 자체가 원래부터 도전의식이 부족한 것이었기 때문이다. 즉 당시의 정통적(正統的) 인생관과 자타관이 이미 동시대 청년들의 개인적 경험과 사회적 경험을 해석해주지 못하는 상황에서, 판샤오가 자아와 타인이라는 각도에서 잘 갖춰진 듯하지만 알고 보면 진정한 도전의식이 부족한 인생관을 재구축한 것이다. 하지만 "주관은 자아를 위하고 객관은 타인을 위한다"라는 판샤오의 말을 비판했던 사람들 역시 대개는 여전히 그 시대의 정통적 인생관에서 비롯된 자타관의 입장과 논리를 벗어나지 못했으며, 그에 대한 판샤오의 사상적 도전을 더 나은 계기, 보다 심도있고 보다 완전하며 보다 시대에 걸맞은 새로운 인생관과 자타관을 세울 절호의 계기로 만들지 못했다. 그들의 논리는 너무 두루뭉술해서, 이처럼 현실에 응답할 능력도 없는 정통적 인생관이 과거에는 어떻게 그토록 강한 호소력과 설득력을 가질 수 있었는지, 지금 그 응답 능력의 부족이 원래부터 필연적인 것인지 아니면 적절히 씻어내고 재구성하면 다시 좋아질 수 있는 것인지 같은 문제에 대해 사람들의 진짜 경험에 근거한 설득력 있는 해석을 내놓지 못했다. 그 결과 그들이 제창했던, 그러나 젊은이들의 눈에는 이미 케케묵은 것으로 보이는 정통적 인생관에 도로 존엄성과 설득력과 호소력을 부여하는 꼴이 되고 말았다.

그에 비해 판샤오의 말에 찬성하는 이들은 주로 판샤오의 경험과 감정의 배설에 공감하는 데서 출발했다. 그러나 자아에 관한 판샤오의 사유가 절대적으로 정확한 것이라면 왜 정작 그녀는 스스로 구축한 자아 추구 과정에서 그처럼 힘들어했는지 그들은 묻지 않았다. 또한 그들은 지금이나 똑같은 인생관과 자타관이건만 과거에는 왜 그 많은 사람들이 그로부터 심신의 충실감과 충만한 의미감을 얻을 수 있었는지도 사고하지 않았다. 그것은 그저 과거에 존재하던 역사-구조적 조건들이 지금은 사라져버렸기 때문일까, 그렇지 않으면 과거 그것이 가장 성공적이었을 때, 관련된 실천들 속에서 사람들 자아의 정신이나 심신 문제를 다루지 않았던 것은 아니지만 가장 중시했던 관념 차원에서는 이들 문제를 강조해서 언급하지 않았기 때문일까? 이런 문제들에 대해 누구도 의문을 제기하거나 생각하지 않은 결과, 판샤오의 서술에 대한 찬성론이든 반대론이든 모두 보다 깊은 사상의 차원에서나 역사-현실에 관련된 인식의 차원에서나 한계를 뛰어넘는 기여를 하지 못했던 것이다.

11) 중국대륙의 시대적 삶과 신시기 현대화의 원대한 청사진

사람들은 자기 사업이 생기면 보다 충실해지고 즐겁고 힘이 난다고들 합니다. 하지만 저는 그렇지가 않습니다. 저는 지금도 고통받고 몸부림치며 스스로를 괴롭히고 있는 듯합니다. 저는 어디서든 스스로를 강자라고 표현하고 싶지만 속으로는 자신이 너무도 나약함을 잘 알고 있습니다. 얼마 되지도 않는 월급으로 많은 책과 원고지를 사야 하기 때문에 10원짜리, 20원짜리 동전까지 따져야 하는 게 제 처지니까요. 때로는 문득 내가 왜 뭔가를 해보겠다고 스스로를 들볶고 있나라는 생각이 들기도 합니다. 저 역시 사람인데, 따뜻하고 행복한 가정도 있어야 하고 현명한 아내, 어진 어머니도 되어야겠지요. 게다가 제가 정말로 뭔가를 써낼 수 있기는 한 걸까요? 설령 써낸다 하더라도 종이쪼가리 몇장이 정말 삶을 휘젓고 사회에 영향을 줄 수는 있는 걸까요? 아니요, 저는 절대 믿지 않습니다. 혹자는 시대가 전진하고 있다고 말하지만 저에게는 그 시대의 든든한 어깨가 만져지지 않습니다. 또 어떤 이는 세상에는 넓고도 위대한 사업이 있다고 말하지만 저는 그것이 어디에 있는지 모르겠습니다. 인생의 길은 어찌해 갈수록 좁아드는지, 저는 벌써부터 너무 지쳐버렸습니다. 마치 숨을 한번 내뱉고 나면 모든 게 끝나버릴 것만 같습니다. 사실 저는 남몰래 천주교당에 가서 미사를 지켜본 적이 있습니다. 차라리 머리 깎고 중이나 돼버릴까 생각해본 적도 있고, 심지어는 죽어버릴까 생각한 적도 있습니다… 마음속이 너무나 어지럽고 너무나도 모순적입니다.

이 단락은 인생의 의미가 '자아'에 있다고 단정한 판샤오가 그에 따라 관련된 인식을 바꾸고 새롭게 추구할 사업을 설정했지만 그런 후에도 그 '자아'의 심각한 상황을 견딜 수 없었음을 잘 보여준다. 또한 이 서술에는 특별히 중요한 사실이 담겨 있다.

우선 앞서의 긴 분석을 통해 우리는 왜 판샤오가 진지한 고민 끝에 자신의 사업을 정하고 그 사업에 상당한 노력을 기울였음에도 불구하고 "충실해지고 즐겁고 힘이" 나기는커녕 "고통받고 몸부림치며 스스로를 괴롭히고" 있다고 느꼈는지 조금은 이해할 수 있다. 앞서 본 것처럼 판샤오는 관념상 자아 중심으로 돌아섰지만 그것이 그녀에게 자아를 주축으로 사유할 능력이 있다거나 자아의 곤혹에 실질적으로 도움이 될 만한 실천능력이 있음을 의미하는 것은 아니었다. 판샤오 본인은 '자아를 위한다'고 생각했지만, 사실은 사유할 때나 사업을 선택할 때 모두 당시 그녀를 가장 힘들게 했던 자아의 심신이나 의미감 같은 문제에는 오히려 거리를 두거나 아예 방치했다. 그리하여 그녀는 스스로 선택하고 기대했던 사업과 생활에 최선을 다했음에도 그 속에서 자신의 노력이 자아에 가져다줄 것으로 기대했던 보답을 얻지 못했다. 오히려 노력하면 할수록 좌절을 느꼈고, 반복되는 좌절 속에 심신이 무너져내리는 것을 느꼈던 것이다.

그러나 이런 경험은 그녀로 하여금 자신의 사유에 대해 반성하고 회의하도록 만들지 못했다. 반대로 그것은 과거 그녀가 당연한 것이라 믿었던 '인간은 진지하고, (진리에 따라) 의미있게 살아야 한다'는 신념에 회의를 품게 했다. 자신의 문제는 지나치게 진지하고 너무 많은 것을 추구하는 것이며, 따라서 이 짐들을 내려놓기만 하면 몸부림과 괴로움을 면할 수 있을 것이라 여긴 것이다. 하지만 바로 그 몸부림과 괴로움, 그리고 결코 없앨 수 없었던 과거식 의미감 —— 인간의 의미는 사회와 타인, 역사에 도움이 되는 데에 있다는 —— 의 각인, 그 의미감으로 인해 충만하고 설레었던 기억들이 결국 그녀의 시선을 또다시 시대로 향하게 만들었다. 당시 언론에는 지금은 위대한 시대다, 시대와 자신을 저버리지 않도록 모두가 이 위대한 시대에 투신해야 한다는 말이 종종 등장하곤 했다. 당시 판샤오의 사상, 느낌, 현실감을 강하게 내포한 다음의 말을 자세히 음미해보자. "혹자는 시대가 전진하고 있다고 말하지만 저에게는 그 시대의 든든한 어깨가 만져지지 않습니다. 또 어떤 이는 세상에는 넓고도 위대한 사업이 있다고 말하지만 저는 그것이 어디에 있는지 모르겠습니다. 인생의 길은 어찌해 갈수록 좁아드는지, 저는 벌써부터 너무 지쳐버렸습니다. 마치 숨을 한번 내뱉고 나면 모든 게 끝나버릴 것만 같습니다." 여기서 우리는 판샤오가 이미 역사의 새로운 시기에 접어든 그 시대가 얼마나 중요한 의미를 지녔는지에 대해 부인하지 않았음을 알 수 있다. 단지 그녀 자신의 경험, 그녀가 처한 환경과 생활과 일터의 상황, 그중에서도 특히 이 시기 극에 달했던 심신의 불안, 의미감의 불안과 같은 각도에서 봤을 때, 국가가 특별한 역사적 의미가 있다고 규정했던 그 시대가 판샤오의 곤혹스러움을 정말로 치료하고 개선하는 데 도움이 되지 못했던 것이다. 즉 판샤오의 이 말 근저에는 다음과 같은 절실한 경험이 놓여 있었다. 한편에서 그녀는 갈수록 너무나 괴롭고 초조한 나머지 "마치 숨을 한번 내뱉고 나면 모든 게 끝나버릴 것만" 같았으므로, 혹여 도움이 될 만하다면 그것이 스스로 부정하고자 했던 외재적 요소들, 즉 국가나 시대, 사회, 조직이라고 해도 흔쾌히 받아들일 수 있을 정도가 되었다. 그러나 또 한편에서 그녀는 국가와 사람들이 찬양하는 시대, 그리고 그 시대가 추동하는 생활과 사업의 분위기 속에서 결코 확실한 도움과 치유의 힘을 느낄 수 없었다. 따라서 그 시대가 설사 정말 위대한 시대였다고 하더라도 그것은 그녀의 가장 절실한 곤혹과는 무관한 위대함이었고, 갈수록 출구가 없다고 느끼는 그녀의 자아와도 무관한, 그 바깥에 존재하는 위대함일 뿐이었다. 그녀의 말 속에 담긴 이러한 느낌–감정–경험–의식의 구성을 이해하지 못한다면, 그 말에 감동받았다 하더라도 그 사상적·현실적 의미를 파악했다고는 할 수 없을 것이다. 유감스럽게도, 판샤오 토론에서 상당수의 사람들이 이 말에 깊이 공감했지만[26] 그 현실적·사상적 함의를 깊이 이해한 사람은 많지 않았다. 만약 그 말에 내포된 사상적 도전과 현실적 함의를 진지하게 직시했더라면 당시 판샤오 토론은 상당히 다른 양상이 되었을 것이다.

하지만 현실 속 판샤오 토론에서는 발언한 이들 대부분이, 판샤오의 문제는 문혁의 오류 때문에 형성된 것인데 이미 문혁의 오류를 바로잡았으니 판샤오 문제의 현실적 기초가 사라진 셈이며, 따라서 판샤오의 곤경은 오늘날 올바른 시대적 기획에 열정적으로 뛰어듦으로써 해결될 수 있다고 주장했다. 여기서 우리는 훗날 1980년대 역사를 관찰하고 서술한 사람들이 매우 중시한 '개혁과 반개혁'의 대립과 힘겨루기라는 시각을 80년대 당시 역사의 당사자들 역시 매우 중시했음을 볼 수 있다. 그것은 판샤오의 곤혹에 대한 반응에서 상당히 유사하게 드러난다. 당시 개혁파든 반개혁파든, 문혁이 판샤오들의 문제를 만들어냈지만 이

제 역사가 바로잡혔으니 청년들은 이미 정확해진 현실사업에 뛰어들어 심신의 충실함과 의미를 찾아야 한다고 생각했다는 점에서는 일치한다. 다만 나중에 우리가 반개혁파라고 부르는 이들에게 '역사를 바로잡는 것'이란 문혁 이전, 특히 1950년대 중국공산당 제8차 전국대표대회 전후로 돌아감을 의미했다면, 개혁파는 이전의 역사로 돌아가는 것만으로는 부족하고 계속 개혁을 추진해나가야 한다고 여겼다는 점이 달랐을 뿐이다. 소위 80년대의 반개혁파는 청년들에게 이미 상당히 좋아진 현실 속에 뛰어들어 자기 인생의 의미를 실현하라고 호소했고, 소위 개혁파는 개혁을 지지하는 사업에 뛰어들어 인생의 의미를 실현하라고 호소했다. 개혁파든 반개혁파든 모두 역사의 올바름이 그 역사에 뛰어든 이들이 인생의 의미감과 생명의 충실감을 획득하는 데에 특히 도움이 될 것이라는 동일한 전제 위에 있었던 것이다. 하지만 이들은 모두 수많은 판샤오들의 인생의 곤혹이 역사의 오류에서 비롯된 것이라면, 사람들이 올바르다고 생각하는 궤도 — 물론 이때 올바르다고 여겨진 궤도가 실제로도 올바른 것이었는지, 어떤 의미에서 올바른 것이었는지는 모두 더 따져보아야 할 문제다 — 로 역사를 되돌려놓기만 하면 생명의 의미감과 심신의 충실감도 자연스럽게 얻어지는 것인지에 대해서는 진지하게 생각하지 않았다. 적어도 판샤오의 경우는 그것이 저절로 얻어지는 것이 아니었음을 보여준다. "혹자는 시대가 전진하고 있다고 말하지만 저에게는 그 시대의 든든한 어깨가 만져지지 않습니다. 또 어떤 이는 세상에는 넓고도 위대한 사업이 있다고 말하지만 저는 그것이 어디에 있는지 모르겠습니다. 인생의 길은 어찌해 갈수록 좁아드는지…" 판샤오의 이 경험적 진술은 당시 역사가 이른바 올바른 궤도로 회복되었다 하더라도, 그 회복이 아무리 정확하고 위대하다 할지라도, 그 과정에서 생명과 의미 문제를 특별히 주목하고 효과적으로 처리하지 않는다면 인생의 의미감이나 생명의 충실감 문제에 대해서는 별 소용이 없음을 확실히 보여준다. 토론의 발단이 된 편지에서부터 판샤오는 그러한 토론의 경로 — 판샤오들이 인생의 의미 문제를 해결하기 위해서는 당시 국가나 많은 사람들이 올바르다고 생각했던 시대의 기획에 뛰어들어야 한다고 권하는 방식 — 가 효과가 없거나, 혹은 있더라도 제한적임을 선언한 셈이다. 판샤오의 이 선언은 중국대륙의 신시기가, 문혁 직후라는 특정한 시기 사람들의 의미감 결핍이라는 상황에서 출발하여 그 역사 속 '사람'들에 관해 충분히 사유하고 충분히 효과적으로 치유할 수 있는 실천적 이해와 실천적 설계를 처음부터 결핍하고 있었음을 여실히 드러낸 것이나 다름없다.

12) 당대 종교충동과 자살충동의 기원

이처럼 자기 사유의 결론으로 얻은 '자아'에 입각해 펼친 인생도, 또 당시 사방을 뒤덮었던 열렬한 선전에 자기도 모르게 혹했던 시끌벅적한 시대도 모두 자신의 조바심과 곤혹스러움을 해결하는 데 도움이 되지 않는 상황에서, 판샤오의 마음 깊은 곳에 예전의 그녀라면 결코 생각지도 못했을 자살충동, 종교충동이 생겨났다. 많은 사람들은 급격한 종교의 확산과 자살률의 증가, 이 두가지를 1990년대 이후에 나타난 현상으로 기억한다. 하지만 판샤오의 서술은 90년대 이후 손쓸 겨를도 없이 나타난, 한번 나타난 이후로는 결코 근절할 수 없었던 이 두가지 문제가 실은 마오 시대가 남겨놓은 자아의 곤혹과 삶의 의미의 결핍 문제, 그리고 포스트 마오 시대의 사유와 기획이 이 문제에 효과적으로 대처하지 못한 것과 긴밀하게 관련됨을 짐작하게 해준다.

다행히 판샤오의 자살충동은 1990년대 많은 이들처럼 실행되지는 않았고[27] 그녀의 종교충동도 우여곡절 끝에 실제 행동으로는 이어지지 않았다. 왜 그랬을까? 그것은 단지 우연이었을까, 아니면 우연 가운데 필연이 존재했을까. 판샤오의 편지를 자세히 살펴보면 몇가지 실마리를 찾을 수 있다. 첫째, 판샤오의 서술 가운데 이미 종교와 자살을 부정적으로 간주하는 당시 사회의 강력한 분위기를 읽을 수 있다. 둘째, 마오 시대는 그녀로 하여금 주체를 앙양하도록 고무했었다. 비록 그 때문에 이상주의가 좌절되었을 때 더 큰 고통을 받았지만, 그것이 판샤오가 일으킨 주체가 상당한 인내력을 지닌, 특히 몸의 수고로움과 생활의 빈한함을 잘 견뎌내는 그런 주체가 되도록 만드는 데 일조했음은 부인할 수 없다. 셋째, 의미에 대한 마오 시대의 강조는 의미 문제를 파악하는 데 필요한 일련의 언어체계를 제공했다. 바로 그 때문에 의미 문제가 그토록 급속하고 첨예하게 제기되었고 또 판샤오를 괴롭혔던 것이다. 마오 시대가 제공한, 의미 문제를 정리하는 방식과 언어는 비록 충분히 이상적이거나 정교하지 않은 탓에 판샤오가 더욱 세밀하고 정확한 방식으로 자신의 경험을 정리하고 사고하는 데 방해가 되었지만, 그럼에도 필경 그것은 주체와 심신, 의미 상태에 관한 언어였다. 그 언어들 덕분에 판샤오는 관련 문제를 단순화할 수 있었고, 심신의 의미감에 대한 자신의 곤혹을 드러내고 대상화할 수 있는 편리한 언어적 도구를 가질 수 있었다. 자신의 초조와 곤혹을 대상화할 수 있었다는 것은 자신을 상처 입히고 괴롭히는 알 수 없는 초조함에서 상당부분 벗어날 수 있었음을 의미한다. 넷째, 판샤오가 아무리 주변 환경과 사람들을 부정해도, 마오 시대가 이미 그 세대 사람들의 영혼과 의식에 새겨놓은 이상주의와 의미의 갈구, 그리고 그 이상주의가 그들에게 준 상처로 인해 실제 그녀의 삶 주변에는 감정적으로나 경험적으로나 서로 공감하고 통하는 사회 분위기가 보편적으로 형성되어 있었다. 그리고 마오 시대가 사회 전체에 제공한 언어, 어법 역시 서로 쉽게 공감하고 소통할 공통의 어휘가

되어주었다. 판샤오의 편지가 일으킨 광범위한 반향과 그 속의 심정적 공감들이 이를 명확히 보여준다.

종합해보면, 마오 시대는 인간의 의미에 대한 초조감을 대상화할 수 있는 표현들을 성공적으로 만들어냈고, 시대적 이상주의의 좌절이 초래한 초조감으로 인한 외로움을 느끼지 않을 수 있는 언어적·시대적 환경을 만들어냈다. 또 그것은 판샤오 세대에게 좌절을 견뎌낼 주체와, 심각한 심신의 곤혹 앞에서도 쉽게 종교나 자살로 빠지지 않도록 하는 시대 분위기를 만들어주었다. 이것들이 모두 깊은 정신적 곤혹에도 자살로 떠밀리지 않게 하는 중요한 자원이었고 종교로 빠지지 않게 하는 시대적 조건이었다.

그에 비해 1990년대는 우선 시대적 분위기와 조건이 70년대 말 80년대 초와 크게 달라진 한편, 심신과 정신의 안정 면에서는 어떤 진전도 없는 상태였다. 그러므로 당시 종교를 따르는 대규모 신도 무리가 생기거나 자살 인구가 급속히 증가한 것이 그리 이상한 일은 아니었다. 90년대에 비로소 광범위한 주의를 끌게 된 이 현상이 사실은 판샤오의 편지 속에 이미 상당부분 예고되어 있었음을 생각하면, 사후적으로 역사를 되돌아보는 우리로서는 당시 판샤오 토론이 보다 충분히 건설적으로 전개되지 못했던 것이 한스러울 따름이다. 그렇지 않고 만약 당시 토론에 참가한 사람들이 판샤오의 언급을 계기로 이러한 문제에 충분히 관심을 기울였더라면, 나아가 지식인들이 이 문제를 사상적으로 의제화했더라면, 80년대의 이들 문제와 그 변화는 분명 공공여론의 관심에 포착되었을 것이다. 최소한 지식계의 시야에만 들어갔어도 90년대 이 문제들이 전사회적 화제가 되었을 때 지식사상계가 80년대 지식계의 사상적 시야에 흘러넘쳤던 이 문제들을 그제야 꿈에서 깨어난 것처럼 마주하게 되지는 않았을 것이다.[28]

13) 판샤오 토론, 놓치지 말았어야 할 역사의 계기

    편집자 동지, 저는 너무나 괴로운 상황에서 이 편지를 씁니다. 제가 이런 문제들을 모두 털어놓는다고 해서 당신들한테 무슨 대단한 처방이나 묘약을 얻고자 하는 것은 아닙니다. 하지만 만일 당신들이 이 글을 발표할 용기가 있다면, 저는 전국의 청년들에게 이 글을 보여주고 싶긴 합니다. 저는 청년들의 마음은 서로 통한다고 믿습니다. 어쩌면 그들로부터 도움을 얻을 수도 있겠지요.

1980년 4월

판샤오

(편집자주: 토론에 참여하고자 원고를 보낼 때는 봉투 우측 상단에 '문제토론'이라고 적어주시기 바랍니다.)

편지의 말미를 보면 '말이 씨가 된다'라는 말이 떠오른다. 판샤오의 편지는 대륙의 청년들로부터 광범위한 반향을 불러일으키고 "청년들의 마음은 서로 통한다"라는 말을 증명하며 사방을 휘저어놓았지만 정작 무슨 "대단한 처방이나 묘약"은 이끌어내지 못했기 때문이다. 판샤오의 문제에 대한 반응들은 판샤오의 진심에 대한 공명과 진지한 관심을 표출했다. 저마다 다른 경험과 사상적 감각과 경향을 배경으로 했지만 그 사상적 방향은 모두 다음 몇가지로 요약될 수 있다. 첫번째는 문혁 이전의 상투적인 이상주의적 자타관의 재연이다. 이는 다시 강경한 재연과 보다 유연한 재연으로 나눌 수 있다. 강경한 재연은 기본적으로 과거의 서술 내용이나 방식을 그대로 사용했는데, 당시 청년들의 반감을 사 그다지 영향력을 발휘하지는 못했다. 유연한 재연은 핵심 내용은 같지만 방식에 있어서 청년들의 느낌, 경험에 더 귀를 기울였다. 이 방식은 청년들의 심리와 정서에 어느정도 위안을 주긴 했으나 토론이 제기한 사상적 도전과는 거리가 있었다. 두번째는 앞에서 중점적으로 다룬 것인데, 문혁이 판샤오들의 문제를 만들어냈지만 역사는 이미 바로잡혔으므로 판샤오들은 이제 올바른 사업에 뛰어들어 심신의 충실감과 의미감을 찾아야 한다는 관점이었다. 이 관점은 어떤 의미에서 첫번째 방식의 변형이라고 할 수 있지만, 상당히 강한 시대 분위기를 형성하고 있었다. 그러나 판샤오들이 신시기라고 명명했던 한 시대의 현실 속에서 자신의 곤혹스러움에 대처할 만한 힘을 느끼거나 발견할 수 없다면, 이 관점을 가진 논자들은 더 나아가 다음과 같은 문제를 고민했어야 한다. 즉 이 시대의 현실이 어떠한 관념감각과 분위기, 일의 조직방식, 일상생활 방식, 정신문화 방식을 갖도록 추동해야만 심신의 의미감에 대한 판샤오들의 곤혹을 효과적으로 해소할 수 있을까라는 문제 말이다. 그러지 않는다면 이 입장은 잠깐은 판샤오들의 주의를 끌 수 있을지 모르지만 결과적으로는 곤혹의 해소에 실질적 성과를 거둘 수 없을 것이고, 따라서 그것이 내놓는 해답이나 건의는 금방 외면받게 될 것이다. 세번째는 자아를 기반으로 삼는 판샤오의 관점을 지지하는 입장이다. 하지만 이 입장은 한발 더 나아가 다음과 같은 문제를 살피고 분석하는 데까지는 이르지 못했다. 즉 판샤오는 왜 자기 사유의 결과로 선택한 '자아'를 견딜 수 없었던 것인가? 어떤 식으로 자아를 파악하고 어떤 식으로 자아가 존재해야만 그 '자아'가 자아에 의해 받아들여질 수 있는가? 어떤 의식의 심화와 실천 노력이 자아가 충실함을 느끼게 하고 사회가 더 잘 조직되고 운영되도록 할 수 있는가? 이러한 문제들을 캐묻지 않고 판샤오의 관념을 지지하는 것만으로는 그녀의 심신의 의미 문제를 실질적으로 해결해줄 수 없다. 네번째는 앞에서 말한 세가지 관점들의 절충이다. 이런 절충은 더 다양하고 자상하며 인간미 있어 보이지만, 앞의 세가지 논점이 갇힌 곳에서 한발짝도 나가지 못했다.

이러한 네가지가 좀더 사상적으로 보이는 토론들이었다면, 평상심을 갖고 더 열린 마음으로 생활 속으로 들어가 그 안에서 가치를 발견하고 생명에 대해 깨달음을 얻으라는 유의 토론도 있었다. 전체 토론을 통틀어볼 때 이는 덜 사상적이고 소박해 보이지만 오히려 매우 가치있는 것이기도 하다. 물론 그같은 토론방향이 가치있다고 말하는 것은 그것이 대단히 의미있는 역사-현실적·사상적 분석을 내놓아서가 아니라 그 시기 일상생활 가운데는 확실히 우리가 정말 곱씹어보고 살펴보고 느껴볼 만한 자원이 많았기 때문이다. 황 샤오쥐와 판 이가 나중에 어느정도 심신의 안정을 찾게 된 것도 분명히 사상과 무관해 보이는 태도로 생활에 몸담았던 것과 밀접한 관련이 있다.[29] 이렇게 잠시 삶의 의미에 대한 물음을 내려놓고 생활 속에서 눈을 뜨고 마음을 열라며 제안한 사람들은 토론을 할 때 자신들의 경험이나 판샤오가 실제 많이 받았던 도움들 — 동창의 도움과 가도판사처의 동정 덕분에 첫 직장을 잡은 일 — 을 근거로 판샤오의 과격함을 비판하면서 자신들의 제안을 정당화했다. 그러나 판샤오를 궁지에 빠뜨린 역사와 인식기제에 대해 필요한 분석을 하지 못했고 토론에서 제기된 다른 관점들에 대해 그때그때 잘 대처하지 못한 때문에 결국 황 샤오쥐와 판 이가 곤경을 벗어날 수 있도록 도울 수는 없었다. 일상생활이 역사와 그 역사 속의 생명까지 떠받친다는 것은 사실 쉬운 일이 아닐뿐더러, 하물며 당시 판샤오의 위기의식이 그처럼 날카롭게 폭발했던 것은 국가가 설계한 역사의 좌절 때문만이 아니라 일상생활 자체가 이상적이지 않은 탓도 컸다. 일상생활의 문제가 시종 명확하게 진단되고 치료되지 않으면 그 자가치유 능력은 약화될 수밖에 없으며, 역사와 역사 속의 생명을 떠받칠 능력도 끊임없이 소모될 것이다. 어떤 의미에서 이것이야말로 당대 중국대륙의 역사

속 일상이 맞닥뜨렸던 실제 상황이었다고 할 수 있다. 그렇지 않았다면 1990년대 이후 중국의 일상이 그토록 쉽게 시장논리와 소비주의에 휩쓸리지는 않았을 것이다.

앞서 분석한 것처럼, 1980년 당시 판샤오 토론에 참여한 사람들은 그녀의 초조과 불안에 공감했지만 그 가운데 판샤오의 경험과 느낌의 핵심까지 꿰뚫고 들어가 초조와 불안의 구조와 원인이 무엇인지를 파악한 사람은 없었다. 그런가 하면 나중에 판샤오 토론을 신계몽 사조와 개혁사조의 틀 위에 놓고 분석한 시도들은 뭔가를 기여하기엔 그 거리가 너무 멀었을 뿐 아니라, 판샤오 토론에 내재되어 있던 강렬한 역사-현실적 질감이나 생명의 경험-느낌의 질감조차 흐릿하게 만들어버렸다. 당시 토론에 직접 참여했던 사람들은 깊이가 없어서 그렇지 거리감이 느껴지지는 않았던 데 비해, 이들 이후의 역사서술들은 사유적으로 문제의 핵심에 근접하지도 못했을 뿐 아니라 판샤오 토론에서 빠뜨려서는 안될, 토론과정에서 원래 상당히 드러났던 특정한 역사-관념의 실마리까지 지워버렸다. 이렇게 된 중요한 원인은 바로 80년대 중국대륙의 신계몽 사조 등의 '인간'에 대한 관심과 호소 때문이었다. 그들의 시선은 주로 인간을 침해하고 억압하는 체제권력, 이데올로기 권력, 그리고 사회권력에 집중되어 있었다.

당시 인간의 주체성 등에 대한 토론은 주체의 충실함 같은 추상적 차원에서 보면 판샤오 토론과 밀접하게 관련되는 중요한 문제였지만, 역사에 실재하는 주체의 생명이나 의미의 곤혹에 대해 깊이있는 분석을 전제하지 않았다. 따라서 당대 중국대륙의 '인간'의 확립과 해방에 근본적으로 중요하다고 자임했던 80년대의 신계몽 사조가 사실은 당대 중국대륙 사람들의 생명의 곤혹이나 의미의 곤혹을 해결하는 데 거의 도움이 되지 못했던 것도 전혀 이상할 것이 없다. 80년대 중국대륙의 개혁사조는 사실상 당시 대다수 중국인을 물질적 이익 추구를 제일로 삼는 소생산자로 전제했고, 따라서 개혁의 실제 내용은 주로 어떻게 '주관은 자아를 위한다'는 마음을 자극하여 '객관적으로' 경제발전이라는 목표에 최대한 닿을 수 있게 만드는가에 놓여 있었다.[30] 이는 판샤오의 "주관은 자아를 위하고 객관은 타인을 위한다"라는 말과 거의 일치하는 것처럼 보이지만, 실제로는 그 속에 포함된 삶의 의미 문제에 대한 고도의 관심, 그리고 그 역설적 내부구조에 포함된 역사적 가능성을 모두 제거해버림으로써 더 많은 사람들을 경제주의와 물질주의의 함정으로 내모는 것이고, 따라서 심신의 의미 문제를 주된 관심으로 하는 판샤오의 명제, "주관은 자아를 위하고 객관은 타인을 위한다"와는 완전히 상반된다.

당대 중국대륙의 개혁은 실제로 역사-현실 속 생명의 문제나 심신의 문제에 필요한 인식과 자각은 부족한 반면 알게 모르게 당대 역사-현실 속의 많은 사람들을 물질적 이익을 추구하는 소생산자로 설정했다. 그로 인해 개혁이 만들어낸 수많은 사회경제제도나 관리계획은 사람들의 경제적 욕구를 외면했던 과거의 제도를 의식적으로 조정하기 시작했고 또 한편으로는 그 이해의 단순함으로 인해 이 역사-현실 속에 존재했던, 사람들의 의미감이나 심신의 감각에 도움과 위로를 주었을 제도공간과 역사-현실적 요소는 파괴해버렸다. 개혁은 사람들의 물질적 생존과 일부 제도를 개선했지만, 판샤오가 편지에서 초조해했던 심신의 문제에서 본다면 개혁이 낳은 제도와 관리, 그리고 그에 상응하는 이해-관념의 분위기는 사실상 판샤오의 문제가 이해되고 공감될 수 있는 공간을 훨씬 축소해버린 셈이다.[31]

이것이 바로 판샤오의 운명이었다. 판샤오 토론은 판샤오에게 커다란 위안이 되었을지언정 결정적인 부분에서 그녀를 돕지는 못했다. 또한 그후로도 판샤오 토론과 관련된, 크게 유행했던 사조 역시 그녀가 겪는 의미의 곤혹에 실제 도움을 주지 못했다. 그런 상황에서 흔히 선택되는 가장 좋은 방법은 바로 어떻게든 이 문제를 방치하는 것이다. 되도록 그것을 정면으로 직시하지 않음으로써 그것이 가져올 격렬한 통증을 피하고, 시간과 일과 생활이 그것을 저절로 소화하도록 내버려두는 것이다. 그러나 당대 중국 역사의 엄혹함은 그 역사를 주도해온 개혁이 판샤오가 겪은 의미의 곤혹을 해결하기 좋은 방향으로 일과 삶을 발전시키는 데 불리한 것이었을 뿐만 아니라 심지어 사회와 사람들의 삶 속에 원래 존재했던 관련 자원조차 없애버렸다. 그리하여 갈수록 더 많은 사람들이 생명의미의 곤혹 속에 말려들 수밖에 없었다. 그들이 판샤오처럼 그것을 고집스럽게 구체화하거나 날카롭게 직시하려고 했는지 안했는지는 별개로 말이다.

4. 마오 시대 중국대륙 정신사의 특수한 변천 및 그 결과

지금까지의 분석을 통해 문혁 이후 중국대륙의 정신사를 파악하는 데 전제가 되는 일련의 문제들을 어느정도 이해할 수 있었다. 또 풍부한 함의를 지닌 판샤오의 편지를 독해함으로써 문혁 이후 중국대륙의 정신사, 특히 허무주의 문제를 이해하는 데 무척 중요할 뿐 아니라 실제 1980년 한 세대 사람들에게 많은 영향을 미쳤던 '인생의 의미 토론'의 역사-현실적 바탕 및 관념-인식의 섬세한 결들도 느껴보았다. 이를 바탕으로 지금부터는 당대 중국의 정신사가 이와 같이 변천해온 이유, 그리고 그 변천과 사람들의 관념의식 및 실천계획 사이의 상호관계 등에 대해 간략하게 정리하고 분석해보자.

간단히 말해, 대다수 중국인들은 험난했던 현대국가 건설과정에서 남다른 기상을 보여준 중국 공산혁명의 결과물, 즉 중화인민공화국 건립에 높은 기대와 열정을 품었다. 그리고 건국 후 이 새로운 국가가 이전 시대가 남겨놓은 문제를 해결하고 새로운 국면을 열어가는 데서 보여준 특별한 성과를 지켜보며 국가지도자인 마오 쩌둥과 공산당을 열렬히 신뢰하고 심지어 신앙하게 되었다.[32] 건국 전부터 이미 사회적 잠재력을 발굴하고 사회적 에너지를 동원하며 사회를 훌륭하게 잘 조직해내던 중국공산당의 기술은[33] 건국 초기 그같은 유리한 사회정서를 토양 삼아 자신의 발굴·동원·조직 능력을 최대한 발휘했으며, 그 결과 몇 년 만에 전중국사회를 성공적으로 조직할 수 있었다. 그후 지도자는 자신이 설정한 논리와 이상에 상당한 자신감을 가졌고, 민중은 마오 쩌둥과 공산당을 고도로 신뢰하고 신앙했으며, 사회는 당과 국가에 의해 고도로 통합되는 등 중국의 각 방면은 모두 서로 잘 어우러졌다. 그런 가운데 국가와 사회는 중국 전통윤리에 대한 비판과 파괴를 통해 공산주의 윤리와 정서가 전통윤리를 대체할 수 있기를 기대했다. 또한 완전히 그런 윤리와 정서를 가진 공산주의적 신인간을 창조하고 그들이 중국과 전세계에서 공산주의가 실현되는 역사적 책임을 떠맡을 수 있기를 기대했다.

중국의 전통적 윤리정서와 1950~70년대에 강조된 공산주의적 윤리정서 사이의 차이는 그 내용에만 있지 않았다. 보다 중요한 차이는, 국가가 제창하고 강요한 공산주의적 신윤리·신정서가 당시 선전하던 이데올로기가 늘 올바르다는 전제, 그리고 국가지도자 및 공산당의 영도는 늘 올바르다는 전제하에 구축되었다는 데 있다. 이는 중국 전통윤리의 기원과 현실은 특정 이데올로기와 관련되더라도 그 표현이나 감정의 격발은 당시 널리 퍼져 있던 천지자연의 구조, 개인의 양지(良知), 그것과 짝이 되는 사회구조와 일상생활의 원리 위에 이뤄졌으며, 또 이들 원리와 짝이 되는 인생의 경계감이나 개인의 심신의 충실감, 행위의 가치감, 의미감과도 상당히 부합했던 것과는 사뭇 다르다. 다시 말해 전통적으로 중국인의 생명의미 감각은 개인의 심신과 행위가 천지의 질서 및 개인의 양지와 합일되는 데서 비롯된 것이었다. 설령 합일까지 이르지 못하는 사람이라도 자연과의 소통이나 조화, 심신의 안정과 평화, 종교와 관련된 개인의 수행이나 덕을 쌓고 선을 행함으로써 얻는 구원의 가능성, 그리고 가족과 사회, 친구 같은 구체적인 관계들 속에서 자기에게 요구되는 윤리적 책임의 실천 등을 통해 생명의 의미감을 느꼈다. 그에 비해 새로운 공산주의 윤리와 정서는 비록 그것을 일상의 일과 삶, 개인 심신의 상태 속에 실천하도록 요구되기는 했지만, 그것을 지탱하는 실질적 기반은 그것이 의지했던 이데올로기의 올바름과[34] 국가지도자 및 공산당 영도의 올바름에 있었다. 이같은 윤리의 구축방식은 그 자체로 위험성을 갖는다. 만약 광신했던 이데올로기 자체를 불신하게 되거나 광신했던 국가지도자와 공산당 영도 자체를 불신하게 되는 상황이 발생하면, 과거 그처럼 열렬히 추구했던 윤리와 정서도 자연히 불신하거나 심지어 그에 반감을 갖게 될 수 있기 때문이다.

문혁의 좌절이 그 세대 사람들에게 초래한 것이 바로 선전이데올로기와 마오 쩌둥 및 공산당의 일관된 올바름에 대한 강렬한 회의였다. 따라서 문혁 직후 세대가 겪은 정신적 위기는 단지 역사의 좌절이 초래한 마오 시대의 정신과 가치에 대한 회의 때문만은 아니었다. 문혁의 좌절은 가장 근본적인 차원에서 사람들이 믿고 따랐던 가치와 정신을 훼손해버렸고, 그 가치와 정신을 지탱하던 진리 담론을 뿌리째 흔들어버렸던 것이다. 가장 근본적인 차원에서 기존의 정신, 심리, 신앙이 와해되어버렸고 전통적 가치윤리나 심신의 자원도 이미 심각하게 타격을 받아

쇠락한 상태였기 때문에 양자 모두, 시대적 좌절로 인해 갑작스레 가치의 상실과 정신적 공허를 느끼게 된 많은 사람들, 그중에서도 특히 청년들에게 그 즉시 공허를 메울 대체자원을 제공해줄 수 없었다. 그리하여 문혁 직후 중국대륙의 많은 사람들, 특히 전사회적으로 공산주의적 신인간 창조에 매진했던 마오 시대에 정신과 인격이 형성되는 중요한 시기를 보냈던 젊은 세대는 자연히 열광했던 만큼 허탈하고, 열렬했던 만큼 냉담하고, 광신했던 만큼 허무한 심리·정신 상태에 빠지게 되었다. 그러나 이러한 허탈과 냉담과 허무와 달리, 또 한편에는 비록 역사적 좌절로 인해 과거 끓어올랐던 이상주의 정신에 타격을 입긴 했으나 그 이상주의적 신념 —— 여전히 인간이라면 역사와 국가, 민족, 사회에 책임을 져야 하며, 인간이라면 명확한 의미감이 있는 생존방식을 추구해야 한다는 —— 자체는 결코 포기하지 않는 상당수의 사람들이 있었다.

이 두가지 부류에 비해 당시 상대적으로 더 보편적이었던 것이 바로 우리가 판샤오의 편지에서 본 상황이다. 즉 한편에서는 절절한 허무감으로 모든 가치를 부정해버리고 싶은 충동이, 다른 한편에서는 똑같이 절절한 이상주의적 충동과 의미감에 대한 강렬한 갈망이 한 사람에게 동시에 존재했던 것이다. 그런데 그중 후자는 바로 혁명과 사회주의 실천이 문혁 후의 중국에 남겨준 가장 소중한 유산 가운데 하나였다. 따라서 만약 팽배한 허무주의 정서와 심리 이면에 여전히 강렬한 이상주의적 충동이 공존하는 정신상태를 그 당시에 분명히 인식할 수 있었다면, 어떻게 해야 그 이상주의가 계속해서 역사와 국가, 민족, 사회를 위한 책임을 방기하지 않고 사람들이 그로부터 의미감과 정신적 동력을 얻게 할 수 있을지, 또한 거대한 역사와 정치적 과제에 대한 사람들의 관심을 어떻게 일상적 심신의 충실감을 얻을 수 있는 구체적 형식과 결합시킬 것인지 고민했어야 한다. 또 한편으로는 당시의 허무감을 어떻게 흡수하고 전화시킬지 고민했어야 한다. 즉 거대한 역사 및 정치적 과제에 대한 관심과 그 관심의 일상적 의미화를 역사의 좌절 속에 형성된 개인들의 허무감을 극복하는 문제와 어떻게 결합시킬 것인지 고민했어야 한다. 당시 이런 문제에 대한 자각이 있었더라면 당대 중국대륙 정신사의 국면은 오늘날 우리가 알고 있는 것과는 다른 모습이었을 것이다. 이렇게 말하는 것은, 판샤오의 편지가 보여주듯이 당시는 문혁 직후의 허무주의 정서와 심리가 아직 완전히 고착되지 않은 상태였기 때문이다. 그것은 기존의 열광상태에 대한 일종의 반발이었을 뿐, 당시 허무주의자로 자처했던 많은 이들이 정말로 책임지지 않고 감당하지 않는 것을 좋은 것이라 여겼던 것은 결코 아니다. 이것들은 모두 당시 새로운 정신사적 국면을 여는 데 유리한 역사적 환경을 제공했다.

그러나 유감스럽게도 당시의 국가는 물론이고 지식계 역시 이러한 시대적 정신윤리의 상황과 과제를 충분히 인식하지 못했다.[35] 제대로 인식했더라면 판샤오의 문제제기는 상황을 보다 명확히 이해하고 보다 세심한 실천적 사유를 시작할 수 있는 절호의 계기가 되었을 것이다. 그랬더라면 국가와 지식계는 한편으로 이상주의가 여전히 강하긴 하지만 그것이 거대한 역사나 정치적 과제에 지나치게 의존적임을 직시했을 것이고, 또 한편으로는 이상주의의 역사적 좌절로 광범위하게 퍼진 허무감이 아직은 고착되지 않았을 뿐 아니라 그 안에서 여전히 의미감을 갈망하고 있는 현실의 이중성도 직시했을 것이다. 그로부터 국가와 지식계는 자기 사유의 목표, 즉 눈앞의 이상주의의 자원을 어떻게 계승하고 전화하고 확대할 것인가, 현실에 만연한 허무주의적 충동을 어떻게 효과적으로 제거하고 흡수할 것인가라는 목표를 분명히 세울 수 있었을 것이다. 그런 점에서 또한 국가와 지식계는 전통윤리 자원의 회복과 전화 문제를 신중하게 고려하고, 중국의 혁명과 사회주의 실천 가운데 풍부한 정신윤리의 문화적 사고와 실천적 모색을 새롭게 자리매김하고 전화하며, 또한 눈앞의 상황에 적실한 외부 자원을 신중하게 탐색하고 수용하려 했을 것이다. 이렇게만 되었다면 문혁 이후 중국대륙의 정신윤리 상황은 분명 우리가 아는 것과는 사뭇 다른 양상이 되었을 것이다.

하지만 당대 중국대륙의 정신사는 결국 우리가 목도해온 바 그대로 전개되었다. 그 역사는 무엇보다 마오 시대 사회주의 실천의 특별한 계획과 목표, 그리고 그 좌절에서 비롯되었지만, 또 한편으로는 국가와 지식계가 모두 그 역사적 좌절이 한 세대 사람들에게 초래한 정신사적 문제를 어떻게 사유하고 분석할지 제대로 대처하지 못한 탓도 크다는 점을 분명히 할 필요가 있다. 앞서 말한 것처럼 만일 판샤오 토론이 벌어진 바로 그 당시에 그 세대 사람들의 정신적 곤혹의 본질을 이해했더라면, 그 정신적 곤혹의 독특한 구조와 그 구조 자체가 지닌 자원들, 그리고 그 정신적 곤혹이 처한 역사-사회 속에 여전히 남아 있는 긍정적 자원들을 파악했더라면, 역사는 마오 시대 역사가 남긴 엄중한 정신사적 과제에 적극적이고 효과적으로 대응할 수 있는 기회를 맞이했을지도 모른다. 안타깝게도, 당시 사람들은 이 기회를 놓쳐버리고 말았다. 지금 당시의 역사를 되돌아보는 우리도 '우리의 인식 부족'이 당대 정신사 궤적의 형성에 미친 책임을 제대로 파악하지 못한다면, 우리 역시 문혁 이후 정신사의 문제들을 과도하게 마오 시대가 남긴 역사적 숙명 탓으로만 돌리려 할 것이다. 그것은 우리가 더 정확하고 깊이있게 당대 중국대륙의 정신사를 이해하는 데 방해가 될 뿐 아니라 그 역사-사회에 포함된 자원들 — 분명 오늘날 우리의 정신상황을 개선하는 데에 도움이 될 자원들 — 을 파악하는 데도 방해가 될 것이다. 자연히 그 긍정적 자원들이 문혁 이후 정신사에서 왜 긍정적 역할을 하지 못했는가라는 질문도 이어질 수 없을 것이다. 또 그 자원들이 긍정적 역할을 하지 못한 것과 우리의 관념적 분위기, 관념적 논리, 실천의식, 실천계획의 부족 사이에는 어떤 역사적 상관관계가 있는지에 대한 성찰도 불가능해질 것이다. 물론 그와 같은 성찰 위에 세워진 역사적·현실적 감각에서 출발하여 우리의 인식적 이해와 실천적 사유를 적극적으로 재구성하는 일이 불가능해짐은 더 말할 나위도 없다.

5. 판샤오 토론을 시대사상의 거울로 삼는다면

국가와 지식계가 문혁 직후의 시대정신을 잘 파악하지 못했음은 판샤오 토론에 대한 그들의 반응에서 잘 드러난다. 토론의 중요한 매개였던 『중국청년』『중국청년보』『공인일보』[36]에 발표된 글들을 보면, 국가를 대변하는 이론가든 개인적 견해에서 출발한 지식인이든 모두 의미감의 위기 배후에 놓인 역사와 관념구조의 결, 정신과 주체의 문제 및 그뒤에 놓인 역사-현실과 관념-실천의 문제들을 특히 주목하고 성찰해야 할 시대적 과제로까지 파악하지 못했음을 알 수 있다. 당시 적극적 개혁파였던 롼밍(阮銘)의 글 「역사의 재난은 역사의 진보로 보상해야 한다(歷史的災難要以歷史的進步來補償)」나 『중국청년』에서 특별히 조직하고 중공중앙선전부에서 적극 참여해 본지 편집부 이름으로 실었던 「인생의 의미를 생각하는 이들에게 바침(獻給人生意義的思考者)」[37]의 주된 취지는 모두 당시 중국이 자신들이 올바르다고 여기는 역사적 과정, 즉 '신시기'라는 역사적 과정 —— 비록 '신시기'의 의미가 무엇인지 사람마다 생각은 달랐지만 —— 에 이미 진입하였으므로 청년들은 그 현실로 뛰어들어야 한다고 호소하는 데 있었다. 그같은 호소도 물론 그 나름의 역할을 했다. 그러나 그것은 "생존이 됐든 창작이 됐든, 누구에게나 모두 주관은 자아를 위하고 객관은 타인을 위한다. (…) 한 사람 한 사람이 모두 최선을 다해 자기 존재의 가치를 높이려 노력한다면 인류사회는 필연적으로 전진하게" 될 것이라는, 판샤오의 경험과 성찰 속에 들어 있던 진정한 역사적·관념적 함의를 정확하게 파악하지 못했다. 또한 그들은 판샤오가 자신의 목표로 삼았던 '자아'를 스스로도 참을 수 없어했음을 알아차리지 못했고 그 이유도 몰랐다. 그리고 "혹자는 시대가 전진하고 있다고 말하지만 저에게는 그 시대의 든든한 어깨가 만져지지 않습니다. 또 어떤 이는 세상에는 넓고도 위대한 사업이 있다고 말하지만 저는 그것이 어디에 있는지 모르겠습니다. 인생의 길은 어찌해 갈수록 좁아드는지, 저는 벌써부터 너무 지쳐버렸습니다. 마치 숨을 한번 내뱉고 나면 모든 게 끝나버릴 것만 같습니다"라는 판샤오의 말이 사상적으로나 현실적으로 지니는 도전적 의미도 포착하지 못했다. 당연히 그들의 호소는 판샤오들이 보다 설득력 있고 보다 건설적인 방식으로 자신의 경험을 정리하고 자신과 시대 사이의 문제를 해부할 수 있도록 이끌어줄 수 없었다.

이런 상황이 나타나게 된 중요한 배경 중의 하나는, 신시기 초반 사회경제 분야에서는 다양한 신사고가 출현한 반면 문화와 정신적 가치, 사회윤리 면에서는 국가와 당내 주도세력 모두 그들 기억 속의 황금시대인 1950년대 반우파투쟁 이전으로 되돌려놓을 생각만 했다는 점이다. 하지만 판샤오의 편지에 대한 분석에서 우리는 세계와 자아에 대한 감각, 당과 국가에 대한 감각이 20년 전과는 크게 달라졌음을 알 수 있었다. 그뿐만 아니라 사람들의 정신적 구성 상태나 방식, 사회분위기 및 사회심리의 구성 상태와 방식도 크게 달라졌다. 따라서 50년대에 효과적이었던 방법이 80년대의 판샤오들에게 똑같이 건설적 효과를 발휘하기는 어려울 수밖에 없다. 더구나 당시에는 50년대에 무엇이 중요했으며 수십년이 지나 상황이 바뀐 지금도 유효한 경험이 무엇일지 같은 문제에 대해 진지하고도 심도있는 결산도 이루어지지 않은 상태였다. 그들은 판샤오가 자아를 인생의 의미의 버팀목으로 삼게 된 역사적·관념적 기제도 통찰하지 못했고, 판샤오가 왜 자아로 방향을 틀고도 그것을 참을 수 없어했는지, 또 왜 이 시기 국가와 상당수 지식인들이 자랑스럽게 여겼던 '신시기'라는 관념과 실천이 판샤오의 곤혹에는 효과가 없는지도 통찰하지 못했다. 물론 판샤오 토론이 한때 세상을 떠들썩하게 하고 국가와 일부 지식인도 여기에 관심을 보인 것은 사실이다. 그러나 그들은 판샤오 토론 뒤에 놓인 역사-현실, 관념-실천의 구성기제를 통찰하지 못했기 때문에 그들이 유효하다고 생각했던 방안들은 실제로 효과가 없었고, 있더라도 한계가 있었다. 그 또 하나의 결과가 바로 청년들의 심리와 정서를 보다 잘 반영하고 사고도 더 균형잡힌 것처럼 보이는 판샤오의 결론, "주관은 자아를 위하고 객관은 타인을 위한다"라는 말의 대유행이었다.[38]

어떤 의미에서 판샤오의 이 명언이 광범위하게 유행한 것은 필연적이었다. 문장이 기억하기 쉽고 입에도 잘 붙을 뿐 아니라 그 말 속의 복잡한 정서가 당시 젊은 세대의 마음과도 딱 들어맞았다. 더구나 그것은 의미 문제를 처리함에 있어 마오 시대에 보편적이던 자아-타인(혹은 집단) 패러다임을 계승하면서 동시에 그 세대의 경험 — 당과 국가가 가장 이상적이고 의미있다고 제창했던 삶에 투신했으나 결과적으로 거대한 좌절을 맛봐야 했던 — 도 잘 드러냈다. 그것은 외부와 고별하고 자아로 돌아오면서도 외부를 포기하지 않는 방식을 통해 마오 시대의 이상주의 — 사람은 자기만을 위해 살 수는 없다는 — 적 의미이해 방식을 계승한 것이다. 따라서 판샤오의 이 명언이 당초 편지의 맥락과 구조를 벗어나 유행했다고 해서 그 수용자들한테 판샤오와 비슷한 맥락과 구조가 없었을 것이라 단정할 수는 없다. 물론 또 그렇다고 해서 그 유행을 거든 사람들이 판샤오의 이 명언이 그들 마음에 꼭 들어맞는 최선의 해답이라고 여겼다고 볼 수도 없다. 단지 그것은 토론과정에서 판샤오의 곤혹을 가장 잘 대변한다고 자처했던 이들 — 국가든 지식계든 — 의 제안과 해석이 모두 별 소용없었음을 보여줄 뿐이다.

애석하게도 판샤오의 이 명언은 토론과정에서나 그후에도 판샤오의 역사적·사유적 맥락을 벗어난 채로 유행했다. 겉으로는 지독히 허무해 보이지만 실제로는 너무나도 의미를 갈망했던 그 긴장된 구조와는 무관하게 유행했던 것이다. 이는 판샤오 토론이 제기한 문제가 그 당시에 해결되지 못했을 뿐 아니라 나중에도 다시 사회의 관심을 불러일으키거나 시대적 사유의 초점이 되지 못했음을 보여준다. 그러기는커녕 오히려 그후 개혁과정에서 '인간은 이기적 동물이지만 이성적으로 자기이익을 추구한다면 좋은 현대사회를 가져올 수 있다' 같은, 지극히 단순한 현대사회의 구성원리에 대한 이해와 사상사조들에 의해 관념적으로 보강되었을 뿐이다. 또한 실제 실천과 생활 속에서 그것은 대다수 사람들을 지나치게 자기의 물질적 이익만을 추구하는 소생산자로 간주하여, 물질적 이익에 대한 개인의 관심을 잘 조정해 경제발전을 가속화해야 한다는 개혁논리와 그것을 뒷받침하는 각종 구체적 개혁프로젝트 및 그것을 고취하는 각종 관념들 속에서 보강되었을 뿐이다. 물론 그 두 가지 차원의 보강이 이루어질수록 판샤오의 이 표현 속에 원래 담겨 있던 의미에 대한 강한 관심은 한층 더 해소되어버렸다.

그리하여 판샤오 토론은 사회적으로는 광범위한 관심을 끌었지만 국가와 지식계는 그 토론에서 가장 중요한 시대정신사적 과제이자 당시의 역사와 사람들에게 가장 중요한 것이 바로 기존 이상주의의 자연스러운 계승과 전화이자 바야흐로 출현하기 시작한 허무주의의 해소였다는 점을 깨닫지 못했다. 게다가 판샤오 토론 당시 사람들의 역사적·심정적 실감의 강렬함과 비교했을 때, 토론 이후 "주관은 자아를 위하고 객관은 타인을 위한다"라는 말이 탈맥락적·탈구조적으로 유행하고 '인간은 이기적 동물이지만 이성적으로 자기 이익을 추구한다면 좋은 현대사회를 가져올 수 있다'는 단순한 이해 및 상상 사조가 널리 받아들여지면서, 국가와 지식계가 정신사적 핵심 과제 — 이상주의의 계승과 전화, 시대적 허무주의 해소 — 를 발견하고 파악하기는 훨씬 더 불리해졌다.

그럼에도 불구하고 아직은 판샤오가 관심을 가졌던 심신의 의미 문제를 사고할 얼마간의 여지가 남아 있었다. '자아'니 '자기 이익'이니 '이성' 따위를 논할 때 우리가 '무엇이 자아인가' '무엇이 자기 이익인가' '무엇이 이성인가'를 진지하게 따져 물었다면, 그리고 거기에 심신과 의미 차원의 문제를 부가했더라면, 사람들은 '주관은 자아를 위하고 객관은 타인을 위한다' '인간은 이기적 동물이지만 이성적으로 자기 이익을 추구한다면 좋은 현대사회를 가져올 수 있다'는 명제 아래서도 판샤오가 실제로 관심을 가졌던 의미의 문제로 나아갈 수 있었을 것이다. 그렇게만 되었다면 뒤이어 다음 두가지 문제가 자연스럽게 제기되었을 것이다. 어떠한 심신의 의미 상태가 이 시대 중국인에게 가장 이상적이며 또 가능한 것인가? 시대적 조건하에서 어떤 유의 일의 실천과 생활 형식이 보다 이상적인 자아의 실현에 도움이 될 것이며, 적어도 방해가 되지 않을 것인가? 이러한 문제들에 대한 진지한 사유는 당연히 중국이라는 특정한 역사-현실 속에서 살아가는 사람들을 세심하게 관찰하고 사고하며 최선을 다해 그들이 처한 실제 역사-현실로부터 자원을 찾도록 추동하는 데 도움이 되었을 것이다. 이는 주체와 의미라는 각도에서 새롭게 중국의 혁명과 사회주의 실천 및 사유의 역사를 재고하는 것이 가능할 뿐 아니라 필요한 것이기도 함을 의미한다. 이는 다시 현시대를 있게 한 역사의 심층으로부터 현재의 심신의 의미 문제를 심도있게 이해하는 것이 가능함을 의미하기도 한다. 그렇게만 되었다면, 역사 속 '사람'의 심신의 의미 문제에 대한 시대적 사고와 파악은 사람들 문제의 실질에 진실로 다가서게 만들었을 뿐 아니라 그 각도와 방식 자체도 사람들을 고무했을 것이다.

아쉽게도 1980년대 실제 역사의 전개는 역사에 대한 필자의 이러한 소망과는 커다란 차이가 있었다. 80년대 역사가 그렇게 전개될 수밖에 없었던 가장 큰 이유는 바로 시대관념에서 대다수 사람들을 물질적 이익을 중시하는 소생산자로 간주하는 가설을 바탕으로 하고 이 가설이 국가가 주도하는 사회경제 개혁을 좌우했기 때문이다. 그 결과 실질적인 사회경제 재구축과정에서 실제로는 대단히 복잡하고 다양한 층위의 사람들을 점점 더 관념적으로 그럴 것이라고 단정된 상태로 몰아갔다. 또한 관련 인식과 관념의 구축과정에서도 점점 더 경제의 결정성을 강조하고, 특히 사람들은 실익을 가장 중시한다는(즉 사람들이 정말로 중시하는 것은 실익이라는) 식으로 사회적 인식과 심리를 정형화해갔다. 사실 판샤오 토론 과정에서 극도로 긴장감을 형성했던 판샤오 내면의 '자아'나, 그 정도까지는 아니라도 여전히 장력을 내포하고 있던 "주관은 자아를 위하고 객관은 타인을 위한다"라는 유행어 속의 '자아', 그리고 "주관은 자아를 위하고 객관은 타인을 위한다"라는 말과 논리적으로 부합하는 것 같지만 사실은 판샤오식 긴장이 부재한 단순한 사회이해, 즉 '인간은 이기적 동물이지만 이성적으로 자기 이익을 추구한다면 좋은 현대사회를 가져올 수 있다'는 명제 속에는 그래도 여전히 심신의 의미와 관련된 토론의 가능성이 조금은 남아 있었다. 그러나 앞에서 말한 개혁 시대의 인식과 감각의 발전 추세는 그 가능성을 모두 가로막아버렸다. 즉 다양한 층위의 관념들에 내포되어 있던, 당대 중국인들을 심신의 의미에 관한 곤혹상태에서 벗어나게 해줄 수 있는 사유의 가능성들이 모두 대다수 사람들을 소생산자로 보는 협애한 경제주의적·물질주의적 단정 속에서 점차 사라지거나 막혀버린 것이다. 그중에서도 특히 심각한 문제는 문혁 직후의 이른바 '인간〔人性〕'적인 경제주의와 물질주의 가설, 그리고 그 가설에 기반한 극단적인 효율성 지향과 이로부터 형성된 사회경제 및 관리 제도에 대한 개혁프로젝트였다. 이것들은 사회경제조직 안에서의 인간의 실존감이나 심신의 안정감을 철저히 무시했다. 그뿐만 아니라 사회경제조직 안에서 정신과 심신의 위안에 도움이 되었던 기존의 업무조직 형식과 분위기, 그와 관련하여 역시 정신과 심신의 위안에 긍정적 역할을 했던 문화체육조직의 형식과 분위기, 또 그런 가운데 사람들의 일상적인 업무와 생활 속에 뿌리내린 상호교류와 거기서 형성된 서로 간의 이해와 동정, 사람과 사람 사이의 교류관계와 유대의 분위기를 알게 모르게 모두 파괴해버렸다.

만일 문혁 직후 사람들에게 심각했던 심신과 정신 문제에 지극히 불리하게 작용했던 그같은 관념적 분위기와 실천논리가 주로 사회경제 영역에서 만연했을 뿐 당시 판샤오 토론에 신속하고 정확하게 반응하지 못했던 문화와 사상 영역에 실은 사람들의 심신, 의미감 문제에 도움이 되는 자원이 있었다고 한다면, 정신과 심신의 곤혹을 겪었던 사람들은 그로부터 자아를 인식하고 파악하는 데 필요한 자원을 얻어 실제 자신을 이해하고 분석하는 데 활용할 수 있었을 것이고, 그리하여 자신의 문제에 맞게 심신을 보호할 수 있는 인식을 재구축하고 일상생활을 재구성함으로써 심신과 정신의 곤혹에 효과적으로 대처할 수 있었을 것이다. 게다가 사람들이 심신 문제 인식과 보다 의미있는 일상생활의 건설에 실질적으로 도움이 될 만한 사상문화적 상태에 이를 수 있었다면,

대다수 사람들을 물질주의적으로 보는 단순한 인식에 기반한 사회적 인식 및 '인간'에 대한 정의도 교정하고 개선할 수 있었을 것이다.

1980년대 중국대륙의 사상문화에서 중요한 위치를 점했던 인도주의와 소외론, 신계몽 사조는 모두 '인간'에 대한 관심을 담론과 격정의 중심으로 삼았다. 참으로 유감스러운 점은, '인간'에 대한 그들의 뜨거운 관심과 열정적인 호소가 역사적 고통을 반추하는 과정에서 어느정도 '인간'을 확립했음에도 불구하고 또 한편으로는 문혁 직후 사람들의 심신과 정신의 곤혹이 형성된 역사적·관념적 기제까지는 깊이 파고들지 못했다는 것이다. 그 결과 이들 사조의 '인간'에 대한 관심과 호소, 사상적 논증의 과정은 그것이 가진 여러 건설적 의의에도 불구하고 실제 사람들 개개인의 정신적 곤혹을 해결하는 데는 도움이 되지 못했다. 이들 사조, 특히 80년대 중후반에 가장 큰 흐름을 형성했던 신계몽 사조는 절대다수의 사람들을 중국 봉건전통의 영향을 받아 소생산자의식에서 벗어나지 못한 사람으로, 따라서 계몽되고 개조되어야 할 대상으로 간주했다. 그 결과 그들은 인간의 존엄과 '대문자 인간'을 강조하면서도 당시 시대 속 '인간'을 인간으로 존중하지 않는 사회경제 개혁을 열렬히 지지했다. 그들은 한편으로 인간의 존엄을 내세우고 '대문자 인간'을 강조하는 것과 다른 한편으로 대다수 사람들을 자신의 물질적 이익에만 지나치게 몰두하는 것으로 가정함으로써 실제로는 시대 속 '인간'을 인간으로 존중하지 않는 관념적 이해 사이에 거대한 장력이 존재함을 깨닫지 못했다. 퍽이나 역설적인 이 현상은 80년대 신계몽 사조가 사실은 동시대 사회경제 개혁사조와 매우 유사한 시대적 '사회'감각과 시대적 '인간'감각 — 즉 실제 이익을 매우 중시하는 소생산자들에게는 관념적 계몽이 아니라 발달된 사회화 상품생산이야말로 그들을 진정한 현대인으로 만들어주는 이기(利器)라는 — 을 공유한 데서 비롯됐다.[39]

하지만 1980년대 중국대륙의 인도주의와 소외론, 신계몽 사조가 얼마간 문제가 있었더라도, '인간'과 '주체성'에 대한 이들 사조의 열렬한 찬양은 여전히 '인간'에 대한 고양되고 개방적인 이해를 포함하고 있었다. 그에 비해 이러한 사조의 위세에 동반하여 80년대 중반 그 형태를 갖추고 점차 사상문화 영역에서 실질적으로 '주체' '자아'의 감각과 인식을 차지했던, 문학·예술·미학·철학 영역에 만연했던 일련의 사조들도 '주체' '자아'와 관련해 점점 더 문제적인 감각과 함의를 부여함으로써 사회경제 영역의 개혁사조와는 또다른 방향에서 사람들이 역사 속 진정한 '자아' 문제에 대해 효과적으로 이해하고 접근하는 것을 가로막았다.

　그것은 '주체' '자아' 문제를 매우 중시하는 이들 사조가 주로 과거의 극단적 집단주의에 대한 반발심리에서 비롯되었기 때문이다. 이 반발 역시 충분하고 세심한 역사─현실적 정리를 거쳐 과거 집단주의의 이름 아래 끌어모았던 풍부한 사고, 풍부한 실천을 탐색하는 진정으로 공정하고 열린 인식에는 이르지 못했다. 그와 같은 인식적 자각이나 노력이 전제되지 않았기에 이들 사조는 막연하게 집단주의를 억압의 근원으로 추상화하고 그것에 반대했을 뿐, 세심한 인식적 기초 위에서 실제 심각한 문제를 내포했던 마오 시대 후기의 집단주의를 초월하거나 그 이전 혁명과 사회주의 실천 가운데서 유익한 시도들을 흡수하고 전화하려는 노력을 기울이지 못했다. 집단주의에 대한 이 무성찰적 반발은 결정적으로 앞서 본 1980년대 사조들을 초래했고, 사회적으로는 어떻게 심신의 안정과 의미감으로 충만한 자아를 만들 수 있을지에 대한 고민이 없는 상황에서 집단주의와 절연하는 것만이 자아를 견지하고 자신과 시대를 책임지는 것이라는 관념적 논리를 만연하게 만들었다. 진지한 성찰도 없이 자아의 견지를 절대화했던 이들 사조는 더이상 판샤오가 자아를 지지대로 삼은 배경이 된 역사적·관념적 기제 같은 문제를 의식적으로 건드리지 않았다. 또한 단호하고 확신에 찬 듯한 이들 사조의 분위기는 자신들의 관념적 논리 ── 판샤오는 자아로 돌아선 후 왜 다시금 자아를 참을 수 없어했나 같은 ── 가 인생을 감당할 만한 능력을 갖추려면 반드시 다뤄야만 하는 문제들을 더 적극적이고 의식적으로 다루기 어렵게 만들었다.

바로 그런 점에서, 나는 1980년대 중반 자아에 관한 사고에서 주도적 지위를 점했던 인문사조들이 사실상 어떻게 해야 효과적이고 건설적으로 과거 중국의 혁명과 사회주의 실천이 남겨놓은 이상주의를 전화시킬 수 있을까라는 너무나 중요한 과제를 진지하게 대면하지 않았을 뿐 아니라 오히려 이상주의적 정신유산을 전화시킬 가능성을 가로막는 데 일조했다고 생각한다. 이뿐만 아니라 이 사조들은 과거 문제적이었던 집단주의와 이상주의 반대편의 허무·회의·냉소·퇴폐 따위의 정서를 문학예술 창작 속에서 심미화하고 의미화하는 데 열중했기 때문에 결과적으로 혁명과 역사적 좌절이 남긴, 아직은 정형화되지 않았던 허무 정서를 정말로 가치적 허무로 정형화시켜버렸다. 이러한 무성찰적 개인주의에는 당시 중국대륙 정신사 문제의 결과 기제에 대한 역사-현실 인식이 결핍되어 있었고, 또한 자아의 충실감이나 이상적인 자아는 어떻게 형성되는가 같은 문제에 대한 깊이있는 사고도 부족했다. 그 결과 이러한 개인주의에 빠진 개인들은 참으로 풍부한 개인주의 스펙트럼 속에서 자아를 충실하게 하고 지탱하는 데 도움이 될 만한 자원을 얻기는커녕 오히려 개인주의의 추동으로 일상의 윤리나 책임감으로부터 일탈하기 일쑤였다. 그리하여 겉보기에는 가장 자아를 강조하는 개인이 오히려 더 많이 일상의 삶과 일 속에 들어 있던 유익한 자원을 놓치고 말았다. 이런 현상은 우리가 현재 중국사회에서도 매우 쉽게 볼 수 있는 데, 자아를 가장 강조하는 이들이 오히려 더 쉽게 각종 사회 분위기, 욕망, 호오(好惡)의 교란에 빠지거나 그에 좌우되는 것이다. 자아를 실질적 핵심으로 강조하는 이같은 개인주의자들이야말로 오히려 자아에 대해 사고하고 자아를 충실하게 하고 보호하며 자아를 견뎌내는 능력이 부족하거나 온갖 사회논리, 상업과 대중문화가 주도하는 분위기, 욕망, 모순 따위에 더 쉽게 충격을 받고 조종당한다.[40]

사상문화계와 비교할 때, 판샤오 토론의 핵심을 제대로 인식하지 못했던 국가 역시 문혁과 관련한 성찰에서 역사 속 사람들이 직면한 곤혹과 정신적 문제를 해결하는 데 유용한 자원을 제공해주지 못했다. 이 방면에서 국가가 미흡했던 이유는 우선 당시 국가가 당풍과 사회기풍 문제만을 인정하고 가치와 의미의 심각한 위기가 있음을 인정하지 않았기 때문이다. 그다음으로, 사실 이것이 더 중요한 문제인데, 시대적 정신도덕 상태에 대한 국가의 관심이 정작 그 문제의 해결에 소용이 없었던 것은 국가 스스로 지적했던 당풍과 사회기풍 문제에 대한 제대로 된 역사적 분석이 이루어지지 않았던 것과 관련된다. 예를 들면 문혁이 끝난 후인 1970년대 말 80년대 초, 공산당과 국가는 당시 당풍과 사회기풍의 문제점을 막연하게 모두 문혁 때문이라고 치부했다. 이런 막연한 대답은 알게 모르게 문혁을 비판하고 제거하기만 하면 사회도덕과 사회기풍이 개선될 것이라 여기는 것이었다. 그런데 시간적으로 문혁에서 멀어질수록, 그리고 신시기가 전개될수록 당과 국가의 정치·경제 관념과 기획은 점점 더 문혁과 결별했지만 당풍과 사회도덕, 사회기풍은 여전히 실질적으로 호전되지 않았다. 80년대 상반기부터 공산당과 국가는 점점 더 당풍과 사회기풍 문제를 자본주의의 이익지상주의, 개인주의 등 당시 '자산계급 자유화'라고 통칭되던 기풍과 관념이 초래한 영향 탓으로 돌렸다. 그리고 이런 막연한 인식은 다시 사회도덕, 사회기풍의 개선 문제를 사실상 자산계급 자유화에 대한 지나친 경계와 비판으로 귀결시켰다. 물론 이러한 인식은 그것이 초래한 대응적 사고, 그리고 당대 중국대륙의 정신적 문제와 표면적으로만 관련될 뿐 실제로는 거리가 존재한다.

마오 시대가 남긴 이상주의를 어떻게 이어받아 전화시킬 것인가 하는 문제를 두고 사상문화계와 국가의 사상적 도움은 받지 못한 채 그저 이상주의의 핵심적 시대과제와 동떨어진 제안과 이상주의에 불리한 관념적 논리만 만연한 결과, 과거 중국의 혁명과 사회주의 실천이 남긴 이상주의는 1980년대에도 연속되었지만 정작 근본적 구조상의 전환은 이루지 못한 채 여전히 거대역사에 참여하는 방식으로만 남게 되었다. 80년대가 계승한 마오 시대의 이상주의, 즉 거대역사에 참여하는 80년대의 주요한 방식은 바로 개혁개방을 지지하고 반개혁개방에 반대하는 것이었다. 역사에 대한 책임감과 열정이 80년대의 이상주의로 하여금 시대에 개입하는 방식을 찾아주었으며 진영을 갖출 수 있게 만들어주었다. 이렇게 80년대 중국대륙의 이상주의는 앞서 지적한 다양한 원인들로 인해 끊임없이 약화되고 구멍이 뚫렸지만, 지식계, 특히 젊은 지식인들 사이에서 그것은 허무주의와 자아 중심의 개인주의가 만연하는 것을 억제하고 균형을 되찾게 하는 중요한 역량이었다. 하지만 이와 같은 구조와 방식의 80년대 이상주의는 그 주요 지도자 다수가 89년 민중운동에 개입하면서 국가 —— 이전에는 그들이 상당히 신뢰했던, 특히 80년대 개혁의 중요한 상징이었던 덩 샤오핑(鄧小平)까지 포함하는 —— 로부터 심각한 타격을 받게 되었다. 이로써 구조적 형식 면에서 개혁국가로부터 도움을 받았던 80년대의 이상주의는 그 구조적 형식에서 무너질 수밖에 없었고, 그로 인해 허무주의와 물질주의, 단순하고 조악한 개인주의를 제약하고 균형을 추구하던 기능을 급격하게 상실하고 말았다. 이렇게 이상주의적 열정이 다시 약화되었을 뿐 아니라 그것이 시대에 개입할 수 있는 구체적 형식마저 일시에 잃어버린 상황에서, 사람들은 80년대보다도 더 격렬한 92년 이후 중국대륙의 경제·사회·문화의 변화를 맞이하게 된다.

6. 정신사의 관점에서 중국개혁을 본다면

1970년대 말에 시작되어 92년 본격화된 중국대륙의 개혁을 정신사의 관점에서 볼 때 우선 주목해야 할 점은, 대부분의 사회에서 전통에서 현대로의 전화는 비교적 오랜 시간이 걸리는, 말하자면 현대는 한발씩 나아가며 전통은 한발씩 물러나는 과정이라는 것이다. 이때 비교적 완전한 형태를 갖추고 있던 전통은 상당히 긴 시간 동안 현대와 공존하게 되고, 그 속에서 사람들은 충분한 시간과 여유를 갖고 경험을 성찰하면서 전통을 바꾸고 현대에 적응해간다. 그런데 당대 중국대륙의 개혁은 고도의 긴박감과 통제력을 가진 국가가 전체를 통솔한 과정이었고, 그것도 단시간 내에 하나의 현대로부터 그것과는 엄청나게 다른 또 하나의 현대로 돌아서는 과정이었다. 그 시간의 급박함, 공간성과 동시성, 내용의 광범위함, 변화폭의 강렬함으로 인해 사람들은 차분한 마음으로 신뢰할 만한 사유의 도움을 받아가며 여유롭게 자신과 자신이 걸어온 역사를 대면하면서 생명의 연속성이나 삶의 의미, 심신의 안정감 따위를 충분히 정리하고 사고하기 어려웠다. 물론 그런 세심한 사유를 바탕으로 당대 사회의 생활방식 및 그와 관련된 문화방식에 대해 깊이 분석하고 성찰할 수 없었음은 더 말할 나위도 없다.

더 불행한 것은, 당대 중국의 개혁은 분명히 하나의 현대성이 또다른 현대성으로 바뀌는 것이었음에도 불구하고 도시에서 그것은 단지 수많은 개인들이 사회주의적 단위(單位)라는 공동체 —— 경제적으로뿐만 아니라 정치·윤리·정신·문화의 내용까지 포괄했던 —— 로부터 풀려남을 의미했고, 농촌에서는 집단경제공동체 —— 엄밀한 조직과 엄격한 관리 체계를 가졌으며 마찬가지로 정치·윤리·정신·문화의 내용까지 포괄했던 —— 로부터 풀려남을 의미했다는 점이다. 따라서 당대 중국의 개혁은 사실상 생활-윤리-정신 공동체로부터의 개인들의 유리라는 거대한 문제를 수반했으며, 그 때문에 정신-주체 차원에서 이중의 압력에 직면하게 되었다. 즉 개인들은 한편으로 하나의 현대성에서 또다른 현대성으로의 급격하고 억압적인 전환을 감당해야 하는 동시에, 다른 한편으로는 전통형 사회에서 시장경제를 주로 하는 현대형 사회로 진입할 때 발생하는 정신-주체의 압력도 함께 감당해야 했던 것이다.

더 심각한 문제는, 이에 대한 국가와 지식인의 개입이 개인들의 정신-주체의 곤혹을 완화하는 데 도움이 되기는커녕 오히려 방해가 됐다는 점이다. 앞서 본 대로 국가와 지식인의 개입은 개혁에 직면한 사람들이 생명의 연속감, 삶의 의미감, 심신의 안정감 같은 문제를 건설적으로 사유하고 정리하는 데 도움이 되지 않았다. 그뿐 아니라 어떤 때는 오히려 일반 사람들이 만들어놓은 토론의 계기와 그 계기로 인한 건설적 탐색의 가능성까지 모두 막아버렸다. 판샤오 토론에 대한 국가와 지식인의 개입이 그 대표적인 예다. 특히 사회경제 개혁을 주도했던 국가와 많은 지식인이 대다수 사람들은 물질적 이익에만 관심을 갖는 소생산자라는 인식의 영향을 받은 결과, 개혁과정에서 살아남은 국영단위에서조차 그와 같은 인식에 부합하는 관리 및 분배 방식과 관념적 분위기를 추구하게 됐고, 이는 기존의 집단 속에 흔히 존재하던, 특히 도시의 단위에서 발달한 개인의 심신 및 생활에 대한 집단의 관심과 보호기능을 파괴해버렸다. 또 개혁과정에서 집단으로부터 분리되어나온 개인의 경우에도 국가와 지식인이 주도하는 인식과 그에 부합되는 일련의 관념이나 분위기로부터 벗어나는 것은 매우 어려웠기 때문에, 설령 개인들끼리 합작을 하더라도 서로 간에 중국의 전통적 합작에 통상 존재하던 코이노니아(κοινωνία, 團契)[41]적 관계를 구축하기는 힘들었다. 결국 국가와 지식인의 개입이 문혁 이후 당대 중국인들의 정신, 심신의 곤혹을 완화한 것이 아니라 가중한 셈이다.

중국의 전통적 윤리가 개혁 이전 30년간의 사회주의 역사를 거치며 전면적으로 심각한 타격을 받은 상태에서 중국혁명과 30년 사회주의 역사가 남겨놓은 이상주의는 문혁 직후 적절한 성찰을 거치지 못한 채 계승되고 전화되었으니, 이것이 앞서 말한 시대적 상황을 더 악화시켰음은 물론이다. 이뿐만 아니라 여전히 거대한 역사에 대한 관심이라는 관성에 기댔던 이상주의는 1980년대의 새로운 시대형식 속에서 70년대 말 이래의 문화사조—이상주의와 충돌하지만 자신은 그 사실을 깨닫지 못했던—에 잠식되었으며 89년에 이르러서는 치명적인 일격을 당했다. 그리하여 시장이데올로기와 소비주의에 균형을 부여하기 위해 이상주의를 가장 필요로 하던 90년대에 정작 과거의 이상주의는 이미 무너진 채 힘을 쓰지 못했다. 그 결과 92년 중국이 시장경제를 향해 성큼 들어섰을 때 상당히 협애한 경제적 감각과 이해가 신속하게 사람들의 경제행위를 좌우하게 되었을 뿐 아니라 이런 감각과 이해가 전사회에 퍼지면서 정치, 문화, 일상생활에 관한 사람들의 감각과 상상을 좌우하게 되었던 것이다.

과거 30년간 사회주의가 과도한 자신감으로 중국의 전통적 정신윤리를 그처럼 격렬하게 공격하지 않았더라면, 중국혁명과 30년간의 사회주의 실천이 남긴 정신적 유산을 이어진 개혁 시대가 적절하게 조치했더라면, 점차 약해지기는 했지만 여전히 힘을 발휘하던 이상주의의 에너지에 1989년의 치명적 일격이 없었더라면, 수천년간 윤리 본위의 전통을 유지했던 중국이, 마오 쩌둥 시대 수십년간 그처럼 이상주의를 강조하고 교육해온 중국이 시장의 도래에 이 지경으로까지 무너질 수 있었을까? 수년간 축적해온 일상의 삶과 윤리가 90년대의 상업논리와 상업매체에 그처럼 손쉽게 물들어버릴 수 있었을 것이며, 시장논리와 물질주의 논리 바깥의 무엇이 인생의 성공이고 충실한 인생인가에 관한 감각과 상상이 그처럼 한순간에 무너져버릴 수 있었을까? 90년대 수많은 사람들의 감각과 주의력을 뒤덮어버린 그것은 참으로 획일적인 실질, 즉 계산 가능한 물질적 소유, 상업문화와 대중문화가 부여한 향유관념, 그리고 그 물질적 계산과 향유에 대한 이해로 손쉽게 전환될 수 있는 발전 같은 것이었다. 이렇게 인생에 관한 획일적 감각은 삶의 충실감과 의미감을 다른 곳에서 찾을 수도 있었을 이들을 잘못 인도했을 뿐, 긍정적이고 도움이 될 만한 어떠한 자원도 제공하지 못했다. 오히려 그들의 추구가 이해받거나 호감을 끌기에 어려운 언어·감각 환경이 조성된 결과, 개인의 심신에 더욱 도움이 되고 보다 의미있는 방향의 목표를 추구하려 했던 사람들은 곧바로 모종의 압력과 오해에 직면해야 했다. 그것은 경제적 성공에서 삶의 의미감과 충실감을 찾으려 했던 사람이나 경제적인 면에서 순조롭게 발전했던 사람들의 경우에도 마찬가지였다. 90년대 이후 겉으로는 풍부해 보이지만 실제로는 획일적이고 억압적인 분위기 속에서 그들의 삶은 분에 넘치게 인정받았지만, 삶의 문제가 경제만으로 완전히 해결될 수는 없는 것이기에 경제적 성공에서 의미감과 충실감을 찾은 이들이라도 완벽한 삶을 영위하기 위해서는 문화적 충실감으로부터 양분을 섭취하고 충실한 사회생활로부터 기댈 곳을 찾을 수 있어야 했다. 그렇지만 겉으로 풍부해 보여도 실제로는 획일적인

130

그같은 분위기는 이들 경제의 총아들에게조차 편의와 유용한 문화, 생활의 자원을 제공하는 데 있어 불리했다. 더구나 경제적 성공에서 삶의 지지대를 찾으려 했지만 성공과는 거리가 멀었던 많은 사람들에게는 그처럼 겉으로는 풍부하고 실제로는 획일적인 분위기가 그들의 못 이룬 성공을 더욱 견디기 힘든 것으로 만들지 않았겠는가?

장황함을 무릅쓰고 문혁 이후, 특히 1992년 이후 중국대륙 역사 가운데 개인의 정신과 심신에 관한 역사-구조적 상황을 논한 것은 최근 20여년간 역사 속 개인들이 정신과 심신 측면에서 매우 특수한 역사적 단계에 처해 있었음을 강조하고 싶기 때문이다. 이런 상황을 이해하지 못하면 내내 삶을 즐길 줄 안다고 여겨지던 중국인들이 어떻게 그 짧은 기간 동안 자살률이 이 정도로 급격하게 치솟는 상황에 이르렀는지 이해하기 어려운 것이다.

7. 착오를 거듭해온 정신윤리 관련 사유, 그리고 새 출발

역설적인 것은 앞서와 같이 구조적 상황이 빚어낸 개인적·사회적 상처 때문에 오히려 최근 중국사회는 의미와 심신의 안정을 추구하고자 하는 강력한 동력을 갖게 됐다는 점이다. 덕분에 우리 인문학자들 역시 역사 속 사람들의 실존에 인문학이 얼마나 절실한 의미를 지니는지 깨닫게 되었다. 지금 중국대륙에서 인문학은 결코 시대의 장식품에 불과하거나 문명이 보다 잘 유지되기 위해 필요한 한 부분에 그치지 않는다. 그것은 시대와 역사, 그리고 역사 속 사람들이 정말로 평안하게 잘 살아가기 위해 반드시 필요한 핵심 조건인 것이다.

안타깝게도 국가나 지식인이나 모두 지난 30여년간 역사가 그들에게 부여한 이 책임을 저버렸다. 국가와 지식인들이 판샤오 토론과 80년대에 걸쳐 보여주었던 모습은 앞서 이미 비판한 대로다. 90년대 이후 국가와 지식인의 사상은 그래도 80년대에 비해 많은 변화를 이룬 것처럼 보인다. 그러나 여전히 문혁 이후 역사 속 사람들이 겪어온 정신과 심신의 실제 고달픔과는 상당한 거리가 있다. 그 거리감은 대개의 경우 개선되지 않았을 뿐만 아니라 때로는 더 나빠지기까지 했다.

앞서 본 것처럼 1980년대 중후반 국가는 당풍, 사회기풍 문제의 책임을 '자산계급 자유화'의 영향으로 돌렸다. 그러나 1992년 덩 샤오핑의 남순강화(南巡講話) 이후 중국이 점점 더 개방되고 '국제와의 접궤(與國際接軌)'*가 시대적 관념과 감각의 주류로 자리 잡자 그와 같은 인식은 시대에 뒤떨어지는 것으로 여겨지고 결국 자기모순에 빠지게 됐다. 더구나 외부 세계에 대한 이해가 깊어질수록 대다수 자본주의 선진국의 사회기풍과 도덕 문제가 결코 중국사람들이 생각했던 것만큼 심각하지 않으며, 오히려 그들 중 많은 사회의 기풍과 도덕적 상황은 중국인들의 부러움을 살 만한 정도라는 것도 깨닫게 되었다.

그런데 바로 그같은 시대-관념 상황에서 1990년대 중국공산당과 많은 정부인사들 — 물론 중국의 지식인들을 포함하여 — 은 이제 당풍과 사회기풍 문제의 개선 가능성을 반대로 중국의 현대화 발전에서 찾게 되었다. 경제가 순조롭게 발전하면 중국인들도 "곳간이 차야 예를 안다(倉廩實而知禮節)"**는 말처럼 되리라고 기대하게 된 것이다. 이같은 관

• '접궤'는 레일을 연결한다는 뜻. '국제와의 접궤'는 세계와 연결하여 국제 기준에 맞춤을 뜻한다.
•• 경제적으로 풍요로워지면 사람들도 자연히 물질적 이익에 지나친 관심을 쏟기보다 행위를 단정히 하고 심신을 수양하는 데 힘을 쏟게 된다는 뜻. 『관자(管子)·목민(牧民)』에 나오는 말이다.

념-감각 속에서 90년대 공산당은 도덕과 관련된 사유를 현대화 사상과 연결지었다. 즉 현대화와 경제발전 자체가 도덕적 개선 효과를 가지며, 거기에 현대화 발전에 부합하는 현대적 교육과 관념의 훈도(薰陶)가 더해지면 중국대륙의 정신도덕 문제도 자연스럽게 해결될 것이라고 생각한 것이다. 자연스럽게 이러한 감각-인식은 중국의 정신도덕 문제에 대한 당시의 이해와 사유를 중국을 어떻게 순조롭게 현대화할 것인가라는 문제로 성급하고도 과도하게 환원했다. 즉 그들은 알게 모르게 현대화와 현대교육을 최대한 실현하는 것이야말로 당대 중국대륙의 정신도덕 문제에 가장 책임감 있게 대면하는 것이라고 직감하거나 이해했던 것이다.

하지만 1990년대 이후의 현실은 그러한 감각과 논리적 이해에 날카롭게 도전했다. 이렇게 말하는 것은, 순조로운 현대화를 뒤따라 도덕이 개선되기는커녕 정신적·도덕적 곤혹이 더 깊어졌음을 근래 중국의 역사가 보여주기 때문이다. 이처럼 점점 더 첨예하고 선명해지는 시대적 곤경에 직면하여 중국공산당은 별수없이 현대화 외에 정신도덕 문제를 새롭게 사고하지 않을 수 없게 되었고, 21세기 들어 '팔영팔치(八榮八恥)'•니 '사회주의의 핵심가치' 같은 새로운 논설과 조치를 내놓고 있다. 하지만 이러한 논설과 조치에도 불구하고 여전히 현실 속 정신윤리 상황은 갈수록 불안해지고 정신적·윤리적 현상들은 갈수록 늘어가며 더 곤혹스럽기만 하다.

정신도덕 문제에 대한 중국공산당의 사유에 비해 1990년대 이후 중국대륙 지식인들의 사유는 확실히 더 개방적이고 더 다양하며 더 비판

• 후 진타오(胡錦濤) 총서기가 공산주의 영욕관(榮辱觀)으로 역설한 중국 인민의 여덟 가지 영예로운 일과 여덟가지 수치스러운 일.

적으로 보인다. 하지만 곰곰이 들여다보면 그 표면적인 개방성과 다양성, 비판성이 곧 지식인들 사유의 효과를 보장하는 것은 아님을 알 수 있다. 예컨대 90년대 당과 국가가 당풍 및 사회기풍 문제의 개선을 주로 현대화 발전 및 현대교육에 의탁하려고 했던 데 비해, 이미 다양하게 분화된 지식계는 당대 중국의 도덕·정신 문제에 대해서도 상당히 다양한 대답들을 내놓았다.

그중 좌파 지식인들은 주로 자본주의 시장논리와 소비주의, 개인주의 관념들이 중국사회의 도덕윤리 문제에 끼치는 영향을 강조했다. 당대 중국의 정신도덕 문제를 주로 자본주의 문제로 귀결시켰던 것이다. 그런가 하면 자유주의 지식인들은 권력의 부패에서 책임을 찾았다. 그들이 보기에 중국대륙의 정치 및 행정 권력의 부패는 집권자의 권력이 견제되지 않는 중국식 당국체제(黨國體制)*에서 비롯된다. 절대권력은 절대 부패하기 때문이다. 그런 점에서 그들은 중국대륙의 정신도덕 문제를 주로 정치제도의 문제, 특히 일당독재의 문제로 보았다. 한편 보수주의 지식인들은 오늘날 중국의 도덕윤리적 곤경이 만청 이래 부단히 밀려든 급진사조들이 과도하게 전통을 공격하고 파괴했기 때문이라고 보았다. 따라서 당대 중국의 정신도덕 문제의 해결은 주로 전통의 회복, 특히 도덕윤리를 중시하는 유가전통의 부흥에 있다고 주장했다. 다른 한편 민족주의 지식인들은 이 문제가 민족적 자신감의 상실과 민족정체성의 혼란에서 비롯된다고 보았으며, 따라서 당대 중국의 정신도덕 문제는 곧 민족적 자신감과 자부심을 회복하는 문제이며 국가가 민족정체성을 수립하는 문제라고 이해했다.

이와 같은 주장들은 대개 그들 자신의 다양한 정치-사회-문화적 입

• 당이 정부를 지도하는 체제.

장을 당대 중국의 정신도덕적 곤경의 문제로 확대한 것인데, 1993년부터 94년에 걸쳐 이루어진 중국의 인문정신 논쟁은 처음부터 그런 입장이나 논리를 전제로 시작된 것은 아니었다. 그러나 인문정신의 상실을 제기했던 초창기 토론자들은 당대 중국의 실제 경험으로부터 정신과 심신 문제를 토론할 수 있는 인식 및 사유의 경로를 제시하지 못했고, 그 결과 인문정신 논쟁은 얼마 못 가서 중국에는 종교가 없기 때문에 사람들이 궁극에 대한 관심이 없다는 식의 논의로 흘러가버렸다. 그리하여 인문정신 논쟁은 한때 사회적으로 광범위한 관심을 불러일으켰음에도 인식적 성과에서는 한계가 있었다.

이처럼 중국의 도덕, 정신, 심신의 문제상황에 집중적으로 주목하는 지식계의 사조는 2000년 이후에도 등장한 바 있는데, 그들은 주로 중국대륙의 허무주의 문제에 주목했다. 그들은 인식상 주로 허무주의 극복에 관한 레오 스트라우스(Leo Strauss)의 사유에서 영향을 받았다. 그들은 당대 중국의 허무주의는 주로 중국문명이 중국문명일 수 있게 해주는 어떤 근원으로부터 현재 중국의 문화, 교육, 생활이 벗어나버렸기 때문에 발생한 것이며, 따라서 문제를 해결하기 위해서는 전통적 중국이 중국일 수 있었던 근원적 존재에 의해 목전의 문화, 교육, 생활이 완전히 깨끗하게 씻겨야 한다고 생각했다. 자연히 그들은 자신들이 중요하다고 생각하는 초기 중국으로의 귀환과, 그 귀환과정에서 새로운 것을 접하고 만들고 열어가는 것을 그 처방으로 제시했다.

간단한 개괄이지만 우리는 국가가 됐든 지식인이 됐든, 문혁 이후 당대 중국의 정신적·윤리적 곤경에 대한 그들의 대답이 겉으로는 상당히 다양하고 계속 조정되면서 변화하는 듯하지만 실제로는 치명적 공통점이 있음을 알 수 있다. 즉 당대 중국의 정신윤리 문제에 대해 그들은 모두 역사에 대한 진지하고 깊이있는 고찰과 분석 없이 자신들의 해석과 대답을 내놓았다는 것이다. 그런데 역사적 경험에 대해 세심하고 심도 있게 고찰하지 않고서 당대 중국의 정신윤리와 의미 문제를 제대로 파악하거나 그에 대한 해답을 내놓을 수 있을까? 물론 불가능하다!

내가 여기서 판샤오의 편지 속 주름 하나하나를 들추고 그 속의 모든 맥박 하나하나를 진지하게 다루면서 대상과의 거리감을 없애려 한 것도, 당대 중국대륙의 정신, 윤리, 심신의 경험 깊숙이 들어가 그것을 느끼고 인식하려 한 것도 모두 그 때문이다. 문혁 이후 국가 및 지식인들과 당대 중국대륙 역사 속 사람들의 정신과 심신의 곤혹 사이에 존재했던 거리감에서 느낀바, 나는 2005년 초 발표한 「시대의 인식적 요구와 인문지식사상의 새 출발(時代的認知要求和人文知識思想的再出發)」이라는 글에서 다음과 같이 썼다. "'중국의 경제기적 뒤에 존재하는 사람들의 정신적 불안과 고뇌'라는 현상의 배경이 되는 사회와 개인의 정신생활에 실제로 파고들려면 적어도 다음 두가지 질문을 던져야 한다. 하나는 '수천년간 의(義)와 이(利)의 논쟁을 벌여온 전통에도 불구하고, 또한 지난 (마오 쩌둥 시대) 수십년간 더없이 높은 이상과 신앙을 가진 사회였음에도 불구하고, 왜 중국사회는 불과 십수년 만에 이처럼 실리가 일체의 기준이 되는 사회 ── 설령 그것이 언어 차원에 국한되더라도 ── 가 되어버렸을까? 그 과정은 어떻게 한걸음 한걸음 진행되었나? 그 역사적·관념적 기제는 무엇이었나?'라는 것이고, 또 하나는 '신흥종교가 그처럼 짧은 시간 안에 국가 전체의 사회생활 및 정신생활의 토양으로 확산될 수 있었던 것은 무엇 때문인가?'라는 것이다. 적어도 내가 조사한 바에 따르면, 신흥종교를 믿는 많은 신자들이야말로 정신생활과 가치 문제를 대단히 민감하고 소중하게 생각하는 사람들이었다."

내가 그때 이들 문제를 강조한 이유는 그에 대한 집요한 질문이야말로 우리를 역사와 현실 깊은 곳으로 데려갈 수 있고, 그래야만 비로소

'중국의 경제기적 뒤에 존재하는 사람들의 정신적 불안과 고뇌라는 거대한 문제'에 대해 균형잡히고 열려 있으면서도 복잡성을 잃지 않는 감각과 이해를 수립할 수 있으며, 비로소 당대 중국 정신윤리 문제의 역사-사회-관념적 기제를 발견할 수 있기 때문이다. "언어와 수많은 행위들로 볼 때 중국사회는 이미 완전히 이익지상 사회로 바뀐 것처럼 보인다. 하지만 일부 신흥종교가 삽시간에 전국적으로 퍼진 걸 보면 또 이 사회에 여전히 정신과 심신의 요구를 따르고자 하는 상당한 토양이 남아 있는 듯하다." "이 두 방면은 서로 모순적으로 보이지만 실상 상호 보완적이기도 하다. 즉 이들 신흥종교의 성공은 상당부분 이러한 언어 상태로 표현되는 사회, 문화, 관념 속에 실은 사람들이 새로운 정치, 경제, 사회, 제도하에서 다시금 정신생활과 가치의 혼란을 사유하고 정리하는 데 필요한 진짜 자원이 부재했음을 보여주는 것이기도 하다."

당대 중국의 정신윤리 문제 뒤에 있는 이러한 복잡성을 알고 나면 우리는 자연스럽게 "지금 현재 정신적 안정이나 관심을 요구하는 사회적 토대가 부재한 것이 아니라 인문학자들이 제공하는 인문적 관념과 분석이 그와 같은 사회적 토대와 상호 추동할 능력이 부재한 것"임을 분명히 깨닫게 된다. 문혁 이후 당대 중국의 정신윤리 문제에 대해 국가와 지식인들이 성급하게 제시한 다양한 이해는 오늘날 이와 같은 정신윤리 상황을 조성한 역사-관념적 과정을 추궁하고 분석하는 데 오히려 방해가 되고 말았다. 결국 그것은 전사회가 오늘과 같은 정신과 심신의 곤경에 빠지게 만든 역사-사회-관념의 구조적 결함이 어디에 있는지 헤아리지 못하게 만들었을 뿐 아니라 오늘날 사람들의 정신윤리적 곤경의 개선에 실질적 도움도 줄 수 없었다. 또한 당대 중국의 지식인들은 오늘날의 정신윤리 문제를 제대로 실감하지도 못했음에도 마치 문제가 해결된 것처럼 여김으로써 당대 중국대륙이라는, 인문적 사고의 도움을 너무나 절실히 필요로 하는 이 갈급한 대지에 인문적 사고가 진정으로 뿌리내리는 것을 가로막고 말았다.

요컨대 당대 중국의 도덕적·정신적 문제를 깊이 이해하고 파악할 수 있는가 없는가는 당대 중국의 인문학이 중국대륙이라는 대지에 단단히 뿌리내릴 수 있는가 없는가를 판가름하는 가장 중요한 시금석이 될 것이다. 나아가 정신, 윤리, 심신의 문제에 대한 당대 중국의 인식을 실질적으로 극복할 수 있는가 없는가는 당대 중국 '인문학자'들의 '인문적' 작업이 정말로 '당대 중국의 인문학'을 이룰 수 있을 것인가 하는 문제와 연관된다. 그뿐만 아니라 또한 지나치게 정치적·경제적 시각으로 중국을 이해하는 지금의 추세에서 당대 중국의 인문학자들이 정말로 인문학을 당대 중국을 이해하는 중요한 시각으로 수립할 수 있는가 하는 문제와도 관련된다.

이는 결국 당대 중국대륙 정신사적 과제의 해결이 당대 중국의 인문학 연구에서 차지하는 중요성을 강조하는 것이며, 동시에 그것이 당대 중국 전체를 파악하고 실천하는 데에서도 근본적으로 긴요함을 강조하는 것이다. 그 필요성에 대해 나는 2005년 초에 다음과 같이 분명히 밝힌 바 있다.

당대인들의 심신의 초조함과 불안감이 형성된 역사적 과정과 그로 인해 형성된 사회적 생활, 문화, 제도, 관념과 언어의 기제를 세심하게 고찰해야 한다고 강조하는 것은, 우선 그런 고찰과정 없이는 당대인들의 심신의 문제를 정확하고 치밀하게 파악할 수 없기 때문이고, 또 한편으로 그 과정 없이는 당대의 심신 문제가 형성된 역사적·사회적·언어적 환경도 이해할 수 없기 때문이다. 그러므로 당대 중국의 정신적 위기에 대한 파악은 곧 심신과 감각이라는 각도에서 당대의 사회, 제도, 문화, 역사, 언어관념 상황에 대해 분석하고 평가하며 비판하고 반성하는 일이기도 하다. 나아가 그와 같은 분석과 평가를 바탕으로 사회, 제도, 교육, 문화의 건설과 발전에 대한 인문적 시각의 요구와 기획을 제안하는 것이 가능해진다. 물론 심신과 감각의 변천에 대한 역사-관념적 분석을 강조하는 것은 우리 심신의 경험을 사회, 역사, 언어, 문화, 교육의 경험과 연결시켜 사고하려는 노력이기도 하다. 이는 역사와 현실 속에서 내재적으로 인식하고 파악하는 방식을 취함으로써 흔히 사회적 가치에 수렴되지 않는 인문적 가치를 확립하고자 함이다. 인문가치는 그 자체가 역사에 내재하는 것으로 여겨지기 때문에 사회적 가치 바깥에서 확립된 인문적 가치라 하더라도 인문적 각도에서 사회를 관찰하고 비판하는 데 새로운 인식의 출발점과 비판지점을 제공할 수 있다. 그런 면에서 볼 때, 이러한 인문적 작업방식은 사회에 대한 비판을 약화시키기는커녕 인문학의 민감한 개입을 통해 더 많은 사회, 문화, 교육, 제도의 분석과 비판의 각도를 세울 수 있다. 그리하여 그것은 사회비판의 범위를 넓힘과 동시에 중요한 문제에 대한 사회비판의 실제 포괄능력도 키울 수 있다.

이것이 바로 내가 당대 중국의 인문 문제를 검토하게 된 동력이다. 인문적 시각을 세우지 못한다면 사람들에게 사회적 가치 ─특히 지나친 경제적 가치 중심의─ 를 축으로 하는 당대 중국의 실천들이 그들의 심신에 어떤 악영향을 초래했는지 직시하도록 요구하기 어렵다. 또 개혁이 분명하고 유용한 인문적 시각을 결여한 결과 사람들의 정신과 심신에 어떤 상처를 입혔는지도 밝힐 수 없다. 이 두가지 전제를 기초로 해야만 우리는 비로소 중국의 향후 변혁과정에서 정말로 인문적 관심과 사회적 관심이 통일될 수 있으라는 희망을 가질 수 있다. 설령 아주 급박한 상황에 처하거나 잠시 이 두가지 요구를 통일시킬 수 없는 상황이라 해도 우리는 여전히 상처를 최소화할 방안을 찾기 위해 최선을 다해야 하며, 궁극적으로 충돌을 해결할 수 있는 지혜가 생길 때까지 이 문제를 계속 마음에 품어야 한다.

그러나 문혁 이후 사람들의 정신과 심신의 곤혹에 대한 국가와 지식인들의 괴리는 줄곧 내가 기대했던 만큼 개선되지 않았다. 중국의 인문학 역시 정신윤리 문제의 진정한 극복과 근본적 개선 여부가 당대 중국 인문학의 '인문성' 확립 문제와 불가분의 관계임을 시종 깨닫지 못했다. 그런 이유로 최근 나는 '오늘날 중국 정신윤리의 곤경: 사상적 고찰'이라는 수차례의 강연에서 다음과 같이 거듭 강조했다.

중국대륙의 지난 30여년의 역사를 어느정도 아는 친구라면 1978년 말부터 시작됐다고 하는 신시기의 출발 단계에서 그 추동자들이 물질문명과 정신문명 두 방면 모두에서 고도의 성취를 이루고자 했음을 알 것이다. 그로부터 이미 수십년이 흐른 뒤인 오늘날, 뒤돌아 신시기 초기 추동자들의 청사진과 대조해보면 물질문명 방면에서는 의외로 당초 추동자들의 포부를 순조롭게 실현했다고 할 만하다. 그러나 정신문명 방면에서는 당초 추동자들의 기대를 완전히 벗어나 놀라울 만큼 이상적이지 못한 상태에 이르고 말았다.

지난 30여년간 중국대륙의 초고속 경제발전은 점점 더 많은 학자들의 관심을 끌고 있으며, 갈수록 더 많은 학계 인사들이 이 경제기적을 진지한 연구과제로 삼고 그로부터 도출한 인식을 현재 중국을 이해하고 미래 중국을 상상하는 데 불가결한 시각으로 전제하게 되었다. 그에 비해 중국대륙의 정신문명 문제는 갈수록 더 심각해지고 그로 인해 실제 생활 속에서 절대다수의 중국인들이 괴로움을 면치 못하

는 상황임에도 불구하고 그것을 중요한 과제로 삼아 연구하고 사고
하려는 지식인은 많지 않고, 또 그것을 지난 수십년의 역사와 현실을
파악하는 데 불가결한 이해와 관찰의 시각으로 삼는 이도 많지 않다.

또한 나는 다음과 같이 거듭 호소했다.

우리는 중국의 경제기적에 대해 묻는 것만큼이나, 신시기 추동자
들이 설정했던 역사적 목표 가운데 왜 정신문명의 목표는 물질문명의
목표처럼 이상적으로 발전하지 못했으며 오히려 지난 30여년간 끊임
없이 상처입고 추락했는지 참으로 진지하게 캐물어야만 한다. 중국
의 경제기적에 대해 묻는 것과 마찬가지로 그같은 질문 역시 당대 중
국의 역사와 현실을 인식하는 데에, 그리고 당대 중국의 시대, 역사,
역사 속 사람들이 정말로 평안하게 잘 살아가는 데에 꼭 필요한 것이
다. 또한 그것은 우리가 원하는 미래를 향해 중국대륙이 더 힘있고 효
과적으로 나아가기 위해서도 반드시 필요한 질문이 아닐 수 없다!

바로 이런 점에서 나는 "지난 일은 되돌릴 수 없으나, 닥칠 일은 아직
말릴 수 있다(往事不可諫, 來者猶可追, 『論語·微子』)"라고 말하고 싶다. 과거
중국의 지식인들, 특히 인문학자들은 당대 중국대륙의 '인간'에 관한
문제를 제대로 처리하지 못했다. 하지만 지난 시대의 잘못이 바로 오늘
날 중국 인문학이 새롭게 '사람 노릇'을 할 수 있도록 절박하고도 중요
한 무대를 제공해준 셈이다. 그런 점에서 나는 1970, 80년대의 사상해방
운동 가운데 역사의 추동에 강력하게 참여했던 인문연구와 인문사유가
다시금 새롭게 출발하여 당대 중국 역사 속 '사람'들의 정신-주체를 곤
혹에 처하게 한 역사-관념-사회-제도적 기제를 성공적으로 밝혀내기

를 기대한다. 그리고 우리가 우리의 정신-주체를 제대로 자리 잡게 할
수 있는 올바른 자원과 경로를 찾아낼 수 있기를 희망한다.

그렇게만 된다면 중국은 얼마나 다행일까! 그렇지 않은가!

제2장

계몽과
혁명의
이중변주

이 장의 제목을 본 많은 사람들이 1980년대를 풍미했던 리 쩌허우(李澤厚)의 명문「계몽과 구국의 이중변주(啓蒙與救亡的雙重變奏)」를 떠올릴 것이다. 하지만 솔직히 말해 필자가 이 글을 쓸 때 처음부터 리 쩌허우의 글을 염두에 두었던 것은 아니다. 다만 나중에 제목을 어떻게 붙일까 고민하다 불현듯 머릿속에 '계몽과 혁명의 이중변주'라는 말이 떠올랐고, 사실은 그제야 나 자신도 퍼뜩 놀랐다. 제목도 제목이려니와 글의 내용도 리 쩌허우의 글과 매우 깊이 관련되어 있음을 비로소 깨달았기 때문이다.

재미있는 것은 리 쩌허우 글의 종지(宗旨)가 중국 공산혁명의 역사적 위상과 의미를 새롭게 해석하고 자리매김하는 데 있었던 데에 비해 제목에는 '혁명' 대신 '구국'이라는 단어가 쓰였다는 점이다. 누군가의 짐작대로 그 이유는 혁명이라는 말이 너무 자극적이기 때문일 수도 있지만, 리 쩌허우의 글이 발표되었던 1980년대의 시대적 사고와 더 관련이 있음직하다.

문혁이 끝나고 10년 동안 줄기차게 그에 대한 비판과 반성이 이루어졌다. 그 가운데 가장 압도적인 관점이 바로 문혁은 반근대운동이라는 것이다. 나아가 그 관점은 이미 사회주의 단계로 진입했다고 자평했던 중국대륙에서 어떻게 반근대운동이 10년이나 이어졌을까라는 의문으로 이어졌다. 리 쩌허우의 「계몽과 구국의 이중변주」라는 글이 당시를 풍미했던 것도 십중팔구 1980년대 중후반(리 쩌허우의 글은 1986년 출판) 사람들의 눈에는 역사적이면서도 구조적으로 분석하는 그의 글이야말로 그 문제를 가장 설득력 있게 풀어낸 것처럼 보였기 때문일 것이다. 그의 글은 중국혁명의 원인과 의미, 역할을 날카롭게 분석하면서도 역사에 대한 동정적 태도 ── 이는 혁명사에 적극적으로 개입했던 사람들에게는 위로가 되었으며, 반대로 혁명과 그 결과에 동의할 수 없었던 사람들의 역사에 대한 신경질적인 예민함도 어느정도 해소해주었다 ── 를 유지했다. 그러면서도 그 글은 당시 혁명과 그 결과에 비판적인 수많은 의론들이 결코 잘못되지 않았음을 역사적이면서도 구조적인 분석을 통해 증명해 보였다. 그리하여 그 글은 사람들이 과거 역사에 얽매이지 않으면서 바야흐로 진행 중이던 개혁개방에 주력할 수 있게 해주었으며, 대규모로 등장하던 지식계의 신계몽주의 사조에 역사-구조적 이론의 근거를 제공함으로써 많은 사람들이 신계몽주의를 지지할 수 있도록 이끌었다.

리 쩌허우의 글은 톡톡 튀는 사색과 여운으로 가득한 명문이다. 그다지 길지 않은 글임에도 이와 같은 효과를 거둘 수 있었던 핵심은 바로 역사를 파악하고 묘사하고 비평하는 과정에서 모두 '혁명'에 대한 '구국'의 규정성을 특히 강조했다는 데 있다. 그가 보기에 중국 공산혁명이 장기간의 지난한 군사투쟁으로 점철되었다는 사실은 근대적 가치들이 혁명 속에 뿌리내리고 성장하는 데 퍽이나 불리한 점이었다. 또한 그 군사투쟁이 어쩔 수 없이 농민에 의지해야 했고 부득불 낙후한 농촌을 무대 삼아 이루어져야 했기 때문에 혁명은 더욱더 근대와는 거리가 멀어졌으며 시간이 흐를수록 농민의 영향을 더 많이 받을 수밖에 없었다. 그로 인해 원래는 근대의 선봉에 선 지식인들이 발동했던 혁명이건만 결국에는 농민들의 봉건성과 소자산계급성에 심각하게 오염되어 변질된 혁명이 되고 말았던 것이다. 마오 쩌둥 시대 다수의 폐단, 특히 문혁은 바로 그와 같은 혁명의 과정에서 근대성이 봉건성과 소자산계급성에 침식된 결과물이라는 것이다. 이렇게 보면 리 쩌허우의 글 제목에 '구국'이란 말이 들어간 것은 내용과 무관한 서사 '전략'에 불과한 것이 결코 아니다. 오히려 그것은 그의 역사-구조적 서술과 해석에 설득력을 부여하는 가장 중요한 키워드가 아닐 수 없다.

그에 비해 나는 이 글의 제목에 '구국' 대신 '혁명'을 사용했다. 우선 그것은 중국 공산혁명사를 파악하는 데서 문혁을 반근대운동으로 예단하는 대신, 80년대에 이제 막 지나간 역사에 대해 지나치게 성급하게 내려진 단정들, 그리고 바로 그러한 단정 아래 파악되고 분석되고 자리매김되었던 혁명의 속살을 새로이 들추어내고 다시금 진지하게 사고함으로써 혁명사를 더욱 공평하고 더욱 정확하게 파악하고 분석하고자 함이다.

또한 제목에 '혁명'을 사용한 것은 나 자신이 가진 일련의 견해들과 관련된다. 지속된 군사투쟁, 현대 도시와 동떨어진 농촌이라는 환경, 혁명대오에서 다수를 차지했던 농민 등등이 혁명에 깊은 영향을 미쳤다는 리 쩌허우의 주장은 나도 수긍한다. 그러나 그는 자신의 관찰과 사색을 혁명이라는 경험 속에서 더 심화시키지 않은 채 저와 같은 요소들이 혁명에 근본적인 규정력을 행사했다는 해석을 내세우는 데 급급한 나머지 너무나 많은 문제, 너무나 다양한 역사적 현상을 너무 쉽게 그 틀 안에 가둬버렸다. 그런 점에서 특히 리 쩌허우의 글에 의문을 제기하는 이유는 나 자신이 관련 역사를 직접 연구하는 과정에서 그가 제시했던 해석과 맞지 않거나 심지어 위배되는 문제와 현상을 많이 발견했기 때문이다. 리 쩌허우가 강조했던 군사투쟁, 현대 도시와 동떨어진 농촌이라는 환경, 혁명대오의 다수를 점했던 농민 등이 중국 공산혁명 과정에서 구조적으로 중요한 위치를 차지한 건 사실이지만, 그것들이 혁명에 절대적 규정력을 행사했다는 그의 해석은 혁명에 대한 이들 요소의 구속력을 너무나 과장한 것이다.

이 글이 리 쩌허우의 글과 다른 세번째 지점은 1980년대에 대한 이해와 평가에 관련된다. 리 쩌허우는 민족적 책임감이 매우 강하고 역사적 현실감각이 매우 뛰어난 사람이다. 그는 "나는 50년 전에 쓸 수 있었던 글은 쓰지 않으며, 50년 후에나 쓸 수 있을 법한 글도 쓰지 않는다(『中國古代思想史論』 후기)"라고 말한 적이 있다. 그 말은 그가 가장 쓰고 싶은 글이란 바로 중국의 과거와 미래에 대한 깊은 이해를 바탕으로 하면서도 살아 있는 시대현실에 효과적으로 개입하는 글임을 뜻한다. 「계몽과 구국의 이중변주」는 그의 이같은 글쓰기 태도를 잘 보여주는 대표적 저술이다. 즉 한편으로 과거 역사에 대한 해석을 통해 당대의 개혁개방 사조와 신계몽 사조를 강력하게 지지하면서도 또 한편으로는 그 속에 혼재된 편견과 아집과 극단을 바로잡는 것, 바로 그것이 그로 하여금 그 글을 쓰게 만든 현실적 동력이었음이 분명하다. 80년대의 독서와 그 수용이라는 차원에서 보면 그의 글은 그가 자임했던 시대적 임무를 훌륭히 완수한 셈이다. 그럼에도 불구하고 문제는, 오류가 있는 역사해석을 도구 삼아 현재의 시대조류와 이상을 지지할 때 희생되는 것은 오직 역사이며, 또한 그 역사해석이 지지하고자 하는 현실이 반드시 올바를 때라야만 보상받을 수 있다는 점이다. 만약 시대조류 자체에 구조적 잘못이 존재하는데도 그것을 지지하기 위해 역사를 도구화한다면 정확한 역사 인식이나 공정한 역사평가가 어려움은 물론이거니와 현실 자체도 그로 인한 댓가를 치르게 될 것이다.

리 쩌허우의 글이 1980년대의 신계몽주의 사조를 전반적으로 긍정하면서 약간의 비평을 곁들였다면, 필자의 이 글은 문혁 직후 개혁개방 사조와 80년대 중엽에 이르러 대규모로 시작된 신계몽주의 사조가 급격하게 새로운 중국의 역사적 국면을 창출하는 데 막대한 공헌을 했다는 사실을 부인할 수는 없지만 그 속에는 어떤 구조적 오류가 존재했으며, 그것이 그후로도 매우 부정적 영향을 끼쳤다고 주장하려 한다. 80년대의 그 오류란 사실 조금만 더 진지하게 역사를 연구했다면 금세 알아챌 만한 것이다. 만약 그 당시에 그것을 알았더라면 반드시 누군가는 그로부터 당시 일반적으로 유통되던 역사-현실에 대한 이해를 새롭게 반성하면서 좀더 주도면밀하고 좀더 시대적으로 건설적이면서도 역사-현실을 해치지 않는 인식을 구축할 수 있었을지도 모른다. 안타까운 것은, 80년대에 그처럼 뛰어난 재능과 책임감을 겸비하고 또 중국현대사에 대해 그처럼 깊은 지식과 내공을 가졌던 리 쩌허우조차 그런 면에서는 그저 시대의 파도를 타고 그 흐름을 더 조장하는 역할밖에 하지 못했다는 점이다. 그가 「계몽과 구국의 이중변주」라는 역사-구조적 논증을 통해 시대조류를 훌륭하게 합리화했을 뿐 시류에 대고 직언을 불사하는 지사나 과감히 충고하는 벗이 되지 못했다는 사실은 그의 뛰어난 재능과 내공을 생각할 때 참으로 아쉬운 대목이 아닐 수 없다.

책임감과 살아 숨쉬는 사색으로 가득한 리 쩌허우의 글에 대해 30여 년이 지난 지금에 와서 이렇게 트집을 잡는 것은 너무 몰인정하고 가혹한 일일 수 있음을 나도 안다. (하물며 리 쩌허우는 대학 시절 내게 가장 많은 영향을 주었던 중국의 사상가임에랴. 비록 당시 나는 그의 대부분 저작의 표면만을 읽었을 뿐 제대로 이해하지도 못했지만.) 그럼에도 불구하고 이렇게 할 수밖에 없는 이유는 우선, 리 선생은 당대 중국 사상을 대표하는 인물이며 현자(賢者)에 대한 기대가 높은 만큼 그 책임에 대한 추궁도 엄격할 수밖에 없기 때문이다. 더 중요한 이유는, 그 글이 발표된 지 30년이 되었고 그가 그 글을 쓰던 상황이나 수용되던 상황 모두 이미 많은 변화를 겪었음에도 불구하고 그 글에서 다룬 역사적 관절 (關節) 중에는 여전히 충분히 해명되지 못한 부분이 있고, 그 해명되지 못한 부분이 바로 오늘날의 시대상황과 긴밀하게 연관되기 때문이다. "지난 일은 되돌릴 수 없으나 닥칠 일은 아직 말릴 수 있다(往事不可諫, 來者猶可追, 『論語·微子』)"라고 했으니, 오늘 이 글이 그 해명되지 못한 부분에 더 주목하는 것은 한편으로 관련 역사를 더 정확하고 더 공평하게 이해하고자 함이요, 또 한편으로는 그 해명되지 못한 부분과 연루된 오늘날 중국의 의식상태가 나를 불안하게 만들기 때문이다.

지금까지 이 글과 리 쩌허우의 글 사이의 관련성을 간단히 밝힌 것은 여러분의 시간을 낭비하기 위한 것이 아니라 여러분이 이 글에서 논하는 시대들을 더 잘 이해하고, 나아가 이 글에서 다루는 논의 및 이들 논의 뒤에 깔려 있는 경험과 감정을 더 많은 각도에서 깨닫도록 돕기 위해서다.

1

만약 맑스와 그의 학설에 대한 이론적 소개가 아니라 실제 중국에서 발생한 공산혁명의 역사적 과정에 주목한다면 우리는 중국의 공산주의 운동이 중국의 신문화운동이라는 모체로부터 탄생했음을 알 수 있다. 중국 공산주의운동은 다양한 주장들이 혼재했던 신문화운동의 여러 사상적 흐름들 중 하나였고, 신문화운동 내부의 여러 사조들과 일련의 관념 및 감각을 공유하고 있었다. 예를 들면 중국 전통을 헌신짝처럼 버려

150

야 한다든지, 중국이 근대화에 성공하려면 반드시 사상문화 측면에서 거대한 변혁을 이루어야 한다든지, 이 변혁의 시작과 전개과정에서 이미 근대를 솔선하고 있다고 자임하는 신지식인들의 역할이 매우 중요할 뿐만 아니라 불가결하다든지 하는 생각들은 모두 애초 신문화운동의 한 지류였던 중국 공산주의운동이 여타 신문화운동 사조들과 공통으로 갖고 있던 인식이자 감각이었다.

그러나 그런 공통점에 비해 매우 중요한, 심지어 훨씬 더 중요한 점은 바로 중국 공산주의가 다른 신문화운동 사조들과는 다음과 같은 점에서 달랐다는 사실이다.

우선, 여타 신문화운동 사조와 달리 맑스주의를 사상적 근거로 했던 중국 공산주의운동은 전체 세계사에서 무산계급(노동자계급)이 관건적 의미를 지닌다고 전제했다. 그리고 무산계급이야말로 세계사의 청사진을 능히 실현할 혁명적 강고함과 철저함을 지녔다고 여겼다. 따라서 맑스주의를 자신의 신앙으로 삼았던 중국의 지식인들은 노동자계급을 대함에 있어 다른 신문화운동 지식인들이 가졌던 중국사회에 대한 특별한 우월감을 갖고 있지 않았다. 중국사회를 대할 때의 특별한 우월감과 우위감은 바로 신문화운동 당시 계몽자로 자처했던 수많은 지식인들이 보여준 두드러진 특징이었다. 신문화운동에 적극적으로 참여했던 지식인들의 공통점 중의 하나는 바로 중국에서 지식인이 가진 건설적 의미를 절대화하고 또 그들이 계몽하고자 했던 중국사회의 문제를 모두 자기도 모르게 절대적인 것처럼 보았다는 점이다. 루쉰의 「악마파 시의 힘」(摩羅詩力說, 1907)에 나오는 "그들의 불행함을 슬퍼하며 그들이 투쟁하지 않음에 분노한다(哀其不幸, 怒其不爭)"라는 구절은 신문화운동 당시 수많은 지식인들이 당시의 중국사회를 어떻게 보았는지 그 감각을 너무나 잘 표현한 말이다. 당시의 신지식인들, 특히 그중에서도 극렬한 사람들이 보기에 당시 중국 사회와 사람들은 '불행'에 빠져 있었다. 그냥 '불행'에 빠져 있는 것만이 아니라 너무나 많은 사람들이 그 불행을 느끼지도 못할 정도로 무감각하거나, 설령 불행을 느끼더라도 비겁하고 나약하여 감히 그것과 싸우지 않는 것처럼 보였다. 당시 지식인들 눈에 중국사회와 중국인들의 문제는 단지 근대적 안목이나 지식만 부족한 것이 아니라 정신, 심리, 인격, 행동습관 등의 면에서 모두 지극히 부족하거나 몹시 나쁘다는 것이었다. 이와 같은 인식과 감각을 전제로 하지 않는다면 우리는 애초 노예에 대한 바이런의 태도를 설명하기 위해 루쉰이 했던 말 "그들의 불행함을 슬퍼하며 그들이 투쟁하지 않음에 분노한다"가 왜 신문화운동 시기 그 많은 신지식인의 정서를 대변하는 말이 될 수 있었는지 이해할 수 없을 것이다.

그에 비해 무산계급의 의의를 확실히 인정하는 맑스주의는 당시 신문화운동 출신으로서 맑스주의를 자기의 신앙으로 선택했던 지식인들로 하여금 자신들의 우월한 지위를 절대화하거나 중국사회의 비이상적 상태를 절대화하지 않도록 만들었다. 또한 그들은 반드시 다음과 같은 긴장과 도전에 직면해야 했다. 한편으로 당시 중국의 노동자계급은 반드시 자기 계급의 역사적 의미와 책임을 자각하고 자발적으로 일어서야 한다는 과제를 안고 있었고, 이는 맑스주의 혁명이론을 신봉하던 지식인들이 중국 공산혁명운동, 특히 그 흥기 단계에서 중요한 위치를 점할 수 있도록 만들어주었다. 그러나 다른 한편으로 무산계급의 계급적 위치와 경험에서 출발하는 맑스주의는 무산계급이야말로 가장 견결하고 철저한 혁명성을 지니며 그것이야말로 세계사에 관건적 의미가 있다고 확신했기 때문에, 중국의 신실한 맑스주의자들은 부득불 다음과 같은 문제를 숙고할 수밖에 없었다. 공산주의운동에서 가장 관건인 혁명의 견결성과 철저성은 주로 무산계급이라는 계급적 위치와 경험으로 보장되는 것이지 결코 맑스주의 사상에 대한 신앙과 이해를 통해 보장되는 것이 아니라는 점에서, 당시 중국의 맑스주의자들은 무산계급 출신이 아닌 자신들이 견결하고 철저한 혁명성을 소유한 이상적 공산주의자가 되기 위해서는 반드시 경험적으로나 정서적·심리적으로 모두 노동자계급과 동등한 위치에서 보려고 노력해야 했다. 또한 진실로 맑스주의를 신봉하는 지식인의 경우 그와 노동자계급 간의 이상적 관계는 반드시 일방적인 계몽관계가 아니라 쌍방향적이고 변증법적인 계몽관계여야 했다. 노동자계급이 맑스주의를 완전히 이해하고 충분한 계급적 자각을 획득할 수 있도록 돕고 교육한다는 점에서 지식인은 계몽자라고 할 수 있다. 그러나 다른 한편으로 지식인이 충분히 이상적인 공산주의자가 되려면 노동자계급의 계급적 정서, 계급적 경험, 계급적 심리를 거울삼아 자기를 반성하고 개조함으로써 사상적으로뿐만 아니라 신체적·감정적으로도 철저한 혁명가가 될 수 있게 단련해야 했다. 즉 지식인은 의식적으로 계몽자가 되는 동시에 또한 의식적으로 자신을 피교육자, 피계몽자로 만들어야 했다. 이는 중국 공산주의운동이 시작되던 시기 맑스주의를 신봉하고 몸으로 실천하고자 했던 지식인들과 여타 신문화운동 사이에 지식인과 사회의 상호관계에 대한 감각과 이해 면에서 매우 중요한, 그리고 그후로도 많은 영향을 미친 구조적 차이가 존재했음을 의미한다.

앞에서 말한 대로 맑스주의의 고전적 혁명이론의 영향을 받은 중국 공산주의운동은 시작부터 신문화운동 주류의 사회적 감각과 차이를 드러냈다. 1920년대 중반 중국사회에 대한 중국 공산주의운동의 인식이 점차 발전함에 따라 그 차이는 점점 더 커졌다. 그전의 중국 공산주의운동은 신문화운동을 따라 부단히 청년지식인들을 끌어들이고 그들에게 영향을 미치는 데 관심을 쏟거나 주로 노동자계급을 호명하고 조직하는 데 집중했다. 그러다가 1920년대 중반에 이르러서는 혁명의 중심 역량과 조력세력이 될 만한 집단의 사회적 범위를 훨씬 더 확대했다. 즉 노동자계급 외에도 중국 대부분의 사회계급이 모두 많든 적든 혁명성을 갖고 있고, 중국 공산혁명에 참여할 수 있으며, 혁명의 유기적 부분이 되거나 최소한 조력자가 될 수 있다고 인정하게 된 것이다(이에 관해 가장 대표적이고 사람들에게 많이 알려진 텍스트가 바로 1926년 2월에 발표된 마오의「중국사회의 각 계급 분석(中國社會各階級的分析)」이다). 여기서 당시 인구 중 가장 많은 비중을 차지하던 농민의 혁명성은 특히 높이 평가되었을 뿐만 아니라 심지어 농민들이야말로 중국 공산혁명의 기본 역량이라고까지 여겨졌다. 또한 다양한 소자산계급 역시 대부분은 매우 강한 혁명적 동력을 갖고 있으며 심지어 민족자산계급도 때로는 혁명을 도울 수 있을 뿐 아니라 최소한 상당수가 혁명에 반대하지는 않을 것이라 단언되기도 했다.

　노동자계급 이외의 광대한 계급도 모두 혁명적 잠재력과 동력을 갖고 있다는 이같은 이해는 현대 중국의 일반적 계몽사조보다 훨씬 멀리 나간 것이었다. 이후 중국 공산주의운동이 중국혁명의 역사적 운명을 결정하는 데 관건이 되었던 이유는 바로 이와 같은 판단을 토대로 노동자계급과 청년지식인을 넘어 더 광범위한 사회계급으로까지 시야를 확대했기 때문이다. 중국 공산혁명은 그들을 단지 일방적인 선전이나 계몽, 주입의 대상으로만 보지 않았다. 혁명세력은 반대로 광범위한 사회계급들에게서 혁명의 동력을 찾고 그들이 가장 감동받을 수 있고 자발적으로 움직이도록 추동할 형식이 무엇인가를 찾아내는 데 주력함으로써 그들의 계급적 혁명성을 효과적으로 호명하고 이끌고 조직했다. 그와 동시에 더욱 설득력 있고 흡인력 있는 제도, 조직, 사회생활 방식 및 이 세가지를 효과적으로 유지하고 지탱할 문화형식을 발굴하는 데도 주력했다. 그리하여 이들 사회계급의 혁명적 잠재력, 즉 혁명에 필요한 행동적 잠재력과 심리적 잠재력을 충분히 발휘할 수 있도록 유도했으며, 또 그 과정에서 발휘된 에너지들이 중국 공산혁명과 충분히 안정적이고 유기적으로 결합될 수 있도록 만들었다.

이런 것들이 현대 중국 공산혁명의 운명에 관건이 될 수 있었던 이유는 바로 공산혁명 이론에서 근대의 사회적 기초라고 여겨지는 노동자계급이 당시 중국에서는 수적으로 극히 적었기 때문이다. 또한 1920년대 말부터 시작된 중국혁명이 주로 근대적 공업화가 진전되지 않은 농촌 지역에서 이루어진 데 비해 노동자계급은 그 혁명의 근거지로부터 너무 멀리 떨어져 있기도 했다. 고전 맑스주의에 따르자면 달리 방법도 없고 그렇다고 당장 세계 무산계급혁명이 폭발할 가능성도 없는 상황에서 중국 공산혁명이 진행되고 또 그렇게 발전할 수 있었던 것은 바로 20년대 중반 중국사회에 대한 새로운 인식을 전제로 풍부한 사상적 탐색과 창조적 실천이 어우러진 덕분이었다. 문제는 혁명에 필요한 조건이 무르익지 않았던 중국사회를 어떻게 혁명의 유기적 역량들이 창출되는 상황으로 전환해낼 것인가 하는 것이었다. 이를 위해 중국혁명은 우선 혁명의 핵심 역량인 중국공산당을 강화하기 위해 혁명의 군건한 지지자들과 적극적 참여자들을 단련시키는 데 부단한 노력을 기울였다. 또 혁명의 관건인 무장세력과 군중운동의 핵심 인자를 배출하기 위해 믿을 수 있는 기본 대오를 대규모로 훈련시켰다. 그외에 혁명의 핵심 역량이나 기본 대오가 될 수 없는 기타 사회세력들은 옆에서 혁명을 돕는 조력자가 될 수 있도록 유도했으며, 직접 돕지 못하는 사람들은 최소한 혁명의 성공을 긍정적으로 바라게 만들었다. 또 관념적으로 혁명에 찬성하지 않는 사람들의 경우에는 적어도 발 벗고 나서서 혁명에 반대하지는 않게끔 만들려고 애썼다.

현대 중국 공산혁명은 이같은 목표를 비교적 잘 실현했는데, 이는 무엇보다 계몽운동의 주도적 사회 감각과 인식을 확실하게 탈피했기에 가능한 것이었다. 그러나 더 주요하게는 각 사회계급이 현실에서 직면해야 했던 다양한 문제와 곤경에 대한 이해 덕분이었다고 할 수 있다. 즉 다양한 사회계급이 어떤 특수한 곤경이나 구체적 문제에 직면했을 때 가졌을 다양한 수준의 심리·감정 상태, 가치판단 상태 등을 중국 공산혁명이 잘 파악하고 이해했으며, 그리하여 그들을 동원하고 조직할 때도 각각의 사회계급이 봉착한 구체적이고 절실한 문제가 무엇인지 그들의 경험적·가치적·심리적 느낌을 정확히 이해한 상태에서 호소할 수 있었다는 것이다.

혁명에 필요한 계급적 조건이 성숙하지 않았고 공산혁명은 아직 세계와 중국에서 모두 주류가 아니었으며 중국 공산혁명이 동원할 자원과 역량도 극히 제한적이던 당시 상황에서, 중국 공산혁명이 승리를 쟁취하기 위해 반드시 획득해야 할 과제는 바로 정확한 사회감각과 그에 기초한 탄력적이면서도 정확한 정치감각을 유지하는 일이었다. 그렇게 보면 1920년대 중반 중국 공산혁명이 앞에서 말한 대로 당시의 주된 계몽주의적 사회감각을 돌파할 수 있었던 것은 매우 관건적인 계기가 되었음이 분명하지만, 길게 보면 그것은 하나의 기점에 불과했다고 할 수 있다. 그것만으로는 중국 공산혁명이 강인하게 살아남아 장대한 역사의 창조로까지 나아가지는 못했을 것이다.

이렇게 말하는 이유는 1920년대 중반 중국 공산혁명이 당시 중국사회에 대한 보편적 인식은 돌파했다 하더라도 인식론적으로는 여전히 단순한 사회경제적 시각의 계급분석과 단편적인 사회심리적 추정에 기대고 있었기 때문이다. 사회에 대한 지나치게 직관적이고 추상적인 중국공산당의 이해나 인식만으로는 당시 중국사회에 효과적으로 뿌리내릴 정치적·실천적 감각을 갖기 어려웠다. 그럼에도 20년대 중반 당시 사회의 보편적 인식을 돌파했던 중국 공산혁명이 나중에 현대 중국사의 면모를 근본적으로 변화시키는 데까지 나아갈 수 있었던 것은 공산혁명가들의 중국사회에 대한 인식이 그후로 부단히 심화하고 전진했기 때문이다. 또한 그들이 단지 사회경제만이 아니라 변화하는 정치·사회·경제·문화·심리 현실로부터도 중국 사회계급을 정확하게 인식하고 이해하고 파악하는 법을 습득했기 때문이다. 쉽게 뜨거워지고 쉽게 동요한다고 여겨지던 소자산계급에 대해서, 또 정치적으로 연약하고 언제 반혁명세력이 될지 모른다고 여겨지던 민족자산계급에 대해서도 수시로 변화하는 역사적·사회적 조건에 따라 그들에 대한 정치-사회-심리 분석을 수시로 새롭게 조정할 필요가 있었다. 이처럼 새롭게 습득한 사회감각에 의하면, 가장 강력한 혁명의 동력이자 기초를 형성한다고 여겨지던 빈농·하층 중농·소작농 노동자의 경우에도 그 혁명적 동력은 사회경제적 계급과 지위에 의해 결정되지만 그외에 늘 변하면서도 변하지 않는 그들의 가치관, 심리상태와도 긴밀하게 관련되며, 또한 그들이 부닥치는 다양한 구체적 상황이나 곤경과도 긴밀하게 관련된다는 것을 분명히 인식할 필요가 있었다.

따라서 1927년 국공분열 이후 중국 공산혁명의 전개과정을 좀더 깊이있게 이해하기 위해서는 20년대 중반 중국 공산혁명의 사회감각의 변화가 그 정치감각·실천감각에 미친 결정적 영향을 이해해야 할 뿐만 아니라, 이후 중국 공산혁명 과정이 보여준 풍부한 인식과 실천에 대해서도 정확하게 파악하고 탐구할 필요가 있다. 즉 중국사회에 대한 인식의 변화, 그와 긴밀하게 관련되는 각종 정치적·실천적 감각에 대한 모색, 그리고 그에 상응하는 정치적·실천적 능력의 변화와 성장 등도 파악해야만 하는 것이다. 또한 그것들의 변화와 모색이 어떻게 훗날 역사가 목도한 그런 효과들을 거둘 수 있었는지 아주 꼼꼼하게 들여다봐야 한다. 그렇게 한다면 중국 공산혁명이 점점 더 깊어지고 풍부해지던 당시의 계급분석이나 계급투쟁이 상당부분 이미 단순한 사회경제적 시각을 초월해 역사·사회·정치·심리·문화처럼 다양한 각도에서 계급과 계급투쟁 문제를 매우 구체적으로 느끼고 파악하고 있었음을 확실히 알 수 있을 것이다. 비록 그것이 당시의 정치적 감각과 실천이 전제로 했던 기본 틀, 특히 혁명가들의 공식적 담론의 논리나 관념의 틀을 완전히 벗어난 것은 아니었더라도 말이다. 즉 사상적으로나 실천적으로나 가장 풍부하고 활기찼던 때의 중국 공산혁명은 계급인식과 계급투쟁은 물론 각 계급의 사회경제적 상황을 충분히 고려하는 것 외에도 역사·사회·정치·심리·문화·조직 같은 모든 방면의 문제를 전방위적으로 고려했다. 그로 인해 애초 사회경제적 불평등 문제에만 집중했던 계급투쟁의 실천들이 한걸음 더 나아가 시대적·역사적 사회·정치·심리·문화·조직 문제에 대한 적극적 대응으로까지 확대될 수 있었다. 1930년대 "맑스-레닌주의 이론을 중국혁명이라는 구체적 실천과 서로 결합하자" "조사 없이는 발언권도 없다" "주관적 교조주의 반대" 같은 구호 아래 결집했던 일련의 실천과 의식의 조정은 혁명의 운명에 결정적 영향을 미쳤다. 그와 같은 조정을 통해 과거 지나치게 단순했던 사회경제적 계급인식과 계급투쟁을 다방면의 문제에 대한 유기적 인식으로 발전시켰을 뿐만 아니라 그 각각의 방면에 모두 효과적으로 책임지고 도전했던 것이다. 그후 상당 기간 중국 공산혁명이 자체의 정치감각과 행동전략을 원칙적이면서도 탄력적·효과적으로 조정할 수 있었던 것도 사실 근본적으로는 이와 같은 인식 및 실천감각을 성공적으로 운용할 수 있었기 때문이다.

주로 사회경제적 문제에 집중된 계급 인식과 실천에서 출발했으되

거기에 머무르지 않고 그것을 역사·사회·정치·심리·문화 각 방면으로 효과적으로 확장함으로써 계급과 계급투쟁 문제를 다각도에서 종합하고 입체적으로 파악하며, 나아가 이 진전된 인식들을 효과적으로 구체적인 실천능력으로 전환할 수 있었다는 사실은 중국 공산혁명사의 운명에서 매우 중요한 의미를 지닌다. 이는 특히 항일전쟁 시기에 두드러졌는데, 왜냐하면 항전 시기 통일전선하에서는 그동안 익숙했던 계급투쟁 방식을 그대로 사용할 수 없었고 이론적으로도 첨예한 계급분석이나 계급투쟁 담론을 그대로 적용하기 어려웠기 때문이다. 이처럼 이미 손에 익은 무기는 사용할 수 없고 세력도 상당히 약하지만 그렇다고 자신의 계급적 입장을 완전히 양보할 수도 없는 상황에서, 〔혁명세력은〕 어떻게 감조감식(減租減息)* 같은 계급적 실천을 효과적으로 실현하면서도 통일전선을 위협하지 않고 자신이 관할하는 지역에서 안정적으로 광범한 사회적 지지기반을 획득할 수 있었을까?

당연히 당시 위기 국면에서 일깨워진 민족의식과 민족적 공감대, 그리고 공산혁명의 한층 개방적이고 자각적인 통일전선 의식 및 전략 등이 유효하게 작동했음이 분명하다. 그러나 그외에 당시 계급문제 면에서 경제적 지위뿐만 아니라 구체적인 역사·사회·가치·심리·문화 상태까지 의식적으로 파악하고자 했던 그들의 인식적 노력과 그 인식의 집적, 그리고 관련 인식을 적극적으로 실현하고 운용했던 능력이 큰 몫을 했다는 사실 또한 간과되어서는 안된다. 항일을 목표로 한 통일전선은 공산혁명이 앞서 이미 상당히 습관적으로 계급투쟁에 사용해왔던 동원방식이나 조직방식, 그리고 자신들의 정의로움과 합법성을 정당화하기 위해 습관적으로 사용해왔던 계급투쟁 이론을 공개적으로 운용하기 어

---

* 소작료와 이자를 내림.

렵게 만들었다. 그런데 바로 그와 같은 환경이 역설적으로 앞에서 말한 관념적 지향과 실천적 경험을 축적하고 더 많이, 더 긍정적으로 발휘할 공간을 제공했다고 할 수 있다. 즉 그와 같은 의식과 경험에 더 많이 기대고 그것을 더 자각적으로 운용함으로써 현대 중국 공산혁명은 정치적으로 더 급속히 성숙할 수 있었다. 그리고 그같은 정치적 성숙은 공산혁명의 실천이 일관되고 순조로울 수 있게 만든 결정적 원인이자, 또한 전쟁 직후 공산혁명이 삽시간에 중국 무대의 주인공으로 도약하는 데에도 결정적 역할을 했다.

공산당의 감조감식 정책을 통해 이 점을 좀더 자세히 살펴보자. 이 정책을 효과적으로 실현하면서도 통일전선을 깨지 않기 위해, 심지어 공고히 하기 위해, 중국 공산혁명은 민족적 책임이나 민족일체를 강조하면서 "돈 있는 사람은 돈을 보태고 힘 있는 사람은 힘을 보태자(有錢的出錢, 有力的出力)"라고 호소했다. 또 사회경제적·문화적으로 우위에 있는 계층에 대해서는 더 열세에 있는 계층의 어려움과 곤경을 더 많이, 더 깊이, 더 절실하게 이해할 수 있도록 만드는 한편, 하층계급의 감탄할 만한 도덕정신, 인식능력, 책임의식 등에 대해서도 더 많이 이해할 수 있도록 유도했다. 그리하여 한편으로 사회경제적·문화적 우위를 점한 계층의 사람들이 더 많은 측은지심과 동정심을 가질 수 있도록, 더욱 충분히 양심과 정의감을 발휘할 수 있도록 이끌었다. 또한 사회경제적·문화적 열세에 처한 계층에 대한 존중감과 이해심을 향상시키고, 중국의 역사발전과정에 스스로 적극 참여하고 기대감을 가질 수 있도록 이끌었다.

한편 공산혁명에 가장 동조적이라 할 수 있는 사회경제적·문화적 약자 계층에 대해서는 항일전쟁 통일전선 국면임을 고려하여 특히 과거 토지혁명전쟁 시기 과도한 정치감각 —— 사회경제적 각도에 치중한 계급투쟁 —— 이 초래했던 경험과 그 교훈을 일깨우려 애썼다. 동시에 항전이 장기화되는 상황에서도 사회 각 방면을 개선하기 위해 당시와 같은 역사-사회-경제 조건하에서 꼭 필요한 사회적 상호이해, 사회적 분업 및 합작이 어떤 것인지를 힘써 이해시켰다. 약자 계층이 계급의식을 획득하면서 동시에 민족·사회·시대에 대해서도 폭넓게 느끼고 이해하며, 하층계급 이외에 적극적인 계급에 대해서도 비교적 긍정적으로 이해하고 수용하도록 만들려는 것이었다. (예를 들어 당시 혁명 근거지에서 개명신사(開明士紳)니 민주인사 같은 용어가 널리 사용된 것은 공산혁명이 계급투쟁에 뿌리를 두면서도 광범위하고 풍부한 현실을 더 개방적으로 인식하고 실천적으로도 더 적극적으로 현실을 수용하고 적응하기 위해 노력하는 과정에서 나온 것이었다.)

항전이라는 시대상황은 중국 공산혁명에 '가경취숙(駕輕就熟)'•할 수 있는, 즉 이미 그들에게 매우 숙달된 행위 및 언술 방식을 유보하도록 요구했다. 그럼에도 불구하고 결과적으로 항전은 혁명을 억제하거나 그에 걸림돌이 되기는커녕 오히려 혁명이 더 깊고 더 광범위하게 중국사회에 뿌리내리게 만드는 계기가 되었다. 항전은 중국혁명의 사회적 감각을 더 정확하고 풍부하게 만들 뿐 아니라 정치적 감각을 더 효과적이고 성숙하게 만드는 촉진제 역할을 했다. 더구나 훨씬 더 중요한 점은 중국혁명이 원래 계급적 관점에서 사회경제적 불평등과 곤경에 대한 관심을 견지하면서도 동시에 중국 사회와 사람에 대한 동정심과 이해심, 가치감각을 내재화하려는 노력을 충분히 기울였다는 것이고, 그 결과 중국혁명이 당시로서는 완전히 새로운 정감-의식-심리-가치감각을 생성하는 데 성공했다는 사실이다.

이 새로운 정감-의식-심리-가치감각의 생성은 무엇보다 중국사회

• 가벼운 수레를 몰고 익숙한 길을 가는 것처럼 쉽다는 뜻.

의 하층계급이 스스로 각성하고 자기 계급의 경험과 감정, 가치감각을 직시하기 시작한 데서 비롯되었다. 또한 그것은 하층계급을 비롯한 다양한 사회계급이 자신의 경험적 시야나 감정가치의 틀을 넘어 새로운 사회적 감정의식과 가치의식을 형성하게 된 것과도 관련된다. 즉 새로운 정감-의식-심리-가치감각의 생성이 사회의 고난과 불의에 첨예하게 맞서고자 했던 혁명에 더 발전되고 안정적인 사회적 정감-의식의 기초를 제공한 것이다. 그것은 중국 사회와 사람들의 적극적인 정감과 가치감각이 다방면에서 일깨워지고 고양되었던 것과 깊이 관련된다. 그리하여 혁명은 더욱더 광범위하게 중국 사회와 사람들의 마음에 효과적으로 뿌리내릴 수 있었고 이는 또 당시 중국사회의 정감과 가치감각의 맥락이 발휘되고 창달되는 데 도움이 되었다. 게다가 이 새로운 정감-의식-심리-가치감각은 민족의 위기의식과 민족 신생('항전건국')이라는 시대현실에 대한 갈급함을 바탕으로 형성됐기 때문에 시대적 과업의 무게를 더 잘 견디고 소화할 역량을 갖출 수 있었다. 그것이 민족과 국가의 갱생에 더 큰 정신적·심리적 지지대가 되었음은 물론이다.

항일전쟁 시기 이전과 이후의 역사를 비교해보면 항일전쟁 시기 중국 공산혁명의 이같은 전개가 그것의 현대사적 운명에 얼마나 중요한 것이었는지를 더더욱 실감하게 된다. 1920년대 중반의 대혁명* 과정에서 과격한 계급투쟁은 대혁명을 분열시킨 결정적 원인이었다. 그에 비해 항일전쟁 이후의 계급투쟁은 대혁명 당시의 그것보다도 훨씬 큰 규모로 훨씬 심도있게 진행되었다. 그때 투쟁의 대상이 된 사람들은 토지개혁 중의 지주와 부농 두 집단만 치더라도 그 숫자가 상당하고 연루된

• 1차 국내혁명, 즉 1924~27년 군벌에 대항하기 위해 국민당과 공산당이 합작하여 진행했던 전쟁과 정치운동.

사람들은 훨씬 광범위했다. 그전의 역사, 특히 항전의 역사로 말미암아 해방전쟁 시기의 공산당과 해방군 중에는 사회적 지위가 상당히 높은 사람, 지주나 부농 출신, 혹은 부농과 친지관계인 사람들이 상당히 많았다. 그뿐 아니라 이때의 대규모 계급투쟁 역시 과도한 폭력현상을 피하기 어려웠고 심지어는 억울하게 타도의 대상이 되거나 살해당한 사람도 적지 않았다. 20년대 대혁명 당시 유사한 문제들이 발생했을 때는 국민당이나 북벌군 중 원래 노동자·농민을 동정하고 최소한 반대하지는 않았던 사람들까지도 모두 공산당과 노동자·농민운동에 등을 돌리고 심지어 진압해야 한다는 쪽으로 돌아서버렸는데, 해방전쟁 시기에는 더 규모가 크고 더 철저하고 잔혹하기 일쑤였던 계급투쟁이 발생했음에도 불구하고 혁명진영이나 혁명에 동정적인 진영 내부에서 비교적 큰 동요가 일어나지 않았다. 그 이유로 해방전쟁 시기에는 이미 혁명진영의 역량이 훨씬 강화됐고 혁명대오가 내부적으로 이미 혁명사상에 충분히 훈도된데다 사회적으로 투쟁의 명분 역시 충분히 쌓였다는 점을 들 수 있을 것이다. 하지만 그것만으로는 턱없이 부족하다. 그보다 더 중요한 이유는 바로, 해방전쟁 시기의 계급투쟁이 직전의 항전 시기에 형성된 새로운 정감-의식-심리-가치감각 상태에서 우러난 심리적 지지를 기반으로 했을 뿐 아니라 미래지향적이면서 매우 구체적인, 새로운 정치-문화-조직생활 자체의 설득력과 흡인력에서 비롯된 감정적 지지를 기반으로 진행되었다는 사실이다.

이 새롭고도 중요한 정감-의식-심리-가치감각 상태를 만들어낸 탐색과 실천 과정이 혁명에 가져다준, 현대 중국에 가장 중요하고 가장 소중한 성취는 바로 항전 직후 사람들이 '인민'이라는 말을 사용할 때의 감각에서 집중적으로 드러난다. 중국 공산혁명의 숱한 노력과 실천을 접했거나 그에 호명된 여러 사회계층의 사람들은 설령 자신이 직접 혁명에 투신하지는 않았더라도 더이상 원래 상태에 머물러 있지 않았다. 즉 더이상 과거 자신이 속했던 계급과 그 궤도 위에 있지 않았다. 여전히 서로 차이는 있지만 그 차이 속에서도 상당히 강한 동질감과 연대감을 느끼는 '인민'의 일원이 된 것이다. '인민'이라는 말은 그전에도 있었지만 그것이 이처럼 빈번히 사용되면서 충만한 역사적-심정적-감각적 의미를 부여받게 된 것은 바로 항전 시기 새로운 정감-의식-심리-가치감각 상태를 만들어낸 중국 공산혁명의 인식과 실천 덕분이었다. 1949년 전후부터 50년대까지 수많은 사례를 보면 당시 사람들의 적극적 시대감각을 잘 드러내는 단어는 '계급'이 아니라 '인민'이었다. '인민'은 계급보다 더 안정감 있고 따스하게 여겨졌으며, 어떤 공감대와 책임감, 국가민족에 대한 자부심, 현재의 일과 삶에 대한 열정, 미래 중국에 대한 낙관적 믿음과 열렬한 동경을 불러일으켰다.

1949년 중화인민공화국의 성립은 현대 중국 공산혁명의 기념비적 성과다. 이 정권은 우선 "중국의 노동자계급, 농민계급, 소자산계급, 민족자산계급 및 기타 애국민주인사의 인민민주통일전선 정권"(「中國人民政治協商會議共同綱領」)으로 정의되었다. 그중 4개의 계급이 바로 1920년대 중반 중국사회 각 계급의 혁명성에 대한 중국 공산혁명의 인식과 일치하는데, 이는 결코 우연이 아니다. 그뿐 아니라 현대 중국 공산혁명의 결과로 건립된 국가를 '중화인민공화국'이라 부르게 된 것도 절대 우연이 아님을 알아야 한다. 또한 앞의 정의에서 덜 중요한 것처럼 덧붙인 '기타 애국민주인사'는 왜 '계급분석적' 용어가 아닌지, 그러면서도 어떻게 4대 계급과 동등한 지위를 부여받을 수 있었는지 그 배후의 역사도 반드시 알아야 한다. 그것은 현대 중국혁명사를 인식하는 데 매우 중요할 뿐만 아니라 당시 왜 ('노농민주' 같은 말이 아니라) 하필 '인민공화'라는 말이 국가 명칭의 핵심 지위를 차지했는지를 이해하는 데도 매우 중요하기 때문이다. 중국현대사에서 계급의식과 계급투쟁이 중국 공산혁명의 운명에 매우 중요한 것이었음은 말할 필요도 없지만, 더 나아가 혁명이 나중에 그처럼 신속하고 그처럼 철저하게 승리할 수 있었던 것, 그리고 그처럼 광범위하고 그처럼 깊이있게 사회의 정신과 마음을 불러일으킬 수 있었던 것은 바로 혁명이 탄생시킨 '인민'이 상당부분 '계급'을 상대화한 결과였음도 분명히 지적할 필요가 있다.

1949년 건국에 적극적으로 참여한 4대 계급이 20년대 마오 쩌둥의 계급인식과 부합한다는 사실은 당시 마오 쩌둥의 뛰어난 사회적 통찰력과 판단력을 증명한다. 하지만 이것을 인지하는 것만으로는 매우 불충분하다. 앞서 강조한 것처럼, 중국 공산혁명이 20여년간 발전하여 1949년 건국에까지 이를 수 있었던 것은 그것이 효과적으로 이들 계급을 호명하고 추동하며 그 핵심 역량을 조직해낼 수 있었기 때문이고, 나아가 이들 계급에 대한 호명과 추동 및 조직화가 가장 성공적이었을 때 중국혁명은 단지 이들 계급이 속한 본래의 계급성만을 소환한 것이 아니라 그들이 본래의 계급성을 초월하여 스스로를 '인민'에 동일시할 수 있게끔 만들었기 때문이기도 함을 알아야 한다. 즉 1949년 무렵 중국인의 정신과 심신의 감각을 더 두텁게 만들고 삶과 일에 대한 감각을 더욱 고양하고 충실하게 하며 동시에 자기 밖의 중국과 세계에 대해 더 자연스럽고 절실하게 연대감과 책임감을 느끼도록 만들어준 것은 '계급'이 아니라 '인민'이었다는 것이다. 중국 공산혁명이 건국까지 승리할 수 있었던 것은 계급과 계급투쟁에서 출발한 혁명적 인식과 실천에서 비롯되었으며 동시에 계급과 계급투쟁을 초월한 데서 비롯된 것이기도 했다. 그런 의미에서 혁명의 승리를 '계급분석'과 '계급투쟁'의 승리로 볼 것이 아니라 '계급'적이면서도 '계급'을 초월하는 '인민'의 승리, 혹은 '계급-인민'의 승리로 볼 필요가 있다.

2

예민한 독자라면 이렇게 말할지도 모르겠다. 당신은 리 쩌허우의 「계몽과 구국의 이중변주」가 보지 못한 역사적 이해의 중요한 측면을 제시하고는 있지만 여전히 리 쩌허우 글의 핵심을 제대로 비판하지 못했을 뿐 아니라 오히려 그의 핵심 진단에 대해서는 지지하고 있지 않은가라고. 즉 당신이 앞에서 서술한 중국 공산혁명의 과정은 사실 리 쩌허우가 말한바 계몽이 점차 주변화되고 심지어 배제되어가는 과정이 아닌가라고 말이다. 솔직히 말하면 이 질문은 조금만 바꾸어 말한다면 충분히 성립 가능하다. 즉 내가 앞에서 주장한 내용으로 '구국'이 '계몽'을 압도했다는 리 쩌허우의 주장을 증명할 수 있다고 한다면 좀 억울할 수 있지만, 만약 '혁명'이 리 쩌허우가 말하는 '계몽'을 압도했다는 역사적 사실을 증명할 수 있다고 말한다면 그것은 부인하기 어렵다.

문제는 보기에 퍽 날카로워 보이는 이 질문이 리 쩌허우 글의 표층에 관한 것일 뿐 그 심층에 이른 것은 아니라는 점이다. 리 쩌허우 글의 핵심 의도는 현대 중국 공산혁명 과정에서 계몽이 점차 주변화되었음을 증명하는 데 있다기보다는 그 주변화로 인해 원래는 현대적이었던 혁명이 어떻게 전근대적 요소에 의해 점점 침식되었는지를 밝히고, 그후 10년에 가까운 반근대적 문혁운동이 어떻게 출현할 수 있었는가를 역사-구조적으로 해석하며, 나아가 신문화운동을 계승한 계몽이 왜 1980년대 사상과 문화의 핵심 임무여야 하는지를 논증하는 데 있기 때문이다. 리 쩌허우의 이 특별한 관심은 우선 문혁은 반근대운동이었다는 판단을 전제로 성립하며 동시에 동전의 양면 같은 다음의 두가지 인식적 판단을 바탕으로 성립한다. 첫째로 리 쩌허우가 말하는 계몽의 충분한 실현은 중국이 정말로 훌륭한 또는 비교적 훌륭한 근대에 이르기 위해 불가결한 핵심 관건이라는 것이고, 둘째로 이 계몽에서 멀어져버린 역사는 계몽에 의해 다시 환골탈태할 때라야만 비로소 중국을 이상적인 또는 비교적 이상적인 근대로 이끌 막중한 책임을 다할 수 있게 된다는 것이다. 그렇게 보면 리 쩌허우 글의 핵심적 문제는 중국 공산혁명 중에 정말로 그가 말하는 계몽이 점차 주변화되고 배제되었는가 하는 점이 아니라, 그 계몽 자체가 리 쩌허우 자신이 옳다고 여기는 비교적 이상적인, 그래서 중국에 근본적으로 중요하고 또 적실한 그런 계몽이 아니었다는 데 있다. 중국 공산혁명의 시작부터 문혁에 이르기까지의 과정에 대한 이같은 그의 정리는 그 시기 역사가 우리에게 주는 교훈을 인식하는 데 도움이 되지 않을 뿐만 아니라 우리의 현실감각을 오도하고 현실에 대한 우리의 반응과 설계를 오도했다. 이런 문제들로 인해, 리 쩌허우의 글이 유감으로 생각했던바 중국현대사의 핵심 단점은 구국이 계몽을 압도함에 따라 계몽이 주변화되어 그 임무를 완성하지 못한 데 있으므로 80년대 사상문화계의 가장 중요한 임무는 바로 자각적으로 계몽을 계승하여 중단된 임무를 완성하는 것이라는 그의 핵심적인 역사이해와 현실판단은 실은 단단히 다지지 않은 모래 위에 서 있는 셈이다. 리 쩌허우 글의 이러한 핵심 구조를 분명하게 이해해야만 필자가 앞에서 제기한 중국 공산혁명에 대한 파악과 분석이 얼마나 성실한 역사적 정리이며, 리 쩌허우가 다룬 중요한 문제들을 바로 구체적 역사 — 계몽에 대한 반성적 사유나 근대성에 대한 반성적 사조가 아닌 — 에서 출발하여 성찰하고 검토한 것인지를 분명히 알 수 있다.

그렇다면 우선은 리 쩌허우의 글이 상당히 긍정적으로 다루는 신문화운동의 주류 계몽관이 실제로 이상적이었으며 중국에 근본적으로 중요하고 적합한 것이었는가에 대해 언급해야 할 것이다. 이에 대해 필자는 이 계몽의 관념적 전개가 아니라 그것의 자기감각과 중국사회에 대한 감각의 구조에 핵심적 질문을 던지겠다. 앞에서 지적한 것처럼, 계몽을 자임했던 다수의 신문화운동 지식인들은 당시의 중국이 근대의 여정에 필요한 능력과 소양을 갖추지 못했다고 여겼기 때문에 현실 중국사회가 그들이 이해하는 근대와 맞지 않는다고 기정사실화했고, 따라서 중국사회는 단순히 그들이 비판하고 주입하고 개조해야 할 대상으로만 간주되었다. 그같은 감각과 시각은 다시 사회에 대한 그들 지식인의 지위를 지나치게 높게 평가하게 만들고, 근대에 대한 그들 자신의 인식과 이해가 중국에 갖는 의미를 지나치게 크게 평가하게 만들었다. 신문화운동 주류 계몽관의 이러한 자기감각과 사회감각에 비해, 맑스주의 지식인들은 똑같이 신문화운동에서 배태되었음에도 불구하고 맑스주의적 계급이해와 계급분석을 중국사회에 적용함으로써 신문화운동의 주류 계몽관이 지닌 자기감각과 사회감각을 훌쩍 뛰어넘을 수 있었다. 맑스주의자들은 중국 공산혁명에서 그들이 차지하는 대체불가한 의미와 책임을 자각함과 동시에 그들이 바라는 근대를 향해 중국을 이끌고 갈 혁명적 잠재력과 소양이 사회 도처에 퍼져 있다고 생각했다. 그리하여 주류 계몽관이 가장 계몽이 필요한 집단으로 노동자·농민 계급을 꼽은 데 비해, 맑스주의자들은 반대로 역사를 이상적 방향으로 추동할 가장 유력한 역량으로 노동자·농민 계급을 꼽았을 뿐만 아니라 그들의 다양한 경험과 소양이야말로 지식인들이 이상적 공산주의자로 단련되기 위해 반드시 참조하고 배워야 할 의미있는 것으로 여겼다.

현대 중국의 주류 계몽지식인들과 맑스주의 공산주의자들의 자기감각 및 사회감각의 차이는 결정적으로 양자의 실천감각과 실천방향의 차이를 결정지었다. 현대 지식인으로서 양자 모두 강렬한 책임감을 가진 것은 사실이었으나 어떤 방식이 가장 효과적으로 그 책임감을 실현시킬 것인가에 대한 생각에서는 큰 거리가 있었다. 전자는 자신이 가진 근대적 지식과 관념으로 사회를 계몽하고 구축함으로써 되도록 더 많은 중국인을 자신이 생각하는 근대인으로 개조하기 위해 노력했다. 반면 후자는 완전히 달랐다. 물론 그들 역시 자신이 가진 근대적 지식과 혁명적 이상으로 사회에 영향을 미치려 했다는 점에서는 같지만, 그 영향의 중점은 위에서 아래로 사회를 만들어내는 것뿐만이 아니라 (혁명적 지식인들이) 사회 속에 이미 원래부터 존재한다고 여겼던 혁명적 잠재력을 끌어내어 조직하고, 이들 사회계급과 계층(특히 그중에서도 노동자·농민 계급)으로부터 그 장점을 발견하며(극소수에게서만 발견된다 하더라도), 이를 통해 다시 끊임없이 지식인 자신을 되돌아보고 비판하며 스스로를 개선하고 재구축하는 데 놓여 있었다.

전자와 달리 후자에게 현대 지식인과 중국사회는 일방적 관계가 아니었다. 맑스주의자들은 지식인과 사회가 선순환하며 변증법적으로 상호 추동할 수 있는 인식과 실천을 찾는 데 힘을 쏟았다. 그 사실이 매우 중요한 이유는 중국 공산혁명이 바로 그와 같은 의식적 노력을 경주한 결과 실제로 효과적인 상호추동 및 소환 시스템을 만들어내는 데 성공했기 때문이다. 그 결과 사회 각 계급에 대한 그들의 혁명적 인식은 실제로 많은 부분 혁명적 현실로 전화되었으며 그들이 인정한 계급들이 결국 실제 건국의 주체가 되었다. 이 역사적 노력의 과정에서 탄생한 숱한 의식과 실천적 경험은 그 자체로 매우 큰 의미를 지닌다.

예컨대 혁명적이라 생각되는 계급·계층으로부터 그 혁명성을 끌어내기 위해 혁명지식인은 다양한 계급·계층이 통상 공유하는 사회경험과 감정경험, 심리의식, 가치감각을 완전히 파악해야 했던 것은 물론이고 각 계급·계층만의 사회경험, 감정경험, 심리의식, 가치감각을 더 깊이 있게 장악하며, 나아가 각 계급·계층 내부의 다양한 인간집단과 그들

내 다양한 구체적 개인들의 사회경험, 감정경험, 심리의식까지 하나하나 다 이해해야만 했다. 혁명지식인은 이와 같은 노력을 통해서만 자신의 폐단, 즉 늘 사회를 관념적으로 인식하고 직관적이고 인상적으로 이해하는 지식인의 폐단을 효과적으로 극복할 수 있고, 진실로 사회 내부에서 사회를 이해하고 각 계급·계층의 다양한 처지를 비로소 체감할 수 있게 된다.

일단 여기까지 이르면, 대상으로부터 발견할 수 있는 것은 단지 혁명의 가능성만이 아니다. 그외에도 중국 사회와 사람들에게 있는 풍부하고 생동감 넘치고 성실하며 진취적인 소질과 에너지를 접하게 되고, 나아가 그들에게 존재하는 문제나 그들이 직면한 곤경이 역사적 맥락 및 시대상황과 어떻게 관련되는지도 더 깊이 이해할 수 있게 된다. 이처럼 현실과 그 속에서 살아가는 사람들에 대한 깊은 이해와 다방면의 정서적 공감대가 형성된 후에 역사-현실에 성심을 다하는 지식인이 실천과 혁명조직에 실제 참여할 때라야만 정말로 해당 지역이 가진 자원에 충분히 근거하여 행동할 수 있게 된다. 또 그럴 때 비로소 해당 지역의 문제를 더 많이 소화하고 받아들이고 해결할 수 있게 되며, 해당 지역의 생기와 활력이 더 충분히 발산되도록 만들 수 있다. 또한 자신의 참여가 지역민의 정서나 가치감각의 고양, 당면한 문제와 어떤 관계를 맺는지 성실하게 파악할 때 비로소 지식인은 실천 속에서 정서적·심리적으로 더 단단한 의미감과 심신의 충실감을 획득하게 된다. 물론 자신의 마음과 머리도 더 수월하게 깨끗이 씻어낼 수 있다.

현재와 미래, 그리고 중국 자신의 이상적 성장에 결정적으로 중요한 소질과 에너지가 중국사회에 본래부터 존재한다는 굳건한 믿음을 통해 현대 공산혁명 지식인들은 중국사회와 다양한 계층 및 개인의 현실과 생명의 경험을 몸소 알고 감정적으로 몰입했다. 그리하여 그들 중 상당수가 구체적이고 실질적인 파악과 경험적 참여를 통해 중국, 중국사회, 중국인에 대한 자신의 인식과 이해를 교정하고 확대하고 충실하게 만들 수 있었다. 또한 이 인식과 이해의 진전을 바탕으로 자신의 현실감각, 실천감각, 정치감각을 부단히 조정하고 수정하며 충실히 다졌다. 그와 같은 교정, 수정, 충실화에 따라 실천적 모색이 이루어지자 대상과 진실하면서도 유용한 심신의 공감대가 더 쉽게 형성되었으며, 그러자 늘 사회적 진실과 유리되었던 탓에 느끼던 허무감, 고독감이 더 쉽게 극복되었으며 실천 속에서 몸과 마음의 건강함과 충실감을 얻을 수 있었다.

이처럼 실질적이고 구체적인 혁명의 구조적 관점에서 출발해야만 우리는 애초 신문화운동의 한 축이던 중국 공산혁명이며 왜 가장 활력있고 영감으로 가득 찼던 당시 "이론은 실제와 연계되어야 한다" "군중노선" "조사 없는는 발언권도 없다" "주관주의·교조주의·경험주의에 반대하자"처럼 자신의 숱한 인식적·실천적 경험을 그렇게 강조했는지 비로소 이해할 수 있다. 구체적 현실이 아닌 사상적·관념적 신앙에서 출발한 중국 공산주의 지식인들이 공산혁명에 필요한 사회적 조건을 갖추지 못한 중국사회에서 많은 사람들을 성공적으로 이끌어내고 동원하며 중국 공산혁명 속에 끌어들이기 위해서는 어떤 인식적·실천적 의식과 노력을 거쳐야만 했는가, 또한 어떤 인식적·실천적 의식과 노력을 거쳐서만 시대현실의 각종 변화에 민감하게 발맞추어 지식인 자신의 현실감각과 정치감각을 탄력적이고 효과적으로 조정할 수 있었는가 하는 문제는 사실 모두 근본적으로 연관되기 때문이다. 그외에 혁명이 강조했던 '당의 건설' '무장투쟁' '비판과 자아비판' 등과 관련해서도, 신문화운동에서 출발한 지식인들이 경전 맑스주의에서 말하는 이상적 계급과는 상당히 다른 중국사회 각 계급들을 어떻게 효과적으로 혁명의 핵심 역량으로 단련시켜낼 것인가라는 시각에서 볼 때 비로소 저 핵심 구호들이 실제 실현되고 경험적으로 전개되었던 사정을 더욱 제대로 파악하고 이해할 수 있다.

물론 중국 공산혁명 과정에서 지식인과 사회는 상호 추동하는 관계였기 때문에 지식인만이 아니라 그들이 내적 소질과 에너지를 갖고 있다고 믿었던 중국사회도 변화했다. 중국사회에 대한 혁명지식인들의 정서적·인식적 몰입, 그 몰입에 따른 인지의 진전, 그 인지의 진전에 따라 부단히 조정된 실천의 진전이 있었기에 비로소 중국사회는 과거에는 스스로도 믿지 않았던 자신의 에너지와 소질을 더 많이 펼칠 수 있었다. 이들 사회적 에너지와 소질을 불러내고 조직하지 않았더라면 항일전쟁 시기 공산당이 적의 후방에서 그처럼 오랫동안 버틸 수 없었을 것이고 또한 내전 초기 비교도 안될 만큼 우세를 점했던 국민당을 3년이라는 짧은 시간 안에 물리칠 수도 없었을 터이다(다른 것은 둘째 치고, 군중의 적극적 참여가 없었다면 전쟁 중의 운수運輸 문제만으로도 공산당은 사라질 운명에 처했을 것이다).

중국 공산혁명이 분투한 결과 1949년 중화인민공화국이 건립되었고, 그 건립에 참여했던 4대 계급이 바로 20년대 중후반 중국 공산주의운동이 신문화운동 주류의 사회감각과 사회이해를 초월하여 확대시킨 범위 — 노동자계급, 농민계급, 소자산계급, 민족자산계급 — 와 일치하는 것은 결코 우연이 아니다. 또한 그 4대 계급 가운데 매우 많은 사람들이 '인민'이라는 말을 자신과 동일시했음도(이는 4대 계급 안에 모두 해당 계급의 사회경제적 지위를 넘어서는 어떤 에너지가 존재했음을 보여준다) 결코 우연이 아니다. 이는 중국 공산혁명의 일련의 인식적·실천적 창조 덕분이고 또한 사회 자체에 내재되어 있던 가능성과 에너지 덕분이기도 했다. 그렇다면 신문화운동의 주류 계몽관이 마음 아파하고 질타했던 중국사회, 그들이 목도한 중국사회는 단지 특정한 역사적·현실적 조건하에서만 드러나는 사회적 표현이었을 뿐임을 알 수 있다. 그같은 일시적 표현을 근거로 그 사회의 본질이 그렇다고, 그러니까 현대 지식인들이 위로부터 계몽하고 개조하는 길밖에 없다고 판단할 수는 없는 일이다. 현대 중국 공산혁명의 경험은 중국사회가 비록 지식인들의 기대에 미칠 만큼 이상적이진 않았지만 그렇다고 현대 중국 건설에 필요한 소질과 에너지가 전혀 없었음을 의미하는 것은 결코 아님을 보여준다. 또한 이 사회가 현대 지식인들이 기대하는 방향으로 갈 것인가 아니면 그들의 호소와 바람에 전혀 미동조차 하지 않을 것인가는 사실 현대 지식인들이 해당 사회와 효과적으로 상호 추동하는 방식을 찾았는가 여부와 근본적으로 관련됨을 보여준다.

그런 점에서 보면 리 쩌허우의 「계몽과 구국의 이중변주」라는 명문이 구국이 계몽을 압도했다는 주장을 제시한 후 더 나아가 다음과 같은 질문들을 던지지 못한 것은 매우 아쉽다. 당초 신문화운동의 한 지류에 불과했던 중국 공산혁명이 어떻게 중국현대사에서 그처럼 큰 역할을 할 수 있었는가? 어떻게 현대사의 면모를 근본적으로 변화시킨 역량이 될 수 있었는가? 그것은 단지 구국이라는 긴급한 정세 덕분이었을까? 그렇게 보면 다른 역량들, 특히 공산당에 비해 늘 우세를 점했던 국민당 역시 의도적으로 구국을 외치며 자신을 합법화하고 세력을 확대하지 않았던가? 하물며 일찍이 어느 학자가 분명히 지적한 것처럼, 신문화운동(5·4운동을 포함해서)의 적극적 참여자 중에 중국공산당에 가입한 사람의 수가 국민당에 입당한 사람 수에 훨씬 못미쳤다고 한다면,[1] 왜 리 쩌허우가 긍정하는 계몽관과 멀지 않은 지식인들이 중국현대사에서 그만큼 큰 정치적 힘을 발휘하지 못하고, 반대로 그 계몽관에서 점차 멀어진 공산혁명 지식인들이 중국현대사의 기본 면모를 바꿔내는 정치적 힘을 발휘했던 것일까? 국민당이라는 무대가 이상적이지 못해서인가, 아니면 국민당에 가입한 현대 지식인들이 신문화운동 주류 계몽관의 속박에서 벗어나지 못해서인가? 계몽관의 속박이 그들로 하여금 당시 중국사회의 표상 아래 있던 복잡한 현실을 적극적으로 간취해낼 수 없게 만들었던 것일까? 또 사회에 대한 심도있는 인식 위에 자신의 현실감각, 정치감각, 실천감각을 성실하게 재구성함으로써 복잡한 현실을 적극적으로 파악하고 자신이 기대하는 역사 발전 속으로 사회를 충분히 조직해내는 것을 막았던 것일까?

이 모든 것을 묻지 않은 결과, 리 쩌허우의 주장은 중국 공산혁명이 고전 맑스주의 혁명의 이해와는 다르다는 것을 지적하는 데 머물렀다. 또한 농촌이 도시를 포위한 것은 혁명의 기초가 실제로 노동자계급 밖으로 이동했고 비근대적 영역으로 이동했다는 식의, 너무나 쉽게 제기할 만한 문제들만 지적하는 데 머무르고 말았다. 그리하여 중국공산당은 도대체 어떤 의식, 방법, 실천을 통해 효과적으로 중국사회를 동원하는 데 성공했는가, 그리고 그들을 중국 공산혁명의 유기적 부분으로 조직하는 데 성공했는가라는 질문처럼 중국 공산혁명을 인식하고 이해하는 데 있어 기초적이면서도 핵심적인 문제들조차 진지하게 제기되지 못했다. 이 모든 것이 질문으로 던져지지 않은 결과 리 쩌허우는 그가 지지하는 형태의 계몽, 즉 근대적 관념과 근대적 이해, 근대적 지식을 지닌 계몽자의 우월한 지위를 절대화하고 계몽의 대상인 사회의 불합리를 절대화하고자 하는 계몽 자체가 반드시 회의되고 반성되어야 할 대상이라는 사실을 알아채지 못했다. 그 계몽 자체가 성찰의 대상인 이유는 그같은 계몽상태가 계몽대상인 사회에 대한 인식의 심화에 영향을 줄 뿐 아니라 결정적으로 사회에 개입하고 개조하는 능력에도 영향을 미치기 때문이다. 그뿐 아니라 자신과 사회를 대하는 그와 같은 계몽의 방식은 늘 계몽자의 초심과는 달리 보상도 없이 사회를 상해하고 자신을 상해하는데도 정작 계몽자 자신은 그것을 알지 못하기 때문이다.

즉 리 쩌허우가 지지하는 계몽은 자아감각과 사회감각상의 구조적 결함으로 말미암아 성실하고 책임감 있는 지식인들이라도 그 계몽관으로 인해 원래 마땅히 긍정되고 전화되어야 할 많은 사회적 에너지와 소질을 무시하거나 심지어 적대시하도록 만들었다. 그 결과 그들은 현대 중국사회의 소중한 에너지와 생기를 충분히 주목하지 못했을 뿐 아니라, 어떻게 이 생기와 에너지를 효과적으로 조직하여 그들이 바라는 중국 현대 속으로 끌어들일 것인가, 나아가 그 생기와 역량을 어떻게 더욱 발전시킬 것인가라는 문제들을 더 충분히 고민할 수 없었다. 그러기는 커녕 이 계몽관에서 비롯한 사회에 대한 부정적 태도와 거리감으로 인해 오히려 그 소중한 생기와 활력은 성실하고 책임감 있는 지식인들이 만들어낸 관념과 실천에 의해 훼손되었다. 또 한편 이 계몽관은 진정으로 중국을 위하지만 실제로는 중국 현실로부터 멀어지는 구조적 딜레마를 안고 있었음에도 자각되지 않았기 때문에, 이 계몽관을 지닌 현대 중국 계몽자들은 늘 진심으로 행동하고자 노력했지만 사회현실의 개입 결과는 늘 그들의 기대와 큰 차이를 보이는 곤경에 빠지곤 했다. 그러한 경험이 오래 쌓이다보니 이들 계몽자는 대부분 허무감에 빠지지 않을 수 없었다. 이로써 리 쩌허우가 지지하는 계몽관은 그런 관점을 가진 계몽자들의 중국 현실에 대한 인식의 심도에 영향을 주고 그들의 합당한 자아의식 수립과 그들의 실천방안 및 실천을 위한 현실적 노력에 영향을 미친 것은 물론이고, 나아가 그들의 정신적 안정감을 훼손하고 심신의 평안에까지 영향을 미치게 되었다.

3

안타까운 것은 현대 중국의 계몽운동에 대해 앞에서 지적한 반성과 검토의식이 「계몽과 구국의 이중변주」를 쓴 리 쩌허우에게는 없었을 뿐만 아니라 그가 글에서 지지하고자 했던, 1980년대 거대한 흐름을 형성했던 신계몽 사조 역시 그와 같은 반성과 검토의식을 갖고 있지 않았다는 점이다. 사정이 그렇다보니 80년대 중후반 지식계의 주류였던 신계몽 사조가 역사의 후래자로서 앞서의 전철을 밟지 않을 수 있는 유리한 위치에 있었으면서도 오히려 전자와 비슷한 구조의 함정에 빠져버린 채 스스로는 미처 그 점을 알지도 못했던 것은 그리 이상한 일이 아니다.

이 글 첫머리에서 지적한 것처럼, 80년대 신계몽 사조의 역사감각-현실감각의 핵심적 모양이 갖추어진 것은 문혁 이후 일련의 시대상황과 긴밀하게 관련된다. 문혁 직후 그것을 비판적으로 검토하는 과정에서 문혁을 반근대운동으로 간주하는 견해가 점차 압도적 지위를 차지하게 되었다. 더 나아가 이미 사회주의 단계로 진입했다고 여겨졌던 당시 중국대륙에서 왜 10년이나 반근대운동이 지속되었을까라는 질문이 생겨났다. 바로 이 문제에 대한 시대적 대답 속에서, 80년대 중후반 중국대륙 지식계의 압도적 주류를 이루었던 신계몽 사조의 역사감각, 현실감각, 사회감각이 결정적으로 확립된 것이다.

중국은 표면적으로는 1956년에 사회주의 사회로 진입했지만 여전히 봉건주의가 잔존하는 한편 봉건적 사회체질을 개조할 만한 근대적 사회생산이나 경제는 발달하지 않았기 때문에 봉건주의 문제가 완전히 해결될 수 없었다는 것이 문혁 직후에 받아들여진 해답이었다. 그에 따르면 당시 중국의 사회적 주체들은 농민이나 노동자나 간부나 해방군이나 모두 겉보기에는 다르지만 실제로는 대개 근대의 세례를 충분히 받지 못해 여전히 뼛속 깊이 전근대적인 소생산자였다. 표면은 혁명적인데 내부의 실질은 소생산자적인 이 사회적 상황은 또한 충돌하는 것처럼 보이지만 실제로는 공생하는 양면성을 지녀서, 평소에는 폐쇄적이고 보수적이며 근시안적이고 민주의식이 결핍된 상태지만 한번 달아오르기 시작하면 평균주의를 핵심 특징으로 하는 반근대적 '농업사회주의'라는 유토피아적 지향을 보인다는 것이다.[2]

이같은 이해를 바탕으로, 신계몽 사조의 추동자들은 이미 사회주의 단계로 진입한 중국대륙에서 정치경제적으로나 사상문화적으로나 모두 반근대적이면서 10년이나 지속된 전국적 운동이 어떻게 발생했을까라는 곤혹스러운 문제에 대해 역사-사회-문화-심리적 해석을 내놓았다. 즉 한편으로 중국은 앞에 말한 바와 같은 역사-사회-문화-심리적 체질을 지녔음에도 당시의 국가지도자들은 봉건주의 문제는 간과한 채 자산계급과 자본주의 문제에만 지나치게 관심을 기울임으로써 반근대적 문혁사조 ── 뼛속은 전근대적 '농업사회주의' 유토피아지만 표면적으로는 매우 급진적인 반자본주의·사회주의의 기치를 내건 ── 가 발생할 절호의 기회를 제공했다는 것이다.

문혁의 발생에 대한 이와 같은 이해는 자연스럽게, 그렇다면 현 단계에 가장 중요하고 급박한 시대적 임무는 무엇인가에 대한 판단에 영향을 미쳤다. 만약 봉건주의 문제가 여전히 해결되지 않았다면 현실적으로 아직 봉건주의의 강력한 침해 우려가 존재하므로 당연히 마오 시대와 같은 자본주의 비판이 아닌 반봉건이야말로 가장 중요하고 절박한 시대적 당면 과제가 되는 것이다.

그들이 보기에 반봉건을 효과적으로 하기 위해서는 경제적으로 반드시 소생산자적 사회경제 양식을 효과적으로 무너뜨리는 상품경제를 대대적으로 강화해야만 했다. 그리고 사상문화적으로는 봉건주의를 대대적으로 비판해야 할 뿐만 아니라 더 중요하게는 신문화운동 당시 미완성된 계몽의 사명을 이어받아 전중국사회에 철저하고 전면적인 근대적 계몽을 실현해야 했다. 경제와 사상문화 방면의 견해가 이처럼 비교적 분명했던 것에 비해 정치 방면의 신계몽 사조는 민주를 강조하면서도 약간의 애매함을 띠고 있었다. 신계몽 사조로서는 당연히 민주를 강조해야 하지만 중국이 주로 소생산자로 구성되어 있다고 보는 한 그들은 광대한 중국의 사회계층을 전적으로 신뢰할 수 없었으며, 자연히 그중 어떤 부류의 사람들만 민주주의에 적합하다는 강렬한 전제를 작동시키게 된다. 즉 1980년대 신계몽 사조의 추동자와 지도자의 의식 깊은 곳에는 계몽의 세례를 충분히 받아 '근대인'이 된 사람들의 민주만이 진정 이상적이고 신뢰할 만하다는 전제가 존재했다.

이러한 인식 때문에 첫째, 1980년대 많은 중국 지식인들이 국가가 추동하는 모든 개혁──그들이 생각하기에 소생산자적 사회경제 양식을 무너뜨리고 개조하는 데 도움이 된다고 생각되는 개혁, 특히 그 방면에 가장 도움이 될 뿐만 아니라 중국을 근대적 사회경제 양식으로 진입시키는 데 가장 도움이 된다고 여겼던 상품경제(후의 시장경제)의 위상과 역할을 강화하는 개혁──을 진지하고 구체적인 분석도 없이 열렬하게 지지했다. 그들이 느끼기에 이들 경제개혁은 단지 경제만이 아니라 중국의 현실과 미래의 운명이 걸린 근본적 개선이었기 때문이다.

둘째, 1980년대 중국의 사상·문화·문학·예술계는 봉건주의를 있는 힘껏 비판했을 뿐만 아니라 자신들이 봉건의 영향으로부터 충분히 탈피할 수 없을까봐, 그리고 진정으로 '근대'로 들어가 명실상부한 '근대'의 일원이 될 수 없을까봐 갈수록 더 초조해했다. 특히 그중에서도 젊은 급진주의자들은 갈수록 자신이 봉건의 영향에서 벗어나 진정한 '근대' 인이 되어야만 자신의 봉건주의 비판이나 사회적 계몽, 국민성 개조 또한 충분히 정확하고 철저하게 이뤄질 수 있다고 여기기 시작했다. 또한 그들은 많은 사람들이 대거 이 결연한 행동에 나서야만 비로소 중국이 봉건적 체질을 빈틈없이 제거하고 봉건주의의 악몽에서 완전히 벗어나 철저하게 근대화될 수 있다고 믿었다.

물론 그와 같은 이해 때문에 1980년대에 이미 자기가 '근대'를 솔선하고 있다고 여기던 지식인들은 정치적 경험의 부재에도 불구하고, 무엇이 당시 중국에 꼭 필요한 정치감각인지, 또 반드시 걸어야 할 정치적 방향이 무엇인지 잘 알고 있다고 굳게 자신했다. 그 자신감으로부터 그들은 자신의 이해를 바탕으로 개혁을 부르짖고 개혁을 선전하고 개혁을 지지하는 데 몰입했으며, 중국의 개혁이 그들 자신이 설정한 항로를 벗어나거나 방해물에 부딪쳤다고 생각될 때는 다시 본인들이 책임지고 중국이라는 선박이 원래의 항로로 되돌아오게 해야 한다는 과업을 자임했다.

이와 같은 이해 속에서 중국사회의 주요 구성원은 소생산자들이고, 그들은 봉건주의가 중국에서 없어지지 않고 살아 있게 만드는 사회적 담지체로 간주되었다. 게다가 소생산자들은 이상적 성향으로 보나 일상의 성격으로 보나 모두 비근대적이고 심지어 반근대적이라 여겨진 바, 신계몽 사조의 추동자들이 이들의 사회실천, 특히 그 문화생활이나 정신생활 속에서 어떤 자원을 모색하고자 했을 리 만무하다.[3] 그러다보니 자연스럽게 중국사회는 이미 근대적 안목과 의식을 갖추었다고 자평하는 급진주의자들에 의해 위로부터 아래로 철저히 계몽을 수용해야 하는 개조대상이 되어버렸다. 신계몽 사조가 1980년대 중후반 중국대륙 지식계에서 가장 주요한 사조가 되었을 때, 이 사조의 영향을 받은 청장년 지식인들 속에서 중국사회와 관련된 이해와 감각은 이미 사회적 사실에 대한 진지한 분석이나 파악과는 거의 무관한 것이었다. 그들은 그저 중국사회가 충분히 '근대인'들이 계획한 사회경제의 길로 들어서서 그 길에 의해 뿌리 깊이 개조될 때라야만, 그리고 중국사회가 '근대인'들이 제공한 '계몽'의 세례를 충분히 받아야만 사회에 들러붙은 봉건주의의 바이러스가 완전히 제거될 수 있으며, 그래야만 중국사회가 더이상 돌봄과 관리를 필요로 하지 않고 완전히 존중받고 평등하게 대우받을 수 있게 된다고 생각했다.

많은 사람들의 마음이 아침의 기운과 샘솟는 힘과 이상주의와 탈세속적 분위기로 충만했던 80년대 지식·사상·문화·예술계는 다른 한편으로 그 시대를 주도했던 신계몽 사조의 영향 속에서 사실상 20세기 전반 중국의 주류 계몽운동이 빠졌던 함정 — 즉 스스로 근대적 관념과 근대적 지식을 소유했다고 여긴 계몽자들이 중국에 대한 자신들의 의미부여를 지나치게 높이 평가하는가 하면, 계몽대상으로 여긴 중국사회가 특정 국면에서 보인 좋지 않은 어떤 현상을 마치 그 사회를 근본적으로 규정하는 본질인 것처럼 속단하는 것 — 에 다시 빠지고 말았다. 그리하여 과거 중국의 주류 계몽운동에서 출현했던 일련의 문제가 80년대에도 똑같이 재연되었다. 즉 진정성은 있으나 헛된 자아의식이라든가, 현실-사회에 대한 천박한 인식이라든가, 바야흐로 진행 중인 역사적 전개에서 많은 부분을 제때 제대로 파악하지 못한다든가, 현실참여에 관한 협소하고 개념화된 이해라든가, 사회를 추동할 때 사회로부터 더 적극적으로 배우려 하거나 사회 속으로 깊이 들어가 자신을 되돌아보려는 노력을 하기는커녕 사회를 이해하기 위해 필요한 노력도 제대로 기울이지 않는다든가 하는 현상들이 재연되었던 것이다.

이 모든 것의 결과, 그처럼 총명하고 열정적이며 책임감으로 충만했던 그들의 헌신에도 불구하고 그들은 자신들이 열렬히 기대했던 방향과 목표를 향해 현실을 이끌기는커녕 반대로 그들의 열렬한 개입으로 인해 도리어 그들의 주관적 의지와는 거리가 먼 사상·문화·현실의 문제들을 만들어내고 말았다. 그들이 바라던 모습으로 중국과 중국사회를 변화시키지 못한 이유는 그들이 몸담고 있던 시대가 충분한 조건을 갖추지 못했기 때문이기도 하지만 그보다는 그들 자신에게 존재했던 구조적 결함이 더 큰 원인이라 할 수 있다. 이 구조적 결함은 그들의 역사참여 효과에 영향을 미쳤을 뿐만 아니라 그들의 지식사상 작업의 품질과 심도에도 영향을 미쳤으며, 그들의 정신과 심신의 평안에까지 영향을 미쳤다.

안타까운지고!

제3장

포스트사회주의 역사와 중국 당대 문학비평관의 변천

1

　최근 문화연구의 급속한 성장, 그로 인해 문학비평[1]과 문학이론이 직면하게 된 압력, 그리고 문학연구에 대한 문화연구의 침식현상을 어떻게 볼 것인가는 요즘 중국문학계에서 가장 많이 논의되는 화제 중의 하나다. 왜 그런 현상이 생겼을까 이유를 생각해보면, 우선 동시대 영어권 학술계에서 문화연구가 가장 인기일 뿐만 아니라 여타 지역에서도 빠르게 발전하면서 성행하고 있다는 점을 들 수 있을 것이다. 다음으로는 1992년 이래 중국에서 소비주의, 대중문화, 시장이데올로기가 날로 발전하면서 문화연구가 성행할 수 있는 무대가 만들어졌다는 점도 손에 꼽을 수 있겠다. 확실히 이 두가지는 중국에서 문화연구가 급속히 발전하게 된 가장 중요한 외적·내적 요인일 것이다. 그러나 이 두가지 요인만으로 중국에서 문화연구가 성장하고 많은 사람들의 주목을 받으며 일부 비전문가들까지 그쪽으로 연구방향을 전환하는 현상을 다 설명하기에는 여전히 부족해 보인다. 그렇다면 문학계의 그 숱한 사람들이 놀라운 열정으로 문화연구에 반응하고 전공까지 바꾸는 이 현상을 어떻게 해석해야 할까?

나는 이 현상을 해석하려면 우선 1970년대 후반 이래 중국의 문학 비평과 이론의 꽤나 특별한 역사를 먼저 살펴야만 한다고 본다. 겉으로 보기에 중국의 문학 비평과 이론은 70년대 후반부터 지금까지 무수한 사건과 논쟁을 거쳐왔으며, 지금은 당사자들이 보면 놀라 자빠질 혁명으로 여겨질 만큼 예전과는 전혀 다른 면모를 갖게 된 듯하다. 하지만 다른 측면, 즉 문혁 이후 중국문학 이론과 비평이 전개되어온 방향과 그 방향을 옹호하기 위해 그들이 제시한 역사적 이유로 보자면 20여년에 가까운, 특히 1980년대 중후반 이래의 문학 비평과 이론의 주류는 상당히 일관된 흐름을 띠고 있음을 알 수 있다. 즉 그 20여년간 당사자들이 보기에 영웅적이고 창조적인 것처럼 보였던 다양한 혁명적 행위들, 그리고 의식적·무의식적으로 만들어진 온갖 사건과 비밀모의 대부분은 사실 과거 30년간 사회주의 시기의 정치 및 미학 이데올로기와 단절하려는 것이었고, 그후로 둘 사이의 거리는 점점 더 멀어져만 갔다. 왜냐하면 사회주의 이데올로기와의 단절이라는 목표가 실현된 후에 발생한 사건들, 모의들, 심지어 혁명조차도, 이미 정형화된 역사적 관성과 이론적 관성을 되돌려놓을 만한 능력은 없었기 때문이다. 그것들은 그저 이론과 비평이 기존의 역사와 이론의 관성적 방향을 따라 점점 더 멀리 나가도록 재촉했을 뿐이다.

마르쿠제는 1920, 30년대 이래 형성된 소련의 정통 맑스주의 미학관의 문제점을 매우 깊이있고 예리하게 통찰한 바 있다. 만년에 쓴 중요한 저서 『미학의 차원』의 첫머리에서 그는 "이 책은 맑스주의 미학에서 유행하는 정통 관념에 의문을 제기함으로써 맑스주의 미학연구에 기여하는 데 목적이 있다. 내가 보기에 이른바 '정통'이란 지배적 생산관계의 총체에서 출발하여 예술작품의 성격과 진실성을 해석하는 것이며, 특히 예술작품을 특정한 방식으로 특정 사회계급의 이익과 세계관을 표현하는 것이라고 보는 견해를 가리킨다"[2]라고 썼다. 나아가 그는 정통 맑스주의 미학관념을 다음 여섯가지로 개괄했다.

1. 예술과 물적 토대 사이, 예술과 생산관계의 총체 사이에는 일정한 관계가 있다. 따라서 생산관계가 변하면 그 상부구조의 일부인 예술에도 변화가 발생한다. 물론 여타 이데올로기처럼 예술도 사회변화를 앞서가기도 하고 때론 그에 뒤처지기도 한다.

2. 예술작품과 사회계급 사이에도 일정한 관계가 있다. 상승하는 계급의 예술만이 유일하게 진정성 있고 진실되며 진보적인 예술이다. 그것은 이 계급의 의식을 표현한다.

3. 따라서 정치와 미학, 혁명적 내용과 예술적 성격은 일치를 향해 간다.

4. 작가의 책임은 상승계급의 이익과 필요를 드러내고 표현하는 것이다(자본주의에서 상승계급은 바로 무산계급이다).

5. 몰락하는 계급이나 그 대변자는 '진부한' 예술만을 창조할 수 있다.

6. 현실주의(다양한 의미에서의)는 사회관계를 표현하는 가장 적합한 예술형식이며 따라서 '정확한' 예술형식이라고 간주된다.

1949년 건국 이래 문혁이 종결된 76년 이전까지 중국의 문학 비평과 이론의 주요 발전추세는 대개 마르쿠제가 성찰하고 비판한 소련식 맑스주의 미학을 들여와 학습하고 그것을 극단화하는 과정이었다고 할 수 있다. 그 극단화의 정점이 바로 조건과 매개를 막론하고 '문학은 정치를 위해 복무해야 한다'는 관점이었고, 이미 상당히 협애한 '사회주의 리얼리즘' 문학관을 더욱 협애하게 만든 '혁명적 현실주의와 혁명적 낭만주의의 결합' 이론, '삼돌출(三突出)' 이론*이었다. 거기에 정치권력과 자원의 통제, 심지어 폭력까지 개입되면서 이 이론들은 당시 유일하게 합법적이며 공개적인 목소리로 자리 잡았다. 중국 당대문학의 이 지울 수 없는 트라우마 ── 정치적 금기와 미학적 금기를 포함한 ── 때문에 문혁 이래 20여년간의 주류 문학 비평과 이론은 출발 당시 자연스럽게 과거 사회주의 시기 30년간의 정치적·미학적 논리와 금기를 내다버리기 위해 내재되어 있던 역사적 에너지를 모두 결집시켰다. 당시의 그같은 역사적 반응이나 심정이 너무나 자연스러운 것이었음은 의심할 여지가 없다. 과거 참여자들이 몸소 겪었던 고통이 그러한 역사적 반응의 배경이자 심리적 에너지였기 때문이다.

다만 아쉬운 것은 당시의 주류 문학 비평과 이론이 그 역사적 에너지를, 진정한 역사적 과제를 포함하면서도 일반적인 관성적 반응을 넘어서는 사고의 동력으로 전환해내지 못한 채 그저 현재와 과거라는 이원적 대립구조를 만들고 과거 30년의 정치적·미학적 금기를 폐기하는 데만 전력을 기울였다는 점이다. 그리고 이처럼 대립하고 폐기하는 방식으로 이전 30년의 문학 비평과 이론을 탈피하는 과정에서 알게 모르게 형성된 전제와 방향성은 과거의 정치적·미학적 속박을 기본적으로 탈피한 이후에도 계속해서 문학 비평과 이론의 전제나 방향을 속박하게 되었다.

그간 다수의 당대문학 비평가들은 시기구분과 그에 대한 정의를 통해 사람들이 역사에 대한 자신의 느낌과 문학적 경험을 정리하는 데 참고가 될 만한 해석의 틀을 제공해왔다. 예를 들어 1989년 톈안먼사건의

---

* '삼돌출 이론'이란 작가가 인물을 묘사할 때 세가지를 돌출(부각)해야 한다는 것으로, 여러 인물 중에서 정면인물을, 정면인물 중에서 영웅적 인물을, 영웅적 정면인물 중에서도 주요한 영웅적 정면인물을 부각하는 것을 말한다.

막대한 영향으로 말미암아 일부 학자와 비평가는 개혁개방 이래 '신시기'라고 불리던 시기를 89년을 기점으로 다시 '전신시기'와 '후신시기'로 구분했다. 그후 더 많은 학자와 비평가들은 1992년 덩 샤오핑의 남순강화를 기점으로 중국의 전면적 시장화가 추진되고 시장이데올로기가 핵심적 위치를 차지하게 되었다는 사실을 들어 전환점으로서 92년의 중요성을 강조하기 시작했다. 89년이 아니라 92년의 전환이야말로 중국 사회와 문화의 기본구조를 변화시키고 사람들의 정신과 정서구조를 재구축하는 결정적 계기였다는 것이다. 그렇게 보면 기념비적 사건과 그 사건을 경계로 시기를 구분하는 방식은 분명 문학 비평과 이론의 변천을 이해하는 데도 중요한 인식적 실마리와 해석의 방편을 제공한다고 할 수 있다.

그럼에도 불구하고 만약 우리가 일부 비평가나 이론가처럼 앞에서 든 시기구분의 인식적 의의를 제한적으로 보지 않고 어느 시점의 기념비적 사건의 역사적 절대성을 과대평가한다면 우리는 그 시점 이후의 새로운 관념과 의식이 그 시점 이전의 의식이나 관념 — 그들이 의식적으로 단절하고자 했던 — 의 연속선상에 있음을 제대로 볼 수 없게 된다. 표면적 단절을 넘어 내부의 연속적 층면으로 들어가보면, 최근 20여 년의 주류 문학 비평과 이론은 못 알아볼 만큼 커다란 외형적 변화를 겪었음에도 불구하고 그 변화 및 변화 이유의 심층은 사실 상당히 일관되게 연속적임을 발견할 수 있다. 즉 처음에 그것은 과거 30년의 정치적·미학적 금기를 폐기하는 데 전력을 기울였는데, 그 폐기과정에서 기본적인 관념적 방향과 전제가 고착되었고 그후로도 쭉 다름 아닌 바로 그 관념적 전제와 방향 위에서 변용을 거듭했던 것이다. 다시 말해 1989년이나 92년처럼 중국의 면모를 엄청나게 바꿔버린 사건들조차 더 심층에서 보면 90년대의 문학 이론과 비평으로 하여금 80년대 중반 무렵 형성된 일정한 방향과 전제를 완전히 떨쳐버리게 만들지는 못했던 것이다.

시대적 과제가 변하고 역사적 생존환경이 변함에 따라 문학 이론과 비평도 변모했지만, 1990년대의 문학 이론과 비평은 80년대 중반에 형성된 관념적 방향과 전제의 제약을 받는 한편 80년대의 관념적 방향과 전제가 바탕으로 했던 역사적 유효성을 지닌 역사적 관계는 계승하지 못했다. 즉 앞서 80년대의 관념과 의식의 노력이 지녔던 역사적 유효성과 정치적·미학적 금기에 반대해야만 했던 분명하고 절실한 역사적 관계가 90년대의 그것에는 결여되어 있었던 것이다. 자연히 원래는 특정한 역사적 관계 속에 있어야 그 역사적 유효성을 담지할 수 있는 문학 이론과 비평이 언젠가부터 그저 기존의 관념적 방향과 전제의 관성에 순응하여 매개적 성찰 없이 전개된 결과 진정한 역사적 유효성을 놓쳐버리는 곤경에 빠지게 된 것이다. 왜냐하면 앞선 이론과 비평의 저항이 성공한 순간은 곧 그것이 역사적 유효성을 획득함으로써 그 역사적 관계가 크게 변해버린 순간이기도 했기 때문이다.

그후로 이어진 시대적 과제나 생존감각, 현실의 경험에 효과적으로 대응하거나 참여하지 못한 결과, 비평과 이론은 변모를 거듭하면서도 점점 더 많은 사람들이 충일감을 잃고 더 깊은 허무감에 빠졌으며 망연자실하게 되었다. 일부 문학연구자들은 시대를 뒤로하고 상아탑으로 돌아가 지식의 실증적 연구 속에서 안신입명(安身立命)을 추구하고자 했다. 그러나 그들은 먼저 어떤 지식생산 방식이 비로소 시대적 과제나 사람들의 실제 생존상황을 파악하고 이해하는 지식을 생산할 수 있는지를 분명히 생각해보지 않았기 때문에 한때는 학자들에게 안정감을 줄 것처럼 보였던 상아탑의 설계도 책임감으로 가득 찬 그들의 민감한 영혼을 만족시킬 수는 없었다. 그리하여 역사적 유효성 문제는, 관념에 집착했든 지식에 편중했든 민감한 1990년대 문학연구자들의 내면을 곤혹스럽게 만든 가장 중요한 문제가 되었다. 이런 상황을 이해하지 않고서는 왜 90년대 문학계가 그처럼 막막함과 망연함과 무력감을 호소하는 목소리로 가득 차 있었는지 이해할 수 없다. 또한 이에 대한 이해 없이는 80년대 그처럼 뛰어났던 문학연구자들이 왜 90년대 들어 뜻밖에도 다른 영역으로 전향해버렸는지, 왜 문화연구가 90년대 문학계에서 그처럼 놀랄 만큼 환영받았는지도 이해할 수 없는 것이다.

2

격정과 활력, 떠들썩한 사건들로 가득 찼던 1980년대 중국 문학 이론과 비평의 변천사를 돌아보면 우리는 사회주의 시기 30년의 정치적·미학적 이데올로기를 탈피하고자 시도했던 숱한 노력들 중에서 갈수록 부상했던 두개의 방향을 똑똑히 볼 수 있다. 하나는 '문학은 인간학'이라는 기치 아래 과거 정치적 이데올로기가 문학에 미쳤던 압력과 간섭을 탈피하고 그 대신 인도주의라는 공통인식을 문학과 문화 비평의 일반적 기조로 삼고자 하는 방향이다. 또 하나는 '문학은 언어의 예술'이라는 기치 아래 기존의 반영론적 문학관을 회의하고 전복하며, 협애하고 일률적이던 과거 사회주의 리얼리즘 미학의 금기를 폐기하는 동시에 이론적으로는 '언어' 문제를 절대적 중점으로 하는 문학본체론을 구성하고자 하는 방향이다. 이 두가지 방향의 관념과 이론은 여타 담론들과 함께 80년대 글쓰기와 미학공간 및 일상적 담론공간과 생활공간을 확대하는 데 크게 공헌했다. 양자는 80년대 중반부터 여타 문학 이론과 비평 사조를 압도하며 점차 주류로 자리 잡았다.

1980년대의 다양한 문학사조가 걸어온 길을 가만히 들여다보노라면 감동적인 열정과 온기를 지녔던 그 시대에 감사의 마음을 느끼지 않을 수 없다. 그때 온기와 용기를 지녔던 이들의 다양한 출격과 논쟁과 사건, 그리고 새로운 관념과 시스템 제시가 없었다면 훗날 우리가 누리게 된 거대한 공간은 저절로 오지 않았을 것이며, 최소한 우리가 경험한 것처럼 그렇게 빨리 오지는 못했을 것이기 때문이다. 그런데 또 한편으로 다수의 사람들은 감사의 마음을 가지면서도 80년대에 제창된 각종 관념과 시스템이 사람들이 기대해 마지않던 창의성과 체계성, 엄밀성, 타당성 같은 높은 기준들과는 상당히 거리가 먼 것이었음을 지적하기도 한다. 80년대의 당사자들도 인정하는 이 평가는 그처럼 개괄하는 사람 자신이 80년대 다양한 문학사조의 역사적 의미와 지위에 대해 어떻게 인식하는지를 핵심적으로 보여준다. 어떤 의미에서 보자면 별다른 논쟁의 여지가 없어 보이는 이 고도의 개괄은 의심할 여지 없이 올바르다. 그러나 여타 다른 개괄들이 그런 것처럼, 다른 의미에서 보자면 이 개괄 역시 겉으로는 문제없어 보여도 속으로는 곰곰이 따져볼 만한 문제들이 숨어 있다.

　　예컨대 앞의 개괄에 따르면 1980년대 사조들의 다양한 관념과 시스템은 우리가 기대하는 창의성·체계성·엄밀성·타당성의 기준에 못 미친다는 것인데, 이는 80년대 관념들이 약간 부족하긴 하지만 그 방향은 정확했다는 인상을 준다. 그런데 그같은 인상이 일단 고착되고 나면 그 다음에는 80년대 문학이 실제로 걸어온 길에 대해서는 특별히 더 분석하거나 고찰할 필요 없이 다만 '문학은 인간학'이고 '문학은 언어의 예술'이라는 관념 위에 이론과 지식을 좀더 넓고 깊고 엄밀하게 구축하기만 하면 된다는 생각이 자리 잡는다. 그 결과 내가 볼 때 가장 중요한 문제, 즉 지금의 문학관념이 문혁 직후 어떻게 형성되었는가라는, 포스트

문혁적 기원을 캐묻는 문제는 알게 모르게 간과되고 만다. 이 글을 쓰는 지금까지도 그런 작업이 이루어지지 않았다는 점, 그것이야말로 90년대 이래 문학계가 줄곧 곤경에서 벗어나지 못하는 중요한 원인이다.

예를 들어 1980년대 '문학은 인간학'이라는 주장이 나왔던 당시를 돌아보면, 문학의 주체성 논쟁이나 문예심리학의 성행은 모두 꽤나 단순하고 낙관적인 인본주의 심리학의 인간이해를 넘어서지 못한 것이었다. 심지어 그들은 낙관적이고 상식적이며 직관적인 인도주의 유토피아를 바탕으로 개인에게 많은 자율성을 제공하기만 하면 사람들이 자신이 원하는 방향으로 스스로를 발전시켜갈 것이라고 생각했다.[3] 주체성 논쟁 같은 80년대의 토론들이 어쩌다 그토록 낙관적인 인성론에 머무르게 되었는지를 이해하려면 반드시 포스트문혁 시기의 문학에 대한 반발을 고려해야만 한다. 우선 문혁 시기의 반인간적·반인도주의적 폭력에 대한 폭로와 고발, 그리고 단순하고 소박한 삶과 미학에 대한 열렬한 찬양은 인성을 낙관적으로 무한히 신뢰하는 역사적 분위기를 조성했다.[4] 또 세계와 미래에 대한 상상에서 당시 대부분의 사람들은 서구의 주류 현대성과 중국의 사회주의 실천을 이분법적으로 대립시키면서, 서구의 주류 현대성은 인성을 존중한 결과인 반면 과거 30년간 발생한 중국의 문제는 반인성적 봉건전제주의를 청산하지 못한 결과라고 생각했다.[5] 이러한 이해는 필연적으로 중국이 기존 제도나 관념을 탈피하고 정치경제 제도와 법률에서 서구 모델을 따르기만 하면 모든 문제가 일거에 해결될 것이라는 낙관적 논리를 낳았다.

이는 요즘의 감각이나 사상, 지식과는 사뭇 거리가 있지만, 바로 이것들이 그후 수년간의 문학 이론과 비평의 방향과 전제를 결정지었다. 이를테면 모든 것을 거대한 역사와 정치적 목표를 중심으로 사고하도록 요구했던 사회주의식 과거에 대한 염증과 공포, 그리고 인성에 대한 무한한 낙관과 신뢰는 이제 거꾸로 무제한적 자아표현을 추구하는 문학 관념과 비평관을 형성시켰다. 그러한 감각과 사상의 분위기는 당시 중국에 쏟아져들어오던 서구 모더니즘에 대한 이해에도 영향을 미쳤다. 낙관적 인성론이 서구 근대성에 대한 이해부족과 무의식적 미화와 결합하게 된 것이다. 그 결과 원래 서구 근대를 반성하고 비판하는 데서 출발한 서구 모더니즘 철학·미학·문학예술·심리학 등을 그 배경이 되었던 특정한 역사적 구조와 구체적 사조, 작가들의 특별한 상황과 감수성으로부터 완전히 분리하여 다루고 이해했다. 물론 서구 모더니즘에 관한 대부분의 소개글은 그 역사적 배경 소개도 빼놓지 않았다. 하지만 대개는 대강 뭉뚱그린 수준일 뿐 그 구체적인 역사적 위상이나 복잡한 맥락, 그리고 새로운 미학적 신념으로 전향했던 이들의 저마다의 이유나 논리에 대해서는 자세히 다루지 않았고, 그 결과 모더니즘 사조의 일부 요소만을 극대화하거나 절대화했다. 그러한 역사서술들은 당시 사람들이 중국의 이데올로기적·미학적 금기를 제거하는 편리한 무기로 삼기 위해 자기가 분해할 수 있다고 생각한 모더니즘의 일부 요소들을 따로 떼어내어 전혀 가공도 하지 않은 채 우리 자신의 맥락과 문제에 직접 적용하도록 부추겼다. 또한 일부 급진주의자들은 서구 모더니즘이야말로 중국의 과거 미학적 금기와 가장 대응되는 것이라 여겼고, 그 금기에서 멀면 멀수록 좋다는 심리에서 주저 없이 서구 모더니즘을 새로운 글쓰기의 모범이자 당연히 받아들여야 할 새로운 이론과 비평의 자원으로 삼았다. 그리하여 당연히 따지고 분석해야 할 대상인 서구 모더니즘이 많은 사람들에게 그대로 하나의 가치척도, 그것도 질문을 용납하지 않는 최고의 가치척도가 되어버렸다.

이런 식의 소개가 그 당시 특유의 역사적 분위기와 맞물리면서 우리가 1980년대 중후반에 자주 보았던 서구 모더니즘에 대한 다음과 같은 이해방식들이 출현하기에 이르렀다. 즉 서로 다른, 심지어 충돌하는 여러 사조들을 전혀 거리낌 없이 모두 모더니즘에 집어넣고, 그것들이 모두 리얼리즘과는 거리가 멀다는 하나의 공통점을 강조한 뒤 다시 주체 발굴을 강조하는 사조로 편입시키는 것이다. 이때 특별히 주체 발굴에 뜻을 두지 않는 기타 사조들은 알게 모르게 소홀히 하거나 아니면 그저 단순한 미학기법으로 보았다. 그리하여 서로 매우 다른 모더니즘 문학 예술과 미학 사조들이 모두 우리 자신의 미학적 금기로부터 가장 멀리 있다고 간주되고 나아가 당시 반리얼리즘 미학의 배경이 되었으며, 이렇게 처리된 모더니즘은 곧바로 다시 리얼리즘 기법을 탈피하여 새로운 길, 특히 자아를 발굴하는 길로 전향하는 데서 빠질 수 없는 영감의 근원이자 글쓰기의 모델로 구축되었다.

그렇게 보면 한때 주체를 세계의 입각점으로 삼고 가장 과감하고 거리낌 없이 주체를 강조했던 싸르트르의 실존주의가 풍미했던 것은 결코 우연이 아니라 시대상황과 유기적으로 연관된 현상이었던 것이다. 1984년 무렵 광범위하게 퍼졌던 싸르트르 현상을 돌아보면, 당시 사람들은 주로 싸르트르의 『존재와 무』『구토』『닫힌 방』같은 초기 저작들에 관심을 쏟았으며 늘 '실존은 본질에 우선한다' '타인은 지옥이다' 등등 싸르트르의 꼬리표처럼 여겨지던 일련의 명제에 원래의 맥락과는 무관하게 매달리곤 했다. 그에 비해 주체와 역사와 문학의 관계를 훨씬 더 다층적으로 복잡하게 사고했던 그의 『변증법적 이성 비판』이나 『문학이란 무엇인가』 같은 저작은 거의 간과되었다. 여기서 우리는 한 시대의 지식이 시대 분위기로부터 효과적으로 평형감각을 유지하거나 그것을 돌파하기 위한 방법을 찾지 못할 때 역으로 그 지식이 시대 분위기에 얼마나 제약되는지를 볼 수 있다. 그런 제약 속에서 출현한 지식상황은 다시 반대로 시대의 논리와 방식을 강화함으로써 스스로를 성찰하고 분석하고 바로잡을 공간과 능력을 상실하게 된다. 80년대 중국의 서구 모더니즘 수용은 이렇듯 시대 분위기가 지식을 재단하고 몰아갔던 가장 좋은 예라 하겠다.

모더니즘에 대한 이러한 이해로 인해 당시 중국의 문학 이론가, 비평가들은 일부 서구 모더니즘 사조가 특정한 역사적 구조와 조건에 처한 주체들을 발굴하고자 한 것은 다른 경로를 통해서는 포착하기 어려운 현대의 인간 억압과 통제 요인들을 억제하고 비판하기 위한 유용한 사고와 비판의 입각점을 모색하는 노력을 포함하는 것으로, 현대적 구조 속에서 매우 유용한 문학적 선택이었음을 이해하지 못했다. 이것을 이해하지 않고서는 서구 모더니즘이 탄생했던, 그리고 그것이 대응하고자 했던 서구 근대의 복잡성을 깊이있게 이해할 수 없으며, 또한 서구 모더니즘 내부의 긴장감과 역사와 문명에 대한 그것의 비판적·건설적 기능 역시 진정으로 이해할 수 없다. 결국 1980년대 중반 중국의 모더니즘 열풍은 당시의 미학과 문학 이론을 더 심도있게 만들기는커녕 오히려 사회주의 30년의 정치적·미학적 금기를 벗어던져야 한다는 당시의 시대적 에너지와 사고 속으로 수렴되게 해버렸다. 즉 모더니즘의 주체 발굴의 시도를 역사·민족·문명 같은 외적 관심을 포기해버린 문학의 미학적 전범으로 삼고, 나아가 모더니즘을 '선봉문학'이나 '전위문학'으로 명명하는 것을 통해 자연스럽게 그것과 리얼리즘 미학을 단순하게 단절시켰으며, 이를 통해 모더니즘을 문학창작이 반드시 따라야 할 모범이자 모델로 수립했다. 또한 80년대의 모더니즘 열풍은 문학이 창조력의 필요와 자아표현의 필요에서 나온 것이라면 외부세계는 무시할 수도 있음을 암시함으로써 도덕에 대한 미학의 상대적 특권을 인정했다.[6]

그리하여 1980년대 중후반 중국에는 매우 재미있는 현상이 출현했다. 바로 단순하고 낙관적인 계몽주의적 인도주의 및 주체성 사조와,

원래 낙관적이고 단순한 계몽주의 사조를 비판 — 전반적 부정이 아 닌 — 했던 서구 모더니즘의 중국 수용자가 자아, 즉 외부세계에 대한 사유와 책임으로부터 자유로워진 자아쓰기에 대해서만큼은 서로 같은 결론에 도달했다는 것이다.[7] 바로 이러한 역사적·지식적·사상적 상황 을 거치면서 80년대 중후반 중국의 주류 문학이론 및 문학비평계가 알 게 모르게 가장 중요한 규율로 받들었던 자아표현과 자아탐구라는 전 제와 출발점이 확립되었다. 자아표현과 자아탐구를 위해서라면 문학은 세계와 역사에 대한 이해와 책임을 결핍해도 상관없고, 그 감성과 경험 이 지나치게 획일적이라거나 시대 환경과 흐름을 단지 추수하는 것이 라도 상관없었다. 또 주체가 정치나 경제, 물질적 생활의 현대적 발전 을 대면할 때 필요한 어떤 고도의 감수성과 심미적 능력을 갖고 있든 아 니든, 문학은 그들이 역사의 새로운 상황 속에서 자신의 감정과 경험을 대면하고 조직하고 이해하고자 할 때 도움이 될 만한 지각방식을 제공 함으로써 주체가 인식의 참조체계를 획득하며 독서를 통해 효과적으로 자신을 되돌아보고 정리할 계기를 제공하는 데 실패했다. 독서 주체에 게 깊은 위로와 감동을 제공하고, 그 위로와 감동이 매개가 되어 현실의 논리와 분위기에 제약을 받으면서도 그런 상황에 불만과 불안을 느끼 는 독자에게 주체를 재구성하도록 돕는 계발의 계기도 제공할 수 없었 음은 더 말할 나위도 없다.

3

자아쓰기가 1980년대 중반 이래 중국의 주류 문학 이론과 비평의 당 연한 출발점이 되긴 했으나 아직 그것을 중심으로 한 체계적 문학관이 구축된 것은 아니었다. 형식적으로 사회주의 리얼리즘의 훈도를 탈피하면서도 자기 체계를 세웠던 문학관은 '문학은 언어의 예술'이라는 방향의 전개에 기댄 것이었다. 그 과정은 '문학은 언어의 예술'이라는 명제를 절대화하고 그것을 문학성의 근원으로 삼았다는 점에서 특징적이었다. 이 방향의 전개는 매우 열렬한 호응을 얻었는데, 당시로서는 그것이야말로 반영론을 철저히 전복할 수 있을 뿐만 아니라 문학이 정치·사회 이데올로기를 탈피하여 근본적으로 독립성과 자율성을 구축하는 데 이론적 뒷받침이 될 수 있을 것이라 여겨졌기 때문이다.

1980년대 중국의 이 언어론적 전향은 문학이론에서 러시아 형식주의, 미국의 신비평, 현상학, 구조주의 서사학 등을 흡수, 조합[8]하여 언어 문제를 중심으로 하는 문학본체론을 구축하는 것으로 나타났다. 또 학술 방면에서는 문학연구를 내부연구와 외부연구로 나눠야 한다는 관점을 열심히 퍼뜨리고 그중에서도 내부연구가 문학의 이해에서 근본적으로 중요함을 강조하는 것으로 표출됐다.[9] 비평 방면에서는 개성 있는 언어와 문체를 탐색하는 작가를 편애하고 작가의 창조력이란 언어와 문체에서 독자에게 신선함과 색다른 느낌을 줄 수 있는 능력이라고 정의하는 것으로 나타났다. 특히 80년대 중반 이래 소장비평가들의 지지를 받았던 선봉파 작가들을 옹호하면서 비평가들은 언어 문제, 그중에서도 언어의 운용을 통한 '낯설게 하기' 효과를 가장 적극적으로 칭찬하고 지지했다. 그러한 비평취향은 자연히 상대적으로 안정적인 글쓰기 기법과 미학 스타일을 일상의 도덕규범과 더불어 창조력을 억압하는 기제 중 하나라고 보았고, 나아가 언어와 문체를 새롭게 하기 위해 전력하는 것을 일종의 해방이자 자유의 공간을 쟁취하는 행위라 간주했다. 그 결과 언어와 문체 실험에 주력하는 문학사조는 문학성 방면에서 우위를 차지했을 뿐 아니라 가치와 윤리적 정당성까지 획득할 수 있었다.

　이러한 논리는 1980년대 중국의 모더니즘과 선봉파가 생존하고 발전하는 데 결정적인 뒷받침이 되었지만 한편으로 그것이 한걸음 더 진전하는 데 장애와 함정이 되기도 했다. 언어와 문체의 창신(創新)이 모더니즘의 가장 중요한 미학적 지향으로 자리 잡자 중국의 모더니즘과 선봉파는 기존의 글쓰기 방식이나 언어 스타일에 안주할 수 없게 되었다. 자연히 여유를 갖고 천천히 기존의 기법과 스타일을 음미하고 잠재된 것을 발굴하며 새롭게 전화시키기보다는 끊임없는 기법과 스타일의 혁명을, 심지어 혁명대오에서 자신의 미학 스타일을 세우고 새로운 미학으로 독자를 놀라게 하는 것을 최고의 목표로 삼는 데 급급했다. 나아가 그들은 미학적으로 필요하다는 핑계 아래 사회적 도덕과 풍습과 상식을 깨는 것으로 독자의 주목을 끌고자 애썼다. 전에는 주체적 자아를 역사, 문명, 민족 같은 외적 목표와 대립시킴으로써 주체의 자유를 획득했다면, 그 덕분에 모든 얽매임에서 벗어난 것처럼 보였던 중국의 모더니즘과 선봉파 작가들은 이제 '낯설게 하기'라는 미학적 요구에 떠밀려 더 자유로워지기는커녕 더 초조해지고 말았다. 그리고 이 초조함 때문에 외부의 모든 것과 대립하는 80년대 특유의 '자아'쓰기는 더 획일적이고 빈곤한 것이 되어버렸다. 미학과 도덕형식이 아직 생존의 주체나 글쓰기 주체를 오도하거나 억압하지 않았음에도 작가나 예술가가 오히려 확실한 단절을 시도하고 최소한 특별한 미학적 행위나 도덕의식을 드러내지 않으면 안된다고 강박한 결과, 그들의 창조는 인위적이고 불필요한 왜곡으로 가득 차버렸다. 역사 속 자아와 자연의 느낌을 표현하는 것과는 반대로 가버린 것이다. 창조력에 대한 이런 획일적 정의와 절대적 강조로 인해 많은 작가, 예술가는 일반인들과 같은 삶의 양식 속에서 자신의 스타일을 위한 영감을 발견하는 것이 아니라 반대로 스타일과 창조력을 위해 자기가 특이한 영감을 만들어내는 데 적합하다고 생각하는 양식으로 자신의 삶 자체를 바꾸는 데 전력하게 되었다.

작가의 정신과 삶을 가능한 한 그가 몸담고 있는 사회 일반의 그것과 분리해야 한다는 이와 같은 억압적 논리 때문에 독자들의 독서도 점점 더 어려워지게 되었다. 이것이야말로 작가, 예술가가 독자에게 그처럼 훈련을 강하게 요구하고, '정독' 능력과 훈련이 과대평가되어 지금과 같은 중요한 위치에 오르게 된 시대적·논리적 원인이다. 이른바 '정독'이란 독자들에게 되도록 작품의 아주 작은 부분까지 곱씹어볼 것을 요구하는데, 이는 작품에 대한 독자의 첫인상이나 전체적인 인상을 무시하거나 폄하하기 일쑤다. 또한 비록 작품이 양적으로나 형식적으로 적잖은 정보와 선진성을 지닌다 해도 그 풍부함과 특이함이 독서 주체의 구체적인 삶의 경험이나 감수성과 거리가 먼 것이라면 직접적인 공감이 이루어지기는 매우 어렵다. 그런데도 정독을 강조하는 데에는 훈육(規訓)과 교화를 강화하려는 의도가 숨겨져 있기 마련이다. 즉 독자를 작가, 예술가의 미학적 논리에 부합하도록 훈련시키려는 것이다. 그런 뒤에도 독자가 작품에 흥미를 느끼지 못하면 이들 작품의 미학적·윤리적 의미를 보증할 일련의 논리와 관념이 또 등장할 것이다. 이 지경에 이르면 작품 자체가 의미있는지를 판단하는 권한은 지금의 유력한 철학이나 비평 조류에 맡겨지게 된다. 즉 문학의 자율성에 대한 극단적 추구가 초래한 후과 중의 하나는 바로 자신을 철학과 이론의 하인으로 만듦으로써 작가, 예술가가 독자를 훈육하려 드는 동시에 스스로 철학과 이론의 훈육을 받게 된다는 것이다. 그리하여 기존의 억압이 전복되어버린 자리에 이제 창작자와 독자의 이중적 훈육에 기대어 유지되는 중국식 모더니즘과 중국식 선봉파가 들어서게 된 것이다. 이 이중적 훈육이 중국의 모더니즘과 선봉파 인사들을 보존할 수는 있을지는 모르지만, 그들이 막 등장했을 때 비평계나 예민한 독자들이 큰 충격을 받을 수 있었던 역사적·미학적 조건을 영원히 유지할 수는 없는 노릇이다.

4

그리하여 1980년대 문학 이론과 비평이 '문학은 인간학'과 '문학은 언어의 예술'이라는 기치 아래 공동의 적으로부터 승리를 쟁취한 이후 문학은 '고독한 절대적 자아'를 써야 한다는 주장은 곧 서로를 속박하고 심지어 망치는 기이한 율령이 되어버렸다. 그로 인해 중국의 모더니즘은 더 넓은 세계 속에서 자신을 단련할 기회를 잃어버렸고, 나아가 오직 언어와 문체의 낯설게 하기 효과만 중시하는 창조력을 추구한 결과 고립된(사실은 완전히 고립될 수도 없지만) 자아를 진정성 있게, 평정한 마음으로 완정하게 대면할 수도 없었다. 하지만 그럼에도 불구하고 그들 간의 동맹이 완전히 깨진 것은 아니었다. 그들은 자신의 현 상태와 논리의 존재이유를 변명할 때면 늘 과거의 적이 아직 존재하고 복벽의 가능성까지 있다고 강조했던 것이다. 그렇게 보면 80년대 주류 문학 이론과 비평의 논리는 격정과 거대한 에너지를 지니고 탄생한 중국의 모더니즘과 선봉파가 미학적으로 도덕적으로 패권을 잡을 수 있도록 도왔지만, 또 한편으로는 결과적으로 그들이 협소해지고 종말로 나아가게 하는 덫을 놓았던 셈이다.

그러던 중 중국식 포스트모더니즘이 등장했다. 그것은 모든 굴레에서 벗어난 원시적 상태 그대로의 자아를 쓰고 흥 닿는 대로 자신의 환상을 그대로 쓸 때라야만 비로소 모든 잠재적 억압에서 최종적으로 탈피할 수 있으며, 기존의 다양한 문체와 기법 등을 혼성모방하고 꼴라주하는 것이야말로 가장 전위적이고 가장 혁명적인 문학적 표현이라고 선포했다. 짐작건대 당시의 현역 모더니즘 작가나 선봉파 작가 그리고 이제 막 그 대열에 들어가려고 준비하던 작가들은 포스트모더니즘의 등장으로 큰 시름을 덜었을 터이다. 중국식 포스트모더니즘은 모든 '기의(記意, signifié)'를 잠재적 억압의 근원이라 지칭함으로써 모더니즘이 짊어졌던 의미 추구 지향을 부정해버렸기 때문이다. 또 그것은 혼성 모방과 꼴라주, 흥 닿는 대로 쓰기를 모두 '기의'와 단절된 '기표(記標, signifiant)의 유희'라 찬양함으로써 1980년대 선봉파의 금욕주의적 창조력 추구를 부정했으며, 자연스럽게 어려운 글쓰기에 대한 요구도 해체해버렸다. 80년대 모더니즘운동과 선봉파운동은 사실 〔그에 참여한 인사가〕 수적으로 많지는 않았는데, 포스트모더니즘이 예의 두가지 난제를 제거해버린 덕분에 90년대에는 모더니즘을 계승한 사람이 기하급수적으로 증가했다.

그러나 중국식 포스트모더니즘의 옹호에도 불구하고, 1980년대의 모더니즘을 계승한 90년대 이른바 '만생대(晚生代)'•들의 글쓰기가 80년대에 자리 잡은 전제와 근본적으로 단절된 것은 아니었다. 예를 들어 그들은 여전히, 심지어 더 절대적으로 리얼리즘의 속박을 벗어나 고립된 자아를 써야 한다고 강조했다. 단지 의미의 추구라는 굴레를 제거해버린 결과, 90년대의 글쓰기는 80년대 같은 탐색적이고 명상적인 성격이 사라진 대신 모든 속박에서 벗어난 상태의 자아를 쓰기 위해서는 사회 관계와는 무관한 개인, 몸과 욕망에 의해 결정되는 자아의 느낌, 즉 '사적인 삶(私人生活)'을 써야 한다는 주장으로 내달았다. 한편 중국식 포스트모더니즘 담론이 '기표'에 과도하게 기댄 것만 보아도 90년대에 더

• 늦게 태어난 세대.

202

많은 문학비평이 문학에 대한 언어의 역할을 훨씬 더 절대화했음을 알수 있다. 다만 90년대의 그것은 이미 80년대식 창조력 관념을 포기해버렸기 때문에 그 대신 기존의 문학적 기교와 스타일을 자유자재로 빌려오는 것을 미학표현상의 정치적 올바름으로 삼았다. 그로 인해 자기방종이 기존 선봉파 글쓰기의 기법적 고심과 고뇌를 대신하게 되었다. 또 '기표의 유희' '심도 없애기' '본능 드러내기' 같은 논의에서 드러나듯 무엇도 아랑곳하지 않는 듯한 그 태도는 독자들에게 마치 작품을 지나치게 진지하게 대할 필요가 없다는 암시처럼 느껴졌다. 게다가 한편으로 텍스트의 내용이 더 곤궁해지고 기법적 공헌도 거의 없다보니 이들 작품의 의미는 더더욱 평론가의 역할에 의지하게 되었다. 즉 평론가가 해당 작품을 보다 확실한 문학적 형식이나 현실, 그리고 일련의 철학적·이론적 조류와 연결지어 설명해줌으로써만 해당 작품은 일종의 해방과 자유를 추구하는 텍스트로 증명될 수 있었다. 따라서 90년대의 글쓰기와 비평의 논리는 겉으로는 80년대 중후반의 그것과 매우 단절적으로 표상되었음에도 불구하고 그 심층에서는 여전히 80년대의 연속선상에 있었다고 할 수 있다.

90년대의 글쓰기와 비평이 이처럼 80년대와 연속적이면서도 단절적인 관계에 있었기 때문에 90년대 문학계에는 매우 특별한 일련의 현상이 출현했다. 첫째로, 80년대 문학 비평과 이론의 논리를 구축했던 학자나 비평가들은 설령 90년대 문학적 글쓰기와 비평이 이미 정신적으로 변질되었음을 깨달았더라도 여전히 자신들이 구축한 80년대식 문학논리에 기대고 있었기 때문에 90년대의 글쓰기나 비평을 비판하거나 바로잡기에는 부족했다는 것이다. 둘째로, 중국식 포스트모더니즘에 자극받은 90년대 글쓰기는 내용상의 빈곤함과 기교상의 천박함, 거기에 스스로 표방했던 전복과 혁명의 역사적 허위성이 더해짐에 따라 이론가, 비평가의 집중적인 주목을 받기 어려웠다. 그리하여 80년대와 90년대 문학계에는 매우 인상적으로 대조되는 현상이 나타났다. 우선 80년대에 당대문학을 열렬히 부르짖고 옹호하며 문체와 언어에 탐닉했던 많은 학자와 비평가가 90년대에 들어서자 잇달아 글쓰기를 포기해버린 것이다. 문학계에 계속 남은 사람들의 경우 문학 자체의 결함 때문에 더 이상 80년대 같은 열정을 유지할 수 없었고 갈수록 이론적 정식과 정형화된 틀에 기댄 비평만을 반복하게 되었다. 이 때문에 당대의 문학 창작과 비평은 이중의 빈곤에 빠졌는데, 이 빈곤이야말로 문학비평계가 90년대의 글쓰기와 비평관념을 바로잡을 새로운 이론과 논리를 빨리 찾아낼 수 없었던 중요한 원인이었다.

90년대에 유행했던 대다수 글쓰기 조류와 이른바 포스트모더니즘 비평관의 가장 큰 후과는 바로, 80년대 모더니즘과 선봉파 글쓰기 및 비평 논리 중에서 아직 존재하던 모든 비판적 가능성을 전화시키지 못하고 제거해버렸다는 것이다. 그것은 시장논리와 소비이데올로기에 대한 모더니즘의 저항 가능성을 없애버린 것이나 마찬가지였다. 또한 그것이 부추긴 대로 외부의 지배는 건드리지 못하면서 육체의 욕망과 본능의 느낌을 자아표현의 핵심으로 삼는 글쓰기 방식은 너무나 쉽게 시장의 환영을 받고 그 속에 통합되었으며 새로운 '시장'의 상품으로 선전되고 각광받았다. 이 역시 왜 80년대 모더니즘과 선봉파 글쓰기의 90년대 계승자들이 그처럼 쉽게 시장으로 수렴되고 말았는가를 보여주는 지점이다. 그로 말미암아 겉으로는 서구 모더니즘을 모델로 했던 중국식 모더니즘과 선봉파는 일련의 역사적 상황과 미학관념의 교체 속에서 너무나 빠르게 중국식 시장이데올로기의 일부로 타락해버렸다.

그렇다고 80년대 모더니즘을 계승하는 동시에 중국식 포스트모더니즘의 가르침도 수용했던 90년대 글쓰기와 비평의 타락이 곧 80년대식 모더니즘과 선봉파의 율령을 견지했던 글쓰기의 우월함을 반증한다고 말하는 것은 결코 아니다. 왜냐하면 앞서 보았듯이 고립된 자아와 언어의 감수성을 주로 강조했던 낯설게 하기식 미학율령이 중국 모더니즘과 선봉파 문학을 옹호한 이래 중국 모더니즘이 발전할 수 있는 공간이 절대적으로 감소해버렸기 때문이다. 90년대에 모든 것을 시장논리로 재구성하려는 새로운 이데올로기가 강림했을 때 80년대식 모더니즘의 교훈을 견지했던 대부분의 글쓰기는, 비록 시장에 완전히 수렴되지는 않았다 해도 다른 사람들의 창조력 없음과 문학에 공헌할 수 없음을 비난하는 것 외에 자기 자신은 별달리 발전하지 못했다. 오히려 치명적인 논리적 속박에 사로잡힌 나머지 새로운 시대 논리와 분위기가 주체를 폭력적으로 재구성하는 상황을 적극적으로 탐구하지 못했고, 독자들이 유행하는 논리를 넘어서서 스스로 시대경험을 이해하고 성찰하도록 도울 수 있는 특별한 입장을 제시하지도 못했다. 또 역사적 조건 속에 내재된 발전 가능성을 담지하면서도 동시에 현 세계가 들이미는 주체 구성의 논리를 뛰어넘어 독자가 자기 정신을 발전시키고 실존을 다스리는 데 도움이 되는 영양가 있는 새로운 문학적 탐색도 수행하지 못했다.[10]

5

그래도 다행인 것은 1980년대 주류 문학 이론과 비평의 논리에 문제가 있고 90년대가 새로운 주력지점을 찾지 못했다고 해서 80년대 문학을 형성하는 데 참여했던, 이상주의 정신과 인도주의적 관심, 역사와 민족에 대한 책임감을 내포했던 당시의 역사적 에너지가 모두 소진된 것은 아니었다는 사실이다. 그 역사적 에너지는 90년대 중국식 시장이데올로기가 맹렬하게 강림했을 때 그것을 강하게 비판하고 그에 저항했다. 그것은 자신이 전개해온 논리에 따른 것이라기보다 본능적인 것이었다. 이런 방식으로 '인문정신 논쟁'을 규정하는 것은 다소 뜬금없을지도 모른다. 그러나 언어 표층의 시대적 숨결을 제하고 그보다 좀더 깊은 곳의 동력과 논리를 들여다보면 우리는 인문정신 논쟁이 80년대 초에 이루어졌던 '소외 논쟁'과 실로 근본적으로 상통함을 알 수 있다. 양자가 겨냥한 대상은 완전히 달랐지만 인문정신 논쟁과 소외 논쟁은 모두 중국현대사에 대한 총체적 이해의 결핍과 심도있는 주체이론의 부재로 인해 모두 이론적으로 효과적인 결과를 얻지 못했다. 단지 소외 논쟁은 토론 당시의 배경이 비교적 단순했고 강제적으로 종결되었다는 점에서 더 많은 사람들의 동정을 산 반면, 인문정신 논쟁은 그 시대적 맥락이 훨씬 복잡했다. 게다가 그것은 당시 많은 지식인들이 모두 대학 등에서의 전문직업을 통해 안신입명을 추구하고자 했던 조류와 충돌했고 뼛속에서부터 민중과 지식인, 고상함과 저속함 같은 이분법적 대립에 기대고 있었기 때문에, 소외 논쟁처럼 모든 지식인의 동정을 한몸에 받지도 못했다. 심지어 그중 일부는 논쟁의 적수를 '반민주적'이라거나 '거짓 고상함' 같은 말로 비난하기도 했다.[11] 그 때문에 시대적 에너지는 이처럼 서둘러 왔다가 서둘러 가버린 인문정신 논쟁에서 자신의 새로운 주력지점을 찾지 못한 채 헤매었고, 그즈음 때마침 문화연구가 나타난 것이다. 그러니 문화연구가 그처럼 많은 문학 이론과 비평계 인사들을 끌어들이고 연구방향을 전향하게 만든 것도 이상한 일은 아니다. 부화뇌동하거나 새로운 조류를 추수했던 사람들을 제외하면 이 현상은 문학 이론과 비평계의 상당수 학자들이 문화연구야말로 시장이데올로기로 모든 것을 재구성하고자 하는 현실을 분석하고 비판하는 데 효과적인 도구가 될 수 있다고 생각한 것과 관련이 있다. 따라서 상당히 많은 문학 이론과 비평계 인사들이 문화연구로 전향한 것은 사실 앞서 말한 역사의 시대적 에너지가 문학에서 자신의 입각점을 상실한 뒤 다시 새로운 주력지점 및 발전지점을 찾는 과정에서 필연적으로 생겨난 현상이라 할 수 있다.

문화연구가 성립된 역사가 길지 않고 중국에서의 등장 기간은 더 짧지만, 문화연구에 발 담갔던 일부 문학연구자들은 문화연구가 과거 문학계의 모든 조바심을 완전히 해소해줄 완벽한 무기가 아니라는 것을 이미 깨닫기 시작했다. 국제적으로 문화연구가 이미 보여준바, 그리고 중국에서 얼마 되지 않은 동안 그것이 보여준 일련의 현상을 종합해볼 때, 문화연구를 제대로 하지 않으면 중국식 포스트모더니즘이 그랬던 것처럼 문화연구 또한 형식적으로는 급진적이되 실제로는 보수적이거나, 시장이데올로기의 근본을 건드리기보다는 시장운영의 전략과 수단만 과장하고 신비화하는 과시의 경연장이 될 것이 분명하다.

모든 것을 기호의 조합이 만들어낸 감각에 대한 유혹이자 창조로 읽어내는 문화연구의 사고틀을 벗어나 분석과 비판을 실제화하기 위해 일부 연구자들은 문화연구가 반드시 정치·경제·사회학적 분석과 결합될 필요가 있음을 강조하기 시작했다. 그런가 하면 또다른 일부 연구자들은 계급·인종·젠더 같은 문화연구의 고전적 과제를 한시도 망각해서는 안된다고 주장한다. 그러나 이처럼 조정된 후의 문화연구도 좀처럼 시대의 역사적 상황 속의 복잡한 주체 문제나 언어 문제를 자신의 주요 관심사로 삼지 않는다. 그뿐만 아니라 그 새로운 방향 역시 문화연구가 '정치적 올바름'을 전시하는 또 하나의 장소로 변하는 것을 피하지 못하고 새로운 경직화를 초래하고 말았다.[12] 예컨대 문학텍스트를 빌려 진행되는 문화연구를 보자. 셰익스피어의 극본은 비서구 인종에 대한 차별적 묘사 때문에 비난받고 다른 저급 텍스트는 흑인을 찬양했다는 이유로 매우 칭송되는 상황이 있을 수 있다. 문화연구가 중요한 공헌을 했고 의미가 있음은 분명하지만, 문학연구자가 볼 때 그것은 문학적 수준과 텍스트 자체의 개성이 어떤 공헌을 하거나 의미를 지닐 수 있는지에 대해서는 별 관심이 없어 보인다. 따라서 만약 문학연구를 모두 문화연구의 틀 안에 가둔다면 소련식 맑스주의 미학에서 마르쿠제가 발견했던 협애하고 경직된 문학관이 출현할지도 모른다. 이른바 '노동자계급을 썼고 혁명을 썼기 때문에 혁명적이다'라는 식의 논리적 추론처럼, 하층계급과 소수인종과 여성을 노래한 모든 텍스트는 '정치적으로 올바른' 좋은 텍스트이고 그렇지 않은 경우는 반대로 '정치적으로 올바르지 못한' 나쁜 텍스트가 될 수 있는 것이다.

이같은 문제를 해결하기 위해 어떤 사람은 문학이 강조하는 텍스트 정독과 심미적 해석을 문화연구와 결합해야 한다고 제안하기도 했다. 그러나 내가 보기에 이는 과거 소련의 경직된 사회주의 리얼리즘의 경우처럼, 인물을 그릴 때 좀더 자연스럽게 하고 언어도 더 고민해야 한다고 건의하더라도 문학이 처한 딜레마와 쇠퇴 문제를 결코 진정으로 해결 할 수 없는 것과 비슷하다. 오늘날 중국에서 일부 문학적 요소를 뽑아내고 문학적 훈련을 배가하여 이를 문화연구의 비판적 역량과 직접 결합시킨다 해도 오늘날 문학이 처한 곤경을 근본적으로 해결할 수는 없다. 문화연구의 출현으로 중국의 문학 이론과 비평의 역사적 유효성에 대한 불안은 상당부분 완화되었지만, 그것이 문학연구를 완전히 대체할 수는 없으며 또한 문학연구의 존재이유라는 가장 중요한 가치와 관련하여 직접적인 도움을 제공해줄 수도 없다. 이 점을 분명히 하면 곧 목전의 문학 이론과 비평의 곤경이 결코 문화연구의 출현으로 인해 근본적으로 해결될 성질의 것이 아님도 분명해진다.

문화연구 외에도 최근 문학 비평과 연구가 1990년대 초중반의 문학관에서 어느정도 벗어나도록 돕는 사조로는 현대성에 대한 성찰, 후기구조주의, 신좌파 등이 있다. 이들 사조는 과거 우리가 알게 모르게 간과했던 역사와 현실의 과제를 사고하고 그에 관심을 쏟는 데 도움이 될 뿐 아니라 단순하고 낙관적인 현대화 상상을 해소하고 중국의 현실과 미래 도정의 복잡성을 제시해준다. 그리하여 예민한 많은 문학가와 비평가가 이들 조류로 전향했으며 이미 매우 시사적인 연구와 비평 성과들을 내놓고 있다. 그러나 이들 연구나 비평은 대부분 이들 사조가 제시하는 시각이나 평가논리에 지나치게 의존한다는 점에서 문제적이다. 즉 이들 성과가 문혁 이래의 문학을 어떻게 정리할 것인가, 역사적 유효성과 미학적 유효성을 두루 갖춘 문학관을 어떻게 재구성할 것인가를 사고하는 데 매우 중요한 배경지식과 사고능력을 제공해줄 수는 있지만, 문혁 이후 역사와 관념의 맥박 속으로 직접 뛰어들어 연구하고 성찰함으로써 현대문학의 곤경을 이해하고 유용한 문학관을 재구축할 인식적·시사적 의미를 찾는 일을 완전히 대신해줄 수는 없다.

6

이러한 문학적 상황에서 마르쿠제의 『미학의 차원』을 읽노라면 저도 모르게 특별한 정다움이 느껴진다. 앞서 살핀 대로 중국의 문학 이론과 비평이 오늘날과 같은 곤경에 빠지게 된 것은 무엇보다 신시기가 시작될 무렵 비평과 이론계의 주류가 과거 30년의 정치적·미학적 금기에 대한 비판을 초월적 사고로 전환하지 못한 채 과거 30년을 이분법적 대립구조로 만들고 그 정치적·미학적 금기를 탈피하는 운동에만 전력을 기

울였기 때문이다. 그리고 과거 30년간의 문학 비평과 이론을 탈피하고
자 했던 운동 속에서 저도 모르게 자리 잡은 전제와 방향이 이미 과거의
정치적·미학적 속박을 벗어난 이후까지 계속 작동하여 이어진 문학 이
론과 비평의 전제 및 방향──즉 '문학은 인간학'이라는 논제를 '고립
된 자아'쓰기로 귀결시키고 절대화된 언어관을 '문학은 언어의 예술'이
라는 논제의 실제 내용으로 보는 것──까지 속박했기 때문이다. 그들
이 잘못된 것으로 판명된 과거의 이론과 선을 그어 자신을 분리하고 나
아가 그것을 자신과 대립시켰다고 한다면, 마르쿠제의『미학의 차원』
은 사뭇 다르다.『미학의 차원』의 목적은 정통 맑스주의 미학을 청산하
는 데 있었고 또 마르쿠제는 맑스 본인의 일부 명제에 대해서도 신랄하
게 반박한다. 하지만 마르쿠제가 "지배적 생산관계의 총체에서 출발하
여 예술작품의 성격과 진실성을 해석하는 것이며, 특히 예술작품을 특
정한 방식으로 특정 사회계급의 이익과 세계관을 표현하는 것이라고
보는 견해"인 소련식 맑스주의 미학을 부정한다고 해서 그가 서구 현대
사상의 유기적 부분으로서 맑스주의의 역사구조 분석이나 인류 운명에
대한 진지한 책임감까지 버리는 것은 아니다.

　맑스주의 연구의 권위자 레셰끄 꼬와꼽스끼(Leszek Kołakowski)는
명저『마르크스주의의 주요 흐름』제1권의 결론에서 맑스주의는 원래
세가지 주제, 즉 낭만주의, 프로메테우스식 인문주의, 계몽사상을 포함
한다고 말한다. 낭만주의가 아름다운 '과거'를 찾아 비교함으로써 근대
공업사회와 문명의 소외를 비판했다면 프로메테우스식 인문주의는 인
성의 무한한 능력과 완전함에 대한 가능성을 숭상하고 인간으로 하여
금 자신의 힘으로 현세에 완전한 천국을 건설하도록 촉구했다. 그리고
계몽사상은 이성주의 원칙을 떠받들어 인간 사회와 역사는 반드시 바
꿀 수 없는 철의 규율에 따라 진화하고 진보하며 마침내 모든 비이성적

인 것으로부터 벗어난 명지(明智)의 왕국을 실현할 것이라고 여겼다. 꼬 와꼽스끼는 이 세가지 주제가 맑스의 전체 사상을 관통하고 있으며 단지 서로 다른 시기, 개별 주제에서 차지하는 분량이나 경중의 차이가 있을 뿐이라고 지적했다. 그는 이들 주제가 "그의 사상의 방향, 그가 사용했던 개념, 그가 제기했던 문제 및 그가 제공했던 답안에 영향을 주었다"라고 말한다.[13] 마르쿠제의 경우, 20세기에 벌어진 상상조차 하기 힘든 무수한 역사적 사건과 전개과정을 겪으면서 맑스보다 이성적 낙관주의가 줄긴 했지만 그 깊은 정신적 차원에서만큼은 그의 맥을 잇고 있음을 알 수 있다. 그리하여 마르쿠제는 이렇게 말한다. "내가 이런 정통이론을 비판하는 것은 맑스 본인의 이론을 비판의 이론적 근거로 삼기 때문이다. 왜냐하면 맑스의 이론 역시 지배적 사회관계를 배경으로 예술을 고찰하며 또한 예술은 정치적 기능과 정치적 잠재력을 가진다고 여기기 때문이다. 그러나 정통 맑스 미학과 반대로 나는 예술의 정치적 잠재력은 예술 그 자체, 즉 미학적 형식 그 자체에 있다고 생각한다. 그 외에도 나는 예술은 그 심미적 형식을 통해 현존하는 사회관계 속에서 자율적으로 존재한다고 생각한다. 예술적 자율의 왕국에서 예술은 현존하는 관계에 항거하면서 그것들을 초월한다. 따라서 예술은 지배적 지위에 있는 의식형식과 일상경험을 파괴한다." 여기서 마르쿠제가 소련식 사회주의 리얼리즘 미학을 비판한 것은 결코 문학을 정치나 사회와 대립시키려 해서가 아니라 오히려 그들의 관계를 진지하게 성찰하고 문학이나 예술이 항거하면서 초월하는 길을 모색하고자 한 것이었음을 알 수 있다.

마르쿠제는 가장 강렬한 인문주의적 이상과 비판정신을 가진 맑스주의가 무엇 때문에 소련 맑스주의 미학의 발전과정에서 억압과 빈곤이라는 반면의 길을 걷게 되었는가를 분석하면서 특별히 소련 맑스주의

미학이 정치적으로 주체 영역에서 초래하는 문제를 소홀히 하고 폄하했음을 지적했다. 그에 의하면, 정통 맑스주의 미학은 "인식적 자아(ego cogito)로서의 이성주체를 폄하하고 내재성과 감정과 상상력을 폄하했다. 개체 자신의 의식과 무의식은 갈수록 계급의식 속에서 해소되며 그로 인해 혁명의 주요 전제조건은 최소한의 정도로 쇠락하게 되는 것이다. 즉 혁명과 변혁에 대한 요구는 반드시 개체 자신의 주체성에서 비롯되어야 하며 개체의 이성과 격정, 그리고 개체의 충동과 목표에 뿌리를 내려야 한다는 사실이 간과된 것이다. 맑스주의 이론도 자기가 폭로하고 비판했던 그 물화의 과정 속으로 걸려넘겨졌으니, 그것은 주체성을 객체성의 구성요소로 만들어버림으로써 설령 그 자신이 반대하는 형식이라도 결국은 집단의식에 굴종하게 만들어버렸다".

한걸음 더 나아가 마르쿠제는 주체 문제의 복잡성을 강조하며 이렇게 말한다. "주체의 내재성을 인정함에 따라 개체는 비로소 교환관계와 교환가치의 관계를 박차고 나왔으며 자산계급 사회현실에서 물러나와 실존의 또다른 차원으로 걸어들어갔다. 확실히 개체는 이와 같은 현실로부터의 철수에서 하나의 경험을 획득하며, 이 경험은 반드시 (그리고 이미) 지배적 지위를 차지한 자산계급적 가치를 와해하는 강력한 힘이 될 것이다. 다시 말해 그것은 개체가 자기실현의 중심을 원칙의 시행과 이윤동기 영역에서 인류의 내재적 원천인 격정, 상상, 양심으로 전이시키도록 만들 것이다. 또한 개체의 물러남과 철수는 여기에 그치지 않고 그 주체성은 온 힘을 다해 그의 내재성을 뚫고 나와 물질과 지식의 문화 속으로 들어갈 것이다. 오늘날과 같은 강권통치의 시대에 주체성은 이미 하나의 정치적 역량이 되었으며, 공격적이고 착취적인 사회화에 대치하는 저항역량이 되었다." 바로 이러한 분석이야말로 인간의 주체성 문제를 억압했던 과거 정통 소련 미학을 비판하면서도 초월하는 분석임에 틀림없으며, 우리가 단순한 폐기식 비판에서 만들어진 '고립된 자아'관을 성찰할 때 충분히 참조할 만한 틀이 아닐 수 없다.

예술성 방면에서 『미학의 차원』은 많은 부분 마치 근 20년간 우리의 잘못된 관념들을 지적하는 것만 같다. 예를 들어 어떤 단락은 1980년대 선봉파의 창조력에 대한 이해를 겨냥하고 한 말처럼 보인다. 마르쿠제에 의하면 "예술의 진실도 단지 스타일의 문제만은 아니다. 예술에는 추상적이고 환상적인 독립왕국이 존재한다. 여기서 개인은 마음대로 새로운 장난감을 창조하기도 하고 내용과 무관하거나 혹은 내용이 없는 기법을 창조하기도 한다. 즉 내용 없는 형식을 창조하는 것이다. 이 텅 빈 자율은 예술로 하여금 구체적 생동감을 잃게 하고, 설령 형식적으로는 부정하는 것일지라도 실은 현실존재를 찬양하는 것으로 만든다". 그가 적극적으로 다뤘던 '형식의 독재'에 관한 논의는 더더욱 당대 중국의 황당한 포스트모더니즘 글쓰기 관념을 겨냥한 것처럼 보인다. "형식의 독재란 작품에서 모든 것을 압도하는 필연적 추세를 말한다. 그것은 그중의 어떤 선이나 어떤 소리도 절대 대체 불가능한 것(가장 이상적인 상황으로 볼 때 이는 결코 실재할 수 없지만)이어야 한다고 요구한다. 이와 같은 내재적 필연성(진정한 작품과 그렇지 않은 작품을 구별하는 성질)은 확실히 독재적이다. 왜냐하면 그것이 표현의 직접성을 억압하기 때문이다. 그러나 여기서 억압되는 것은 허구적 직접성이며, 이런 직접성의 허구성은 그뒤로 성찰을 거치지 않은 신비한 현실을 늘 어뜨리고 있다."

당대 중국의 문학 이론과 비평이 한발 한발 곤경으로 빠질 수밖에 없었던 핵심 문제들에 대해 『미학의 차원』은 대개 우리가 심사숙고할 만한 분석을 보여주고 있다. 앞서 중국 당대 문학 문제의 역사와 관념에 대한 나의 분석, 그리고 평생의 경험과 글쓰기, 사고를 배경으로 하는 마르쿠제의 탁월한 견해를 보태어 살펴보면 당대 중국의 문학 이론과 비평이 자신의 곤경에서 완전히 벗어나는 것은 기존의 역사적·관념적 기초 위에서 약간의 수정을 거친다고 될 일이 아님을 알 수 있다. 우선 반드시 현재와는 무관해 보이는 문혁 직후로 돌아가야 한다. 그리고 그 시대가 포함하고 있던 풍부한 가능성들이 어떻게 정치적·미학적 금기를 대립시키는 이분법적 방식으로 인해 갈수록 협애한 현대인 관념과 협애한 현대미학 관념으로 빠졌으며 급기야 오늘날의 곤경에 이르게 됐는지를 살펴야 한다. 이러한 역사적 고찰과 그 관념의 논리에 대한 비판적 해석을 기초로 할 때라야만 우리는 비로소, 과거 이분법적 대립방식과 협애한 문학관념이 배척하고 곡해하고 협소화하고 심지어 훼손해버린 관념과 글쓰기 자원들이 오늘날 우리 문학이 광대하고 건강한 길을 걷게 하는 데 어떤 의의를 갖는지를 볼 수 있고 또 충분히 이해할 수 있기 때문이다. 즉 우리가 문혁 이후 20여년간의 역사를 돌아볼 때, 특히 신시기문학과 그전 30년의 문학관념을 절대적으로 대립시키지 않았던 사고와 글쓰기를 주의 깊게 살필 때, 또한 자아관념을 봉쇄하거나 언어관념을 절대화하지 않고 진실로 언어, 주체, 역사, 심미적 지각형식, 사회구조적 자아의 재생산 같은 몇가지 차원의 복잡한 상호관계에 대한 그간의 사고와 글쓰기 노력에 닿게 될 때, 비로소 오늘 이후 중국의 문학이 다시금 건강하고 힘있게 되는 더욱 진실하고 광활한 역사적 지평이 열릴 것이다. 또한 오랫동안 문제적 문학관에 속박되고 훼손되었던, 하지만 여전히 이상주의적 관심과 책임감으로 충만했던 1980년대의 정신적 에너지를 오늘날 문학이 계승하고 전화해내는 데 있어 더 진실하고 더 광활한 사상과 관념의 장이 열릴 것이다.

제4장

당대 중국 사상논쟁의 역사적 품격과 지식적 품격

1

최근 중국 사상계에 관한 글들을 자세히 보면 서구에서 쓰이는 분류법이나 용어를 가져와 현재 중국의 사상적 상황을 분류하거나 명명하고 설명하는 경향이 있다. 예를 들어 현대 중국 사상논쟁에서 매우 중요한 위치에 있는 한 사상가는 일부 서구 이론가들의 설명방식을 차용하여 최근 중국 사상계를 비판적 지식인과 신자유주의가 대립하는 장이라고 규정한다.[1] 마찬가지로 매우 중요한 위치의 또다른 사상가는 현대 미국의 자유주의와 보수주의 구분을 모델로 삼아 현대 중국의 사상논쟁을 자유좌파와 자유우파의 논쟁이라 명명한다.[2]

이와 같은 분류나 명명, 설명 방식이 상당부분 우리가 오늘날 중국 사상계의 많은 부분을 정리하고 인식하는 데 필요한 시사점을 제공해준다는 사실은 말할 필요도 없다. 또 그것은 상당부분 서술자 자신이 현재 중국의 사상적 상황을 파악하는 방식과 느낌을 전달하고, 서구의 이론적 자원을 끌어올 때 서술자가 어떤 부분을 중시하는지도 알 수 있게 해준다. 그뿐만 아니라 이같은 분류를 기초로 이루어진 명명과 설명은 대개 논쟁대상을 상대적으로 불리한 위치에 놓거나 논쟁 상대가 자신에게 붙인 명명이 현대 중국의 특정한 맥락에서 야기할 수도 있는, 독자가 자칫 그 '이름' 때문에 갖게 될 수도 있는 그들 사상에 대한 선입견을 피할 수 있게 해주는 효과도 있다.

그러나 여러 효과에도 불구하고 이러한 명명과 묘사 방식은 다른 한편으로 일련의 문제를 야기한다는 점도 부인할 수 없다. 고도로 정리되고 논리화된 서구의 분류나 명명, 묘사 방식은 그것이 애초 쓰인 곳이 서구인지라 서구의 역사나 현실과 밀접한 관계 속에서 고도로 정리된 관념이자 논리일 터인데, 그것으로 중국의 문제와 현상을 명명하게 되면 여지없이 착각을 낳기 마련이다. 즉 중국의 문제가 서구 발전국가들의 문제와 구조적으로 유사하다거나, 중국에 지금과 같은 상황이 출현하게 된 것이 이론적 필연성을 가진 것처럼 착각하게 만든다는 것이다. 그런데 이같은 착각이 발생하면 두가지 위험이 뒤따른다. 첫째, 구조적으로 비슷하다는 감각은 저도 모르게 중국의 문제와 현상을 외래의 추상적 관념과 논리틀 안에 놓게 되고 따라서 우리가 관련 문제와 현상을 사고할 때 상당한 정도로 역사적 관계를 벗어나게 만든다. 그리고 역사적 관계를 벗어난 사고는 우리가 마땅히 직시하고 해석해야 하는 많은 문제의 면면과 그것이 처했던 실제 역사의 복잡한 관계를 우리의 관찰과 사고의 시야에서 배제하게 만든다. 둘째, 지금 우리 앞에서 벌어지는 논쟁이나 사상적 분기가 이론상 필연적이라는 감각이 일단 자리 잡고 나면 우리 자신의 실제 지식 및 사상의 발생과 그 변천상황에 근접하거나 그 속에 존재하는 심층 문제들을 긍정적 태도를 갖고 역사적으로 더 풍부하고 효과적으로 분석하고자 하는 동력을 잃게 되고, 나아가 그러한 길 속에서만 발견할 수 있는 자아인식과 자기검토의 기회를 잃게 된다. 그리고 우리 자신의 역사적 실제에 근접한 분석과 검토가 뒷받침되지 않는다면, 서구의 고도로 정리된 논리적 명명과 묘사 방식이 제아

무리 중국 당대의 사상적 실제를 인식하고 이해하는 데 도움이 된다 하더라도 그것을 사용할 때 그 배후에 이미 자리 잡은 정리나 분류 방식에 의해 지나치게 제한되고 규정되고 정형화될 것이다. 그렇게 되면 비록 서구의 명명과 묘사 방식을 차용함으로써 우리의 담론 규모가 급속히 커지고 적용 가능한 담론의 논리가 빠르게 형성될 수 있을지라도 우리의 지식·사상의 민감성과 중점은 도리어 역사-현실과 효과적으로 상호 추동할 수 있는 능력을 상실하게 될 것이다.

바로 그런 점에서, 이 장에서는 흔히 '자유주의-신좌파 논쟁'이라고 일컬어지는 최근의 논쟁을 살피되 주로 1990년대 초중반 중국의 자유주의가 89년의 민주운동이나 소련과 동구 사회주의 진영의 해체, 그리고 92년 덩 샤오핑의 남순강화로 촉발된 전국적 경제개혁 같은 중대한 역사적 사건들과 어떤 관련이 있는지에 초점을 맞추고자 한다. 이를 통해 당대 중국의 자유주의가 서구 자유주의나 중국의 현대 시기 자유주의와는 다른 측면, 즉 그것이 중국의 당대사적 관계로부터 어떤 영향을 받았는지를 살펴보려 한다.

우선 논쟁에서 나타난 몇가지 현상, 예컨대 일부 자유주의자들은 왜 '신좌파'로 불리는가 등의 문제에 대해 역사적 실제에 더 근접한 해석을 제시하고자 한다. 89년 이후 중국 지식계는 민주운동을 진압한 국가에 극렬한 반감을 갖게 됐으면서도 내적으로는 국가권력이 그로 인한 합법성 위기 문제를 무마하기 위해 제시한 '안정적 발전'이라는 담론에 호응했다. 이 글은 언뜻 모순되어 보이는 이 역사적 현상을 중심으로 당시의 관념과 논리를 역사적 공간 속으로 되돌려놓으려 한다. 그렇게 되면 우리가 외래 관념을 빌려 지식과 사상 사조를 정리하고 해석하더라도 그로부터 건설적인 자극을 받지 못한다거나 외래 관념의 영향 때문에 특정한 역사적 품격과 내용을 지닌 중국 사조의 역사적 맥락에서 벗어난 결론을 내리게 되는 일은 없을 것이다. 특히 중요한 것은, 이처럼 이론과 사조를 역사적 공간으로 되돌려놓는 연구를 통해서만 우리는 비로소 역사적 조건의 영향을 받은 당대 지식인들의 역사적 심리와 반급진주의 사조 등이 90년대 초중반 자유주의에 미친 역할을 분명히 볼 수 있게 된다는 점이다.

이 모든 것을 분명히 인식한 후라야만 중국 당대의 자유주의는 그와 같은 심리나 사조의 건설적 에너지와 통찰력을 자신의 양분으로 흡수할 수 있고, 그런 후에야 자신과 주변의 비건설적이고 유해한 부분을 깨끗이 제거할 수 있다. 마찬가지로 보면, 애초 당대 중국의 신좌파 사조가 등장한 것은 당대 중국의 자유주의가 지닌 문제점들을 비판하고자 한 것이지 그 대안까지 염두에 둔 것은 아니었으며, 다른 한편으로는 빈부격차가 날로 심각해지는 중국사회의 위기상황에 서둘러 대응하려 한 것이기도 했다. 따라서 신좌파 사조는 처음부터 그 반대편에 의해 지나치게 규정되는 경향이 있었고, 사회적 위기 때문에 너무 성급하게 형성되었다는 이중의 문제를 안고 있었다. 따라서 신좌파 사조가 만약 자신의 형성과정을 깊이있고 면밀하게 검토하지 않는다면 그 과정에서 섞여들어온 잡다한 비건설적 요소나 심리를 효과적으로 이해하거나 의식하기 어려울 것이고 나아가 그 자신의 발전과 심화에도 지장을 초래할 것이 분명하다.

사상논쟁의 역사적 품격에 대해 이처럼 묻고 고찰하는 과정에서 나는 논쟁의 지식적 품격에 대해서도 질문하게 되었다. 중국 당대의 반급진주의 사조는 20세기 중국 역사의 굴절에 대해 왜 정치적·경제적·사회적 분석도 하지 않은 채 그것을 단순히 급진주의 사조가 초래한 부정적 결과라고 결론지어버렸는가? 논쟁과정에서 일부 논자들은 왜 빈부격차를 비롯한 중국사회의 심각한 불공정 문제를 초래한 역사적 과정을 깊이있게 분석하지도 않고 곧장 그것을 신자유주의의 악영향이라고 단정 지어버렸는가? 지식사상의 이같은 현상은 더 나아가 다음과 같은 문제를 추궁하고 고찰하지 않을 수 없게 만든다. 우리가 목도해온 중국 당대의 사상논쟁을 두고 이미 많은 사람들이 그 심리적 태도가 부적절하다거나 도덕성이 결여되어 있다거나 사상적·이론적 자원이 충분히 누적되거나 소화되지 않았다는 점 등을 지적해왔는데, 그외에도 깊이 자리 잡은 모종의 지식적·사상적 습관이 그와 관련되어 있는 것은 아닐까?

2

1989년 민주운동의 실패와 1992년 덩 샤오핑의 남순강화 이후 전방위적으로 전개된 경제개혁은 90년대 초중반 중국대륙 지식계를 구축한 가장 중요한 두개의 사건이었다. 89년 민주운동에 대한 진압은 대다수 중국 지식인들과 국가정권 사이에 결코 넘을 수 없는 정신적 거리를 만들었다. 줄곧 인민의 대변자임을 표방해온 국가정권이 학생과 시민을 진압함으로써 정권은 49년 건국 이래 가장 큰 합법성의 위기를 맞이하게 되었다. 92년 덩 샤오핑의 남순강화 및 뒤이은 경제개혁의 전방위적 전개는 만약 89년 민주운동이 없었더라면 당시 중국 지식인들에게 심리적으로나 의식적으로나 큰 문제가 되지 않았을지도 모른다. 그것이 대대적인 경제개혁의 추진이든 '자본주의냐 사회주의냐'라는 이데올로기 갈등의 중단이든, 개혁은 80년대 많은 중국대륙의 지식인들이 바라 마지않는 일이었기 때문이다. 그런데 89년 사건으로 대다수 중국대륙 지식인들에게 미묘한 감각의 변화가 나타나게 되었다. 첫째, 개혁이 독재정치를 약화시키고 무너뜨리는 선결조건이라고 간주하는 지식인들이 89년 사건 이전보다 기하급수적으로 증가했다. 둘째, 89년 6월부터 92년 덩 샤오핑의 남순강화까지 2년 남짓 지속된 억압적 분위기와 경제의 상대적 침체로 인해 사람들은 개혁이라는 새로운 국가노선을 더 쉽게 받아들일 자세가 되어 있었고, 훗날의 지식과 사상사조에 깊은 영향을 미친 반급진주의 같은 숱한 인식적 판단들이 이 시기의 억압적 분위기 속에서 출현했다. 89년 사건으로 합법성 위기가 조성된 이래 국가는 다양한 도전들의 잠재적 가능성에 민감하게 반응했으며 새로운 합법성의 근거를 찾기 위해, 최소한 합법성 문제를 보류하기 위해 급급했다. 그로 인해 92년의 경제개혁은 80년대의 개혁을 계승하는 동시에 구조적 변화와 단절도 드러내게 되었다. "안정이 최우선" "발전이야말로 불변의 도리(發展才是硬道理)"처럼 국가가 제시한 새로운 담론에서 그 일단을 찾아볼 수 있다. 전자는 사회가 운동의 형식으로 국가와 상호추동하는 것을 불허하겠다는 말이고, 후자는 국가의 새로운 합법성의 근원을 최대한 경제발전에 두겠다는 의미였다.[3]

이처럼 1989년 민주운동과 냉전 종식에 대한 ─89년 하반기부터 92년 봄 사이에 다시 등장했던 과거 사회주의 이데올로기 같은─ 국가의 대응들, 그리고 92년 국가가 자신의 곤경을 극복하기 위해 제시했던 '안정' '발전' 담론으로 대표되는 새로운 노선들이 바로 90년대 초중반 중국 자유주의의 주요한 시대적 배경이었다. 확실히 자유주의는 반독재 문제에서뿐만 아니라 공공의 참여나 합법성 획득 같은 모든 방면에서 국가권력과 충돌했다. 그런데 수많은 해외 민주인사들이 반복해서 강조했던 '반독재' 담론은 말할 것도 없거니와 국가가 반복적으로 강조했던 '안정적 발전' 담론까지도 알게 모르게 90년대 초중반 중국 자유주의 담론을 구성하고 있었던 것은 왜일까? 사실 '안정적 발전' 담론은 지금까지 중국대륙 지식계에서 정식으로 논의된 적이 없는데, 그것은 언론의 자유가 보장되지 않은 탓도 있고 89년 이후 국가를 등진 대다수 지식인들이 국가 어젠다를 다루고 싶어하지 않았던 탓도 있다. 아무튼 '반독재'는 90년대 초중반 자유주의 사조의 가장 중요한 쟁점이자 이론을 관통하는 주축이었고, 이것이 89년 민주운동의 비극적 결말에서 비롯되었음은 이해하고도 남음이 있다. 그런데 심정적으로는 물론이고 여러 입장에서도 명백히 서로 충돌하는 국가 담론과 당대 자유주의 사이에 어떻게 논리적으로 심정적으로 모종의 호응관계가 발생할 수 있었는지는 쉽게 이해되지 않는다.

기본적으로 심오한 이론은 아니었던 두 담론의 힘은 그 사상 자체에서 나온 것이 아니라 당시 중국의 특수한 상황에서 나왔다. 1989년 사건 이후 '반독재' 담론은 의심할 여지 없는 역사적 정당성을 지닌 것이었고 사회, 특히 지식인들의 심정적 공감대를 기반으로 했다. 또 '안정적 발전' 담론의 영향이 컸던 것은 무엇보다 국가의 대대적 선전 덕분이었다. 89년 이후 합법성 위기에 직면한 국가는 '안정적 발전'을 새로운 합법성의 근원으로 삼고자 했다. 또 한편으로 당과 국가는 92년 덩 샤오핑의 남순강화 후 경제개혁의 깊이와 범위를 모두 확대하고 이를 규범화하고자 했다. 국가의 합법성 위기와 당내 이데올로기 갈등을 개혁이라는 국가적 추동에 과도하게 의미를 부여함으로써 돌파하고자 했던 것이다. 그러나 한편으로 그보다 더 중요한 원인은 과거 수십년 동안 숱하게 진행된 정치·사회 운동에 염증을 느낀 나머지 실질적인 삶의 개선에 더 관심을 갖게 된 일반 사람들이 '안정적 발전'을 누구보다 원했다는 점이다. 게다가 89년의 민중운동은 격정과 기대는 넘쳐나되 정치적 경험과 지혜는 부족하다는 인상을 주었으며, 그로 인해 독재를 혐오하는 일부 사람들마저 중국은 아직 성숙한 민주사회로 들어설 조건을 갖추지 못했다고 여기게 되었다. 바로 이러한 정서와 심리 상태가 모두 "안정이 최우선" "발전이야말로 불변의 도리"로 대표되는 '안정적 발전' 담론이 당대 중국에 영향을 발휘할 수 있는 사회적·심리적 환경을 제공했던 것이다.[4]

'안정적 발전' 담론이 1990년대 전반과 중반 모두 대세를 유지할 수 있었던 것은 앞에서 말한 국가의 대대적 선전, 그에 유리한 특정한 사회적·심리적 환경, 실제로 순조로웠던 경제발전과 대다수 계층이 모두 그로부터 이익을 얻을 수 있었던 초기의 경제상황 등과 관련된다. 그뿐만 아니라 '안정적 발전' 담론 자체가 상당한 정도로 혼합성과 모호성, 개방성을 지닌 덕분에 중국 지식계의 여러 사조들이 축적해온 에너지를 상당부분 흡수할 수 있었기 때문이기도 하다. 이를테면 당시 한국, 대만, 싱가포르 등의 성공 경험으로부터 계발된 신권위주의 사조의 핵심 논점 중의 하나는 바로, 당시 중국의 정치적·역사적·문화적 조건하에서는 안정적이고 강력한 정권이야말로 정치·사회의 안정을 보증함으로써 국가와 사회가 경제발전에 전력할 수 있게 만드는 필수조건이기 때문에 그 정권이 권위적인가 민주적인가는 중요한 문제가 아니라는 것이었다. 물론 발화자의 위치에 따라 그 배후의 동기나 부여하는 의미는 서로 달랐지만, 담론논리에서 비롯된 실천논리로만 보자면 '안정적 발전' 담론은 신권위주의 담론과 완전히 일치한다. 지식사조로서의 신권위주의에 참여했던 대부분의 사람들이 민주나 자유 같은 가치 자체를 부정했던 것은 결코 아니다. 다만 그들은 당시의 중국은 이들 가치를 중심으로 전사회를 재구성할 역사적 조건이 아직 마련되지 않았기 때문에 정치적·사회적 안정을 유지하면서 경제발전에 전력을 기울이는 것이 가장 현실적인 길이라고 여겼을 뿐이다. 더구나 한국이나 대만의 경험으로 보건대, 충분한 경제발전은 곧 중산층 위주의 새로운 사회계층 구조를 만들고 양호한 문화적·교육적 토대를 세울 수 있으며 이것들이 모두 자유민주화를 위한 객관적 환경을 제공해줄 것이었다. 국가가 고취했던 '안정적 발전' 담론에도 역시 국가와 민족의 미래에 대한 일부 인사들의 진심 어린 관심이 녹아 있었다. 그럼에도 불구하고 그 담론이 지금 우리가 알고 있는 대로 형성될 수밖에 없었던 것은 그것의 실질적 동력이 89년 이후 심각한 정권의 합법성 위기를 제거하는 데 있었고 또 92년 이후 국가가 추동했던 일련의 정치적·경제적·제도적 실천을 옹호하는 데 있었기 때문이다. 하지만 양자가 이처럼 동기나 의미 부여 측면에서 서로 다르긴 해도 각기 현실적 실천에 대한 진단이 유사하고 이 특정 시기에 실천을 주도해야 한다는 견해가 기본적으로 일치했다는 점까지 부정할 수는 없다.

더욱 재미있는 것은, 국가권력이 주도했던 '안정적 발전'이라는 담론이 아이러니하게도 국가권력 비판을 가장 중요한 심리적 배경이자 동력으로 삼았던 자유주의 담론으로부터 상당한 에너지를 흡수했다는 점이다. 1989년의 무력진압과 뒤이은 소련과 동구 사회주의권의 해체는 모두 90년대 초 중국 지식계가 자유주의에 친밀감을 느낄 만한 분위기를 조성했다. 비록 당시 대다수 사람들은 무엇이 자유주의인지도 잘 몰랐지만.[5] 그같은 역사적 상황과 분위기 덕분에 자유주의 담론은 당시 중국 지식계에서 절대적으로 우세한 지위를 차지할 수 있었다.

그렇다면 분명히 서로 부딪치는 양자, 즉 1990년대 초중반 독재국가를 비판하고자 했던 자유주의와 반대로 독재 문제를 방임하고자 했던 국가정권의 '안정적 발전' 담론은 어떻게 서로 논리적 접점에 이르렀던 것일까? 이 중요한 문제를 파악하기 위해서는 90년대 대륙에서 유행했던 반급진주의 사조가 자유주의 사조에 미친 영향관계를 먼저 이해해야 한다. 89년 사건 이후 등장한 중국의 반급진주의는 20세기 중국에서 끊임없이 벌어졌던 혁명과 급진적 역사에 대한 비판적 반발이었다. 그에 따르면 89년 민주운동이 실패한 것은 상당부분 운동을 주도했던 사람들의 심리나 행동방식이 여전히 급진주의적 운동방식에 사로잡혀 있었기 때문이다. 이같은 반급진주의 주장은 아픔을 겪은 후 그 아픔을 되새기고자 역사를 정리하고 해석하려 했던 당시 사람들의 심리적 수요에 부합하는 것이었다. 사실 그것은 급진주의에 속하는 공산당이 중국 현·당대사에서 발휘했던 역할을 부정하는 것이었기 때문에 실제로는 1989년 이후 사람들의 역사적 심정에 부합하기도 했다. 그러므로 반급진주의가 89년 이후 중국 지식계에서 많은 지식인들의 마음을 빠르게 장악할 수 있었던 것도 전혀 이상한 일은 아니다. 안타깝게도 반급진주의 사조는 원래 역사적 성찰을 주요한 임무로 삼았지만 중국 근현대사와 당대사를 더 깊이있게 성찰하여 그 안의 복잡성과 역사적 감각을 자기 것으로 만들지 못한 채 너무나 성급하게 혁명에 대한 비판과 반대를 자기 사상과 논술의 중점으로 삼는 교조적 사조로 경직되어버렸다.

20세기 중국의 급진적 역사에 대한 반급진주의의 교조적 검토와 비판은 당시 국제적으로 유행하던 하이에크식 고전적 자유주의의 영향과 맞물려 있었고, 거기다 1989사건 이후 극단적으로 독재를 혐오하는 사람들의 심정적 토양까지 더해져 90년대 중국 자유주의 담론의 사상적 품격을 형성하는 데 지대한 영향을 미쳤다. 따라서 90년대 중국의 자유주의는 5·4 시기의 반전통적 자유주의와도 다르고 사회민주주의 색채를 지녔던 40년대 중국의 자유주의와도 다르다. 또한 그것은 해외의 급진적 민주운동가들의 직접적인 반독재 담론과도 다르다. 반급진주의는 칼로 벤 듯 일률적이고 강렬한 색깔[6]을 드러내며 모든 혁명과 모험을 반대하고 정치적·사회적·문화적 개량과 점진주의를 우선시했다. 또 그것은 시장경제가 정치·법률·제도·사회·문화 변혁의 강력한 도구이며 독재의 기초를 와해하는 유력한 무기라고 여겼다.[7] 국가에 대해서도 반급진주의는 자유헌정과 성숙한 시민사회에 의해 규제되는 '약한 국가'를 원했다. 그것은 자유의 절대적 우선권을 강조하고 평등·민주·민족·국가 같은 이념으로 자유의 가치에 맞서거나 충돌하는 것에 반대했다. 오늘날 돌아보건대, 90년대 중반 초보적으로 형성되기 시작한 중국의 자유주의가 '약한 국가'와 자유에 절대적 우선권을 부여하고자 했던 데에는 그 당시 국제적으로 유행하던 자유주의 사조의 영향도 있었지만 주로는 자유를 상실했던 과거 중국에 대한 역사적 기억, 특히 89년 민주운동 진압에 대한 강렬한 기억의 영향이 컸다.

지금 돌이켜보면 1990년대 전반과 중반 지식계를 휩쓸었던 자유주의 사조에는 여러 문제가 존재했다. 큰 것만 얘기해보자면 우선, 이론 면에서 그것은 자유와 서로 경쟁하는 민주·평등·국가·민족·부강·공정 같은 개념들이 자유와 어떤 관계에 있는지 충분히 연구하거나 성찰하지 않았다. 역사감각과 현실감각의 측면에서 보자면 그것은 국가·사회·제도·법률·정치·경제·문화 관념의 전환과정에서 발생할 수 있는 문제의 복잡성과 어려움을 깊이 연구하거나 성찰하지 않았으며, 친 후이(秦暉)나 허 칭롄(何清漣) 같은 소수를 제외하면 전환기 사회의 실제 현실에 대해서도 충분히 민감하지 못했다. 사상체계 면에서도 상당히 많은 이론적 허점이 존재했다. 이를테면 90년대 중반 자유주의자들이 즐겨 사용했던 '소극적 자유' '자발적 질서' '시민사회'라는 세가지 관념 사이에는 지나친 낙관적 이해가 깔려 있었다. 즉 '소극적 자유'의 공간을 보유한 사회는 시장의 역할을 통해 곧 '자발적 질서'를 형성하게 되며, 이 '자발적 질서'의 결과로 사람들이 기대해 마지않는바 국가권력에 저항하고 그것을 제한할 수 있으며 사회를 통합할 수 있고 개인의 충분한 발전을 위해 자주적 공간을 제공할 수 있는 '시민사회'가 형성될 것이라는 낙관 말이다. 또 당시의 자유주의는 반급진주의와의 긴밀한 관계로 인해 많은 문제에서 훨씬 더 정교하게 사고할 가능성이 제한되었고, 일률적 반급진주의 패러다임은 심지어 자유주의에 매우 특징적인 반억압적 성격마저 해소했다. 그 결과 자유주의는 심정적으로나 미래의 제도구상에 있어서나 극도로 국가폭력의 가능성을 경계하면서도 그것을 견제할 사회운동에 마땅한 위상을 부여하는 이론적 작업은 하지 않았다. 자연히 현실의 실천적 차원에서 일어나는 각종 사회운동에 적극적으로 반응하지도 못했다. 교조적 반급진주의로 인해 당시 자유주의의 비판적 에너지와 현실개입 능력이 상당부분 제한되었던 것이다.

이러한 특징과 문제를 안고 있던 자유주의는 관념적으로 이론적으로 또 실천적으로 좋지 않은 결과들을 낳았다. 첫째, 내부 장력이 풍부하지 못했던 관념상태로 인해 당시의 자유주의는 비교적 큰 포용성과 개방성을 결여한 채 쉽게 배타성을 노출하곤 했다. 둘째, 역사감각과 현실감각이 부족했기 때문에 현실의 문제를 해결하기 위한 계발작용을 하기보다는 단순한 규범으로서 작용하는 경향이 있었다. 예를 들어 자유주의는 1989년 세대의 역사적 심경에 부응하여 '약한 국가'를 강조했는데, 그것이 규범적 관념에 그치지 않고 실제 어떤 문제를 해결하기 위해 계발작용을 하려면 반드시 그 관념의 구상과 제창 단계에서 먼저 정치·경제·외교·사회의 각종 현안에 '약한 국가'가 어떻게 대응할 것인가라는 이론적 문제를 고려했어야만 했다. 그러한 이론적 준비 없이 현안에 맞닥뜨릴 때 자유주의 담론은 적시에 건설적 의견을 낼 수 없었고, 그 결과 경쟁적인 입장의 담론들이 출현할 여지가 생겼으며 자유주의를 공격할 구실마저 주었다. 셋째, 그러한 자유주의의 상태는 시장의 역할에 대해 지나친 기대, 심지어 환상을 갖게 만들었다. 자유주의자들에게 시장은 독재의 기반을 깨끗이 도려내고 반독재를 궁극적으로 실현할 객관적·역사적 조건을 제공하는 도구이자 그들의 바람과 목표를 이루게 해줄 직접적인 도구이기도 했다. 그리하여 그들은 모든 시장이 자유주의가 기대하는 목표에 이로운 것인가, 아니라면 어떤 규범과 조절이 시장으로 하여금 그들이 기대하는 목표에 더 많이 복무하게 만들 수 있을까 등의 사고를 충분히 심화시킬 수 없었다. 그 결과 90년대 초중반 대다수 중국의 자유주의자들은 금권거래처럼 현저한 위법행위나 불공정행위에 대해 규범적 비판을 하는 것 외에, 수백년간 경험을 전승하고 이론적으로 축적해온 사조로서 자유주의가 지닌 강한 현실대응 능력과 그것을 토대로 한 적극적 비판 및 개입 능력을 거의 발휘하지 못했다.

시장에 대한 자유주의의 환상은 현실의 시장 앞에서 무력하기 짝이 없었다. 필연적으로 시장에 대한 분석과 실제 운영은 모두 관련 전문가에게 맡기게 되었고, 그 결과 오로지 효율성과 생산원가만 중시하는 소위 전문가들이 시장에 관한 분석과 진단을 주재했다. 그리하여 시장에 기대를 걸고 시장에 도덕적 의미와 가치를 부여했던 대다수 자유주의자들이 오히려 그들이 기대했던 시장의 작동을 잘 이해하지 못하는 상황이 벌어졌다. 그렇다고 소위 전문가들이 시장의 복잡성에 대해 충분히 이해한 것도 아니었다. 시장에 대한 그들의 열정은 시장에 대한 충분한 인식에서 나왔다기보다는 사유재산권이야말로 인간의 책임감을 최대한 발동할 수 있게 만드는 수단이고 시장은 자원을 가장 효과적이고 합리적으로 배분할 수단이며 효율과 생산원가야말로 모든 것을 평가하는 첫번째 기준이 되어야 한다는 일련의 신념과 교조에서 비롯되었다고 할 수 있다. 1990년대 중국의 자유주의자들이 당시 과도했던 시장이데올로기의 형성에 전적으로 책임져야 한다면 좀 억울할 수도 있겠지만, 자유주의자들이 시장을 강조했으되 시장현실과 시장에 관한 각종 담론을 직시하고 해석하는 데 무기력했다는 점에서 보면 적어도 자유주의가 시장이데올로기의 확산에 간접적으로 도움을 주었다는 사실은

그들도 부인하기 어려울 것이다.[8]

그리하여 당시 역사적 면모를 변화시킬 핵심 역량으로 기대되었던 시장적 실천들은 자유주의의 정치·사회·문화·가치 규범에 제한되거나 비평받지 않는 장소가 되어버렸다. 이같은 이론의 역사적 빈약함으로 말미암아, 자유주의는 중국의 현실과 미래에 대한 관심에서 출발했음에도 불구하고 가장 활기를 띠었고 그래서 또 좋지 않은 결과들을 낳았던 1990년대 현실에 개입할 능력을 상실해버렸다. 그런 점에서 당시 중국 자유주의의 주된 공헌은 현실에 대한 적시적소의 분석이나 여타 담론으로 대체할 수 없는 비판적 참여에 있었다기보다는 담론의 전환에 있었다고 할 수 있다. 즉 그것의 주된 공헌은 자유를 보호하고 독재를 방지할 가치체계의 건립과 제도적 안배 및 사회 발전 같은 문제들을 정식으로 사고하기 시작했다는 점, 그리고 중국 근현대 급진주의에 대한 역사적 검토를 시작했다는 점에 있다. 자유주의가 복잡한 현실에 대한 개입능력을 결여한데다 국가의 '안정적 발전' 담론에 따라 점점 개인공간이 확대되고 국가가 적극적으로 시장경제를 추동하며 나아가 사영기업을 허용하고 심지어 장려하는 현실들이 더해지자, 자유주의자들에게는 마치 현실이 그들이 기대했던 역사의 방향으로 전진하는 것처럼 보였다. 시장과 현실에 대한 당시 자유주의의 이같은 이해와 감각으로 인해 시장경제를 중심으로 하는 국가의 '안정적 발전' 담론과 자유주의 사이에는 현실적 차원에서 서로 근접한 견해가 형성될 수 있었다. 이 모든 상황이, 반독재라는 심정적 배경 위에 성립되었던 90년대 초중반의 자유주의가 인권침해, 권력의 사적 남용, 법보다 정치를 앞세우는 전통적 독재의 폐악 등을 비판하는 데 주력했을 뿐 '안정적 발전'이라는 담론 아래 국가가 추진한 시장을 적극적으로 비판하고 분석할 능력은 상실하게 만든 원인이었다. 그런 점에서 친 후이와 허 칭롄 같은 몇명을 제외한 대다수 자유주의자들이 90년대 중반의 자발적 사유화나 빈부격차의 급격한 심화 같은 사회현실을 시의적절하게 비판하지 못한 것은 당시 그들의 이론적 상태와 무관하다고 할 수 없다.[9]

3

이렇게 1990년대 초중반 중국 자유주의의 지식과 이론 상황을 이해하고 나면 기본적 가치관과 관심이 결코 자유주의와 배리되지 않는 논자들, 그리고 주된 관심이 이론보다 구체적 문제들에 있었던 일부 논자들이 어떻게 훗날 '자유주의-신좌파' 논쟁에서 신좌파 진영으로 분류되고 심지어 신좌파의 대표적 인물로까지 지칭되었는지 비로소 알 수 있게 된다. 최근 자유주의-신좌파 논쟁에서 두 진영의 형성은 사실 당시 중국 자유주의자들이 자신들의 지식과 사상을 표준으로 배타적 판단을 한 것과 관련된다. 기본적 가치관과 주된 관심이 결코 자유주의와 배리되지 않거나 혹은 주된 관심이 구체적 문제들에 있었던 일부 논자들이 자유주의와 대립하는 신좌파로 지칭된 것은 그들의 논점이 90년대 초중반 중국 자유주의의 상태에 대한 비판이나 도전이라고 여겨졌기 때문이다. 결코 그 기본적 가치지향과 주요 관점이 자유주의와 배리되거나 유기적으로 통합되지 않았기 때문이 아닌 것이다.

예를 들어 신좌파의 대표적 인물이라고 간주되는 왕 사오광(王紹光)의 경우, 최초로 논쟁을 일으켰던 「강력한 민주국가의 건립: '정권형식'과 '국가능력'의 구분을 겸하여 논함(建立一個强有力的民主國家: 兼論"政權形式"與"國家能力"的區別)」이라는 긴 글의 주된 이론적 관심은 바로 전환기 국가의 역할이었다. 그는 우선 '정권형식'과 '국가의 능력'을 분명히 구별하면서 다음과 같이 지적했다.

　사람들의 주의는 정권의 형식, 즉 민주제인가 권위제인가, 중앙집권인가 분권인가, 공유제인가 사유제인가, 계획경제인가 시장경제인가에 더 많이 집중되어 있다. 이때 국가의 능력 문제는 완전히 간과된다기보다는 그중 특정한 정권형식의 고유한 속성으로 간주된다. 예를 들어 약한 정부는 민주제, 분권제, 사유제, 시장경제의 속성이고 강한 정부는 권위제, 중앙집권제, 공유제, 계획경제의 속성이라는 것이다. 이 상관관계는 얼핏 일리 있어 보이지만 실제로는 전혀 성립하지 않는 것이다.

이어서 그는 사람들이 정권형식과 국가능력을 하나로 혼동하는 원인에 대해 "사회경제에 대한 국가 개입의 외연범위(how extensive)와 힘 혹은 효과의 정도(how effective)를 구별하지 않기 때문"이며 "널리 관리하는 것"이 반드시 "확실히 관리하는 것"을 의미하지는 않는다고 분석한다. 나아가 그는 이렇게 구분된 "국가능력"이라는 각도에서 중화인민공화국 건국 이래의 실천, 특히 개혁개방 이래의 경험과 교훈을 종합하면서 중국이 장기간 평화와 안정을 유지하고 경제적·정치적·사회적 전환을 순조롭게 달성하며 "경제성장, 사회공정, 생태평형"이라는 목표를 실현하려면 언제든 강력한 국가가 필요하다고 주장한다. 다만 강권적이고 권위적인 국가의 폐악을 피하고 국민의 응집력을 높이기 위해 왕 사오광은 이 강력한 국가가 반드시 민주적이어야 한다고 강조한다. 나아가 그는 국가능력의 강약은 재정에 달려 있다고 보고 마지막 결론에서 "요컨대 현 정권에 대한 나의 충고는 '財力要集中, 權力要民主(재력은 집중적으로, 권력은 민주적으로)' 이 10자로 요약될 수 있다"[10]라고 썼다.

1990년 말에 쓰이고 91년 초 미국 프린스턴 대학에서 펴낸『당대 중국 연구센터 논문집』에 실린 이 글은 당시에 중국 자유주의에 대한 강력한 도전으로 여겨졌다. 그것은 자유민주국가는 반드시 약한 국가여야 한다는 이론적 오해에 대한 도전이었을 뿐만 아니라, 겉으로 드러나지 않았지만 실제로 당시의 이론을 형성했던, 89년 사건 직후 현 정권에 대한 대다수 지식인들의 강렬한 분노에 대한 도전이기도 했다. 왕 사오광의 글이 시의적절했는지, 그 구체적인 구절과 논증과 결론에 얼마나 많은 문제가 있는지와는 상관없이 우리는 그가 제기한 것들이 매우 중요한 문제라는 것, 당시 중국의 자유주의가 진지하게 대응하고 처리하지 않으면 안되는 문제였다는 점을 부인할 수 없다. 만약 당시 자유주의가 이 문제에 즉각 대응했더라면 첫째, 기존에 축적된 자유주의 이론과 경험을 더 광범위하게 접하고 이해하는 데 도움이 되었을 것이며, 둘째, 중국의 전환 문제가 얼마나 복잡다단한지 더 많이 사고하게 되었을 것이다. 셋째, 더 나아가 만약 그들이 국제관계의 각도에서 국가능력 문제를 사고했다면 중국 자유주의의 공간적 시야를 넓히고 국제문제에 대한 판단과 현실감을 늘릴 수 있었을 것이며, 또한 민족국가 내부에서 발생했지만 민족국가 내부에 한정지어서는 결코 충분히 이해할 수 없는 문제들을 파악하는 능력을 기르는 데도 도움이 되었을 것이다.

또 하나의 예로 중국 자유주의자들에 의해 신좌파의 대표적 인물이라고 간주되는 추이 즈위안(崔之元)을 보자. 그는 '제도의 창신과 제2차 사상해방'이라는 문제를 제기했는데, 그 주된 관심은 '자본주의인가 사회주의인가'라는 이분법적 사고방식을 초월하는 데 있었다. 그러한 이분법적 사고방식이 중국의 당대적 맥락에서 초래한 가장 큰 악영향은 바로 무조건 전통사회주의나 강권독재에 반대하기만 하면 된다는 생각이었다. 그같은 사고방식하에서 '사유제' '시장' '분권' 같은 개념은 더

이상 단순한 서술범주가 아니라 절대적으로 긍정적 의미를 지닌 가치범주가 되어버렸다. 게다가 이들 범주와 유관한 이론이나 역사적 실천에 대한 이해의 부족 때문에 이 범주들은 중국에서 종종 역사적 맥락과 감각을 벗어나 교조적 성격을 띠게 되었다. 그런 점에서 추이 즈위안의 문제제기는 여지없이 정확한 것이었다. 즉 그처럼 이분법적인 교조적 사고방식은 살아 움직이는 개혁적 실천들을 민감하게 포착하고 이해하는 데 걸림돌이 되고, 생생한 현실의 실천들 속에서 우리가 중국 상황에 더 적합하고 현대 경제와 정치의 요구에 더 적합한 제도적 창신과 실천적 창신 방안을 발견하는 데에도 걸림돌이 되며, 또한 우리 자신의 과거 역사적 실천이나 자본주의 이외의 역사적·현실적 실천으로부터 시사적 자원을 탐색하는 데에도 걸림돌이 될 것이 분명하다. 바로 그런 점에서 추이 즈위안은 중국 사상계가 당면한 절박한 과제는 바로 "전통적 이분법을 초월한 새로운 언어와 담론 구조를 창조"함으로써 사상과 실천이 서로 추동하면서 현실에 대한 촉각을 고도로 유지하고 제도의 창신을 위해 더 많은 공간을 마련하는 것이라고 주장했던 것이다.[11]

추이 즈위안의 '제도의 창신과 제2차 사상해방'이라는 논제는 당시 일련의 논쟁을 불러일으켰다. 그러나 논자들은 처음부터 그의 의제를 긍정적으로 검토하려 하지 않았고 게다가 현실과 과거 중국 사회주의 실천에 대한 추이 즈위안 본인의 논의방식이나 서구 이론의 운용방식에도 문제의 소지가 많았기 때문에, 논쟁은 진일보한 토론이나 성찰로 나아가지 못한 채 초보적 단계에 그치고 말았다. 그와 관련하여 미발표된 숱한 의론들 대부분은 그의 중요한 주장에 대한 동정적 이해를 결여한 것은 물론이고 논자 개인의 인격과 심리적 동기에 대한 추측, 그리고 그의 글에서 문제가 될 만한 부분에 대한 희화화된 과장으로 넘쳐났다. 당연히 이러한 담론들은 당시 중국의 자유주의가 스스로를 개방하는 데 도움이 되기는커녕 지식계의 교류와 토론 분위기를 악화시켰을 뿐이다.

또다른 예로, 신좌파의 대표적 인물로 지칭되는 간 양(甘陽)의 경우역시 주된 관심은 냉전적 사유를 초월하는 데 있었다. 그는 "오직 냉전적 '사회주의'의 실현 불가능성(unfeasibility)과 냉전적 '자본주의'의 불합리성(irrationality)에 대해 똑같이 심화된 인식이 있어야만 더 합리적이고 더 실현 가능한 사회 발전의 길을 사고할 수 있게 될 것이다"[12]라고 주장했다. 왕 사오광이나 추이 즈위안과 달리 그는 당대의 문제, 그리고 냉전 이래 형성된 사유습관을 어떻게 초월할 것인가라는 문제를 최근 몇십년간 세계적으로 이루어진 현대성 성찰의 성과 속에 놓고 보아야 하며, 당대 중국의 변혁이 반드시 짊어져야 할 역사적 사명이 무엇인가라는 사고 아래 두어야 한다고 강조했다. 간 양의 사고와 의식에 따르면 중국 변혁의 실질적 의미는 다음과 같은 데 있었다.

〔변혁의 의미는〕단지 1949년, 심지어 1911년 이래의 변천에 대한 것이라는 데만 있지 않다. 그것은 진한(秦漢) 이래 정형화된 오랜 농업중국이 진정으로 창조적인 자기전환의 길에 오르기 시작했다는 데 있다. 역사의 이 거대한 변혁은 이미 중국 내외의 학자들에게 일련의 중대한 문제들을 제기하고 있다. 향토중국의 이 전환은 장차 화하(華夏)민족에게 어떤 새로운 기층생활의 공동체를 가져다줄 것인가? 어떠한 일상적 구조를, 어떠한 문화적 표현과 교류 형식을, 어떠한 정치조직 방식과 사회경제적 네트워크를 가져다줄 것인가? 이들 문제가 모두 역사적으로 '중국 현대성'의 기본 과제를 구성하며, 바로 그와 함께 '중국의 전통성'이 다시 신생할 역사적 계기를 제공하는 것이다.[13]

의심할 여지 없이 간 양의 이같은 사상적 의식과 시야는 중국 당대 자유주의에서 근본적인 중요성을 갖는다. 왜냐하면 그것은 중국의 자유주의로 하여금 진정한 개방성과 충실성, 사상적 긴장과 역사적 감각을 갖추도록 해줄 뿐만 아니라 자유주의가 정치·경제·법률 제도에 주목할 때 그 문제들을 전체 중국의 현대성이라는 시야 속에 놓고 느끼고 파악하고 이해하도록 해주기 때문이다.

지금까지 나는 당시 자유주의의 기본 가치에 배리되지 않거나 혹은 주된 관심이 구체적 문제들에 있으며 그가 제기한 문제가 중국 자유주의에 중요한 정합적 가치를 지녔는데도 당시 자유주의를 자처하던 진영에 의해 신좌파의 대표적 인물로 규정되었던 몇사람의 예를 들어보았다. 이로써 1990년대 초중반 중국 자유주의의 이론적 품격과 역사적 성격을 분명히 이해하고, 그들의 이론이 89년 사건 이후의 반독재 심리와 직접적으로 연관이 있으며 또한 서구 자유주의 및 중국 현대 자유주의 이론과도 연계되어 있음을 분명히 보여주기 위해서였다. 또한 현 정권에 대한 반대를 가장 중요한 심리적 동력으로 삼았던 90년대 초중반 중국의 자유주의가 왜 현 정권의 '안정적 발전'이라는 담론을 비판적으로 분석할 수 없었는지, 그리고 분명 자유주의의 기본 가치와 배리되지 않고 중국의 자유주의를 개방적이고 풍부하게 만들어줄 계기를 제공하는 데 공헌했던 간 양 같은 논자들을 당시의 자유주의가 어떻게 자기와 반대되는 신좌파로 만들어버렸는지를 분명히 이해해야만 비로소 90년대 초중반 자유주의의 특정한 이론적 품격과 역사적 성격을 비교적 온전히 이해할 수 있다는 사실을 보여주기 위해서였다.

왕 사오광이나 추이 즈위안, 간 양 등의 주장이 설령 불완전한 것이라해도 우리는 그들의 주된 이론적 관심사가 우리를 깊이 성찰하게 하며, 중국 당대 자유주의가 비판적으로 고찰하고 정리하고 심화할 가치가 있었던 문제임을 인정하지 않을 수 없다. 하지만 너무나 안타깝게도 당시의 사상계는 그들의 관점과 견해를 신좌파로 몰아버렸으며, 적지 않은 사람들이 특정한 심리적·현실적 동기라는 각도에서 그들의 도덕성과 인격과 명예를 훼손하는 해석을 광범위하게 유포했다.

이런 상황으로 볼 때 최근 많은 사람들이 필연적이라고 여기는 '자유주의-신좌파 논쟁'은 사실 중국의 자유주의가 비교적 건강하게 발전해왔다면 굳이 발생하지 않았을 논쟁이라고도 할 수 있다. 설령 발생했다 해도 분명 우리가 본 그러한 분류나 쟁점을 둘러싼 것은 아니었을 터이다. 1990년대 초중반 자유주의의 이론적 품격과 역사적 품격에 대해 분석도 하지 않은 채 오늘날의 논쟁이 필연적으로 발생할 수밖에 없었다는 식으로 평가하는 것은 우리가 이 논쟁이 벌어지기 전 중국의 90년대 초중반 사상적 상태의 실질적 면모를 파악하는 데 걸림돌이 될 뿐만 아니라 이 역사적 검토를 통해 자기 문제의 소재를 발견할 수도 있는 사상적 문제의식을 상실하게 만든다.

4

앞서 본 각종 이론과 사건의 축적(蘊積)을 분명히 이해할 때에만 우리는 비로소 1990년대 후반 폭발했던 이른바 '자유주의-신좌파 논쟁'이 왜 그런 식의 진영으로 구분되었는지, 또 왜 시작부터 화약냄새를 풍기며 의기(意氣)싸움으로 번졌는지를 상당부분 이해할 수 있게 된다.

몇년간 지속된 이 논쟁에서 우리는 의기의 뒤섞임이 학술과 사상에 얼마나 큰 손해를 끼치는지 볼 수 있었다. 의기로 인해 쌍방의 주된 관심은 더이상 지식이나 사상, 문제 자체에 있지 않게 되었다. 쌍방은 지식, 사상, 문제를 내세웠지만 실제로 그 주된 관심은 이미 자기도 모르게 성패 자체에 대한 단순한 관심으로 변해버렸다. 그리하여 논쟁은 처음부터 다른 이의 견해에 대한 탈역사적이고 탈텍스트적인 단장취의(斷章取義)로 넘쳐났으며, 많은 장점은 제쳐두고 한가지 단점만을 공격하거나 상대방의 심리적·도덕적 동기까지 의심했다.

논쟁의 분위기가 악화되자 논쟁 주제에 관심을 가졌거나 원래 다루는 분야가 그와 직접 관련된 많은 학자들이 논쟁에 말려들기를 원치 않게 되었다. 이미 논쟁에 개입했거나 심지어 논쟁의 대표적 인물로 여겨졌던 우수한 학자들조차 곧바로 혹은 서서히 논쟁에서 발을 빼기 시작했다. 그것은 이 논쟁이 중요하지 않다고 여겨서가 아니라, 실제로 논쟁이 전개될수록 점점 더 지식과 사상의 함량이 떨어지는데다 논쟁 상대의 도덕과 인격, 심리적 동기에 대한 악의에 찬 추측과 비난이 난무함을 보았기 때문이다. 예컨대 일부 신좌파는 논쟁의 쟁점이 사회적 공정 문제라고 생각했다. 물론 사회공정 문제가 나중에 지식계의 관심의 초점이 된 데에는 친 후이, 허 칭롄 같은 자유주의자들의 공을 무시할 수 없지만 신좌파 진영으로 분류되는 많은 논자들의 그에 대한 반복적인 강조가 더 많은 영향을 미친 것이 사실이다. 하지만 당시 자유주의자들이 공정 문제를 덜 강조했다는 이유로 중국의 자유주의가 사회공정 문제를 완전히 무시하거나 그에 너무 둔감한 나머지 실제로는 이미 개혁 이래 정당하지 못한 수단으로 재부를 획득한 수혜자 계층의 대변인이 되어버렸으며 그 저의가 의심스럽고 수치스럽다고 비난한 것은, 당연하게도 건설적 의미라곤 추호도 없는 주심지론(誅心之論)*이 아닐 수 없었다.

---

* 죄상과 상관없이 그 악한 속마음을 책망하는 의론.

이같은 논쟁방식은 1990년대 초중반 이래 중국 자유주의가 왜 '평등'이나 '공정'에 대해 적게 말했는지에 대해 동정적으로 이해하지 않았을 뿐만 아니라 논쟁과정에서 자유주의가 보여준 변화와 조정을 의식적으로 무시하는 것이었다. 왜냐하면 논쟁과정에서 자유주의 진영의 더 많은 사람들은 이미 사회공정 같은 문제에 큰 관심을 보이기 시작했고 그에 더해 담론 측면에서도 '경제윤리'나 '진짜 문제'를 성찰의 입구로 삼았으며, 단지 '효율' '생산원가'만을 중시하고 사회적 예민함과 비판력을 상실한 '경제자유주의'와 선을 그어야 한다고 선언했기 때문이다. 이는 중국 당대의 자유주의자들이 이미 사회공정 문제를 자신의 중요한 관심대상으로 고민하기 시작했음을 보여준다. 그런데도 논쟁의 적수들은 일면적인 것으로 전체를 개괄하고 의도적으로 악의에 찬 도덕적·심리적 추측을 뒤섞음으로써 논쟁의 분위기를 악화시켜 피차 불필요한 대립과 심리적 상처를 부추겼을 뿐 아니라 지식·사상의 교류와 심화에서도 전혀 건설적인 역할을 할 수 없었다.

반대로 일부 자유주의자들은, 심각한 빈부격차의 원인은 시장이 아니라 부패와 금권거래이며 그 근원이 독재에 있음에도 불구하고 신좌파는 독재를 공격하지 않고 오히려 독재를 비판하는 자유주의를 공격한다면서 그 저의가 어디에 있는지 알 수 없다고 비난했다. 이는 얼핏 일리 있는 주장처럼 보이지만 한편으로 예전에 독재체제하에서도 경제적으로 고속성장을 이룬 대만과 한국에서 왜 빈부격차가 그렇게 심각하게 드러나지 않았는지, 반대로 오늘날 자유민주체제하에 세밀한 법규를 통해 경제가 운용되는 미국에서 왜 오히려 빈부격차가 눈에 띄게 커지고 있는지 등의 문제에 대해서는 깊이 고려하지 않은 것이다. 거기다 일부 벼락부자 현상은 부패나 금권거래 같은 문제로 해석할 수 있지만 어째서 상당히 광범위한 지역의 인구가 갈수록 빈곤상태에 빠져 헤어나오지 못하게 되는지 같은 문제에 대해서는 설득력 있게 해석할 수 없다. 따라서 자유주의가 반독재라는 이름으로 사람들의 시선을 돌리는 설법에 불과하다고 비판하는 신좌파의 견해는, 비록 악의적인 경우라 하더라도 분명 아주 근거 없는 비난이라고만 할 수는 없다.

여기서 중국의 지식인 담론의 변화를 국가 담론의 변화와 대비해보면 중국 당대 지식계를 더 많이 이해하고 파악할 수 있다. 빈부격차를 가장 주요한 특징으로 하는 중국 당대의 사회위기는 자유주의-신좌파 논쟁을 폭발시키고 오랫동안 지속되게 만든 주요 배경이다. 또한 그것은 중국 지식계의 적잖은 사람들이 '안정적 발전' 담론에서 빠져나오게 된 직접적 원인이기도 했다. 왜냐하면 감정적으로나 지적으로나 많은 지식인들은 소위 '안정'이라는 것이 심각하게 불공정한 사회현실 위에 구축되는 것을 용납할 수 없었기 때문이다. 그런데 많은 지식인들이 빈부격차 심화에 대한 비판을 골자로 하는 사회공정론을 들고나와 정부의 '안정적 발전' 담론을 벗어나려 하자 중국공산당 제16차 전국대표대회(16전대)는 바로 '3개 대표(三個代表)'● 사상과 함께 빈부격차 문제, 특히 농민의 빈곤 문제를 정식으로 제기했다. 그러자 적잖은 지식인들이 관변과 거리를 두기 위해 차용했던 사회공정론이라는 무기는 순식간에 그 독자성을 상실해버렸다.

이것이 바로 중국 당대 지식계의 또다른 일면이다. 즉 많은 지식인들이 관변 담론은 거들떠보지도 않았지만, 그렇다고 커다란 사회적 좌절이나 위기 또는 정치적 올바름에 좌우되지 않고 독립적으로 존재하거나 효과적으로 비판하는 전통을 가져본 적도 없다. 커다란 사회적 좌절

● 공산당이 선진생산력(자본가)·선진문화발전(지식인)·광대한 인민(노동자·농민)의 근본 이익을 대표해야 한다는 이론. 개혁개방에 따라 성장한 자본가와 지식인까지 당의 권력기반으로 포괄할 필요에서 제창되었다.

은 우리에게 새로운 비판의 열정을 제공하지만 열정만으로 날카롭고 독립적이며 효과적인 비판전통을 세울 수는 없다. 89년 사건은 우리로 하여금 독재정권과 거리를 두게 만들었고 90년대의 사회적 위기는 우리로 하여금 '안정적 발전' 담론의 또다른 면을 볼 수 있도록 해주었지만, 우리는 그저 가장 눈에 띄는 문제에만 직관적·평면적으로 반응하는 데 그쳐버렸던 것처럼 말이다. 그 결과 한때나마 솟구쳤던 비판의 에너지마저 우리와 함께 그 사회적 좌절을 목도하고 거기서 비롯된 문제를 실용주의적으로 해소하고자 했던 국가의 경영담론에 너무나 쉽게 흡수되어버렸던 것이다.

거대한 사회적 좌절을 겪고 난 후에야 비로소 비판의 동력을 갖게 되는 현실, 어떤 사회문제가 서구의 유행 사조에 의해 정치적 올바름을 인정받은 뒤에야 비로소 그 문제에 개입할 수 있는 시각과 키워드를 쥐게 되는 현실, 그리고 지식계의 비판적 동력과 시각이 너무나 쉽게 관변담론에 흡수, 통합되어버리는 현실. 어떻게 해야 이러한 현실의 곤경으로부터 벗어날 수 있을까? 어떻게 해야 중국 지식계가 예리하면서도 전망을 담지한 지식사상의 전통을 세우고 그로부터 공공의 문제와 논쟁에 개입할 진정한 능력을 마련할 수 있을까? 여기서 이들 과제를 본격적으로 다룰 수는 없지만, 이 글이 중국 당대 사조를 최대한 실제에 근접하여 재검토하고자 하는 것은 바로 이러한 과제들을 해결하기 위한 준비작업이라 할 것이다.

그런 점에서 보자면 자유주의-신좌파 논쟁에서 가장 우려스러운 점은 논쟁의 낮은 질적 수준 자체에 있지 않다. 많은 관전자들이 논쟁과정에 많은 문제가 있다고 느끼고 있었기 때문에 교전에 가장 앞장섰던 논자들이 긍정적 의미의 영향을 만들어낼 가능성은 극히 적었다. 중국 당대의 사상적 상황, 특히 논쟁들을 검토하면서 우리는 이미 적잖은 비평적 공감대가 형성되었음을 볼 수 있었다. 무엇보다 개인적 호불호나 의기를 뒤섞는다거나 승패에만 관심을 갖고 문제에는 관심을 갖지 않는 논쟁태도, 자기만 진심으로 중국의 운명에 관심을 갖고 있고 다른 사람들은 딴마음을 품고 있으며 오직 자기만 도덕적이라는 식의 불건강한 심리상태, 단장취의나 고의적 왜곡, 악의적 과장이 난무하는 논쟁방식 등의 잘못을 통렬히 깨닫고 혐오하고 멸시하게 된 것이다. 더불어 점점 더 많은 사람들이 우리의 이론·지식 자원의 한계가 문제에 대한 이해와 사고를 대단히 제약하고 있으므로 가장 급선무는 바로 우리의 지식과 사상의 시야를 넓히고 그 자원을 두텁게 만드는 일임을 깨닫게 된 것이다.

이런 반성적 성찰들이 논쟁의 악영향이 확산되는 것을 억제하고 종결하는 데 도움이 되었음은 두말할 나위도 없다. 비록 지금도 신문이나 인터넷에는 논쟁글이 끊임없이 올라와 마치 논쟁이 여전히 진행 중인 것처럼 보이기도 하지만 더이상 크게 주목을 끌지는 못하며, 사실상 논쟁은 이미 종결된 것이나 마찬가지다. '인문자유주의'와 '경제자유주의'의 구분을 계기로 중국의 많은 자유주의자들은 이미 사회공정 문제를 자신의 주된 관심으로 삼고 시장물신주의와는 명확하게 선을 그었다. 이로써 중국 당대의 자유주의 사조는 과도하게 반독재를 심리적·담론적 중심으로 삼았던 초기와는 이미 작별을 고했으며, 지금은 빈부격차를 가장 주요한 특징으로 하는 사회공정 문제를 사회적 공공의 어젠다로 삼고 있다. 국가권력도 이 문제에 고도로 관심을 기울이는 중이다.

그러나 논쟁이 종결되고 관념의 변화와 조정이 이뤄졌다고 해서 논자들의 개인적 문제까지 모두 충분히 분석되고 관찰되고 검토된 것은 결코 아니다. 예를 들어 이들 관념 사이의 마땅한 관계까지 모두 이론적으로 적절히 정리되거나 해결되지는 못했다. 또한 당초 그 관념을 폐쇄적으로 만든 과도한 역사적 감수성과 교조적 반급진주의 사조처럼 사람들의 이론과 사상을 형성한 문제들을 명확하게 인식하게 됐다고도 할 수 없고, 사상관념이란 것이 지식이론의 학습습관이나 응용습관과 밀접하게 관련된다는 사실을 확실히 인식하게 된 것은 더더욱 아니다.

예를 들어 1990년대 초중반 특정한 자유주의 양상을 형성하는 데 결정적 역할을 했던 반급진주의 사조는 적지 않은 연구자와 논자들의 시야를 중국 근현대사에 대한 반성과 재검토의 길로 이끌었다. 그 길은 원래의 가치판단을 초월하여 중국 근현대의 급진주의를 낳고 부단히 확대시킨 정치·경제·사회·문화의 조건은 무엇인지, 급진주의와 경쟁하던 다른 사조들이 실패한 원인은 무엇인지, 경쟁에서의 실패가 사회적 조건 외에 그 사조 자체의 어떤 부족함 때문은 아니었는지, 만약 자신이 그 속에 있었다면 어떻게 당시의 시대적 문제와 사조적 상황을 파악하고 대응했어야 하는지 같은 문제를 분석했어야 했다. 그랬더라면 반급진주의적 역사해석 작업은 당대 중국의 자유주의를 더 충실하고 더 예민하며 더 개방적으로 만들고 그것이 적절한 역사감각·현실감각을 획득하도록 만들 수 있었을 것이다. 이렇게 충분히 전개된 역사적 인식과 이를 바탕으로 한 적절한 역사감각·현실감각을 매개로 할 때 비로소 각종 지식과 이론과 역사적 경험자원을 정확하고 효과적으로 수용하고 소화할 수 있으며, 나아가 각종 사회적 실천, 특히 사회운동을 관념적·논리적으로 평가하는 시각 외에 믿을 만하고 정확한 역사적 평가와 감성적 시야까지 획득할 수 있다. 그러나 우리가 현재 보고 있는 대다수 연구는 그저 기존 평가 뒤집기에만 주로 관심을 둔다. 이같은 뒤집기식 연구는 우리의 기존 관념과 인식을 고착시키는 이데올로기적 작용 이외에 사실상 관념 자체의 충실함이나 활력, 그리고 정확한 역사감각·현실감각을 형성하는 데는 거의 아무런 건설적 의미도 갖지 못한다.

다시 예를 들면, 중국 당대 자유주의를 미국의 신자유주의와 동일한 선상에 놓고 현재 중국의 사회적 위기는 바로 신자유주의 논리가 초래한 결과라고 주장하는 이들이 있다. 그들은 미국의 신자유주의를 비판하는 것이 바로 중국의 잘못된 사조를 저지하는 것이고 중국의 현실과 미래를 위해 책임을 다하는 것이라 여긴다. 중국에 대한 책임감, 거기다 서구 신자유주의 비판의 사상·지식의 충만함과 풍부함이 더해지면서 그들의 관심은 점점 더 서구의 비판적 자원으로 쏠리게 되었다. 그 결과 중국의 현실과 미래에 대한 관심을 동력으로 삼았던 행위들이 이제 역설적으로 중국을 주요한 대상으로 삼지 않아도 되는 작업방식으로 바뀌어버렸다. 또한 내재적 책임감이 지나치게 강했기 때문에 오히려 그들은 참을성 있게 자신의 자원을 세심히 관찰하거나 정확하게 파악하기 어려웠고, 폐단은 줄이고 이로움을 늘리려면 그 자원을 어떻게 사용해야 하는지에 대해서도 깊이 사고하지 못했다. 그 결과 서구의 자원이 그들 자신이 갖고 있던 관념논리나 지식사상 습관에 위배되더라도 그 자원 자체의 논리나 그것이 요구하는 지식사상 수준에 맞추어 자신의 관념논리나 지식사상 습관을 조정하기가 어려웠다.

그런 점에서 몇년간 지속된 이번 논쟁에서 가장 충격적인 것은 그것의 의기싸움이나 인격적·도덕적 모멸이 아니다. 나에게 가장 충격적인 것은 바로 앞서 든 예들 속에 가득 찬 지식사상 상황, 즉 역사를 주요한 근거로 삼았던 사조가 결국은 역사 자체를 누락했고, 중국 현실에 대한 관심에서 비롯된 논쟁에서 결국 중국 현실 자체를 누락해버렸다는 사실이다. 문제가 논쟁의 도덕성과 품격에만 있는 것이 아님은 분명하다. 또한 우리가 지식이론 자원을 더 많이 더 넓게 장악하지 못했거나 심지어 오류가 있었을 수도 있다. 하지만 이것들 외에도 분명한 문제는 지금도 우리의 모든 연구와 사고에 영향을 미치고 있는 지식이론의 학습습관 및 응용습관이다.[14]

244

5

    사람들의 역사적·사회적 실천을 만들어내거나 그에 영향을 주는 이론적 논술은 대개 이중의 차원을 지닌다. 하나의 차원은 개념이나 명제의 의미를 직접 분석하거나 양자의 관련성을 분석함으로써 바로 획득되며, 우리가 연관된 세계를 인식하고 이해하는 데 직접 도움이 되는 부분이다. 다른 하나의 차원은 이론을 특정한 사상적 맥락 및 그것이 탄생한 특정한 지식이론적 국면과 역사적 실천의 맥락 속에 놓고 부단히 이해하려고 노력해야만 비로소 인식 가능하다. 편의상 전자를 '이론의 투명성'이라 하고 후자를 '이론의 불투명성'이라 하자. 전자의 중요성은 연관사물을 인지하거나 연관문제를 사고할 때 그것을 탈맥락적으로 사용할 수 있다는 데 있다. 반면 후자의 중요성은 어느정도 그것을 파악한 후에야 비로소 해당 이론의 역사적 성격이나 그것과 역사-현실 사이의 복잡한 관계를 체득할 수 있으며, 또한 이를 매개로 비로소 이론과 움직이는 현실 사이에 분명 존재하지만 정확하게 설명하기는 어려운 충만한 긴장관계를 진정으로 체득하고 포착할 수 있다는 점에 있다. 당연히 이론의 불투명성 부분에 대한 깊은 깨달음이 있어야만 비로소 이론의 투명성 부분을 진정으로 이해하고 느낄 수 있고, 그 운용 면에서 역사와의 섬세한 연대감이 형성될 수 있으며, 실천과정에서 어떤 이론을 운용할 때 성공적 실천을 위해 반드시 필요한 현실적 균형감각[分寸感]도 더 쉽게 획득할 수 있다. 다시 말해 이론의 투명성에 대한 학습과 파악이 아니라 이론의 불투명성에 대한 학습과 체득, 깨달음이야말로 우리가 이론과 현실의 복잡한 관계 ── 이론의 힘을 느끼면서 동시에 이론이 현실을 효과적으로 포착하는 일의 어려움도 깊이 깨닫는 것, 또한 이

제 막 효과적으로 현실을 포착했는데 유동적인 현실은 매번 이론의 해석을 벗어나버리는 것 같은 ― 를 진정으로 이해하는 데 도움이 된다는 것이다.

안타까운 것은 중국대륙 지식계가 지금까지도 이론의 불투명성에 대한 학습의 중요성을 충분히 인식하지 못했을 뿐만 아니라 대다수 사람들이 지금도 여전히 학습의 맹종상태를 벗어나지 못하고 있다는 점이다. 이같은 맹종상태에서의 이론학습이란 기본적으로 지금 서구에서 유행하는 이론을 좇느라 급급한 것과 다름없다. 그같은 상황은 이론학습 자체를 성찰하고 반성이 필요한 문제로 바꾸는 데 특히 불리하다. 왜냐하면 지금 유행한다는 말은 곧 그것이 아직 충분히 정리되거나 광범위하게 도전받아본 적이 없음을 의미하고, 유행에 급급한 자들로 하여금 이론을 특정한 지식이론의 국면이나 사상적 맥락, 특정한 역사와 현실적 실천의 맥락 속에 놓고 이해할 필요를 느끼지 못하게 만들기 때문이다. 그리하여 사람들의 학습은 곧 이론의 투명성 부분에 대한 극단적 상태의 학습으로 변해버린다. 즉 학습자는 늘 해당 이론의 자기합법성에 대한 옹호의 논리에서 출발하고, 해당 이론의 인식이 허락하는 범위 내에서만 학습대상이 우리 자신의 역사와 현실에 대해 갖는 의미를 생각하고 자리매김하는 것이다. 이러한 학습에서는 이론의 불투명성에 대한 인식이 불가능할 뿐만 아니라 이미 어느정도 이론 속에 들어와 있는 복잡성과 긴장도 간과하기 십상이며, 어쩌다 그것을 포착했더라도 바로 지나쳐버리곤 한다. 그리고 종종 어떤 이론이 서구 이론대국(大國)에서 불리한 상황에 빠졌다는 사실이 중국 지식계에 알려지면 그제야 해당 이론에 대한 절제 없는 기대와 응용도 비로소 퇴조할 가능성이 생기곤 한다. 그렇지만 그쪽에서 퇴조한다고 해서 왜 반드시 우리도 따라서 퇴조해야 하는 것일까? 우리가 새로 수용하는 이론방식이 우리가 얼마 전

수용했다가 지금은 놓아버린 그 이론방식과는 어떻게 다른 걸까? 우리가 어떤 품성을 가져야만 이론을 자주적으로 운용할 수 있으며, 서양의 이론대국이 수용하면 따라서 수용하고 폐기하면 따라서 폐기하는 일을 반복하지 않을 수 있을까? 이론의 발원지인 이론대국에서의 수용과 폐기가 우리 자신의 문제와 만날 때 그것은 우리 자신의 지식사상의 내재적 운동과 어떤 관련을 갖는 것일까? 이런 질문들을 던지고 그 답을 찾는 노력은 우리의 사고를 이론의 학습과 운용 자체에 대한 성찰로 이끌어줄 수 있다. 그러나 최근 중국의 이론학습 현실은 이런 문제를 전혀 돌아보지 않으며, 지식계는 또다시 새로운 이론의 수용에 나서고 있다.

이론에 대한 파악 및 운용의 조잡함과 견주어볼 때 사실 자체에 대한 중국 지식계의 파악이나 운용 상황도 그리 나은 편은 아니다. 어떤 의미에서 사실에 대한 파악은 이론을 파악하는 것보다 훨씬 더 어렵다고도 할 수 있다. 적어도 이론에는 투명한 부분이 있어서 적극적으로 맞닥뜨리면 상당한 정도는 파악이 가능하기 때문이다. 그러나 사실의 파악은 그렇게 만만하지 않다. 일단 어떤 하나의 사실을 따로 떼어내 고찰하게 되면 그 사실을 파악하고 이해하는 데 매우 중요한 실마리들이 곧잘 사라져 보이지 않게 된다. 설령 그것을 관계의 맥락 속에 놓고 본다 해도 그것을 이해하는 데 중요한 실마리가 되는 관계는 왕왕 직관적으로 파악할 수 없는 것일 때가 많다. 예를 들어 이미 충분히 이해되고 파악된 사실을 갖고 직관적으로 그것과 가까워 보이는 사실과 대조함으로써 새로운 사실을 인식하고자 하는 방법은 종종 "털끝만큼의 차이가 천리의 차이를 낳는(差之毫釐, 謬以千里,『論語·先進』)" 우를 범하게 된다.

자유주의-신좌파 논쟁에서 중국의 빈부격차라는 사실에 대한 일부 사람들의 해석이 바로 그런 교훈을 주는 좋은 예다. 그들은 빈부격차의 심화가 최근 세계적으로 공통된 추세이고 대개 신자유주의의 결과라고 보며, 그에 따라 중국의 빈부격차 문제 역시 신자유주의 논리가 중국에서 작동한 결과라고 이해한다. 수많은 당대 중국 지식인들이 주목하는 빈부격차 문제는 지금도 그 실상에 대한 완전한 파악이 이루어지지 않았으며 설득력 있는 체계적 분석을 제시한 저작도 아직 없는 상태다. 다만 빈부격차 문제에서 상당히 중요한 위치를 차지하는 향촌 문제 — 몇년 전 많은 향촌의 수입증가율이 점점 둔화되고 심지어 하락하는가 하면 지출부담은 갈수록 심화되었던 현상 — 에 대해서는 최근까지 적지 않은 연구성과가 나왔다. 이미 상당부분 공감대를 형성하고 있는 그 연구성과들을 통해 우리는 수년 전 많은 향촌지역의 수입-지출 문제에는 최소한 다음과 같은 여덟가지 제도적·정책적 원인이 있음을 분명히 알게 되었다. ① 불평등한 세수정책, ② 불평등한 개인복지와 사회공공복지 정책, ③ 국가의 불균등한 재정정책, ④ 엘리트 통합과 하층 방기 정책, ⑤ 정책적 수탈과 그에 대한 무보상 또는 약소보상 정책, ⑥ 방대한 부패 관료조직이 초래한 재정 문제, ⑦ 천박한 발전주의와 정치적 업적의 고찰방식이 초래한 자원낭비 및 자금유용, ⑧ 농촌경제 문제 해결을 위한 국가자금 투입의 장기간 미시행이 그것이다.[15] 이미 명확하게 밝혀진 이 원인들은 상당부분 구조적인 것으로서, 이 모든 책임을 신자유주의의 직접적 영향으로만 돌릴 수는 없는 일이다. 신자유주의 논리가 그 영향을 받은 행위자로 하여금 일부 문제는 매우 과장하되 또다른 문제들은 소홀히 하거나, 직면하지 않으면 안되는 문제를 직면할 때 문제를 곡해하거나, 처리하지 않으면 안되는 문제를 처리할 때 실제에 근거하지 않고 해결방안을 만들도록 유도함으로써 중국 당대의 실천들에 손해를 끼치는 것은 분명하다. 그러나 중국대륙 빈부격차의 심화라는 문제만 놓고 볼 때, 이 중대한 사회적 위기를 모두 단순히 신자유주의 논리 탓으로만 돌리게 되면 이 현실을 결코 해석할 수 없게 된다. 신자유주의를 '안정적 발전' 담론이 중국의 특정한 정치·제도·역사·정신 문화의 조건하에 만들어낸 중국 특유의 발전주의적 현실에 대한 표현과 담론구조 속에 놓고 볼 때라야만 우리는 비로소 중국 당대의 실제 속에 처한 신자유주의의 위상을 분명히 파악할 수 있다. 이러한 분석 없이 무턱대고 빈부격차 심화의 위기를 신자유주의 탓으로만 돌리는 것은 신좌파나 그 영향을 받은 지식인들이 정확한 역사감각·현실감각을 형성하는 데 전혀 무익할 뿐만 아니라 현실에 대한 그들의 관심 및 개입의 유효성과 건설성에도 영향을 미치게 된다.

이처럼 직관적으로 유사해 보이는 사례의 해석논리를 빌려와 중국 현실에 덧씌우는 방법 외에도 일부에서는 또다른 극단으로 가기도 한다. 그들은 모든 사실은 특수하고 독특하기 때문에 그에 대해 구조적·체계적으로 해석하거나 이론관념을 이용해 그것을 인식하고 의미를 부여하는 것 자체가 무용하다며 거부한다. 이런 종류의 극단은 지식적으로 두가지 결과를 초래한다. 첫째, 특수성에 대한 극단적 강조는 논리적으로 제도·정치·사회에 대한 비판의 필요성을 부정하게 된다. 둘째, 구체적 문제에 대한 구조적·체계적 해석이나 이론관념의 부여를 거부하는 것은 실제로 사실에 대한 이해와 해석의 권리를 유행하는 관념이나 논리에 내어주는 것이나 다름없다. 따라서 직관적으로 유사해 보이는 사례의 해석논리로 현실을 덧씌우는 방법도 취할 것이 못되지만, 그렇다고 사실의 복잡성을 내세우며 어떤 형태의 구조적·체계적 분석이나 개념적 성격규정을 거부하는 것도 일종의 교왕과정(矯枉過正)*이 분명하다.

사실을 규약하는 것에 대한 구조적 이해와 사실을 생성하는 것에 대

---

* 구부러진 것을 바로잡으려다 오히려 정도를 지나치게 됨.

한 기제적 분석이 사실에 대한 세밀한 묘사와 동정적 이해에 기반한 깨달음을 대체할 수는 없지만, 반대로 사실에 대한 숙지와 디테일로 가득한 묘사 역시 그 사실에 대한 구조적 이해와 기제적 분석을 대체할 수는 없는 일이다. 문제의 핵심은 구조적 이해와 기제적 분석을 하지 않는 데 있는 것이 아니라 어떻게 해야 의식적으로 기존 이론이나 이미 충분히 정리된 경험적 사례의 교훈을 회피하지 않고 동시에 그것에 속박받지도 않으면서 그 사실을 빚어낸 구조와 기제를 풍부한 영감을 갖고 드러낼 수 있을까 하는 데 있다. 지금까지의 지식상황은 우리에게 진실에 더 근접하여 영감으로 가득 찬 구조-기제 분석을 하기 위해서는 최대한 충분히 자기 경험의 시역(視域)을 넓혀서 선택할 수 있는 이해의 단서와 참고자원을 많이 축적할 것, 그리고 사실을 분석하기 전에 먼저 최대한 당사자의 입장에서 그 사실을 느끼고 이해해볼 것을 요청한다. 이러한 권유는 모두 대단히 중요하다. 이론자원을 최대한 많이 장악하고 충분한 정리와 세밀한 분석을 거친 사례들을 최대한 많이 축적하게 되면 우리가 어떤 대상에 직면했을 때 동원할 지식자원에 더 큰 여지가 생기기 때문이다. 적절한 분석틀을 선택하고 적절한 비교대상의 자원을 끌어다쓰는 것은 종종 대상을 성공적으로 인식하고 파악하는 데서 관건이 된다. 또 어떤 사실에 대해 인식적으로 규정하기 전에 최대한 당사자 입장에서 해당 사실을 이해하고 느끼려 노력하는 것은 우리가 스스로의 세심한 직관에만 의존했을 때 간과하기 쉬운 사실적 요소들을 발견할 수 있게 해주고, 나아가 직관적 규정이나 수박 겉핥기식 연구습관으로 인해 나타나기 쉬운 인식적 모험 ─ 즉 직관적으로 상당히 설득력 있어 보이지만 실제 내부를 파헤쳐보면 완전히 잘못된 경험적 유비나 논리적·관념적 의미부여 등 ─ 을 피하는 데 도움이 된다.

그러나 우리의 학습 및 연구 의식이 이같은 권유를 따르기만 하면 충분한 것일까? 조금만 더 생각해보면 이러한 권유를 존중하고 자신의 학습과 연구에 실현하는 것도 중요하지만 그것만으로는 또다른 중요한 문제를 포괄할 수 없음을 알게 된다. 예를 들어 첫째, 지금까지 축적된 이론과 그동안 치밀한 파악을 거쳐 축적된 사례분석을 전부 합친다고 과거 우리가 부딪쳤거나 앞으로 부딪칠 경험의 문제들이 모두 그 속에 포괄될 수 있을까? 즉 어떤 문제에 부딪치더라도 그중에서 적절한 부분을 선택하기만 하면 문제를 인식하고 해결할 수 있는 것일까? 만약 아니라면 우리가 가진 이론자원이나 대표적인 사례분석에도 포함되지 않는 새로운 문제는 어떻게 해야 하는가? 둘째, 대상을 동정적으로 이해하고자 하는 마음자세와 거기서 비롯된 성실한 노력만으로 대상에 대한 충분한 인식이 가능한 것일까? 또 당사자의 느낌과 논리는 대개 우리가 해당 사실을 이해하고 깨닫는 데 도움이 되긴 하지만 그렇다고 당사자 자신의 느낌과 이해가 반드시 해당 사실이 만들어진 실제 기제 및 그것이 처한 진짜 구조를 파악할 수 있는 종류의 것일까? 만약 사건에 대한 당사자의 느낌과 이해 속에 해당 사건이 발생하게 된 기제 및 그 기제가 처한 실제 구조가 포함되지 않는다면 우리는 그것을 어떻게 신속히 알아차릴 수 있을 것인가? 또한 알아차린 후에는 어떻게 그 기제와 구조에 서둘러 접근하고 그것을 드러냄으로써 사실을 정확하게 파악하고 이해할 수 있을 것인가?

　이들 문제에 대한 토론의 방편으로 여기서 나는 특별히 '구조적 감수성(結構性感受力)' '장력이 있는 경험(有張力的經驗)' '민감함에서 비롯된 지식(來自敏感的知識)'이라는 세가지 개념을 제시하고자 한다. 대상이 되는 사건 당사자가 자신의 느낌[感受]과 문제해석에 대해 명확하게 의식하고 있지 않는 한 그의 느낌과 논리는 신뢰의 대상이 되기 전에 먼저 분석의 대상이 되어야 한다. 당사자의 느낌과 논리 형성을 실제에 근접하게 분석하려면 반드시 그 느낌과 논리를 만들어내는 관념적 기제와 역사적·현실적 기제를 먼저 간파하고 명시해야 한다. 물론 그같은 간파나 명시가 늘 대번에 성공하는 것은 아니며 그 기제들을 구성하는 요소에 대한 민감함이 전제되어야만 한다.

사건을 세심히 관찰하다보면 사건 당사자의 서술논리에 포함되지 않고 우리가 알고 있는 관련 이론이나 사례해석에서도 찾을 수 없는 요소들을 발견하게 된다. 이때 관찰자는 특히 그 요소들이 겉으로는 사건과 유관해 보이지만 사실은 무관한 것이 아닌지, 기존의 논리나 해석으로 포괄할 수 없을 것처럼 보이지만 사실은 조금만 돌려놓고 보면 매우 설득력 있게 포괄할 수 있는 것은 아닌지, 아니면 그것이 정말로 기존 해석이나 논리에 도전적인 것인지를 유심히 살펴야 한다. 만약 그 요소가 정말로 당사자의 해석논리나 우리의 해석논리에 도전하는 것이라면 이를 통해 우리는 바로 사건 당사자의 해석논리나 우리의 기존 해석자원이 해당 사건을 정확하게 인식하고 이해하는 데 도움이 될 수 없음을 알게 된다. 그리하여 연구자는 원래 요소와 새로운 요소를 전부 포괄할 수 있는 새로운 해석을 찾게 된다. 이 새로운 해석이 새로운 요소를 포괄하면서 동시에 사건 당사자는 왜 그렇게 해석하고 느꼈는지, 기존의 해석 패러다임은 무엇 때문에 실패했는지 같은 문제까지 분석하고 처리할 수 있다면 그 새로운 해석은 더욱 설득력과 신뢰를 얻게 될 것이다.

그러나 사건 당사자의 해석논리가 포괄하지 못하는 요소로 사건 당사자의 논리나 해석을 돌파하는 것과 비교할 때, 사건에 대한 우리의 해석논리가 포괄하지 못하는 요소로 기존의 해석논리를 돌파하는 것이 우리에게는 마찬가지로 중요하고 심지어는 더욱 중요하다. 현대의 연구자라면 연구 이전에 이미 일정한 이론이나 이미 충분히 정리된 전형적 사례를 축적하기 마련이고 그 토대 위에서 연구대상을 선택하기 때문이다. 즉 그가 어떤 연구대상을 선택할 때는 그 대상이 바로 자신의 축적된 지식이나 학술적 훈련과 관련이 있다고 느끼기 때문이라는 것이다. 흔히 연구자는 반드시 연구대상인 당사자의 느낌과 논리에 최대한 접근해야 한다고 강조하는데, 이는 어떤 의미에서 연구자가 자신의 지식이론이나 연구기술에 대한 도식적 운용에서 얻은 지식에 비춰보면 분명하고 엄격한 듯하지만 실은 연구대상과는 거리가 먼 섣부른 해석과 규정을 내릴까봐 걱정하기 때문이다. 당사자의 느낌과 논리에 최대한 접근하라는 것은 바로 전문적인 훈련을 통한 파악과 처리로는 보통 잘 발견되지 않거나 학자의 감각이나 논리 바깥에 있는 어떤 요소들을 발견하라는 요구다.

그러나 사건 당사자의 느낌이나 해석논리에 접근하는 것이 언제나 연구자의 주관적 병폐를 극복할 만병통치약은 아니다. 일단 사건 당사자의 느낌과 논리에 성공적으로 진입하는 것 자체가 무척 어려울 뿐만 아니라, 사건 당사자의 느낌과 해석논리의 중요성을 지나치게 강조하다보면 자칫 다음과 같은 문제들을 초래할 수 있기 때문이다. 첫째, 연구자는 관념적 시각과 참조 가능한 비교사례를 적지 않게 축적하고 있기 때문에 대상에 대한 초보적 이해과정에서도 종종 사건 당사자 본인이 느끼거나 의식하지 못하는 요소를 발견할 수 있다. 그런데 이 요소는 당사자의 해석논리를 뒤집는 데 도움이 될 수도 있기 때문에 연구자가 마음놓고 자신이 가진 관련 해석자원 중에서 패러다임을 자의적으로 취사선택할 가능성이 생긴다. 둘째, 연구자가 자신이 가진 지식이론보다 사건 당사자의 해석이 더 설득력 있다고 느끼는 경우, 사건 당사자의 느낌과 해석논리의 중요성을 과도하게 강조하게 되면 연구자는 사건 당사자의 해석논리를 곧바로 사건에 대한 해석논리로 운용할 가능성이 있다. 그런데 당사자의 해석 자체가 부족한 경우 연구자의 해석논리가 어떤 각도에서는 우월하게 보일 수 있지만 그렇다고 연구자의 해석이 반드시 정확하다고 보장할 수는 없는 것처럼, 당사자의 해석이 더 설득력 있는 경우에도 당사자의 해석논리가 어떤 각도에서는 우월해 보일 수 있지만 그렇다고 당사자의 해석이 반드시 정확하다고 보장할 수도 없다. 또 당사자의 해석논리와 연구자의 그것이 서로를 검증해주는 경우, 양자가 부합함을 증명할 수는 있지만 반드시 양자의 해석이 정확하다고 증명할 수 있는 것은 아니다. 이렇게 결론 내리는 것은, 어떤 해석의 신뢰성을 증명하기 위해서는 먼저 연구대상에 그 해석으로 포괄되지 않는 사건요소들이 더 있는가를 살펴야 하는데, 반드시 관찰되고 처리되어야 할 그 사건요소들이 반드시 연구자의 관념, 논리, 학문적 기술과 도식, 또는 사건 당사자의 느낌과 논리로 모두 포착된다고 보장할 수는 없기 때문이다. 그러므로 실제 연구의 질을 결정짓는 관건 중의 하나는 바로 하나의 대상을 인식하고 파악하는 데 구조적 의미를 지닌 사건요소를 우리의 의식적 관찰대상으로 최대한 포괄할 수 있는가 여부라 할 것이다.

연구자와 당사자의 기존 관념과 논리궤도 바깥에 위치하면서도 해당 사물을 파악하는 데 구조적 의미를 지닌 사건요소를 발견할 수 있는가가 우리의 연구와 인지에 그토록 중요한 의미를 지닌다면, 어떻게 해야 그들 사실요소에 대한 우리의 예민함과 발견능력을 키울 수 있을까? 첫째, 다른 사람의 능력으로 자신의 능력을 양성하고 단련하는 방법이 있다. 그러려면 구조적 감수성을 지닌 정신, 그리고 그 구조적 감수성의 특징을 잘 드러낸 글들을 마음을 다해 이해해봄으로써 무엇이 구조적 감수성인지, 어떻게 해야 그와 같은 능력을 획득하고 발전시킬 수 있는지 등을 충분히 깨달을 수 있어야 한다. 둘째, 학계는 상식에 도전하거나 익숙한 이론관념이나 논리에 도전하는, 직관적으로 의미심장한 사건들을 충분히 주의 깊게 연구해야 한다. 줄곧 익숙한 상식이나 관념논리의 궤도 안에 있다가 별다른 외부의 힘이 작동하지 않았는데도 별안간 그 상식이나 관념논리를 벗어나는 현상에 대해서는 특별히 더 탐구할 필요가 있다. 이 두가지에 대한 연구를 유독 강조하는 이유는, 우리의 상식적 이해나 이론적 이해를 모두 돌파할 수 있으면서 동시에 역사와 현실에 내재된 인지요소를 가장 많이 포함하고 있을 가능성이 많은 것이 바로 이 두가지이기 때문이다. 그와 같은 사건 또는 현상이 지니고 있을 법한 인지적 잠재력을 필자는 특별히 '장력이 있는 경험'이라 명명하고자 한다. 그것은 구조적 감수성을 지닌 정신이나 글이나 연구를 전심을 다해 부단히 체득하고 '장력이 있는 경험'에 대해 민감하게 의식하고 전심을 다해 탐구해야만 비로소 기존의 관념 바깥에 있지만 구조적 인지의미를 지닌 요소들을 신속하게 발견할 능력을 가질 수 있게 되고, 그리하여 연구대상을 대면했을 때 그와 같은 능력으로 발견한 지식 ─ 연구자의 관념이나 논리적·학문적 기술과 도식이 직접 끌어가는 궤도나 사건 당사자의 느낌과 논리적 궤도 바깥에 있으면서 구조적 인지의미를 갖는 ─ 을 비교적 빨리 만들어낼 수 있음을 강조하기 위해서다. 이 구조적 의식과 민감함에서 비롯된 지식은 우리의 이론적 창신에 도움이 될 뿐 아니라, 우리 자신의 역사-현실에 내재하면서도 그것에 대한 기존의 이해를 돌파할 인지를 축적하는 데 가장 큰 도움을 줄 수 있다는 점에서 매우 중요하다. 그러한 인지가 축적된다면 우리는 개인과 민족의 역사실천에 더 민감하고 책임있게 대응할 수 있을 것이다.

'장력이 있는 경험' '민감함에서 비롯된 지식'의 중요성은 다시 한번 우리에게 이론의 불투명성을 파악하고 이해하는 일의 중요성을 보여준다. 적지 않은 창조적 담론들이 모두 일련의 사건에 대한 영감 넘치는 분석과 이해에서 비롯되는데, 여기서 분명한 것은 연구자가 직면한 문제를 파악하는 데 기존 자원이 결정적 도움을 주지 못할 때 구체적인 어느 하나의 사유와 감정이 어떻게 그 곤경 속에서 암중모색하여 창조적 분석을 내놓게 되는가를 보여주는 것은 결국 이론의 투명성에 대한 학습이 아니라 이론의 불투명성에 대한 학습이라는 점이다. 이론의 불투명성에 대한 학습을 통해야만 비로소 우리는 학습-연구-창조라는 건설적 순환 속으로 진입할 수 있다. 즉 이론과 전형적 사례 분석에서 투명성 부분에 대한 학습이 우리의 분석 패러다임 창고를 빠르게 채워주고 우리가 세계를 대면할 때 더 많이 융통할 여지를 주는 것은 사실이지만, 그것은 우리가 언어와 세계 사이의 다양한 관계를 체득하는 데에나 구조적 감수성을 기르는 데에 도움이 되지 않으며, 우리가 가진 이론과 전형적 사례 분석으로 포괄되지 않는 세계를 효과적으로 대면할 수 있는 능력을 키우는 데도 도움이 되지 않는다. 그에 비해 이론과 전형적 사례 분석의 불투명성 부분에 대한 학습은 우리가 언어와 세계 사이의 다양한 관계를 체득하고 구조적 감수성을 기르는 데 대단히 도움이 된다. 거기다 그 두가지를 배경으로 하는 '장력이 있는 경험'에 대한 민감한 의식과 탐구에 대한 자각까지 보태진다면 우리가 세계 —— 특히 기존 이론과 전형적 사례 분석이 제공하는 이해와 사건 당사자가 주는 해석 논리에 포괄되지 않는 세계 —— 를 대면할 때 의심할 여지 없이 크나큰 도움이 될 것이다. 민감함에서 비롯된 지식이 이러한 노력을 배경으로 한다면, 하나의 사실에 대해 외부에서 오도하는 것들의 영향을 받지 않고 그 사실 자체에 내재된 특수성을 파악하는 동시에 그것을 제약하는 외재적 구조와 생산기제도 더 깊이 느끼고 파악할 수 있을 것이다. 그리하여 민감함에서 비롯된 지식과, 이론의 불투명한 부분에 대한 학습과, 창조적 정신이 어떻게 특별한 인지의미를 가진 사례를 성공적으로 파악하고 분석하는지에 대한 반복적 체득을 통해 우리는 하나의 사건을 더욱 효과적으로 파악할 수 있게 되고, 이 사례를 해석할 때 갖추어야 할 이론적 에너지를 충분히 분출시킬 수 있을 것이다. 즉 우리가 대면하고 처리하는 세계가 우리를 향해 활짝 열리고, 그 속에 숨겨져 있던 이론적 공헌의 가능성이 충분히 발굴되고 실현될 것이다.

설령 이 모든 노력이 결국은 우리가 관찰하고 처리해야 하는 대상세계를 완전히 파악하는 데 도움을 줄 수 없다 하더라도, 이론의 파악과 운용, 사실의 복잡성 자체에 대한 분명한 인식, 그리고 그 인식의 지도 하에 있는 인지의식과 인지실천의 노력만으로도 최소한 지금 우리가 이번 논쟁에서 셀 수 없이 목도하는 광범위한 현상―우리의 역사적 경험과 심정에 근거해 하나의 관념이나 논리에 과도하게 역사감·현실감을 부여하거나, 자기의 지식과 심리적 동기나 사실에 대한 수박 겉핥기식 이해에 근거해 어떤 하나의 사실에 의미를 부여하고 해석하는―만큼은 줄일 수 있을 것이다.

따라서 진리를 추구하는 마음으로 이론자원의 투명성과 불투명성, 역사와 현실의 비교대조 자원과 눈앞의 현실이 지닌 고유성, 그것을 제약하는 구조와 그것을 만들어낸 기제를 모두 충분히 파악하고 나면 그제야 우리는 눈앞의 현실에 대한 비교적 온당한 총체상을 그릴 수 있을 것이다. 이렇게 말하는 이유는, 총체관은 늘 미래에 대한 우리의 바람 및 예측과 관련되지만 미래에 출현할 새로운 이론자원, 새로운 경험, 그리고 맞닥뜨리게 될 새로운 문제는 우리가 정확하게 예측할 수 있는 것이 아니기 때문이다. 어떤 의미에서 보자면 이것이 인류의 지식과 사상의 불완전성을 결정짓는다. 그뿐 아니라 이처럼 이론적으로 비교적 온당한 불완전성은 사실 실제 사상 속에서는 실현될 수 없다. 시대문제의 긴박함은 번번이 우리로 하여금 이론자원과 경험자원을 충분히 소화하고 눈앞의 현실을 최대한 정확하고 충분히 파악할 시간적 여유를 주지 않는다. 설령 충분한 시간이 있다 해도 우리가 늘 이들 이론자원, 경험자원을 이상적으로 파악할 수 있는 것은 아니며, 사상이 직면한 현실을 전방위로 완전히 꿰뚫어 파악할 수 있다는 보장도 없다.

전혀 이상적이지 못한 지식상황하에서 작업하는 것, 이는 현실을 자기 사상의 대상으로 삼는 전세계 지식인들의 어쩔 수 없는 숙명이다. 이는 사상가로 하여금 세계에 대한 깊은 경외심과 사상에 대한 깊은 두려움을 갖게 한다. 특히 지식과 이론이 비교적 잘 발전한 나라와 비교할 때 중국은 사상이 의지할 만한 지식과 이론의 축적이 얕고 보잘것없으며 현실에 관한 지식들은 성급하고 직관적이다. 게다가 이 보잘것없고 직관적인 것 너머로 어떻게 효과적으로 학습할 것인지, 세계의 문제를 어떻게 효과적으로 대면할 것인지에 관한 사고도 심각하게 부족하다. 그러니 사상가는 세계에 더 깊은 경외심을 가져야 하고 사상의 후과에 더 깊은 두려움을 느껴야 할 것이다. 논쟁을 하면 안된다는 것은 아니지만 논쟁의 목적은 반드시 인류가 볼 때 비교적 타당한 지식사상 상태에 보다 효과적으로 도달하게 만드는 것이어야 함은 분명하다. 하나의 지식이나 사상이 세계를 대면할 때 운명처럼 주어진 이 불완전성 속에서 지식인은 서둘러 비교적 온당한 지식과 사상을 제공하는 일만 해도 시간이 부족한데, 어찌 한가로이 자기가 최후의 진리를 손에 넣었다 여기고 사상과 지식의 전진이 아닌 입장의 승부에 급급할 것인가? 그러므로 여기서 나 자신을 포함한 중국 당대 사상적 상황에 대해 비판하고자 하는 바는 신이 규정한 인류의 지식과 사상의 한계에서 비롯한 문제들이 아니라 우리 자신이 피할 수 있었지만 스스로 노력과 성찰이 부족하고 건설적이지 못한 마음가짐 때문에 피하지 못한 문제들이다.

충실하고 빛나는 미래를 가지려면 중국은 반드시 정신적으로 사상적으로 새롭게 떨쳐일어나야만 한다. 만약 중국 지식계가 이미 충분히 드러난 자신의 문제조차 반성하고 사유하지 않으며 그것을 소화하고 극복하고자 단호하게 결단하지 않는다면 충실하고 빛나는 중국이 어찌 실현될 것인가?

나는 기대한다!

제5장

중국이 세계로
깊이
들어갈 때

몇년 전 누군가 나에게 중국이 패도(霸道)국가가 될 가능성이 있다고 말했다면 나는 분명 주저 없이 쓸데없는 걱정이라고 일축했을 것이다. 그때만 해도 나는 수천년 이어져온 중국의 주류 문화가 감히 왕도라고 말하기는 어려워도 최소한 패도와는 거리가 멀다고 자신있게 말할 수 있었다. 과거 수십년에 걸쳐 해면 해마다, 달이면 달마다, 날이면 날마다 반식민, 반제, 반패도를 끊임없이 외쳐온 국가-사회가 어떻게 패도의 길을 갈 수 있겠는가 말이다. 그러니 그와 같은 걱정은 아무 근거도 없는 기우가 아니고 무엇이겠는가?

　그러나 지금 누군가 같은 말을 다시 한다면 나는 더이상 그때처럼 주저 없이 그 말을 부정하지 못할 뿐 아니라 마음 한구석이 무거워질 듯하다. 단 몇년 사이에 같은 문제에 대한 나의 반응이 이처럼 달라진 것은 이제 나도 슬슬 걱정스러워졌기 때문이다. 나는 중국이 앞으로 패권국이 되지 않을 것이라고, 전처럼 그렇게 강한 믿음을 가질 수 없게 되었다. 그렇게 된 데에는 최근 분노한 젊은이들의 패권적 언술이 온라인에 넘쳐나기 때문이고, 현실을 직시해야 한다는 이름 아래 정치·경제·군사·외교 면에서 숱한 언론이 갈수록 이상적인 정신의 품격을 상실해가고 있기 때문이며, 무엇보다 일상적인 삶 속에서도 느껴지는 어떤 심정들, 관념과 감각들이 지금 중국사회에 점점 더 보편화되고 있기 때문이다. 그리고 그같은 심정과 관념과 감각 상태의 보편화는 최근 중국이 국제적으로 부딪치는 불유쾌한 경험들, 그리고 사람들이 그 경험들을 정리하는 방식과 직접 관련된다.

1. 최근 20여년간 중국대륙의 자아감각과 세계감각

근래 중국은 국제적으로 숱한 불쾌한 경험들을 겪고 있다. 매체들은 보통 그 불쾌한 사건이 발생한 현지 사람들이 그 사건을 어떻게 바라보는지에 대해서도 함께 보도하곤 한다. 사건에 대한 현지 사람들의 비평이나 이해, 심리감각에 대해 중국대륙의 일부 사람들은 지당하다는 듯 이해하고 수용하는 반면 일부에서는 매우 곤혹스러워한다. 매우 재미있는, 그러나 그리 놀랍지 않은 사실은 중국인들이 이해할 수 있다고 말하는 중국 및 중국인에 대한 해외의 비판은 사실 중국사회에 대해 중국사람들 자신이 늘 비판하는 내용과 별 차이가 없다는 점이다. 예컨대 공중도덕의식이 부족해서 공공장소에서 시끄럽게 떠든다든가, 쓰레기를 아무 데나 버려 공공위생을 해친다든가, 벼락부자들처럼 마구 쇼핑을 한다든가, 문화와 예술의 소양이 천박한지라 여행은 그저 대표적인 몇 곳에서 사진 몇장 찍으면 그만이라고 여긴다든가 등등이다. 이처럼 평소 늘 스스로에게 하는 비판에 대해서는 중국인들도 무리 없이 이해한다. 그런데 그에 비해 중국대륙에 대한 외국의 비우호적인 일련의 언론보도와 행위, 예컨대 중국대륙 사람들이 보기에 전혀 말이 안되거나 이유 없는 언어적·신체적 공격 따위는 중국인들의 감정을 상하게 할뿐더러 암만 생각해도 그 이유를 알 수 없다는 점에서 중국인들을 곤혹스럽게 만든다.

　사실 예전에는 중국의 일반인들이 해외를 경험할 기회가 많지 않았다. 그러다 1990년대가 시작되어 중국대륙이 점차 세계로 깊이 들어감에 따라 해외경험의 기회를 누릴 수 있는 사람들이 점점 많아지기 시작했다. 특히 최근 들어 '내 안에 네가 있고 네 안에 내가 있다'고 할 정도로 중국대륙과 깊은 관계를 가진 지역이 세계적으로 부쩍 증가했다. 이처럼 중국대륙과 세계 사이의 교류가 점점 더 증가하고 심화됨에 따라, 그리고 중국대륙의 해외교류 경험이 다방면으로 진행되고 축적되면서 특히 중국대륙으로서는 이해하기 힘든 불쾌한 경험들이 점점 더 증가함에 따라, 대륙의 매체, 특히 온라인의 사적이고 일상적인 대화에서는 중국의 그와 같은 국제적 경험을 일관되게 해석하고자 하는 노력들이 늘고 있다.

　이미 세계로 깊이 진입하기 시작한 중국으로서는 지금이야말로 제한적인 국제경험을 토대로 형성된 과거의 국제 감각과 이해를 조정하고 새롭게 형성해야 할 결정적 시기라고 할 수 있다. 이 시기가 결정적이라고 말하는 것은 중국대륙과 세계의 새로운 관계를 토대로 한 새로운 체계의 국제관이 조만간 매우 빠르게 완성되리라 기대하기 때문은 아니다. 지금 공존하는 다양한 가능성 중에 어떤 하나의 감각과 이해방식이 일단 두각을 나타내기 시작하면, 설령 그것이 매우 문제적이라 하더라도 중국대륙이 새로운 세계로 진입하는 단계에서 조정하고 새롭게 만들어야 할 국제관의 내용과 방향을 모색하고 이끌고 정형화하는 데 그것이 깊숙이 관여하게 될 것이고, 나아가 중국대륙 사람들의 세계감각과 세계이해에 막대한 영향을 끼치게 될 것이기 때문이다.

　지금도 많은 사람들이 또렷이 기억하겠지만, 1990년대 중반 중국대륙에서 가장 대표적인 세계감각은 바로 '국제와의 접궤'였다. 이 시대적 구호가 형성된 데는 물론 중국대륙의 내부적 맥락이 존재했다. 그것은 무엇보다 당시 미국이 주도하는 세계질서에 대해 무한한 장밋빛 낙관을 갖고 있던 중국대륙의 수많은 지식인들의 상상과 관련되었다. 비록 1997년 아시아의 금융위기와 99년 미국의 코소보 중국대사관 폭격 사건이 그 장밋빛 몽상에 그늘을 좀 드리우긴 했지만, '국제와의 접궤'라는 감각과 이해가 당시 사람들에게 차지했던 주도적 지위에는 영향을 주지 못했다.

사실 '국제와의 접궤' 사조가 중국대륙에서 패권적 위치를 차지하기 시작한 이래 그에 대한 논쟁과 비난은 늘 있어왔다. 그중 2000년 전후로 중국대륙에 새로운 풍조를 형성했던 '신좌파'가 가장 강력하게 비판을 전개했지만, 그 역시 주로는 당시 국내외에 이미 상당히 널리 알려진 문제를 전제로 했을 뿐이다. 그들은 대륙사회에 이미 광범위하게 자리 잡은 가치나 정서에 기대어 신자유주의를 비판의 초점으로 삼아 국내외 현실을 비판했지만 실제로 현실 사회경제의 발전에 대안적인 사유를 제시하지는 못했다.[1] 사회경제 발전에서 정말로 '국제와의 접궤'가 가리키는 '국제'라는 사회경제 주류 패러다임에 대한 강력한 도전이 등장한 것은 2005년 무렵이었다. 한 외국인 저자가 '워싱턴 콘센서스'에 대(對)가 되는 것으로 제시했던 '베이징 콘센서스'라는 개념이 중국대륙에 수용되면서 '워싱턴 콘센서스인가 베이징 콘센서스인가'라는 더욱 논쟁적인 사조로까지 표현되었는데, 이는 물론 당시 중국대륙이 이룩한 경제적 성취와 관련된다.[2] 이 사조에서 드러난 중국대륙의 자신감은 2008년 말 미국 금융위기 폭발 후 세계적으로 숱한 지역들의 발전이 그 영향을 받고 경제가 바닥을 향해 가던 중에도 중국의 GDP만은 높은 성장률을 계속 유지함으로써 그 정점에 이르렀다.

그러자 사조상으로 볼 때 베이징 콘센서스보다 훨씬 더 자기긍정적이고 스스로를 높이 평가했던 '중국모델론' 사조가 뒤를 이어 빠르게 흥기했다. 중국모델론 사조는 베이징 콘센서스 사조보다 자기평가에서 더 자신만만했을 뿐 아니라 그 자신감의 방향도 더이상 경제 영역에 머무르지 않고 정치 영역으로까지 확대되었다. 많은 낙관적 중국모델론자들에게 있어 그들 논쟁의 대상은 더이상 신자유주의나 워싱턴 콘센서스가 아니라 바로 '보편가치'였다. 과거 워싱턴 콘센서스를 비판할 때는 주로 경제 영역에서만 자기를 긍정하는 식이었다면 보편가치에 대한 비판은 거기서 한발 더 나아가 당대 중국대륙의 정치를 포함한 국가통치행위와 제도 방면에 대한 적극적 평가로까지 나아갔다. 그런 의미에서 후 진타오(胡錦濤)가 중국공산당 제18차 전국대표대회(18전대)에서 '진로자신감(道路自信), 이론자신감(理論自信), 제도자신감(制度自信)'을 내세우고 나중에 시 진핑(習近平)이 그걸 다시 강조하면서 "전국의 각 민족과 인민은 중국 특색 사회주의 이론에 자신감을 갖고, 그 진로에 자신감을 가지며, 그 제도에 자신감을 갖고 정확한 중국의 진로를 따라 흔들림 없이 용맹하게 전진하자"라고 말한 것도 사실은 중국모델론에 대한 정치가들 나름의 호응이라고 볼 수 있다.

지식계의 중국모델론이나 국가 최고지도자들의 '3개 자신감(三個自信)'에 내포된 정치적·경제적·사상적 내용을 아주 정확하게 파악하기는 힘들지만, 1990년대 이래 중국대륙의 맥락에서 한가지 분명한 점은 바로 양자 모두 '국제와의 접궤'라는 관념 및 감각 상태와는 진즉에 작별했다는 것이다.

상술한 중국대륙의 세계감각이 변화함에 따라 1990년대 초부터 지금까지 세계에 대한 중국대륙의 기본적 의식과 감각에도 중요한 변화가 발생했다. 하지만 그 변화의 방점은 국내 관념의 변화에 놓여 있었다. 1992년 중국대륙이 시장경제를 향해 대대적으로 비약하려 할 때 덩 샤오핑이 남순강화에서 차세대 지도자들에게 분명하게 요구한 것은 국제적으로 '도광양회(韜光養晦)'하라는 것, 즉 나서지 말라는 것이었다. 그러다 2003년에 이르면 한편으로 중국대륙의 놀라운 발전에 따라 점점 더 커지는 중국위협론에 대응할 필요가 생겼고, 또 한편으로는 중국 내부에서도 발전의 성과에 따라 새로운 자기정의가 필요하다는 요구가 점점 더 강해지기 시작했다. 그에 따라 도광양회와는 다른 '화평굴기(和平崛起)'라는 개념이 제시되었다. 그러나 당시 국내외에서 큰 반향을 불러일으켰던 화평굴기론은 결코 도광양회라는 의식감각 상태와 완전히 결별한 것이라고는 볼 수 없었다. 이렇게 말하는 것은 당시 관련 언술들의 중점이 '굴기'가 아니라 '평화'에 있었기 때문이다. 즉 중국의 굴기는 세계의 기존 질서에 가입하는 것이지 그 질서에 도전하는 것이 아니라며 세계를 안심시키는 데 중점이 있었다는 것이다. 정말로 도광양회와 근본적 거리를 두게 된 것은 최근 들어 점점 더 중국대륙의 외교에 새로운 담론과 감각 패러다임을 제공하고 있는 '책임있는 대국'이라는 관념이 등장하면서부터다. 이 관념에 이르러서야 비로소 중국대륙은 국제외교정책상 도광양회론에 진정으로 작별을 고한 셈이다.

2. 불쾌한 국제경험에 관한 대표적 해석과 그 영향

앞에서 우리는 1990년대부터 지금까지 20여년간 자아감각과 세계감각이라는 두 측면에서 중국이 겪은 커다란 변화를 간단히 정리해보았다. 다시 요약하면 '3개 자신감'은 '국제와의 접궤'론에 대한 고별이었

● 평화로운 굴기. 평화와 자주성을 견지하는 2003년 이래 중국의 외교전략이다.

으며, '책임있는 대국'론은 곧 '도광양회'론에 대한 고별이었다.

1) 높은 층위의 '선': 우리의 감각

그러나 중국대륙의 자아감각과 세계감각의 이 놀라운 변화도 많은 중국인들이 보기에는 그저 문제의 한 측면일 뿐이다. 즉 중국대륙 사람들의 감각에 따르면 도광양회 의식이 강할 때 강조했던 '쌍영(雙贏)'이나 오늘날 국력이 훨씬 더 강해진 후 책임있는 대국이 되기 위해 강조하는 '공영(共贏)'●이나 그 핵심은 모두 중국대륙의 발전이 세계의 번영과 발전에 유익하며, 중국대륙은 성심으로 발전의 성과를 세계와 공유하겠다는 의지를 전달하는 데 있다. '쌍영'이나 '공영'³이 상대적으로 경제에 치중한 개념이라면, 관념·정치·제도 면에서 오늘날 중국대륙은 비록 20년 전보다 자신감은 좀 붙었지만 그렇다고 (베이징 콘센서스나 중국모델 등) '혁명'을 수출하려고 하지는 않으며 그보다 시종일관 상대방의 선택을 존중하고자 했다. 즉 많은 중국대륙 사람들의 감각에 의하면, 다른 나라에 대한 이와 같은 평등·존중 의식은 특히 중국대륙의 외교정책이 갈수록 더 강조하고 있는 '화(和)'라는 개념에서 집중적으로 드러난다. 중국어 감각에 의하면 '화'는 과거 모호했던 평화발전이라는 개념에서 한걸음 더 나아가 서로의 차이를 존중하고 세계의 다원성과 풍부성을 인정한다는 전제 아래 평화와 협력을 추구하는 것이다. 즉 중국대륙이 있는 힘껏 추구하는 것은 세계의 평화와 협력, 서로의 개성이 모두 존중되고 보장받는 상황에서의 평화와 협력이다. 중국대륙의 표현에 따르자면, 중국이 추구하는 세계의 '화해공존(和諧共存)'은

● '쌍영'은 모두에게 유리한 윈윈을, '공영'은 공동발전을 가리킴. '호리공영(互利共贏)'은 국내 경제체제 개혁을 전제로 세계 각국과 경제협력을 전개함으로써 공동의 발전을 촉진한다는 중국 정부의 대외개방전략.

'화이부동(和而不同)'*을 기본 전제로 한다.

2) 불쾌한 국제경험에 대한 세가지 해석

많은 중국사람들의 감각 속에서는 '쌍영'이든 '공영'이든, 그리고 '화'나 '화이부동'이나 '화해공존'이든 모두 상대방의 이익과 국격, 인격을 충분히 고려하는 사고이고 높은 층위의 '선(善)'이다. 이 점이 바로 수많은 불쾌한 국제경험 앞에서 중국대륙의 많은 사람들이 깊은 곤혹을 느끼고 깊이 상처받는 주요한 이유다. 점점 더 많은 중국인들이 다음과 같은 문제로 점점 더 곤혹스러움을 느끼고 있다. 우리가 당신들과 관계를 맺는 것은 당신과 함께 '쌍영'하고 당신과 함께 '화'하고자 함이며 그리되면 모두의 관계는 점점 더 긴밀해지고 편안해질 텐데, 최소한 서로 아무 일 없는 정도는 될 텐데, 왜 그처럼 많은 사회의 민중들이 중국대륙을 향해, 해당 사회에 속한 중국대륙의 공민을 향해 그처럼 강렬한 불만을 표출하는 것인가?

이와 같은 심정과 감각을 배경으로 최근 중국 국가와 재외공민들이 겪은 불쾌한 국제경험에 대해 대표적인 해석들이 만들어지기 시작했다. 그중 가장 중요한 해석들을 들어보면, 첫번째는 바로 우리가 겪게 되는 수많은 불쾌한 경험들은 우리의 생각이나 방법이 잘못되어서가 아니라 우리에 대한 선전이 부족하기 때문이며 상대방이 우리의 의견이나 방법을 어떻게 이해해야 할지 모르기 때문에 발생하는 오해라는 것이다. 두번째는, 어차피 이 세상은 실력 있는 자를 숭상하기 마련이므로, 지금은 비록 서구가 모든 가치와 관념을 주도하고 있지만 중국이 계속 발전하여 압도적인 성과와 위상을 획득하기만 하면 중국에 대

• 차례로 '조화로운 공존' '화목하되 자기 중심을 잃지 않음'을 뜻한다.

한 편견도 바꿀 수 있을 것이라는 견해다. 세번째 대표적 해석은 최근 들어 중국대륙이 직면한 불쾌한 경험들의 배후에는 중국에 대한 어떤 국가나 집단의 뿌리 깊은 적의가 존재하고, 중국대륙의 급속한 굴기에 따라 이들 적의가 갈수록 강렬해졌기 때문이라는 것이다. 따라서 중국은 GDP에만 신경 쓸 것이 아니라 경제발전에 주력하면서도 특히 중국의 안전과 중국 재외공민과 재외이익의 보호에 중점을 두어야 할 것이라고 한다. 내 느낌으로는 앞의 두 해석의 경우 처음부터 많은 사람들이 긍정적으로 수용한 데 비해 세번째 해석은 처음에는 믿는 사람들이 많지 않았으나 갈수록 그 영향력이 커지는 듯하다.

3) 세가지 해석으로 인한 현실의 악영향

앞의 세가지 해석이 모두 현실적으로 모종의 악영향을 초래했음은 분명하다. 예를 들어 첫번째 해석은 현실에서 선전, 설명, 해석을 중점으로 하는 대외교류 사업을 늘리고 이를 통해 다양한 국가와 지역 사람들이 중국문화와 중국대륙에 대한 이해를 증진하고자 노력하게 만들었다. 실력론을 기본으로 하는 두번째 해석은 곧 중국이 충분히 부강해지면 중국대륙의 이해와 존엄이 이처럼 모욕당하고 침해받는 일도 더이상 생기지 않을 것이라는 논리로 나아갔다. 따라서 중국의 국가 및 인민의 권익을 위해, 그리고 세계에서 중국대륙이 마땅히 얻어야 할 국격과 인격의 존엄을 위해 중국대륙은 발전우선의 사고를 결코 포기해서는 안되며 가능한 한 모든 기회를 잡아 발전하고 발전하고 또 발전해야 한다고 주장한다. 이는 다년간 사상적 비판을 거치고 중국대륙의 사회·경제·환경·생태 방면의 많은 문제에 대한 거듭된 분석과 검토를 거치며 중국대륙에서 겨우 그 신용을 잃게 된 발전주의가 다름 아닌 중국대륙 국가와 공민의 불쾌한 국제경험 때문에 사회와 사람들을 가장 자극하기 쉬운 국격과 인격이라는 각도에서 다시 강력하게 지지되기 시작했음을 의미한다. 그에 비해 세번째 해석은 실제로는 두번째 해석의 실력 논리를 포함하기 때문에 중국대륙에서 이미 다방면의 악영향을 초래한 발전주의에 힘을 실어주었다. 그뿐 아니라 그 해석을 더 밀고 나가면 곧 적극적으로 무력을 강화하고 군비를 발전시키며 세계에 대한 경계의식 및 적아(敵我)의식을 강화해야 한다는 주장처럼 중국대륙 자신의 기본 상태는 물론이고 세계의 신경을 능히 건드릴 만한 여러 방면까지 뻗치고 있다.

3. 우리는 왜 국제교류에서 좌절을 경험하게 되는가에 대한 심화된 성찰

1) 우리의 '쌍영'에 대해

따라서 최근 중국대륙의 불쾌한 국제경험을 어떻게 정리하고 분석할 것인가는 중국대륙의 현실 및 미래와도 관련된다. 물론 앞서 언급한 대표적인 세가지 해석이 모두 전혀 근거 없이 날조된 것은 아니며 그 나름의 경험적 사실을 근거로 한다는 점을 부인할 수는 없다. 그러나 마찬가지로 그 세가지 해석방식이 모두 다음의 문제를 갖고 있음도 부인할 수 없다. 그들 사고의 심정적이고 감각적인 출발점, 즉 '왜 우리는 '쌍영' 과 '화'를 기본 패러다임으로 삼아 국제 협력과 교류를 하고자 하는데 그와 같은 불쾌한 경험을 하게 되는가'라는 질문 자체에 포함된 복잡성에 대한 분석과 성찰이 결여되어 있다는 것이다. 예를 들어 우리가 당연히 '선'이라고 생각하는 '쌍영'과 '화'에 우리가 실제로 부여하는 내용은 도대체 무엇인지, 우리가 실제로 그 관념에 부여하는 의미에 부합하

272

는 심리나 행위를 우리의 역사나 현실과는 다른 과정을 겪어온 사회에 대입할 때 그 의미와 영향은 어떠할 것인지 등에 대해 우리는 거의 생각해보지 못했다.

'쌍영'이나 '화' 관념이 제기된 시점으로 보자면 둘 다 특정한 국제정세와 계기가 존재하고 그 표현이나 의미 모두 나름의 맥락을 찾아볼 수 있다. 하지만 마찬가지로 또한 부인할 수 없는 것은, 당대 중국대륙 사람들이 이들 관념적 표현에 구체적 의미를 부여할 때 어쩔 수 없이 1990년대 이후 중국대륙 내부의 시대상황에서 비롯된 흔적이 남는다는 것이다. 예를 들어 '쌍영'의 제기는 당시 중국대륙 내부에서 유행하던 '발전이야말로 불변의 도리'라는 사조와 긴밀하게 관련되어 있다. 나중에 중국에서 발전주의를 자기 나름대로 조건짓고 제한하고자 시도했던 '과학적 발전'과 비교할 때 '발전이야말로 불변의 도리'라는 발전주의가 훨씬 더 협애하고 더 절대적이며 더 의심을 용납하지 않는 것이었음은 말할 필요도 없다. 그리고 이는 원래 더 개방적이고 확장 가능한 '쌍영'의식을 상당부분 제한된 시야의 발전주의적 감각 속에 한정시킬 수밖에 없었다. 한편 2002년 말 후 진타오와 원 자바오(溫家寶)가 집권 후 강력하게 추진했던 '과학적 발전관'은 그 표현만 보자면 과거 자성 없는 발전주의에 대한 전면적 수정처럼 보였다. 그러나 그 구체적 실현과정을 보면, 환경보호 지표를 강조하면 할수록 환경오염은 더 악화되는 등의 일련의 사례 속에서 말로는 요란하게 주창되던 '과학적 발전관'이 실제로 발 딛고 선 것은 '과학'이 아니라 여전히 '발전'이었음을 똑똑히 알 수 있다. '쌍영'은 이같은 국내 상황에서 그 탄생부터 발전주의의 깊은 흔적을 새기고 있었기에 궁극적으로 발전주의라는 굴레를 벗어나기 어려웠다.

2) '화'의 이상과 현실

　'쌍영'이 원래 마케팅 이론에서 비롯되어 '화합' 같은 중국식 의미와 해석이 덧붙여진 개념이라면, '화'나 '화해(和諧, 조화)' 개념은 중국 전통에서 직접 가져온 것이다. 다만 2004년 이래 요란하게 울려퍼졌던 '화해사회(조화사회)'론에 상응하는 중국 내부의 실제 상황을 꼼꼼히 들여다보면 곧 '화' '화해' '화해사회'가 기대하던 목표는 중국대륙에서 효과적으로 실현되지 못했을 뿐 아니라 심지어 현실 및 많은 사람들의 감각이나 의식은 사실 '화'나 '화해' '화해사회'와는 배리되거나 충돌하는 것이었음을 알 수 있다. 2004년 이래 중국대륙에서 중점적으로 제기해온 화해사회론은 그 실현과정에서 상당부분 본모습을 잃어버렸다. 이 점은 몇년 전 중국대륙의 인터넷상에서 '화해당하다(被和諧)'라는 말이 널리 유행한 데서도 분명히 드러난다. 말이나 이익, 행위의 충돌이 발생했을 때 '화해'는 늘 권력을 가진 자나 관제기구가 권력이 없는 자와 힘없는 자를 억압하기 위한 이유이자 수사로 쓰이기 마련이다. 원래 화해사회라는 언술은 시대의 사회적 심리나 기본적인 문제상황에 대한 제법 민감한 대응으로 제시되었고, 처음 제기되었을 때는 심리적으로 사회에 상당한 환기작용도 했다고 할 수 있다. 그러나 중국대륙 자체에 대한 충분히 세밀하고 심화된 인식 및 이 인식을 전제로 한 실천적 설계가 뒤따르지 않은 탓에, 채 몇년도 안되어 곧 화해사회라는 이름하의 많은 구체적 실천들이 오히려 화해사회에 대한 반어적 풍자로 변해버렸다.

　이 반어적 풍자는 특히 화해사회에 대한 선전이 증가할수록 그에 대한 학습요구가 늘어나고, '안정유지(維穩)'에 필요한 인력과 경비가 놀랄 만큼 증가했으며(통계에 의하면 최근 어느 해 안정유지를 위해 쓴 비용이 해당년도의 군사비를 초과했던 적도 있다고 한다), 폭력의 사용도 증가했다는 사실에서 확연히 드러난다. 실질적으로 안정유지를 담당하는 중하층 관리들의 임무수행 당시의 관념 및 감각 상태를 잘 반영해주는 것이 바로 "인민폐로 해결할 수 있는 것은 인민 내부의 모순이고, 인민폐로 해결할 수 없는 것은 적아모순"이라는 말이다. 이 말은 처음에는 한정된 범위의 사람들끼리만 쓰다가 점차 널리 퍼지게 되었다고 하는데, 이 말이 특히 중요한 이유는 그것이 안정유지를 담당하는 일선의 많은 사람들이 현실의 문제나 불만, 갈등을 다름 아닌 경제적 이익의 각도에서 이해하고 있으며 또 경제적 방식으로 문제를 처리하는 데 매우 익숙해져 있음을 보여주기 때문이다. 그들은 경제적 방식으로 처리되지 않는 문제들, 적어도 경제적 방식으로 상당한 처리효과를 볼 수 없는 문제나 쟁의, 불만에 대해서는 어떻게 사고하고 해결해야 할지 모르고, 그 때문에 미끼나 협박을 통해서도 상대방을 '화해'시킬 수 없는 상황에서는 더 쉽게 체제적 억압과 폭력의 수단으로 상대를 '화해'시키는 방법을 취하게 된다. 그리하여 원래 의미로 보면 매우 고상하고 좋은 '화해'가 그와 같은 인식감각과 실천감각을 거치면서 사실상 단순하게 "당근과 채찍을 겸하는" 꼴이 되어버린 것이다. 이 말이 반영하는 인지감각과 이해상태, 행위감각과 이해상태 및 그 현실적 악영향을 통해서도 우리는 화해사회론이 중국대륙에서 진정으로 사람들이 기대했던 건설적 역할을 하기 위해서는 반드시 협애한 경제주의적 속박을 탈피하여 근본적으로 우리의 중국감각과 중국인식을 재구성해야 한다는 사실을 알 수 있다.

화해사회론이 현실 중국에서 이같은 운명에 처했음을 알고 나면, 국내에 이어 2005년 국제사회를 향해 제기된 '화해세계'론도 실제 실현되는 과정에서는 경제적 각도에서 그 의미가 부여되곤 했다는 사실에 그리 놀라지 않을 것이다. 한편으로는 고상한 의미를 늘어놓으며 중국 전통에서 말하는 '화'와 서로 어울리는 관념적 경지의 호방함을 내세웠지만 실제로 구체화될 때 그에 대한 이해와 상상은 또다시 경제논리에 심히 좌우되고 조종당하는 '쌍영' '공영'으로 귀결되고 마는 것이다.

이는 곧 오늘날 우리가 늘 보고 있는 중국대륙의 외교현실이기도 하다. 늘 경지 높은 '화'라는 국제관 및 외교관을 제창하지만 실제 구체화될 때 그것은 여전히 "서로 주권과 완전한 영토를 존중한다" 같은 '평화공존 5원칙'●과 경제적 내용을 위주로 하는 '쌍영' '공영'의 문제가 되고 만다. '평화공존 5원칙'과 '쌍영' '공영' 그 자체는 물론 옳다. 그러나 '평화공존 5원칙'에도 부합하고 협정을 체결하는 쌍방이 경제적으로도 모두 '쌍영'할 수 있는 프로젝트라 하더라도 그것이 어떤 사회의 삶과 경제적 유기체 속에 실제로 실현될 때는 협정에서 직접 규정한 내용에 그치지 않고 더 많은 방면으로 확대되면서 서로 연루되기 마련이다. 이런 상황에서 주로 국가 간 주권관계를 사고의 대상으로 하는 '평화공존 5원칙'과 주로 경제적 이익을 실제 고려대상으로 삼는 '쌍영' 원칙, 거기에 상대방의 예속(禮俗)을 존중하라는 경고까지 더해지면, 어떻게 해야 우리가 다른 나라 사회에서 자연스럽고 편한 마음으로 지내면서도 그 사회 사람들이 소중히 여기는 생활감정의 결(脈理)과 의미감정의 결, 사회감정의 결을 무시하거나 파괴하지 않을 수 있을까라는 문제를 지도하기에는 역부족일 수밖에 없다.

3) 중국인들이 상처받았다고 느끼게 되는 배경

최근 중국대륙의 불쾌한 국제경험에 관한 대표적인 세가지 해석은 모두 이와 같은 층차들에 대한 성찰까지 이르지 못했다. 하지만 숱한 불

● 1950년대 이래 중국 외교의 기본 노선. 영토 보전과 주권의 상호존중, 상호불가침, 상호 내정 불간섭, 호혜평등, 평화공존을 골자로 한다.

쾌한 경험들의 발생과 중국대륙에 대한 전반적인 비호감과 악감정의 형성은 다름 아닌 바로 그와 같은 층차에서의 사람들의 상호경험 및 상호감정과 긴밀하게 관련되어 있다.

이들 층차의 경험이나 문제에 대한 세밀한 성찰과 분석이 결여된 결과, 교류과정에서 '우리는 분명 매우 의식적으로 노력하고 의식적으로 스스로를 단속해왔건만 왜 당신은 여전히 그에 합당하게 반응하기는커녕 오히려 나쁜 언행으로 되돌려주는가'라며 더더욱 쉽게 곤혹스러움을 느끼거나 감정에 상처를 받게 된다. 또한 이들 불쾌한 경험의 상당수에 대해서는 진실로 경험 그 자체에 근접하여 분석하거나 이해하지 못하기 때문에 너무 쉽게 일련의 작은 현상들을 그것의 핵심적 본질이라 결론 내리곤 한다. 그러한 결론 및 그에 근거한 이해로 인해, 실제 이들 경험에서 반드시 분석하고 파악해야 할 부분에 대해서는 근처에도 가지 못하게 된다는 사실도 미처 생각지 못한다.

물론 세심하게 정리되거나 깊이있게 분석되지 않은 불쾌한 경험들과 그로 인해 중국인들이 입게 되는 정신적 상처는 장기간 형성되어온 중국인들의 문화심리와도 관련되어 있다. 많은 중국사람들이 느끼기에 중국대륙의 '쌍영'이나 '화' 같은 개념은 지난 100년간 중국의 근현대사에 굴욕과 상처를 안겨줬던 패권과 제국주의에 대해 분명히 선을 긋고자 하는 심리적·가치관적 의식을 보여주는 것이기도 하다. '쌍영' '화이부동'처럼 '내가 발전하고 싶으면 다른 사람도 발전하게 해야 한다' '다른 사람이 나에게 강요하는 것도 싫고 나도 절대 다른 사람을 강요해선 안된다' 같은 생각의 배후에는 또 '자기의 마음을 미루어 남을 헤아린다(推己及人)' '자기가 서고자 하면 다른 사람을 먼저 서게 하고, 자기가 이르고자 하면 다른 사람을 먼저 이르게 한다(己欲立而立人, 己欲達而達人)' 같이 중국에서 오랫동안 존중되어온 문화적 가치가 자리 잡고 있다. 타자에 대한 이러한 가치감각은 공자 시대에 제기된 이래 지금까지 2천여년의 역사를 갖고 있으며, 중국에서 매우 높은 층위의 선으로 여겨진다. 이처럼 줄곧 높은 가치를 매겨온 가치감각 방식이 오늘날 도리어 일련의 곤혹스러움과 상처 깊은 곳에 자리 잡은 문화적·심리적 배경이 된 것이다. 우리는 가장 소중한 것을 모두 당신들과 공유하려 하는데 왜 당신들은 우리를 이렇게 대하는가라는 식이다.

그런데 오늘날까지도 알게 모르게 매우 강하게 살아 있는 이런 문화적·심리적 감각은 최근 중국대륙에서 불쾌한 국제경험을 검토할 때 다음과 같은 문제, 즉 지금처럼 '내 안에 네가 있고 네 안에 내가 있는' 것처럼 중국과 세계의 관계가 깊어지는 상황에서 자아와 타자에 관한 중국의 전통적 이해가 모종의 변화를 거치지 않는다면 어떤 문제가 발생할 것인가라는 문제에 대해서는 세심히 고려하지 않는다. 이러한 문제 제기가 필요한 것은, 중국 역사에서 오랫동안 긍정적으로 여겨지고 숭상되어온 그 선이 오랫동안 건설적이고 유용했던 이유가 바로 그것이 처한 역사적·문화적 조건과 유관했기 때문이라는 점에서다. 즉〔그 건설적 유용함은〕서로 잘 알고 있는 역사–문화 공동체에 사는 사람들이라는 조건을 전제로 하는 것이었다. 그리하여 '나의 마음을 미루어'라고 할 때 '나'가 또한 상당한 감수성과 이해력, 상상력을 가진 사람이라면 그 '나'는 '남'과 진실로 소통하는 일도 비교적 쉽게 할 수 있을 것이다. 이때 '나'가 '나의 마음을 미루어 남의 마음을 헤아리고' '남을 서게 하고' '남을 이르게 한다면' '남'도 비교적 쉽게 그것을 받아들일 수 있을 터이고 또 이는 '남'으로서도 참으로 건설적인 일이 될 것이다. 즉 과거 중국에서 매우 중시해온 이 가치관념의 전통이 늘 선으로 여겨질 수 있었던 것은 과거에 그것이 동질적인, 혹은 최소한 서로 매우 유사한 역사–문화 공동체 속에서 운용되었기 때문이다.

278

그렇게 보면 문제는 오늘날 트랜스내셔널한 상황 속에서 사람들이 출생하고 성장하는 역사-문화 공동체가 서로 다르기 때문에 그와 같은 기본 전제조건이 지금은 더이상 존재하지 않는다는 점이다. 따라서 '자기의 마음을 미루어 남을 헤아린다'나 '자기가 서고자 하면 다른 사람을 먼저 서게 하고, 자기가 이르고자 하면 다른 사람을 먼저 이르게 한다'처럼 동일한 문화와 동일한 역사 속에서 효과적일 수 있었던[4] 공동체의 선을 문화의 경계를 넘고 역사의 경계를 넘으면서도 성찰을 결여한 채 과거와 마찬가지로 운용한다면, 조건이 달라졌으니 그 결과도 달라질 것은 뻔한 일이다. 예를 들어 동일한 역사-문화 공동체 안에서는 모두가 공감할 수 있는 선의라도 문화와 역사의 경계를 넘어설 때 상대방은 종종 그것을 낯설게 느끼거나 당신이 '자기중심적'이라고 느끼게 될 것이다. 이 방면의 성찰이 부족하기 때문에 중국대륙 사람들은 국제교류 과정에서 자기의 주관적 호의가 다른 곳에 가면 항상 받아들여지지 않을 뿐 아니라 오래 지나다보면 심지어는 오해받거나 악감정을 일으키기도 하는 현실 속 간극을 경험하게 되는 것이다.

4. 어떻게 해야 문화적 경계를 넘는 과정에서 오해와 심리적 간극을 극복할 수 있을까

문화적 경계를 넘는 과정에서 중국대륙인들이 늘 마주하게 되는 오해나 간극을 진정으로 극복하려면 주관적 호의를 실제로 상대방이 분명히 받아들일 수 있는 선의로 만들어야 하고, 주관적 선의에서 비롯된 행동이 실제로 상대에게도 건설적인 것이 될 수 있도록 해야 하며, 상대방의 역사와 문화적 맥락으로 들어가 그 속에서 상대를 느끼고 이해하고 파악할 수 있도록 노력해야 한다.

1) 타자를 '타자'로 삼아야

이 모든 것에 도움이 되는 인식은 바로 타자를 정말로 '타자'로 대하는 것이며, 자기가 선이라 여긴다고 해서 '자기'를 곧 '상대방'에게까지 직접 미루어 짐작해서는 결코 안된다는 것이다. 그것은 사실 '타자'로서의 타자의 존재를 무시하는 것이다.

실제로 중국대륙인들은 타자를 '타자'로 삼지 않는데다 '자아'에 대한 이해도 너무나 협애하고 더구나 경제주의 논리에 좌우된다. 그리하여 역사-문화 공동체의 범위를 넘어서는 국제교류 과정에서 우리는 여전히 자기도 모르게 '나의 마음을 미루어 남을 헤아리'지만, 이는 타자 본인이 느끼고 이해하는 '자아'와는 전혀 상관 없으며 심지어 그것과 충돌하기까지 한다.

진정으로 타자를 '타자'로 대하기 위해서는 물론 생각과 의식의 조정이 필요할 뿐만 아니라 그외에도 수많은 적절한 인식과 이해 작업이 수반되어야 하며, 그래야 비로소 생각과 의식의 이같은 조정을 구체화하고 현실에 부합한 정확한 인식으로 바꿔낼 수 있다. 이와 같은 새로운 지식과 이해의식, 그리고 그에 필요한 많은 과제 — 이 부분에 대해 과거에 축적된 우리의 관련 지식은 너무나 보잘것없는데 현실적으로 필요한 것은 너무도 많고 너무도 급하다 — 를 해결하기 위해 급히 전개될 새로운 지식의 국면은, 말할 나위도 없이 다방면에서 중국대륙의 기존 지식상황에 만만치 않은 도전이 될 것이다. 예를 들어 최근 중국대륙과 점점 더 갈등을 겪고 있는 주변 아시아 국가 및 지역 중 상당수가 중국과 매우 다른 점은 그들이 모두 피식민의 역사를 갖고 있거나 문화전통이나 가치체계가 종교를 기본 골자로 한다는 것이며, 동시에 그 양자 모두에 해당되는 곳들도 여럿이다.

그리하여 중국대륙, 특히 중국대륙의 한족 지식인의 경우 아시아라는 주변 국가들에 대해 진실로 상대방의 맥락에서 상대방을 느끼고 이해할 능력을 갖기 위해서는 무엇보다 식민지근대성 및 그것이 초래한 다방면의 역사-사회-문화-심리적 결과들에 대해 느끼고 이해하고 통할 수 있어야 하며, 또한 종교를 문화·가치·의미의 핵심으로 삼는 문명의 특징에 대해 느끼고 이해하고 통할 수 있어야 한다. 후자의 부족은 중국대륙 인구 대다수를 차지하는 한족사회가 종교를 문화·가치·의미의 핵심으로 삼는 기타 중국 내 민족에 대해 늘 깊이 이해하지 못하고 진정으로 통감하지 못하는 중요한 원인이기도 하다.

2) 아시스 난디가 우리에게 주는 시사점

이런 각도에서 보면 과거 우리가 갖고 있던 몇몇 학술·사상 자원이 오늘날 중국대륙에 매우 중요한 의미를 지닌다는 걸 알 수 있다. 예를 들어 중국대륙 학술사상계에서 최근에야 비로소 주목받기 시작한 인도 사상가 난디(Ashis Nandy)[5]가 있다. 그는 인도에 발 딛고 서서 남아시아, 동남아시아, 서아시아 역사에 정통하고 식민과 그것이 야기한 역사·문화·정치·사회·인격·심리의 결과들을 연구해온 대가다. 특히 이들 지역의 식민·피식민 역사와 현대사회 속의 종교는 늘 그가 다뤄온 핵심 문제였다. 난디가 식민, 탈식민, 종교의 각도에서 문제를 전개할 때 그 분석과 묘사의 깊이와 힘은 늘 사회적 존재의 결, 그리고 그 속에 사는 사람들 생명의 존재감의 결에까지 이른다. 그 덕분에 그의 저작을 읽는 우리들 역시 지적 차원에서 그의 시각과 지적 분석과 통찰을 따라가다보면 그가 논하는 문제, 그리고 그 문제가 자리한 역사·사회·문화·정치의 맥락에까지 도달하게 된다. 그뿐 아니라 그 글의 깊이와 생동감은 우리로 하여금 그가 문제 삼는 생활과 생명의 질감까지 직접 마음으로 느낄 수 있게 해준다.

따라서 광범위하면서도 깊이있고 힘있는 난디의 저작들을 읽는 일은, 실로 피식민 경험이 없고 종교가 문화적 가치와 삶의 의미의 골간을 차지하는 경험은 없지만 실제로 그러한 경험을 깊이 느끼고 절실하게 이해할 필요가 있는 지금 중국대륙 사회, 특히 그중에서도 한족 지식인들에게는 너무나 급박하고 중요한 작업이 아닐 수 없다. 또한 마찬가지로 중요한, 심지어 훨씬 더 중요한 것은 늘 문제가 존재하는 사회적 존재의 결과 그 속에서 살아가는 사람들의 생명의 존재감의 결에까지 이르는 그의 분석과 묘사를 읽어가는 동안 놀라운 발견을 하게 된다는 점이다. 그 발견이란 바로 그가 다루는 식민, 탈식민, 종교 같은 문제가 중국대륙의 당대사적 경험과는 분명 거리가 있음에도 불구하고 그간 우리가 감춰왔던 진짜 마음과 감정을 효과적으로 촉발시킨다는 점이다. 즉 지극히 타자의 문제이자 경험으로 보이는 그것들 속에서 바로 우리의 사회적 존재, 생명적 존재의 경험까지가 효과적으로 소환된다. 그리하여 난디는 우리가 정말로 타자를 '타자'로 삼는 데 도움이 되며 동시에 그 '타자' 속에서 '자아'를 발견할 수 있도록 해준다. 이처럼 타자 속에서 발견한 자아는 자아를 성급히 외부로 미루어 짐작하거나 혹은 타자에 대한 표층적 지식에 근거하여 타자와 통한다고 여기는 자아가 아니라, 진실로 타자의 사회적 존재의 결, 생명의 존재감의 결까지 깊이 들어간 후에 비로소 타자에게서 발견한 자아인 것이다.

3) '타자' 이해하기의 어려움: 피식민 경험의 유무

2012년 10월 상하이의 한 강연에서 난디는 조앤 로빈슨(Joan Robinson)의 다음과 같은 말을 인용했다. "피식민보다 유일하게 더 끔찍한 일은 바로 피식민을 겪어보지 못한 것이다." 물론 역사적으로 많은 식민지 인민의 피눈물에 대한 이런 일원적이고 단선적인 사관에 대해 난디는 줄곧 비판적이었다. 그럼에도 불구하고 이 말을 접한 순간, 나는 로빈슨의 이 말이 지닌 실제 맥락과는 전혀 상관 없이 오로지 그 문자적 뜻에만 반응했다. 이 말을 접한 순간 "피식민을 겪어보지 못한"[6] 우리의 경험이야말로 우리가 주변 아시아 국가와 지역의 식민지근대성 경험과 식민의 역사, 그리고 그것이 야기한 역사적·사회적·문화적·심리적 후과를 이해하는 일을 더욱 어렵게 만들고 있다는 생각이 내 머리를 때렸다. 그러므로 그 말은 또 중국대륙이 이들 주변 국가와 지역을 자신의 외부로 삼고 미루어 짐작하는 것이 아니라 진실로 '타자'로 삼아 이해하는 데 반드시 필요한 것일 터이다. 왜냐하면 '타자'로서의 타자에 대한 깊은 이해가 있어야만 중국대륙이 '타자'와 함께 '쌍영'이나 '화'를 이야기할 때 비로소 '타자' 자신에게는 무엇이 '이기는 것〔贏〕'인지, 무엇이 '화'인지를 참으로 확실하게 알 수 있기 때문이다. 인식과 이해에서 이런 곡진한 과정을 거쳐야만 비로소 우리의 '자기의 마음을 미루어 남을 헤아린다' '자기가 서고자 하면 다른 사람을 먼저 서게 하고, 자기가 이르고자 하면 다른 사람을 먼저 이르게 한다'가 중국이라는 역사-문화 공동체를 넘어 타자와 함께 거할 때 자기도 모르게 '자기'중심주의에 빠지지 않을 수 있다. 또한 그래야만 '타자'의 맥락에 서서 '자기의 마음을 미루어 남을 헤아린다' '자기가 서고자 하면 다른 사람을 먼저 서게 하고, 자기가 이르고자 하면 다른 사람을 먼저 이르게 한다'에 내포된 '타자'에 대한 선의가 '타자'에 내재된 생기를 펼치는 데 가장 도움이 되는 건설적인 방식으로 실현될 수 있을 것이다.

20여년간 독서와 사유를 업으로 삼아온 나 같은 사람이 로빈슨의 이 문제적 발언에 즉각적으로 반응했던 이유는, 내가 타자를 '타자'로 삼아 인식할 수 있는가가 중국대륙이 정확한 세계감각을 가질 수 있는가, 그리고 딱 맞는 자아감각을 가질 수 있는가와 관련된 핵심적 문제임을 깨달았기 때문이다. 이것이 중국대륙이 점점 더 세계로 깊이 진입하고 세계와 함께 건설적인 상호교류를 충분히 실현하기 위해 반드시 필요한 일임을 깨달은 한편, 중국대륙은 관련 지식이 거의 축적되어 있지 않은데다 이들 사회를 이해하기에는 또 너무나 많이 부족함을 분명히 깨달은 것이다. 이 두 문제가 합쳐져 만들어진 강한 조바심에서 나는 때로 나도 모르게 '중국대륙에도 이들 국가와 비슷한 경험이 있다면 좋을 텐데, 그러면 오늘날 상대방을 깊이 이해하는 것도 그리 어렵진 않을 텐데' 하는 생각까지 하게 된다. 만약 이같은 심정과 생각이 배후에 없었다면 오랫동안 공부를 해온 내가 정치적으로나 사상적으로나 모두 잘못된 로빈슨의 말에 그처럼 순간적으로 맥락을 벗어난 문자적 반응을 하지는 않았을 것이다.

5. 정확한 세계감각과 중국대륙의 미래

강대해진 중국대륙은 어디로 갈 것인가? 이는 오늘날 많은 이들의 관심사다. 내 생각에 중국이 얼마나 빨리 타자를 '타자'로 삼아 파악하고 이해할 수 있게 되는가는 지금 이 시점에서 중국이 향후 어디로 갈 것인가와 깊이 관련된 실로 중차대한 문제다.

2008년 말 국제금융위기가 발생한 후 (선진국, 개발도상국을 포함해) 많은 국가들이 중국이 국제적 책임을 더 많이 져야 한다고 주장했다. 여기에 2009년 많은 국가들의 경제가 침체한 반면 중국대륙 경제는 상대적으로 고속성장을 계속하자 후진타오는 동년 7월 개최된 중공중앙 제

11차 재외사절회의에서 중국이 "정치적으로 더욱 영향력을 발휘하고, 경제적으로 더욱 경쟁력을 가지며, 이미지 면에서 더 친화력을 갖고, 도의상으로 더 호소력을 갖게" 되기를 희망한다고 말했다. 그런데 2012년 18전대 정치보고에서 후 진타오는 "우리나라의 국제적 지위에 부합하고 국가의 안보와 발전이익에 상응하는 탄탄한 국방력과 강대한 군대를 건설하는 것이 우리나라 현대화 건설의 전략적 임무"라고 분명히 지적했다. 이 두 발언 속에서 우리는 겨우 3년이 지나는 동안 국가의 관련 발언에 미묘하지만 중점이 상당히 달라진 변화가 일어났음을 느낄 수 있다. 물론 이 두 발언이 주는 느낌이 다른 것은 그 발언이 이루어진 회의가 달랐기 때문이다. 2012년 11월 18전대 직전에는 미국이 다시 아시아로 복귀하는 새로운 정세가 펼쳐지고 동해에서는 일본과 마찰을 빚고 남해에서는 필리핀 등과 마찰이 일어나는 현실적 배경이 존재했던 것이다.

그럼에도 불구하고 중국공산당 전국대표대회의 가장 중요한 보고에서 이루어진 이같은 국방 및 안보 관련 발언이 근래 중국대륙에서 갈수록 증가하는, '쌍영'(혹은 '공영')과 '화'를 관념적 지도원리로 삼는 숱한 대외협력과 교류가 늘 불쾌한 경험을 맞닥뜨리게 되는 상황과 구조적으로 연관됨은 부인할 수 없다. 즉 중국대륙 스스로 선의라고 여기는 행위가 마땅한 보답을 받지 못하고 오히려 늘 좌절을 맛보게 되는 한편 상대적으로 자신이 맞닥뜨린 적의는 매우 실제적이며 자기의 선의는 무용지물이라고 판단되기 때문에, 세계에 대한 경계심이 점점 더 증가하고 점점 더 강한 고립감과 불안감이 생겨나는 것이다. 내 생각에 이와 같은 감각의 증가가 없었다면, "우리나라가 직면한 생존안보와 발전안보 문제, 전통적인 안보위협과 비전통적인 안보위협이 서로 교직"되고 있으며 따라서 "국방과 군대의 현대화 건설이 크게 진전될 필요가 있다"라는 18전대 정치보고 중의 발언에 대해 그렇게 많은 중국대륙인들이 "안보와 군사무력적 위상에 관한 국가의 이 새로운 이해는 국가의 안보현황에 대한 당중앙의 명확한 인식과 정확한 판단을 보여준 것"이라며 적극적 지지를 보내기는 쉽지 않았을 것이다. 이같은 반응은 다시 최근 중국대륙의 불쾌한 경험 및 갈수록 우세를 점하는 그들 경험에 대한 해석과 관련되지 않을 수 없다. 국가 및 사회의 이같은 감각과 이해는 2009년 후 진타오가 '네가지 힘(四力)*'을 말했을 때의 감각이나 이해로부터 상당히 멀어진 것으로, 앞으로 중국대륙이 점점 더 군사적 무력을 중시하는 방향으로 나아가도록 만들 것이다.

따라서 과거 자신의 많은 선의가 기대했던 반응과 회답을 얻지 못하고 오히려 불쾌한 경험만 초래한 것은 사실 중국이 자신의 선의를 구체화하는 적절한 방식을 찾지 못한 탓이라는 사실을 지금 중국대륙의 국가와 사회가 인식하는 일은 매우 중요하다. 만약 그 선의가 타자를 '타자'로 삼으려는 인식적 노력을 매개로 삼는다면 그 선의도 더 쉽게 합당한 형식을 찾게 될 것이고, 나아가 더 쉽게 상대방에게 이해되고 수용될 것이며, 더 쉽게 상대방의 긍정적 반응과 공감을 끌어낼 수 있을 것이다. 확실하고 효과적인 상호추동 방식을 찾기만 하면, 설령 지금은 굳어진 것처럼 보이는 적이라도 곧 해소되거나 최소한 약해질 수 있을 것이다. 그리되면 중국의 세계감각도 지나친 불안이나 경계심을 부추기는 방향으로 발전하지는 않을 터이다. 왜냐하면 그같은 발전은 현실적으로 선이 작용할 수 있는 공간에 대한 지나친 비관이 곧바로 경제적 실력과 군사적 실력이 세계에서 차지하는 위치와 역할에 대한 지나친 믿음으로 전환되는 내적 논리에 기댄 것이기 때문이다. 따라서 중국대륙

* 앞서 말한 영향력, 경쟁력, 친화력, 호소력을 가리킴.

이 만약 상대방에 대한 자신의 선의와 행위로 말미암아 상대방으로부터 기대했던 진심 어린 이해와 긍정, 사의를 확실히 더 많이 느낄 수만 있다면, 자연히 그것은 세계에 대한 비관도 돌려놓을 것이고 세계에 대해 '선'이 상당히 큰 역할을 할 것이라는 생각이 맹목적 낙관만은 아니었음을 알게 될 것이다. 또한 그렇게 되면 후 진타오가 2009년 당시 기대했던 중국대륙의 '이미지 친화력' '도의적 호소력'도 실현될 여지가 생길 수 있음을 다시 한번 확인하게 될 것이다.

그것을 확인하는 일은 오늘날 매우 과도하고 점점 더 고착화되어가는 중국의 경계심과 불안감을 완화하는 데 도움이 될 것이다. 그로써 또한 타자가 중국의 '영' '화' '선'(설령 타자가 이 용어들을 직접 사용하지는 않을지라도)을 어떻게 느끼고 이해하는지를 긍정적으로 인식하고 느끼며, 타자를 진정으로 이해하고 인식하게 됨으로써 자신의 인식과 이해 — '영' '화' '선'에 대해, 그리고 현실세계에서 어떻게 행동하는 것이 진실로 '공영'과 '화'를 가능하게 하는 것인지에 대해 — 도 더욱 충실해지고 심화될 것이다. 확대되고 심화된 '공영'과 '화'라는 원칙의 인도 아래 중국이 타자가 마음에서 우러나 환영할 수 있는 건설적인 것을 세계에 내놓고 마음에서 우러나는 타자의 더 많은 존중과 더 많은 화답을 받을 수 있다면, 중국대륙이 오늘날 지나치게 중시하는 경제력과 군사력도 적당한 수준으로 돌려놓을 수 있을 터이다.

내가 이렇게 되기를 바라 마지않는 이유는, 그래야만 세계가 더 나아질 수 있고 중국이 비로소 세계를 위해 더 좋고 더 많고 더 확실하게 공헌할 수 있기 때문이다. 그뿐만 아니라 18세기부터 지금까지의 중국사를 연구하는 학자로서 나는 중국대륙이 경제적·군사적 실력으로 남을 두렵게 하여 굴복시키는 것이 아니라 "정치적으로 더욱 영향력을 발휘하고, 경제적으로 더욱 경쟁력을 가지며, 이미지 면에서 더 친화력을 갖고, 도의상으로 더 호소력을 갖는"것이 중국인의 마음을 더 편안하게 하고 중국인들이 자아실현 욕구를 충족하는 길임을 잘 알기 때문이다. 경제력과 군사력에 지나치게 집중하는 상황을 바로잡아야만 중국대륙이 패권적 방향으로 발전하지 않을 것이라 확신할 수 있고, 중국대륙의 성장이 '화평굴기'라고 확신할 수 있는 것이다.

6. 맺음말 혹은 나의 바람

앞서 나는 중국대륙이 세계로 깊이 들어갈 때 부딪치게 된 일련의 문제들을 살펴보면서 발전한 중국대륙이 앞으로 어디로 갈 것인가에 대한 결정적 순간에 처해 있다고 말했다. 그런 점에서 나는 중국사회에 의식적이고 자각적인 세계이해를 위한 높은 수준의 지식-사상운동이 하루 빨리 출현하기를 희망한다. 그리고 이 운동을 통해 과거 그에 관해 충분한 지식이 축적되지 않고 충분히 이해하지 못했던 세계를 향한 창문이 중국에 활짝 열리길 희망한다. 늘 우리 옆에 있었지만 전에는 너무도 알지 못했던 아시아를 향한 창문을 효과적으로 열어젖힐 수 있을 것인가, 그리하여 아시아에 대한 중국 국가 및 사회의 인식과 이해를 강화할 수 있을 것인가라는 문제야말로 이 새로운 지식-사상운동에서 가장 절박하고도 불가결한 부분일 터이다.

과거 중국은 상당한 이상주의 국가였다. 중국의 강대화는 그 자신이 더욱 자유롭게 비상하는 데 도움이 되어야 하며 세계의 더 많은 지역이 비상할 수 있도록 추동하는 데도 도움이 되어야만 한다.

난디 같은 아시아의 사상가들은 우리가 아시아를 깊이있게 이해할 수 있는 직접적인 자원을 제공한다. 이들 자원을 통해 우리는 중국대륙과 아시아의 지역들이 다르면서도 같음을, 그 같음 중에서도 특히 서구가 아시아의 많은 지역에 갱생의 계기를 줌과 동시에 그들 사회·문화·정신·심리 방면에 매우 심각한 상흔도 남겼다는 점을 잘 이해하게 되었다.

그러나 바로 그 때문에 또한 아시아의 비상은 더더욱 그 상흔들을 치유할 에너지를 포함하는 것이어야 한다. 중국은 아시아의 일원이기에 중국의 비상은 우리가 아시아에 기대하는 비상에 부끄럽지 않은 것이어야 한다. 즉 서구가 아시아에 가져온 갱생의 계기들은 흡수하되 서구가 세계에 초래했던 문제들은 소거해야 한다. 그럴 때 중국의 비상은 비로소 아시아의 비상이 될 것이요, 아시아의 비상은 곧 세계를 추동할 수 있을 것이다!

한국의 독자들에게

1

이 책에 실린 다섯편의 글은 모두 2001년 말부터 2016년 5월 사이에 쓴 것으로, 구체적인 시기는 아래와 같다.

제1장 당대 중국 허무주의의 역사와 그 관념구조: '판샤오 토론'을 중심으로 2006년 개요 작성, 2009년 10~11월 초고, 2010년 3월 1차 수정, 2013년 11월 2차 수정, 2016년 1월, 3~5월 최종고

제2장 계몽과 혁명의 이중변주 2014년 10월 초고, 2015년 10~12월 최종고

제3장 포스트사회주의 역사와 중국 당대 문학비평관의 변천 2001년 연말 초고, 2003년 봄 최종고

제4장 중국 당대 사상논쟁의 역사적 품격과 지식적 품격 2003년 1월 초고, 2004년 5월 1차 수정, 2005년 9월 최종고

제5장 중국이 세계로 깊이 들어갈 때 2012년 10월 초고, 2013년 10월 1차 수정, 2014년 초여름 2차 수정, 2015년 10월 최종고

각각의 글이 쓰인 시기를 보면 짐작할 수 있겠지만, 이 가운데 어느

한편도 한번에 끝낸 경우는 없다. 모두 거듭 숙고하고 부단히 매만진 후에야 비로소 탈고할 수 있었다. 그것은 무엇보다 나의 재능이 부족한 탓이나 또한 내가 다루고자 했던 경험이나 문제가 지닌 도전적 성격과도 깊이 관련된다. 만약 이 책이 중국대륙의 다른 저작들과 다른 가치가 있다면 그것은 무엇보다 여기 실린 글들이 다루는 경험적 대상과 문제의 선택 자체에 있다. 그리고 내가 이 경험과 문제들이 지닌 도전적 성격을 내재적으로, 정확하고 확실하고 반성적으로 파악하고자 했으며, 투자 대비 산출량을 따지지 않고 이들 도전을 직시하고자 애썼다는 데 있다.

2

이 책의 제목과 논문 선정은 먼저 내가 제안을 한 뒤 이남주, 임우경 선생과 함께 의논하여 결정했다. 그 과정에서 나의 제안이 대부분 받아들여졌다. 그러니 왜 이 다섯편을 수록하게 됐는지, 왜 제목을 '당대 중국 사상의 무의식'이라고 했는지 답할 책임은 나에게 있다.*

---

* 이 책의 애초 제목 '당대 중국 사상의 무의식(當代中國的思想無意識)'과 관련해 저자는 여기서 특별히 '사상의 무의식'이라는 말을 쓴 배경에 대해 설명하고 있다. 간단히 말하자면, 저자는 과거 사회주의 시기의 경험과 그 인식적 감각이 개혁개방 이후 중국의 사상적·정신적 곤경을 초래했음에도 불구하고 그간 대부분의 논자들은 이를 분명히 의식하거나 제대로 처리하지 못했으며, 그것이 당대 중국 사상사가 종종 패착과 곤경에 빠지게 된 주요한 원인이 되었다고 본다. '사상의 무의식'이란 이처럼 저자가 당대 중국의 논자들이 놓쳐왔고 심지어 지금도 놓치고 있는 지점들을 환기하기 위해 특별히 선택한 이 책의 키워드라고 할 수 있다. 다만 중국에서 1949년 중화인민공화국 건립 이후를 가리키는 '당대'라는 말이나 '사상의 무의식'이라는 표현은 한국 독자들에게 쉽게 이해되지 않을 수 있다는 우려가 있어 저자의 동의를 구하고 우리말 제목은 '현대 중국의 사상적 곤경'으로 바꾸되 「저자 후기」는 원래 내용 그대로 번역했다. 독자들의 이해를 구하는 바이다.

이런 선택을 하게 된 데에는 무엇보다 나의 인상이 작용했다. 내가 보기에 한국은 중국대륙 지식계의 대표적인 사상유파를 통해 중국의 역사와 현실을 파악하는 데 힘쓰는 듯하다. 또한 최근 한국은 전세계에서 당대 중국대륙 사상가를 가장 많이, 가장 발 빠르게 소개하는 나라임에 틀림없다. 확실히 중국대륙의 역사와 현실을 파악하는 핵심 자원으로 대표적 사상유파를 선택하는 것은 중국에 대한 이해를 상당히 빨리 심화할 수 있고 또 명확하고 체계적인 인식을 도출할 수 있는 효과적인 방법이다. 이 방법은 상당한 인식적 효과를 발휘하는 것 외에도 한중 지식계가 비교적 단시간 내에 심도있는 교류관계를 형성하는 데 매우 도움이 된다. 한국은 중국과 상대적으로 늦게 수교했고 중국 당대 연구도 늦게 시작됐지만 한중 교류만큼은 매우 빠른 속도로 진행되었다. 그 결과 지금은 한중보다 훨씬 일찍 시작된 중일·중미 교류와도 어깨를 견줄 수 있게 되었으며 심지어는 더 활발하기까지 하다. 이는 한국 지식계가 앞서 말한 방법으로 중국대륙을 이해하고 파악해온 것과 깊은 관련이 있을 터이다.

　　이렇게 말하는 것은 개인적으로 내가 한국 지식계가 중국의 대표적 사상유파를 통해 중국을 이해하는 방법이 매우 유효하다고 생각하기 때문이다. 하지만 그렇다고 우려가 전혀 없는 것은 아니다. 내가 걱정하는 이유는 주로 중국대륙의 역사는 매우 심한 기복을 거쳤고 그에 대한 사상지식도 여전히 미숙한 부분이 많은데, 이것들이 중국대륙의 사상지식 상황에 깊은 흔적을 남기지 않을 수 없다는 데 있다. 심지어 그 흔적들 가운데 일부는 현재 사상지식의 인식수준에 결정적 영향을 미치기도 한다. 그런데 사상지식은 정작 자신이 그 영향을 받았다는 사실조차 깨닫지 못하기 일쑤고, 이는 다시 이들 사상지식의 자기평가나 중국대륙의 역사-현실에 대한 파악 및 분석에도 영향을 미치게 된다. 그런 점에서 만약 한국 지식인들이 이들 사상유파의 긍정적 작용을 충분히 소화하는 데만 머무른 채 앞으로 더 나아가지 않는다면 이들 사상유파로부터 출발한 한국 지식인들의 중국인식도 자연히 그들과 같은 한계를 지닐 수밖에 없을 것이다.

당대 중국대륙의 사조가 안고 있는 한계를 넘어설 방법 중의 하나는 바로 당대 중국의 사조들을 건너뛰어 직접 중국의 역사-현실 자체에 접근하는 것이다. 또다른 방법은 당대 중국대륙의 여러 사조에 깊은 영향을 미쳤으면서도 미처 의식되지 못한 지점들이 어디인가를 찾아내는 것이다. 그리하여 사조의 자기분석으로부터 해당 사조를 파악하고, 이 사조가 당대 중국대륙의 역사-현실과 맺고 있는 관계를 이해하는 것이다. 나아가 해당 사조가 깊은 영향을 받았으면서도 미처 그 사실을 깨닫지 못한 지점들로부터 그 사조를 깊이 들여다봄으로써 중국대륙의 역사-현실에 대한 해당 사조의 분석과 해당 사조 자체의 관계를 평가하는 것이다. 후자의 방법대로 하면 한국 학자들이 중국대륙의 대표적 사조로부터 충분히 양분을 섭취하면서도 이들 사조의 한계에 함몰될까 걱정할 필요가 없다. 또한 중국대륙의 역사-현실 가운데 중요한 위치에 있으면서도 아직 중국대륙의 지식사상에 의해 자각되지 않은 미지의 역사-현실 부분으로 들어갈 수 있다.

이 책 제목에서 '사상의 무의식'이란, 당대 중국대륙에서 영향력 있는 사상관념이 만들어지는 데 중요한 역할을 했으면서도 정작 당대 중국대륙의 사상관념에 의해 자각되지 않은 '사상'을 말한다. 다시 말해 '사상의 무의식'이란 한편으로 당대 중국대륙의 중요한 사상관념의 인지적 품격을 형성하는 데 결정적 역할을 했으되 또 한편으로 당대 중국대륙의 역사-현실이나 지식사상 속에 결코 모습을 드러내지 않는 그 무엇을 말한다. 말할 것도 없이 그것이 누려야 할 마땅한 자리는 주어지지 않았다. 이것을 제목으로 삼은 것은 지식계의 대표적 사상사조를 통해 당대 중국대륙의 역사와 현실을 이해하고자 하는 한국의 학계와 의미있는 맞물림과 대화가 이루어졌으면 하는 바람에서다.

3

　제목의 함의를 알고 나면 왜 여기 실린 다섯편을 선별했는지도 쉽게 이해할 수 있다. 제1장 '당대 중국 허무주의의 역사와 그 관념구조'는 1980년대 이래로 국가와 지식인을 막론하고 당대 중국의 정신윤리 문제에 대한 사고가 실제와 괴리되고 현실적 유효성을 결핍한 것이 1980년대 전후로 이루어진 '인생의 의미 토론' 같은 역사적 현상의 역사적 내용이나 사상적 내용에 대한 인식이 현저히 부족했기 때문임을 지적하고자 했다. 제2장 '계몽과 혁명의 이중변주'에서 지적하고자 한 핵심 중의 하나는 문혁 직후 중국대륙 사상계가 문혁의 역사를 추궁한 방식과 그로부터 도출한 답안 모두에 문제가 있었고, 그것이 80년대 중국 지식인들의 정치적·경제적·사회적·문화적 인식의 질에 심각한 영향을 미쳤다는 사실이다. 제3장 '포스트사회주의 역사와 중국 당대 문학비평관의 변천'은 80년대 전반기 중국의 문학관념이 마오 쩌둥 시대의 문학관념을 철저히 벗어나야 한다는 과도한 심리적 강박에 의해 추동되었고, 그로 인해 80년대 중반 형성되어 그후의 문학적 감각과 이해에 영향을 미쳤던 '문학은 인간학이다' '문학은 언어의 예술이다' 같은 관념은 그 시작부터 치명적인 단점을 내포하고 있었다는 점을 강조하고자 했다. 제4장 '중국 당대 사상논쟁의 역사적 품격과 지식적 품격'은 2000년 즈음 중국에서 흥기했던 신좌파적 비판사조가 세계 각지에서 비판적 지식인과 신자유주의를 대립시키는 이해방식을 너무 성급하게 중국에 적용한 결과 선입견에 따라 신자유주의를 90년대 중국대륙 빈부격차 확대의 핵심 원인으로 판정해버린다든가, 신자유주의 비판을 중국대륙의 현실을 책임지는 자신의 방식인 것처럼 설정함으로써 신좌파 스스로의 현실비판 능력과 효과를 크게 삭감시켰다는 점을 밝히는 데 중점을 두었다. 제5장 '중국이 세계로 깊이 들어갈 때'의 중점은 당대 중국대륙이 매우 짧은 시간 안에 국제감각과 세계감각 면에서 매우 걱정스러운 상태에 빠지게 된 것은 중국 전통 속의 감각과 판단의 관성 및 인식의 관성이 여전히 작동하는 것과 깊은 관련이 있음을 지적하는 데 있다.

즉 다섯편의 글 모두 '사상의 무의식'이라는 각도에서 문제를 이해하고 파악하고자 했다.

4

'사상의 무의식'이라는 각도에서 다섯편의 글을 보면 여기서 다루는 사상의 무의식은 다시 세가지 유형으로 나눠볼 수 있다.

「중국 당대 사상논쟁의 역사적 품격과 지식적 품격」에서 다루는 사상의 무의식은 주로 외래 사상과 이론자원을 어떻게 더 건설적으로 중국대륙에 적용할 것인가라는 문제에서 중국 지식계는 여전히 인식론적 자각이 부족하고 그에 필요한 지식적·사상적 처리도 충분하지 않다는 사실과 관련되어 있다. 「중국이 세계로 깊이 들어갈 때」가 다루는 사상의 무의식은 당대 중국대륙의 일련의 가치관이 실제로는 전통적인 내용이나 감각상태의 관성적 연속임에도 그에 대한 성찰이 이루어지지 않고 있음을 드러낸다. 전통시대와는 매우 다른 현대적 상황에서도 중국인들이 습관적으로 좋다고 여기는 가치관들이 적절한 의식적 조절을 거치지 않고 지금 우리의 판단과 사고에 직접 운용된다면, 우리가 좋다고 생각하는 그 가치관들이야말로 오늘날 우리를 일련의 곤경에 빠지게 만드는 원인이 되고 만다는 것이다. 이 두편의 글이 사상의 무의식 면에서 각각 독립적으로 분류된다면, 다른 세편의 경우에는 모두 문혁이 종결되고 신시기가 확립된 1970년대 말 80년대 초의 역사와 긴밀하게 관련된다. 내가 아는 한, 이 세편의 글에서 다루는 사상의 무의식만이 시기 역사에서 나온 것이 아니라 훨씬 더 많은 당대 중국대륙의 별로 이롭지 않은, 심지어 백해무익한 사상의 무의식들이 모두 이 시기 역사에서 비롯되었다.

중국대륙을 좀 아는 독자라면 1978년 말 중국공산당 제11기 중앙위원회 제3차 전체회의가 소집된 이후의 시기를 '신시기'라고 부른다는 것을 알 터이다. 신시기와 관련하여 국가 차원의 역사서술은 신시기의 '새로움'을 강조하는 데 치중한다. 그 새로움이란 신시기가 성립했을 때 마오 쩌둥 시대(1949~76)의 경험에 대해 깊이 반성하고 교훈을 새기며 마오 쩌둥 시대 노선방침에 대한 충분한 '발란반정(撥亂反正)'•을 거치고 그 기반 위에서 개혁개방을 진행했다는 데 있다. 재미있는 것은 중국대륙의 국가권력에 비판적인 사람들도 국가의 이같은 서술에는 기본적으로 동의한다는 점이다. 그들의 주요한 이견과 비판은 그저 정치제도 면에서 당과 국가의 개혁이 불충분하고 여전히 독재와 완전히 고별하지 못한 채 진정한 민주화를 이루지 못했다는 데 집중될 뿐이다.

그런데 나는 70년대 말 80년대 초의 역사를 꼼꼼히 살피면서 놀라운

• 어지러운 상태를 바로잡아 정상을 회복함.

발견을 했다. 신시기와 관련하여 이들 유행하는 고착된 이해와 서술이 사실은 역사적 실제와 매우 다르다는 것이다. 중국대륙 신시기의 확립은 확실히 문혁 종결 후 마오 쩌둥 시대의 경험과 교훈에 대한 다양한 반성에서 비롯되었다. 하지만 그것이 반드시 신시기의 성립이 마오 쩌둥 시대에 대한 충분한 발란반정 위에서 이루어졌음을 의미하지는 않는다. 즉 마오 쩌둥 시대의 경험과 교훈에 대해 먼저 전면적으로 심도있게 파악하고 그 기반 위에서 문혁 후의 새로운 역사적 국면을 발전시킨 것은 아니라는 것이다. 실제 역사는 당시 사람들이 스스로 생각하는 것처럼 그렇게 이상적이지 않았다. 즉 신시기의 성립이 마오 시대의 경험과 교훈에 대한 다방면의 검토와 종합에 힘입은 것은 사실이지만, 그렇다고 마오 시대에 대한 검토가 충분히 전면적이고 깊이있게 이루어졌으며 이 충분한 인식을 기초로 하는 발란반정 위에 신시기가 성립되었다는 생각은 사실과 다르다. 그것은 그저 당사자들의 주관적인 생각이었을 따름이다. 신시기의 많은 문제들이 그 뿌리를 찾아보면 오히려 신시기 성립 시기 중요한 일부 문제들을 어떻게 인식할 것인가에 대한 파악이 부족했고 또 마오 시대의 매우 유의미한 일부 경험과 시각을 제대로 계승하지 못한 데서 비롯되었기 때문이다. 그리하여 일부 역사 당사자들이 매우 타당하고 충분했다고 여기는 발란반정은 결코 그들 자신이 생각한 만큼 그렇게 이상적이지 못했다. 오히려 더 많은 경우는 병약상발(病藥相發) 격이었다. 즉 병 자체에 대한 파악이 정확하지 않아서 그에 대한 약도 충분히 병증을 치료하지 못한데다 약 자체가 새로운 부작용을 가져온 것이다. 의사는 훌륭한 '약'이 그 '병'에 매우 효과적이라고 여겼지만 그 약을 쓰는 동안 또 새로운 문제, 새로운 '병'이 함께 초래된 셈이다.

  실제의 역사는 병약상발의 상황이었는데 사람들은 그것을 발란반정이라고 인식했을 뿐이다. 이와 같은 발란반정 의식은 신시기 확립에 전면적이고 심각한 영향을 미쳤으며 나아가 이 발란반정 의식에서 출발한 이해와 서술은 신시기 수십년간의 역사 전반에 걸쳐 깊은 영향을 미쳤다. 그리하여 그것은 당대 중국대륙의 수많은 사상관념 영역에서 유해한 지식과 사상의 무의식이 생겨나는 데 결정적인 역할을 했다. 따라서 신시기 이래 수십년이 흐른 지금 당대 중국대륙의 유해한 사상의 무의식 문제를 청산하고 80년대 이래 당대 중국대륙의 여러 사상관념들에 대해 역사 내부로부터 심도있는 평가가 이루어지려면, 발란반정이라는 역사적 의식과는 상당히 거리가 있는 병약상발의 역사의식을 전제로 70년대 말 80년대 초 역사단계에서의 사상관념을 새롭게, 깊이있고 체계적으로 정리할 필요가 있다.[1] 그런 점에서 나는 이 책을 통해 한국의 중국연구자들과 긴밀히 교류하고 싶고 또한 한국의 중국연구자들이 너무나 어렵고도 중요한 이 작업에 함께할 수 있기를 희망한다.

5

　'사상의 무의식'에 대해 성찰하는 과정에서 나는 사상의 무의식의 영향 아래 형성된 '사상관념'의 자기이해에 근거하여 그 관념에 적재된 내용과 역사-현실의 내용을 곧이곧대로 이해하면 안된다는 사실을 깨닫게 되었다. 또한 당대 중국대륙의 역사를 연구하면서 놀랍게도 사상의 무의식 문제가 상당히 보편적으로 존재한다는 사실도 발견했다. 그 때문에 나는 일반적으로 매우 효과적이라고 여겨지는 방법, 즉 역사 당사자들의 사상의식을 근거로 역사를 이해하는 방법을 당대 중국대륙에 적용할 수 있을 것이라는 믿음을 크게 상실했다. 또 그 때문에 나는 오늘날 중국대륙의 국가와 지식계, 그리고 사회 전반에 깔린 의식과 감각 상태가 매우 걱정되기 시작했다.

사상의 무의식 문제가 당대 중국대륙에 상당히 보편적으로 존재한다는 사실로부터, 나는 이러한 국면을 다룰 때는 더욱 신중을 기해야 하며 다음과 같은 사실을 더욱 명확하게 의식할 필요가 있음을 깨달았다. 즉 만약 꼼꼼하게 고찰하고 파악하지 않는다면 역사 당사자의 사상의식은 그저 당대 중국대륙의 역사와 현실을 인식하는 데 필요한 실마리 정도로만 쓰일 수 있을 뿐이며, 반드시 필요한 고찰을 철저히 하지 않은 채 역사 당사자의 사상의식과 그 의식의 기반이라고 당사자가 믿고 있는 역사-현실 양자를 정확히 대응하는 인과관계로 보아서는 절대 안 된다는 것이다. 우려하지 않을 수 없는 것은, 오늘날 중국대륙에서 다른 목소리들을 억압하는 당-국가 주도 사조가 대개 역사 당사자의 모종의 관념의식과 그에 대응하는 모종의 역사현상을 반드시 필요한 고찰 없이 바로 인과적으로 해석한다는 점이다.

중국에 대해 조금이라도 아는 한국 독자라면 문혁 후 중국대륙 경제의 지속적인 고도발전을 전세계가 주목해왔으며 중국대륙의 대다수 인민들도 이를 자랑스럽게 여긴다는 사실을 알 것이다. 그 가운데는 분명 곱씹어볼 만한 소중한 경험이 들어 있을 것이라고 생각하는 사람도 많다. 물론 나 역시 그에 동의한다. 그러나 문제는 오늘날 중국대륙에서 국가가 강력하게 추동하고 지식계와 사회의 상당수가 지지하는 사상사조들이 중국의 경험을 지나치게 성급하고 무매개적으로 해석하거나 결론 내린다는 것이다. 그들의 유일한 근거는 동시기 다른 국가들이 다양한 문제에 직면한 것에 비해 중국대륙은 우월한 경제적 성취를 이뤘고, 인민의 생활이 현저히 개선되었으며, 국제적 영향력도 전에 없이 제고되었다는 사실에 있다.

여기서 내가 말하는 바를 이해하려면 중국대륙의 당과 국가지도자인 시 진핑이 근래 강력하게 추동하는 사조의 관련 부분이 실제로 어떤 것인지를 이해해야 한다. 시 진핑은 2012년 중국대륙의 최고지도자가 된 후로 상당히 많은 양의 담화를 발표해왔는데, 그 수많은 담화의 주요 내용을 체계적으로 이해하는 비교적 손쉬운 방법은 바로 중공중앙선전부가 편찬한 『시 진핑 총서기 중요강화 독본(習近平總書記系列重要講話讀本)』을 읽는 것이다.[2] 중공중앙선전부와 중공중앙조직부는 공동으로 각급 당조직과 당원 전체에게 이 『독본』을 열심히 학습하라[3]는 내용의 공문을 내려보낸 바 있다. 이 『독본』을 보면 모종의 역사적 현상과 당사자의 모종의 관념을 너무나 성급하게 인과적으로 해석하는 경향이 국가가 강력하게 추동하는 사조의 사상의 품질에 미친 중대한 영향을 분명히 알 수 있다.

다음은 당-국가가 강력하게 주도하고 지식계와 사회 상당수가 지지하는 이 사조가 특별히 강조하는 역사-현실의 한 부분이다.

신중국이 성립된 이래 60년간, 특히 개혁개방 후 30여년간 우리나라의 경제적 역량과 종합적 국력은 대폭 상승했으며 인민들의 생활은 현저히 개선되었고 국제적 지위도 전에 없이 높아졌다. 1979년부터 2012년까지 국내총생산은 연평균 9.8%의 성장률을 보여주었는데, 이는 같은 시기 세계경제 연평균 성장률인 2.8%보다 월등히 높은 수치다. 또한 경제총규모로는 이제 세계 2위로 도약했으며 저소득국가에서 중상위 소득국가로 성공적으로 진입했다. 이같은 발전, 이같은 급변은 인류 발전사에서 극히 드문 일이다. (…) 구미의 일부 국가들이 금융위기나 채무위기로 곤경을 겪고, 발전도상국들이 발전의 함정에 빠지고, 서아시아와 북아프리카 일부 국가들이 정치적 불안과 사회적 혼란을 겪는 데 비해 유독 우리나라만 홀로 아름다운 풍경을 뽐낸 셈이다.

이런 점에 비춰 주류 사조는 "역사의 사실들이야말로 중국 특색 사회주의의 길이 옳고도 성공적이었음을 웅변적으로 보여준다"라고 결론짓는다. 시 진핑은 이를 두고 "오늘날 세계에서 어느 정당, 어느 국가, 어느 민족이 자부할 만하냐고 묻는다면 중국공산당, 중화인민공화국, 중화민족이야말로 가장 자부할 만하다고 대답할 수 있다"라고 말했다.

이 사조는 과거 30여년간 중국대륙이 걸어온 길에 대해 자부할 뿐만 아니라 과거 30여년간 중국대륙의 당-국가가 주도했던 주류 사상관념과 제도에 대해서도 자부한다. 그와 같은 성취가 가능했던 것은 "중국 특색 사회주의의 길이 그 실천방법이 되었고, 중국 특색 사회주의 이론이 행동의 지침이 되었으며, 중국 특색 사회주의 제도가 근본적으로 뒷받침되었기" 때문이라고 주장하는 것이다.

확실히 이는 근거로 제시된 사실과 그로부터 얻은 결론 사이에 너무나 많은 비약이 존재하는 사고방식이다. 최근 30여년간 중국대륙 경제의 비약적 발전이 직접적으로 말해줄 수 있는 것은 그저 그 30여년의 역사가 간단치 않았으며, 그 안의 실천적 경험들 중에는 우리가 성실하게 정리해야만 하는 주목할 만한 지점들이 많다는 것뿐이다. 지난 30여년간 전개된 역사와 경제적·사회적 실천들은 물론 중국 특색 사회주의라는 관념에 의해 추동되었고 당대의 당-국가 제도 및 그 통치와도 구조적으로 관련된다. 하지만 그렇다고 해서 "중국 특색 사회주의 이론이 행동의 지침이 되었으며, 중국 특색 사회주의 제도가 근본적으로 뒷받침되었기" 때문이라고 쉽게 단정지을 수는 없다는 것이 문제다. 꼼꼼한 고찰을 거치지 않고 중국 특색 사회주의 이론과 기존 제도의 존재를 가지고 바로 지난 30여년간 역사의 성취를 해석하는 일은 인식상의 문제에서 그야말로 크게 걱정스러운 일이 아닐 수 없다.

나아가 이 사조는 다음과 같이 생각한다. "중국 특색 사회주의는 실천, 이론, 제도가 긴밀하게 결합되어 있다. 그것은 성공적 실천을 이론으로 승화하고, 정확한 이론은 다시 새로운 실천을 지도하며, 실천 속에서 효과를 본 방침과 정책은 곧 당과 국가의 제도로 승화된다. 이러한 과정을 통해 중국 특색 사회주의의 길, 이론체계, 그리고 제도가 형성된다." 이는 중국대륙의 과거 30여년간의 소중한 경험이 이미 기본적으로는 기존의 당-국가 이론체계에 흡수되었으며 기존 제도를 토대로 이미 실현되었다고 선언하는 것이나 다름없다. 바로 이와 같은 감각과 견해를 이해한 후에야 비로소 우리는 "지금 우리는 역사상 어떤 시기보다도 중화민족의 위대한 부흥이라는 목표에 다가서 있다. 그리고 역사상 어떤 시기보다도 이 목표를 실현할 수 있다는 자신감과 실현능력을 갖고 있다"라고 강조했던 시 진핑의 발언에 내포된 관념적 의미를 완전히 파악할 수 있다.

더구나 지금 중국대륙의 당-국가가 강력하게 추동하고 있는 사조의 이러한 감각과 견해는 더 많은 사람들이 그들의 선전전략을 지지하고 옹호하도록 유인하기 위한 방편에 그치는 것이 결코 아니다. 실천기획과 좀더 구체적으로 관련된 그들의 다른 말과 행동 속에서 우리는 그들이 저와 같은 자신들의 판단을 정말로 굳게 믿고 있음을 알 수 있다. 왜냐하면 그들의 수많은 실천기획이나 실천에 대한 이해가 바로 앞서 말한 감각과 견해를 전제로 하고 있기 때문이다.

예를 들어 그들은 당대 중국대륙의 역사-현실과 세계의 역사-현실 자체가 그들의 이론, 제도 및 실천기획이 가장 훌륭함을 증명해주는데도 불구하고 당대 중국대륙에 그처럼 다양한 이견과 비판의 목소리가 존재하는 이유는 비판자들이 그처럼 자명한 사실을 무시하기 때문이라고 생각한다. 나아가 비판자들이 다른 의도를 갖고 있거나 아니면 잘못된 관념이나 견해에 세뇌되어 있음을 의미한다고 본다. 왜냐하면 그들이 보기에 다른 나라나 다른 지역에서 문제가 발생하고 소동이 일어나는 이유는 바로 그러한 잘못된 관념이 전파된 결과이며, 그에 반해 중국이 성취를 거둔 것은 바로 그처럼 잘못된 관념들이 개입할 수 없도록 하면서 자신만의 길을 꿋꿋하게 걸어온 결과이기 때문이다.

이러한 감각과 인식에서 출발하기 때문에 비로소 그들은 "이데올로기 공작의 지도권과 발언권을 굳게 움켜쥐고" 다른 생각과 목소리를 최대한 억제하는 일이 공산당의 운명뿐만 아니라 국가와 민족의 성쇠나 운명과 관련된다고 믿는다. 그뿐 아니라 과거 상대적으로 자유로웠던 작풍을 확 뜯어고친 후 다음과 같이 과감하게 강조할 수도 있게 된다.

각급 당위원회는 정치적 책임과 영도의 책임을 지고, 선전사상 영역의 중대한 문제에 대한 분석과 연구를 강화하며, 중요한 전략적 임무에 대한 통합적 지도를 강화하고, 중대한 배치나 주요 임무가 실현될 수 있도록 추동해야 한다. 특히 근본적인 문제나 정치적 원칙의 문제에서는 반드시 선명한 태도와 군건한 입장을 견지해야 하며, 지도급 간부는 바람 세고 파도 높은 첨예한 투쟁의 장에서 투쟁을 지휘할 수 있어야 한다. 당위원회의 주요 책임자는 이데올로기 공작을 틀어쥐는 데 앞장서고, 해당 지역과 해당 부문 주요 매체의 내용을 파악하는 데 앞장서며, 해당 지역과 해당 부문 매체의 발전방향을 유도하는 데 앞장서고, 잘못된 관념과 경향을 비판하는 데 앞장서야 한다. 또 선전공작의 이념을 수립하고, 각각의 전선과 각각의 부문이 함께할 수 있도록 동원하며, 각 영역의 행정관리, 업무관리, 사회관리가 사상

선전 공작과 더욱더 긴밀하게 결합하여 막강한 역량이 형성되도록
해야 한다.

이데올로기 공작을 잘하는 데는 사상선전 부문이 매우 중요한 사
명을 띠고 있는바 반드시 책임감을 갖고 끝까지 완수해야 한다. 사상
선전 부문의 공작을 강화하기 위해서는 우선 지도급 간부가 강화되
어야 하고, 해당 팀이 강화되어야 한다. 사상선전 부문을 강화할 지도
팀을 잘 선정하고, 정치가가 신문, 잡지, 방송, 뉴스사이트를 제작하
도록 견지하며, 사상선전 공작의 지도권이 당과 인민에 충성하는 사
람의 손에 장악되도록 해야 한다. 각급 사상선전 부문의 지도급 간부
들은 학습과 실천을 강화하여 이론, 글쓰기, 말하기 혹은 다른 장기
면에서 특출한 능력을 갖고 다른 사람에게 믿음을 줄 수 있는 전문가
가 되어야 한다. 지식인공작을 고도로 중시하여 잘해내고, 그들의 단
결과 지도를 강화하며, 정치적 통솔력과 흡인력을 강화하여 그들을
최대한 당 주변에 결집하게 만들어야 한다.

이를 보면 최근 중국대륙이 갈수록 언론과 출판 공간을 축소해왔음
에도 사회나 지식인 상당수가 이를 지지한 데에는 바로 이러한 논리구
조와 심정적 분위기가 그 배후에 존재하고 있기 때문임을 알 수 있다.

물론 그렇다고 지금 중국대륙의 당-국가가 중국의 모든 것이 좋으며
전혀 문제가 없다고 맹목적으로 낙관하고 자신하는 것은 결코 아니다.
오히려 반대로 그들은 문제를 매우 강조하는 것처럼 보인다.

우리나라의 발전은 일련의 모순과 도전에 직면해 있으며 앞길에는
여전히 적지 않은 곤경과 문제가 놓여 있다. 예를 들어 발전과정 중
의 불균형, 부조화, 지속 불가능의 문제가 두드러지고, 과학기술의 창

신능력이 부족하며, 산업구조는 불합리하고, 발전방식은 여전히 거칠고, 도시와 농촌 지역 발전의 격차 및 거주민의 수입 격차는 여전히 큰 편이다. 사회적 모순은 눈에 띄게 증가하고 교육, 취업, 사회보장, 의료, 주택, 환경, 식품과 약품의 안전, 안전한 생산, 사회치안, 사법과 법집행처럼 군중의 구체적인 이해와 직결된 문제들이 상당히 많다. 또한 일부 군중의 생활난, 형식주의, 관료주의, 향락주의, 사치풍조 같은 문제들이 불거지고 있으며 일부 영역에서는 부패현상이 빈발하여 반부패투쟁의 형세가 여전히 엄중한 상황이다.

따라서 그들 역시 개혁을 매우 강조한다. "발전과정에서 직면한 난제들을 해결하고 갖가지 위험과 도전을 줄이며 경제 및 사회의 지속적이고 건강한 발전을 추동하기 위해서는 개혁을 심화하는 것 외에 다른 길이 없다"는 것이다. 그러나 이같은 개혁의 강조 이면이 바로 앞서 살펴본 것과 같은 자신감이기 때문에, 현재의 개혁에 대한 강조는 과거 개혁에 대한 강조와는 인지감각이나 인지상태에서부터 너무나 다르다는 데 문제가 있다.

과거에 개혁을 추진하던 당-국가는 인지 면에서 지금과 같은 자신감을 갖고 있지 않았다. 그들은 개혁과정에서 부딪치게 될 인지 문제가 매우 도전적인 것임을 알고 있었다. "돌을 더듬어가며 강을 건넌다(摸着石頭過河)"라는 덩 샤오핑의 유명한 말은 과거의 개혁주체가 인지문제상의 도전에 특별히 주목했으며, 개혁이 구체적으로 전개되는 과정에서 부딪치게 될 상황의 복잡성에 대해 매우 신중하면서도 열린 태도를 지니고 있었음을 잘 보여준다. 그에 비해 현재 개혁을 논하는 주체들의 인지감각 상태는 그와 매우 다르다. 지금은 "개혁은 이제 새로운 역사적 단계에 이르렀다"라면서 "시 진핑 총서기는 '중국의 개혁은 30여년을 거쳐 이제 깊은 물에 이르렀다. 즉 쉽고 모두가 좋아할 만한 개혁은 이미 끝났고, 맛있는 고기는 이미 모두 먹어치웠으며, 지금은 삼키기 어려운 딱딱한 뼛조각들만 남았을 뿐이다'라고 지적했다"고 강조한다. 현재 개혁을 주창하는 사람들의 감각으로 볼 때 '깊은 물'이나 '딱딱한 뼛조각'은 이미 기본적으로 인지상의 도전 문제가 아니다. 그것은 주로 "어떤 것은 복잡한 부문간 이익의 문제이고, 어떤 것은 사상인식상 통일되기 어려우며, 어떤 것은 일부 사람들의 '치즈'를 건드리고, 어떤 것은 다방면의 협력과 조치를 필요로 한다"라는 내용을 포함할 뿐이다. 다시 말해 오늘날 개혁의 주된 난제는 인지 문제라기보다 주로 사람들이 정확한 인식으로 통일되기 어렵고 이익집단이 장애물로 작용한다는 점이며, 당 전체가 하나가 될 수 있는지, 또 전국이 하나가 될 수 있는지의 문제라는 것이다. 따라서 지금 당-국가가 힘써 추진하는 사상은 개혁의 "모순이 클수록, 문제가 많을수록 더욱 굳건히 어려움을 극복하면서 과감하게 앞으로 나아가야 한다"라고 강조하거나, "반드시 힘을 내서 흔들리지 말고, 반드시 굳은 믿음으로 용기를 배가하며, 딱딱한 뼛조각도 과감하게 삼키고 험난한 여울도 과감하게 건너며, 오랜 고질병에 과감하게 메스를 들이대어 전면적으로 개혁을 심화하는 이 전쟁을 굳건하게 치러내야 한다"라고 강조하거나, "사상의 해방"을 강조한다. 무엇이 됐든 그 중점은 단지 인식의 통일과 권력의 집중에 놓여 있다. 정확한 인식은 형성되기 어려우며, 만약 정확한 인식이 쉽게 형성되기 어렵다면 또 어떤 기제를 통해 해결해야 할 것인가 같은 문제들은 결코 그 중점이 아닌 것이다.

이는 과거 "돌을 더듬어가며 강을 건넌다"가 인지상의 도전적 문제들에 중점을 두었던 것과는 확실히 다르다. 과거 그 말은, 개혁이 좀더 건설적이고 좀 덜 파괴적인 길을 갈 수 있도록 보증하는 정확하고 적합한 인식이 필요하지만 행동하기 전에는 그런 인식에 도달하기 어렵기 때문에, 강을 건널 때 매우 조심하는 것과 같은 심정으로 개혁을 진행함으로써 현실 상황에 어느 때라도 민감하게 느끼고 반응할 수 있어야 함을 의미했다. 그런데 지금 그 말은 "중국의 지혜가 녹아든 개혁방법이며 맑스주의 인식론과 실천론에도 부합하는 방법이다. 반드시 돌파해야 하지만 일시에 완전히 장악할 수는 없는 개혁이기에 시험적으로 탐색하고 돌을 던져 길을 묻는 방식을 택하고, 이 길이 맞다는 확신이 들 때 다시 추진하는 것"이라고 해석된다. 동시에 또 한편으로 그 말은 "개혁이 부단히 추진됨에 따라 반드시 최상위 설계(頂層設計, top level design)●와 전체적 기획을 강화하여 개혁정책의 과학성을 제고하고 개혁조치의 조화성을 배가해야 한다. '돌을 더듬어가며 강을 건너는' 것과 최상위 설계가 변증법적 통일을 이루어야 한다. 구체적인 단계별 개혁은 최상위 설계가 더 강화된다는 전제 아래 진행되어야 하며, 최상위 설계는 구체적인 단계별 개혁개방을 추진하는 기초 위에 진행되어야 한다. 거시적 사고와 최상위 설계를 강화하려면 더욱더 개혁의 체계성, 총체성, 협동성에 주목해야 하고 동시에 대담한 실험과 돌파를 진행하도록 계속 격려하면서 개혁의 심화를 이끌어야 한다"라고 강조한다.

이는 "돌을 더듬어가며 강을 건넌다"라는 말을 매우 균형감 있고 적절하게 해석한 것처럼 보인다. 하지만 조금만 더 생각해보면 이 말은 사실 "돌을 더듬어가며 강을 건넌다"라는 인지감각으로 개혁을 하던 시대는 이미 지나갔으며, 지금은 "반드시 최상위 설계와 전체적 기획을 강화"

● 원래 건축·엔지니어링 분야에서 사용되는 용어로, 가장 높은 곳에서 모든 항목과 층차, 요소를 종합적으로 고려하여 문제해결을 도모한다는 뜻. 중국에서는 제12차 5개년 (2011~15) 사회경제개발계획 건의서에 처음 등장한 이래 새로운 정치용어로 쓰이게 되었다.

해야 하는 시대임을 선언하는 것이나 다름없음을 알 수 있다. "'돌을 더 듬어가며 강을 건너는' 것과 최상위 설계를 강화하는 것"의 "변증법적 통일"에서 더 주도적 지위를 갖는 것은 말할 것도 없이 후자인 최상위 설계다. 왜냐하면 지금 중국에서 '돌을 더듬어가며 강을 건너는 것'의 적용 범위를 규정하는 것은 바로 자기의 최상위 설계능력을 과신하고 있는 최상위 설계자들이기 때문이다. 과거에 "돌을 더듬어가며 강을 건넌다"라고 말할 때 중요한 위상을 부여받았던 앞서의 인지감각이나 이 해상태는 이미 포기되어버렸다.

그뿐만이 아니다. '돌을 더듬어가며 강을 건너는 것'은 이미 상당히 지엽적인 지위로 축소되었음에도 지금 중국대륙의 상황으로 보자면 그처럼 축소된 지위조차 유지하기 힘들어 보인다. 현재 중국대륙의 지배 사조가 중점적으로 강조하는 또다른 일련의 지점들만 보아도 '돌을 더 듬어가며 강을 건너는 것'은 실천과정에서 반드시 구조적 난관에 부딪치게 되어 있음을 알 수 있다. 지금 중국대륙의 지배적 사조에서 또 하나의 두드러진 특징은 "각급, 각 부문, 각 영역의 모든 사람들, 그리고 중국의 동서남북 모든 지역을 막론하고 당이 모든 것을 영도한다. 당은 최고의 정치적 영도세력이며 각각의 영역과 방면은 모두 확고한 자각 아래 당의 영도를 견지해야 한다"라면서 '당의 영도'를 전에 없이 극단적으로 강조한다는 점이다. 공산당 각급 조직과 당원에 대해서는 "당에 대한 절대적 충성을 근본적인 정치적 요구이자 가장 중요한 정치적 기율로 삼아야 한다"라고 요구한다. 그리고 '충성' 여부는 바로 "사상적으로 정치적으로 실천적으로 당 중앙과 고도로 일치되는가" 여부로 해석된다. 그리하여 지금은 "언제나 주동적으로 당 중앙을 따르고, 당의 이론과 노선 방침을 따르며, 당 중앙의 안정적 개혁발전과 내정, 외교, 국방 및 치당, 치국, 치군을 위한 각각의 정책 및 조치를 따르는가" 여부가 당원과 간부를 평가하는 가장 중요한 기준이 되어버렸다. 이같은 요구는 물론 당원과 간부의 구체적 행동에 대해 막강한 구속력을 가진다. 거기에 또 목전의 "개혁은 부단히 더 심화되고 있고, 각종 사상과 문화는 격랑 속에 있으며, 각종 모순이 교직되고, 각종 요구들이 서로 부딪치고, 각종 힘들이 서로 경쟁하며 목소리를 내는 등 개혁추진의 민감도나 복잡성이 전에 없이 높은" 상황에서, 당원과 간부들은 반드시 "막강한 전략적 정력(定力)"*을 갖추어야만 한다고 강조한다. 그래야만 비로소 "시종 맑은 머리로 갖가지 잘못된 관점에 좌우되거나 각종 간섭에 미혹되지 않으면서, 모든 것을 실제에서 출발하고 내가 주인이 되어 고쳐야 하는 것은 반드시 고치고 고쳐선 안되는 것은 반드시 지켜내며, 개혁의 영도권과 주도권을 굳건하게 틀어쥘 수 있게 된다"라는 것이다. 이 모든 것이 합쳐지면, 관료들의 최상위 설계가 '돌을 더듬어가며 강을 건너는' 실천의 공간에 마땅히 주어져야 하는 행동의 적극성을 훨씬 더 삭감시킬 수밖에 없음은 물론이다.

중국대륙에 각종 문제들이 첩첩이 쌓여 서로 얽히고설켜 있고 또 동아시아와 세계에도 수많은 문제들이 뒤섞여 있는 마당에, 중국대륙의 가장 지배적인 권력과 사조는 이처럼 인지적으로 과도한 자신감에 차 있으며 또한 그같은 과도한 자신감 때문에 다양한 생각과 목소리를 강하게 억압하고 있다. 사정이 이러한데 당대 중국대륙의 인지적 도전성에 대해 심각하게 느끼고 있는 내가 어찌 깊은 우려를 표하지 않을 수 있겠는가?

지금 중국대륙에 가장 큰 영향력을 가진 이러한 사조가 어떻게 형성되었는지 검토하려면 그것이 다음 두가지 점과 직접적으로 상관됨을

---

* 불교 용어로, 어지러운 생각을 없애고 마음을 한곳에 집중할 수 있는 힘.

잊지 말아야 한다. 첫째, 성과나 자신감에서 출발해 문제를 사고하면서도 동시에 곤경과 고뇌로부터 출발하여 개혁의 역사를 사고해야 하는데, 그러지 않고 지나치게 중국대륙의 현저한 성과만을 근거로 당대 개혁의 역사를 평가했다는 것, 둘째, 역사 당사자의 어떠한 종류의 관념과 역사적 현상에 대해 너무 성급하게 인과적으로 해석했다는 것이다.

이쯤 되면 중국대륙에서 곧 출판될 나의 논문집 제목을 왜 '고뇌로부터 출발하다(從苦惱出發)'라고 지었는지 짐작할 수 있을 것이다.

6

물론 이 책에서 특별히 '사상의 무의식' 문제를 제시했다고 해서 독자들이 그와 상관된 부분만 골라 읽기를 바라는 것은 결코 아니다. 오히려 나의 사심으로는 독자들이 이 책에 수록된 글 하나하나를 모두 찬찬히 읽어주기를 바랄 따름이다.

연구와 사색 과정에서 내가 가장 많은 시간과 정력을 쏟는 부분은 바로 문제를 중국대륙 내부로부터 정확하고 세밀하게 파악하는 것과 대상을 최대한 세심하게 포착하는 일이다. 그 가운데 있는 지극히 소소한 주름들을 다루는 데서도 모두 특별히 세심하고자 하고, 그 세심함을 기반으로 대상을 이해하고자 노력한다. 그와 같이 역사-현실에 온 정신을 쏟는 인내의 과정 속에서 비로소 나는 역사에서 중요한 위치에 있으면서도 아직 우리의 인지 속에 출현하지 못한 '점'들을 발견할 수 있으리라 믿는다. 더불어 이 '점'들을 통과해 관련 역사-현실을 정리함으로써 다시 한번 당대 중국대륙에서 관련 인식이 어떻게 형성되고 변화했는지 진지하게 되돌아볼 때 비로소 사상의 무의식을 발견할 수 있을 것이다. 또한 이처럼 사상의 무의식을 발견함으로써 다시 당대 지식사상의 현 상태를 명확히 정리하며, 사상의 무의식으로 인해 생겨난 인지 문제와 실천 문제를 어떻게 극복할지 사고할 수 있게 될 것이다.

그런 점에서 내 글의 중점은 사상의 무의식과 관련된 각종 문제들을 진지하게 정리하고 분석하고 서술하는 데 있으며 실제로 대부분의 지면을 그에 할애하였다. 당연히 나는 독자들이 내가 가장 많은 시간과 정력을 들인 이 부분을 진지하게 대해주길 기대한다. 사실 그 부분을 정확히 파악할 때라야 비로소 독자들도 이들 사상의 무의식과 중국대륙의 역사–현실 사이의 복잡한 관계를 충분히 이해할 수 있을 것이다.

7

2014년 백영서 선생님과 이남주 형이 창비를 대표해서 내게 원고를 청했을 때 실은 매우 뜻밖이라고 느꼈다. 최근 내가 점점 더 많이 한국 학자들로부터 도움을 받고 있긴 하지만 그래도 한국 학계는 주로 중국대륙 지식계의 사상적 인물에게 더 많은 관심을 갖고 있는 걸로 아는데, 나처럼 중국대륙의 많은 사조들과 교류하면서도 겉으로는 그 사조들과 매우 거리가 멀어 보이는 연구를 하는, 주변적이면서 자리매김하기도 쉽지 않은 사람이 한국 학계의 관심을 받을 거라고는 생각지 못했기 때문이다.

따라서 창비사가 내 책을 출판하고 싶다고 했을 때, 그것도 '당대 중국 사상의 무의식'이라는 제목과 내용의 책을 내고 싶다고 했을 때 나는 그것을 한국 학계의 변화를 보여주는 하나의 징조가 아닐까 생각했다. 즉 사상관념의 각도에서 출발하는 한국의 중국대륙 인식이 과도하

저자 후기 —— **311**

게 사조에서 출발한 파악에 만족하지 못하고 이제 사조 바깥에서 새로운 인식의 경로를 찾기 시작한 것이고, 마침 내가 이 과정의 수혜자가 된 것이라고 말이다.

만약 이런 나의 짐작이 일리 있는 것이라면 나는 행운아임에 분명하다. 하지만 그와 동시에 한중 지식계의 불균등한 교류현황에 대해 개탄하지 않을 수 없다. 최근 중국대륙에서 한국은 무소부재하다고 할 만큼 그 영향이 사뭇 크다. 우리 가족만 해도 그렇다. 세 식구 중에 아내와 아들은 한국어를 웬만큼 듣고 쓰고 읽을 줄 안다. 아내 짱 칭(臧淸)의 한국어는 한국방송통신대학교에서 2년간 강의를 하면서 배운 것이고, 아들 허 팡이(賀方沂)의 한국어는 중국에서 완전히 독학으로 터득한 것이다. 아들이 학업이 막중한 고등학교에서도 한국어를 그렇게 열심히 공부한 것은 무엇보다 우리 집안이 한국을 존중하는 분위기인데다 우리 부부 둘 다 많은 한국인 친구들을 알고 지내서일 것이다. 그러나 아무래도 더 큰 원인은 중국을 석권한 한류에 있다. 아들은 한국 가요를 즐겨 듣고 한국 드라마를 한국어판으로 보며, 학교 한국어동아리에서 한국어 연설 활동을 하기도 했다. 그뿐 아니라 아들은 집에서도 늘 아내한테 한국어로 대화하자고 졸라대는 바람에 한국어를 모르는 나의 가정 내 지위가 위험에 처할 지경이다. 이런 우리 가족의 상황만 봐도 중국대륙에서 한국의 영향이 얼마나 큰지 알 수 있다.

그러나 또 한편으로 한국의 지식계 상황에 대한 중국의 인식은 중국의 지식상황에 대한 한국의 인식에 비하면 턱없이 부족하다. 창비사가 나의 '사상의 무의식'에 대한 책까지 출판하겠다고 나선 마당에 중국대륙은 한국 사상의식의 기본 상황조차 제대로 파악하고 있지 못한 상태인 것이다. 이는 한중 지식계의 사상교류의 불균형이 더 심각해지고 있음을 보여준다. 한중 간의 이같은 심각한 불균형 상태를 개선하기 위해 중국대륙 지식계와 출판계는 반드시 분발해야만 할 것이다. 또한 나 역시 상황을 개선하는 데 미력의 힘이나마 보탤 수 있기를 바라 마지않는다.

8

2014년 이전까지만 해도 나는 창비사에서 책을 내게 될 것이라고는 생각해본 적이 없다. 창비사는 저만치 높은 곳에 있다는 인상이 있었기 때문이다. 그래서 2014년 7월 상하이에서 이남주 형이 출판을 제안했을 때 사실은 너무 갑작스럽고 얼른 믿기지도 않았다. 10월에 백영서 선생님이 베이징에서 다시 이 문제를 거론하고서야 '아, 정말로 출판을 하는구나' 하는 실감이 들었다. 이 책이 창비사에서 나오게 된 데 대해 우선 창비 기획편집위원장 백영서 선생님과 이남주 형, 백지운 선생 세분께 감사드리고, 편집자와 저작권 담당자 등 관계자 여러분의 노고에 감사드린다.

다음으로 이 책이 한국의 독자와 만날 수 있게 된 데 대해 특별히 임우경 선생에게 감사드리고 이남주 형에게도 다시 한번 감사의 말을 전하고 싶다. 앞서 말한 대로 이 책에 수록된 논문 선정과 제목은 우리 세 사람이 의논하여 결정했다. 내가 임우경 선생과 알게 된 것은 10년이 훨씬 넘었고 이남주 형과는 10년 가까이 되었다. 두분은 모두 훌륭한 학자로서 한국과 중국을 막론하고 사상논쟁과 현실에 개입할 수 있는 뛰어난 학인이자 사상가이다. 지난 수년간 나는 동년배의 이 두분에게 탄복하며 존경하는 친구이자 경외하는 친구로 대해왔다. 두분 모두 막중한 연구와 교육 업무를 맡고 있고 거기에 사회적 책임과 가정에서의 책임까지 다하느라 너무나 바쁘게 살고 있다는 것을 나는 잘 알고 있다. 그런데도 이남주 형에게 이 책의 머리말을 써달라고 부탁하자니 매우 미안했는데, 그는 너무나 흔쾌히 그러마고 대답했다. 얼마나 감사한지! 게다가 나는 임우경 선생이 이 책의 역자가 될 것이라고는 감히 생각도 하지 못했다. 그가 얼마나 바쁜지, 얼마나 스트레스가 많은지 잘 알고 있기 때문이다. 그래서 처음 이남주 형이 편지로 이 소식을 전했을 때 정말로 한마디도 보태지 않고 내 눈을 믿을 수가 없었다! 아무튼 이 두분께 너무나 감사드린다. 만약 한국의 독자들이 이 책에서 조금이라도 뭔가를 얻을 수 있다면 최소 절반의 공은 이 두분께 있다고 할 것이다.

또한 이 책의 출판을 빌려 한국의 이정훈, 류준필, 이진경, 백원담, 홍석표, 박지현, 이선옥, 김은영, 이화진, 이수현, 그리고 앞서 언급한 선생님들과 벗들에게도 특별히 감사의 인사를 전하고 싶다. 그들과의 교류 덕분에 나는 우정을 얻었고, 지식사상을 얻었다. 또 그들 덕분에 한국에 몇번 가보지도 못한 내가 한국에 대해 진심으로 친밀감과 존경심을 느끼게 되었으며, 나도 모르는 사이에 한국의 역사, 사회, 문화, 사상, 문학에 대해 더 많이 이해할 수 있게 되었다. 내가 종종 중국대륙의 문제를 더 넓은 시야에 놓고 사고할 수 있게 된 것도 대개는 그들의 지도와 영향 덕분이다.

마지막으로, 이 책의 독자 한 사람 한 사람에게 모두 감사를 전하고 싶다. 이 책은 결코 쉽게 읽히는 책이 아니다. 그렇지만 시간과 노력을 들여 진지하게 읽는다면 결코 후회하지는 않을 것이라고 믿는다. 정말로 그렇게 되기를 바라 마지않는다.

2017년 1월 27일부터 2월 2일까지
베이징에서
허 자오텐

주

제1장

1 이 대만 친구의 관찰은 상당히 정확했다. 실제로 '봉황넷' 2013년 9월 30일자 「부자가 되고 싶은 중국인의 9대 욕망(中國人關于變富的9大慾望)」이라는 기사는 다음과 같이 보도했다. "중국인들은 얼마나 돈을 숭배할까? 로이터와 입소스(Ipsos)가 금년 2월 조사한 바에 따르면, 20여개 국가 설문 참여자 중 '돈이 가장 훌륭한 성공의 상징'이라는 데 동의한 사람의 비율은 중국이 가장 높았으며, 참여자의 69%가 돈이 성공을 대표한다고 여겼다. 그런데 우리가 돈의 제국이라며 의분에 가득 차서 비난하는 미국은 그 비율이 오히려 33%에 불과했다. 『인민일보』 산하 '환구넷'이 그후 이 문제를 조사했는데 그 결과는 더 놀랍다. 60%가 넘는 중국인이 자신은 돈을 숭상한다고 인정했으며 95%가 넘는 사람들이 중국의 배금주의가 심각하다고 여겼다. http://finance.ifeng.com/lifeofwealth/socialelite/detail_2013_09/30/30023080_0.shtml#p=1

2 이 목사는 용을 중국 전통문화의 상징이라고 생각하고 협소한 시각에서 그것을 복음 전파를 방해하는 악이라고 여겼던 것이다. 그리하여 원래 기독교와는 전혀 무관했던 마오 시대의 반전통운동이 이 목사에게는 기독교 전파를 방해하는 악룡을 미리 처치한, 복음 전파의 실질적인 수단으로 이해되었던 것이다.

3 량 수밍(梁漱溟)은 중국 사회와 문화의 이런 특징을 가리켜 '윤리본위'라고 칭했다.

4 1920년대 중국을 방문했던 버트런드 러셀(Bertrand Russell)은 삶을 즐기는 중국인의 능력에 경이를 표한 바 있다. 그는 1920년 10월 12일부터 1921년 7월 11일까지 중국에서 강의한 적이 있는데, 「중서문화의 비교(Chinese and Western Civilization Contrasted)」라는 글 말미에 이렇게 말했다. "내가 중국에 온 것은 원래 교육을 위해서였다. 그러나 여기서 지내는 시간이 길어질수록 중국을 어떻게 가르칠 것인가에

대한 생각은 점점 줄어들고 대신 그들에게 배워야 한다는 생각이 더 많아졌다. 나는 중국에 오래 살았던 유럽 사람들 가운데 이런 태도를 가진 이가 결코 드물지 않다는 사실을 발견했다. 하지만 중국에 잠깐 머물면서 돈을 버는 유럽인들 가운데 이런 태도를 가진 이는 매우 드물었다. 우리가 중국인에게는 배울 만한 것이 없다고 여기는 이유는 중국이 우리가 중시하는 군사적 위엄이나 공업의 진취 같은 것에서 뒤떨어지기 때문이다. 그러나 지혜롭고 심미적인 사람, 인생을 즐기는 사람들은 중국에서 지혜와 미감과 즐거움을 찾을 줄 알며 이것들을 중시하는 이 나라에서 즐겁게 살아간다. 왜냐하면 그 방면에서 중국은 번잡스러운 서구보다 훨씬 낫기 때문이다." 그외에 80년대 중국의 대표적 사상가인 리 쩌허우(李澤厚)는 중국문화의 이같은 특징을 '낙감문화(樂感文化)'라고 칭한 바 있다.

5 판샤오 토론의 전개상황에 대해 더 자세한 것은 彭明榜「'潘曉討論'始末」,『中國靑年』編輯部 編『潘曉討論: 一代中國靑年的思想初戀』, 天津: 南開大學出版社 2005, 3~29면; 郭楠檸「我親歷的'潘曉討論'」,『炎皇春秋』2008년 제12기; 馬笑冬「催生'潘曉'」, 葉維麗·馬笑冬 口述·葉維麗 選編『動蕩的靑春: 紅色大院的女兒們』, 北京: 新華出版社 2008, 236~41면 참고.

6 『중국청년』에 판샤오의 편지가 실린 것은 1980년 5월이고, 토론에 참여하는 편지는 6월부터 11월까지 실렸다. 12월과 그 이후에 실린 관련 글은 군중이 보낸 편지가 아니다.『중국청년보』는 80년 6월 12일부터 토론을 하자고 호소했고 7월 3일부터 토론 편지들을 실었으며 81년 1월 20일에 종결했다. "인생의 의미를 어떻게 인식할 것인가? 전진의 표지를 어떻게 찾을 것인가?"라는 제목에 "인생관 문제에 관한 토론"이라는 부제(7월 3일부터 이를 부제목으로 함)를 달고 모두 40기에 걸쳐 토론을 진행했다. 11월부터 실린 글들은 확연히 계획적으로 준비한 유도성 글이었다.『공인일보』는 "어떤 인생관을 수립해야 하는가?"라는 제목하에 80년 6월 5일 시작했다가 같은 해 12월 23일 갑자기 중단했으며(갑자기 중단했다고 말하는 것은『공인일보』를 보면 토론이 중단되기 몇기 전만 해도 편집자가 토론을 끝낼 생각이 전혀 없었기 때문이다. 또 81년 2월 27일에서야 의도적으로 준비한 게 분명한 위 신옌(余心言)의 「인생의 목적을 말하다(漫話人生目的)」라는 글을 싣고 거기에 붙인 「편집자 부기」에서 비로소 이번 토론을 끝낸다고 공식 선언했기 때문이다), 모두 23기에 걸쳐 토론을 진행했다.『중국청년』『중국청년보』『공인일보』의 토론상황을 자세히 살펴보면 루 위에강이 "반년에 걸쳐"라고 말한 것은 아마 이들 매체에 자유투고 원고가 실린 기간만 상정한 것으로 보인다.

7 『중국청년』편집부는 1980년 초 인생관에 대한 토론을 잡지에 싣기로 결정했다. 토

론을 잘 조직하기 위해 당시 사상교육부 주임이던 궈 난닝(郭楠欁)은 편집자 마 리전(馬麗珍)과 마 샤오둥(馬笑冬)에게 관련 연구조사를 진행하도록 했다. 이를 위해 두 사람은 베이징의 여러 기관, 학교, 상점, 공장 등에서 수차례의 좌담회를 개최했다. 이 과정에서 마 샤오둥은 당시 베이징 제5양모공장에서 일하던 황 샤오쥐(黃曉菊)를 알게 되었고, 마 리전은 베이징경제학원 학부생이던 판 이(潘禕)를 알게 되었다. 나중에 『중국청년』 1980년 제5기에 발표된 '판샤오'의 편지 「인생의 길은 왜 갈수록 더 좁아드는가…」는 마 샤오둥이 황 샤오쥐와 판 이가 보내온 편지를 바탕으로 하되 황 샤오쥐의 편지를 위주로 판 이의 견해와 기타 조사연구 좌담회에서 나온 이야기들을 가미하여 만들어낸 것이다. 그런 뒤 궈 난닝이 수정하고 『중국청년』 잡지사 사장 겸 총편집자였던 관 즈하오(關志豪)가 심의하여 최종 결정했다. '판샤오'라는 이름은 황 샤오쥐의 '샤오'와 판 이의 '판'을 조합해 만든 것이다. 이 편지의 「편집자 부기」는 마 샤오둥이 초고를 쓰고 궈 난닝이 수정했다. 彭明榜, 앞의 글 10~14면, 馬笑冬, 앞의 글 236~41면, 郭楠欁, 앞의 글 참고.

8 여기서 398만부란 1980년 연말 『중국청년』의 발행부수를 말한다. 펑 밍방(彭明榜)에 의하면 해당 토론기간 『중국청년』의 발행부수는 325만부에서 397만부로 급증했는데(彭明榜, 앞의 글 24면), 이는 루 위에강이 제시한 숫자와 거의 일치한다. 한편 판샤오 토론 당시 『중국청년』 잡지사 사장이자 총편집자였던 관 즈하오는 후 차오무(胡喬木)의 질문에 『중국청년』의 발행부수가 335만부라고 답한 적이 있는데, 이는 80년 6월 18일 후 차오무가 질문을 당시의 발행부수(「胡喬木接見『中國靑年』負責人」, 『潘曉討論: 一代中國靑年的思想初戀』 293면 참고), 즉 '판샤오 토론'이 시작된 지 얼마 되지 않았던 6월의 발행부수를 가리키는 것으로 보인다.

9 인터뷰어는 광저우(廣州)미술학원의 교수 리 궁밍(李公明)이었다. 리 궁밍은 전문 연구 분야에서도 상당한 업적을 쌓은 연구자인 동시에 중국대륙에서 매우 활발히 활동하고 영향력을 가진 공공지식인이기도 하다.

10 앞에서 인용한 루 위에강의 모든 발언은 http://www.china.com.cn/chinese/feature/933524.htm 참고.

11 편지와 「편집자 부기」는 『중국청년』 1980년 제5기, 2~5면 참고.

12 당시 『중국청년』이 시대의 맥박을 이처럼 정확하고 깊이있게 파악하는 토론을 어떻게 성공적으로 추동할 수 있었는가라는 문제에 주목할 필요가 있다. 앞서 언급한 郭楠欁 「我親歷的 '潘曉討論'」; 『動蕩的靑春: 紅色大院的女兒們』 제6장 '馬笑冬: 催生 '潘曉'(236~46면); 彭明榜 「'潘曉討論'始末」 참조. 이 글들을 보면 적어도 당시의 시대 분위기, 『중국청년』 편집진의 책임감, 일부 편집자들도 당사자로서 느꼈을 시대

적 곤혹, 그리고 당시 사용된 방법들(예를 들어 공장이나 학교에 가서 수차례 좌담회
를 여는 것과 같은)이 모두 판샤오 토론의 성공적 추진과 밀접하게 연관됨을 알 수
있다.

13 이 점에 대해서는 郭楠檸 「我親歷的 '潘曉討論'」;『動蕩的靑春: 紅色大院的女兒們』
제6장 '馬笑冬: 催生 '潘曉'' 참고.

14 彭明榜 「'潘曉討論'始末」 13면.

15 『動蕩的靑春: 紅色大院的女兒們』 241면.

16 이 점에 대해 「편집자 부기」의 핵심 당사자 궈 난닝은 다음과 같이 말한 바 있다.
"이번 토론이 과거의 것과 근본적으로 다른 점은, 과거 토론을 제안할 때 편집부는
대개 어떻게 지도할 것인지, 마지막에 어떻게 결론을 내릴 것인지에 대해 모두 미리
안을 갖고 준비했던 데 비해, 이번 토론은 미리 정해진 답안도 없고 마지막에 어떻게
결론을 내려야 할지도 모른 채 편집자와 독자가 공동으로 모색해갔다는 데 있다. 그
러나 나는 인생의 의미에 대한 솔직하고 평등하며 과학적인 토론 속에서 판샤오와
판샤오처럼 미망 속을 헤매는 청년들이 시사점을 얻고 각자 다른 인생의 길에서 전
진의 이정표를 찾을 수 있을 것이라고 믿었다." 즉 편집자인 그들도 문제를 보고 문
제의 중요성만 인식했을 뿐 그에 대한 답안은 없었으며 성심껏 진지한 토론을 하는
과정에서 진짜 답안이 떠오르기를 바랐던 것이다.

17 중국대륙의 역사서술에 의하면, 1978년 말 중국공산당 제11기 중앙위원회 3차 전
체회의(3중전회)가 열린 이래 지금까지를 '신시기'라 부른다. 11기 3중전회를 신시기
의 표지로 꼽는 일반적 이유는 이 회의에서 중공이 '계급투쟁을 최우선'으로 하는 사
상정치노선을 분명하게 종결짓고 당과 국가의 공작중심을 경제건설로 옮겼기 때문
이다.

18 관련 자료를 보면 당시 지위가 더 높았던 후 야오방(胡耀邦)이 판샤오 토론과 관련
된 사무처리에서 일관되게 너그러움과 후함을 보여주었음을 알 수 있다(특히 후 차
오무와 비교할 때 그렇다). 그러나 아쉬운 것은 후 야오방 역시 판샤오 토론의 중요
성에 대해 전혀 인식하지 못했다는 점이다. 그렇지 않았다면 그가 토론에 개입할 때
그처럼 경솔하고 주제와 무관한 발언을 하지는 않았을 것이다. 후 차오무와 후 야오
방이 판샤오 토론과 어떤 관련이 있는지는 彭明榜 「'潘曉討論'始末」;「胡喬木接見
『中國靑年』負責人」 참고.

19 TV에서 '판샤오'에 대해 보도할 때 대표로 황 샤오쥐가 나왔던 것도 그 때문이다.

20 저자가 착각을 한 모양이나 원래 책 제목은 '어떻게 사람노릇을 하며 누구를 위
해 살 것인가(怎樣作人, 爲誰活着)'이고 부제는 '레이 펑 동지에게 배우자(向雷鋒同

志學習)'이다. 이 책은 톈진인민출판사(天津人民出版社)에서 출판했고 1963년판, 65년판, 79년판이 있다. 황 샤오쥐가 읽은 것이 63년판인지 65년판인지는 알 수 없지만 두 판본의 차이는 크지 않다. 표지 디자인이 바뀌었고, 63년판에 실린 두편의 글이 65년판에는 빠져 있으며 몇몇 자구가 바뀌었을 뿐이다. 그에 비해 79년판은 변화가 큰 편이다. 표지 디자인과 자구 수정 외에 63년판, 65년판에 모두 실렸던 네편의 글이 79년판에서는 삭제되었고 그 대신 65년판에서 삭제되었던 두편의 글이 원래대로 수록되었다.

21 황 샤오쥐가 보낸 편지에는 원래 남자친구가 화교였다고 했지만 당시 편집진은 "화교정책 문제를 고려해서 간부의 자제로 고쳤다"라고 한다(「關于工人日報等單位反映 '潘曉問題'的調査報告」, 『潘曉討論: 一代中國青年的思想初戀』 298면).

22 황 샤오쥐와 판 이의 부모는 모두 외지에 있었고 이들은 어려서부터 베이징의 친척 집에서 자랐다. 이렇게 부모 없이 성장하는 것은 당시 흔한 일이었지만 부모가 모두 곁에 있는 경우에 비해 그 비율은 물론 훨씬 적었다.

23 판샤오 토론에 실제로 참여하고 그것을 촉진했던 편집자 마 샤오둥의 구체적 경험에서 우리는 당시 세대가 가장 받아들이기 어려웠던 것은 직접 몸에 난 상처가 아니라 바로 인식과 가치의 미망이었다는 점을 알 수 있다. 마 샤오둥은 자신이 '인생의 의미 토론'을 준비하기 위해 조직한 어느 조사연구회에 대해 다음과 같이 회고했다. "반 이상의 참석자들이 모두 울었다. 사람들은 속에 담아두었던 많은 이야기들을 풀어냈다. 그들의 가장 큰 고민은 사회에서 선전했던 가치가 현실과 너무 다르다는 데 있었다. 선전은 나를 잊고 대공무사(大公無私)하라고 말하지만 현실에서 사람들은 모두 자기만을 생각하고, 선전은 공산주의 사업을 위해 분투하라고 하는데 현실은 날마다 평범하고 무미건조한 일상의 반복일 뿐이라는 것이다"(『動蕩的青春: 紅色大院的女兒們』 238면).

24 이는 또 당시 더 많은 가치가 있다고 여겨졌던 무산계급문학 혹은 사회주의 리얼리즘의 고전적 작가와 작품이 왜 판샤오의 독서목록에 등장하지 않는지를 이해할 수 있게 해준다. 판샤오 본인이 강하게 토로했던 사회주의 경험의 트라우마가 알게 모르게 이들 작가와 작품을 멀리하게 만들었던 것이다.

25 나의 좋은 벗이자 존경하는 친구 천 밍(陳明)이 졸고를 읽고 알려준 바에 따르면 『정씨유서(程氏遺書)』에는 이 부분이 원래 "古之學者爲己, 其終至於成物, 今之學者爲物, 其終至於喪己"라고 되어 있다고 한다. 그런데 『사서장구집주』에는 『정씨유서』의 '爲物'이 '爲人'으로 바뀌어 있다. 천 밍의 말대로 또다른 판본이 있는 것인지, 아니면 주자가 의도적으로 고친 것인지는 확인할 필요가 있다.

26 뜻밖에도 오늘날 대학생들과 판샤오의 편지를 갖고 토론하다보면 상당히 많은 학생들이 판샤오의 이 말에 공감하곤 한다. 그들은 마치 오늘날의 자신들 가운데 누군가가 말하는 것 같다고 한다.

27 실제로 판 이는 1979년 5월 31일 자살을 기도했다 구조되었다(潘禕「那場討論改變了我幾乎全部的人生」,『潘曉討論: 一代中國靑年的思想初戀』76~78면). 지금 우리가 읽는 '판샤오의 편지' 가운데 "심지어 죽어버릴까 생각한 적도 있다"는 말이 원래 황샤오쥐의 편지에서 나온 것인지, 아니면 판 이의 편지에서 나온 것인지, 그것도 아니라면 편집자 마 샤오둥이 토론을 준비하기 위해 진행한 좌담회에서 들은 이야기인지는 확실하지 않다. 하지만 분명한 것은, 당시 가치관의 좌절을 느끼고 심신의 불안감을 느낀 사람은 많았지만 그 좌절과 초조함 때문에 자살을 기도한 사람은 많지 않다는 점이다. 그러므로 판 이가 실제 자살을 기도했다는 사실보다는 "심지어 죽어버릴까 생각한 적도 있다"라는 이 말이 그 시대 사람들의 심리적 경험을 더 잘 대변하는 것이라 하겠다.

28 1980년대에 관한 많은 역사서술에서 특히 주목받곤 하는 개혁과 지식인들은 판샤오 토론에 대해 겉으로는 동정적인 듯했으나 실은 무시했으며, 청년들의 주의력을 그들 자신의 관심이나 이해 속으로 끌어들이는 데 급급했다. 이는 인생의 의미 토론에 개입했던 옌 자치(嚴家其)나 롼 밍(阮銘)의 글에서도 충분히 드러난다. 嚴家其「潛藏在共和國身上的王朝印記: 對我國社會弊病內在根源的一種看法」,『中國靑年』1980년 제10기, 25~27면; 阮銘「歷史的災難要以歷史的進步來補償」,『中國靑年』1980년 제12기, 22~27면 참고.

29 黃曉菊「笑着哭着唱着罵着走過來」,『潘曉討論: 一代中國靑年的思想初戀』61~74면; 潘禕「那場討論改變了我幾乎全部的人生」75~100면 참조.

30 1980년대의 신계몽 사조와 개혁사조에 대한 더 많은 분석과 평가는 이 책 제2장 '계몽과 혁명의 이중변주'의 마지막 절을 참고할 것.

31 당대 중국 역사에서 매우 특이한 점은, 대다수 사람의 진짜 관심은 물질적인 실제 이익이라고 보는 개혁 시대의 가설이 원래부터 물질적 이익에 관심이 많은 사람들에게 호응을 얻은 것은 물론이고 그전 시기 과도한 이상주의에 대한 반발에서 물질적 이익의 개선이야말로 실질적인 개선이라고 생각했던 사람들의 열렬한 호응도 받았으며, 심지어 판샤오처럼 의미를 지극히 중시하는 사람들에게서까지 그에 대한 참여의 열정을 이끌어냈다는 것이다. 앞서 분석한 바 있듯이, 의미를 중시하는 판샤오의 방식이 판샤오를 자아로 향하게는 했지만 실제로 자아의 논리를 전개할 방식이 판샤오에게 부재한 결과 자기도 모르게 사업의 방향이 자아가 아닌 사회가 요구하는 방

향으로 나가게 되었다. 그리하여 개혁 시대의 설계에 저항해야 할 판샤오들이 도리어 경제주의, 물질주의 논리와 분위기 — 의미를 추구하는 그들의 심신을 억압하고 상처를 입히곤 하며 원래는 저항해야 하는 — 에 적극적으로 동참하는 기현상이 출현하게 된 것이다.

32 건국 초기 중화인민공화국의 성과와 문제에 대한 간략한 서술과 분석은 費正淸·崔瑞德 主編『劍橋中國史』第14卷: 弗雷德里克. C. 泰韋斯 著『劍橋中華人民共和國史, 1945-1965年, 革命中國的興起』第2章「新政權的建立和鞏固」, 北京: 中國社會科學出版社 1990, 제1판, 55~149면을 참고할 것.

33 이 부분에 관심이 있는 독자는 제2장 '계몽과 혁명의 이중변주'의 제2절을 참고할 것. 이 글은 간체자판『人間思想』제4집(2016)에도 실려 있다.

34 즉 사회주의와 공산주의 실현을 세계사의 필연적 원리로 보고, 중국혁명과 사회주의의 현 상황을 이러한 세계사적 원리의 의식적이고 정확한 집행으로 보는 것을 가리킨다.

35 판샤오 편지의「편집자 부기」와 이 토론을 중시했던 후 차오무의 태도를 통해 우리는 그들이 이 토론의 역사적 의미를 민감하게 느끼고 있었음을 알 수 있다. '민감'한 것은 '분명'한 것과는 다르다. 그렇다면 그들은 어떻게 '민감'할 수 있었을까, 그 '민감'함을 왜 '분명'한 것으로 발전시키지 못했을까라는 질문 자체가 모두 중요한 역사적 과제다. 누군가 이러한 과제를 계속 풀어가기를 기대해본다.

36 많은 언론매체가 이 토론에 개입했지만, 특히 관심을 갖고 상당한 규모로 토론을 진행한 매체는『중국청년』잡지와『중국청년보』『공인일보』였다.

37 란 밍의 글은『중국청년』1980년 제12기에 실렸다. 그리고「인생의 의미를 생각하는 이들에게 바침」은『중국청년』1981년 제6기에 발표되었다. 편집부 이름으로 나온 이「인생의 의미를 생각하는 이들에게 바침」의 집필과정에 대해서는 펑 밍방의「'판샤오 토론'의 시작과 끝('潘曉討論'始末)」24~27면에 간략한 기록이 있다. 펑의 글에 따르면 흥미롭게도, 토론의 종결을 선포한 이 글은 원래 이론계의 저명한 전문가에게 원고를 청탁하려 했으나 부탁을 받은 전문가들이 모두 "이 토론은 너무 광범위한 문제를 다루고 있어 사상적 관점이 복잡하다. 토론의 모든 과정에 직접 참여하지 않은 상태에서는 정리해내기 어렵다"(25면)라는 이유를 들어 고사했다고 한다. 그래도 결국 당시 영향력 있는 이론가였던 싱 번쓰(邢賁思)와 루 신(汝信) 등을 참여시켜 글을 마쳤다. 때문에 이 글은 어느정도는 당시 국가 차원의 이해와 의지, 그리고 일부 학계 지식인들의 이해와 인식이 합쳐진 결과라고 볼 수 있다. 그에 비해 란 밍의 글은 일반적인 자유토론문보다는 설득하고 유도하려는 의도가 더 강하게 드러나는데,

그럼에도 관료적 책임감을 뚜렷하게 보여주는 「인생의 의미를 생각하는 이들에게 바침」에 비하면 롼 밍은 보다 자기 개인의 이해와 사유를 주로 내세우고 있다. 『중국 청년』 1984년 제1기에 발표된 「'주관은 자아를 위하고 객관은 타인을 위한다'는 어디가 잘못되었나」("主觀爲自我, 客觀爲別人"錯在那里)는 83년 정신오염청산운동의 압력하에서 나온 것으로, 많은 판단이 마오 시대의 논리로 퇴행하는가 하면 태도나 논조 면에서도 거리감이 있고 생경했다. 「인생의 의미를 생각하는 이들에게 바침」과 「'주관은 자아를 위하고 객관은 타인을 위한다'는 어디가 잘못되었나」가 출현하게 된 배후의 국가를 비교해보면 우리는 서로 다른 시간대의 서로 다른 중국 국가의 모습을 보게 되며, 나아가 국가가 당대 중국대륙의 사상, 문화, 정신 문제를 어떻게 파악해야 할지 알지 못함으로 인해 표출되었던 두가지 시의부적절함 — 전자는 부드럽고 후자는 강한 — 을 볼 수 있다.

38 1983년 12월 정신오염청산운동의 압력하에 『중국청년』도 자기비판을 발표했는데, 흥미롭게도 그 비판 중 하나는 판샤오 토론이 '주관은 자아요 객관은 타인'이라는 잘못된 사상을 일부 사람들이 입버릇처럼 사용하는 말로 만들어버렸다'는 것이었다(中國靑年雜志社編委會 「關于"潘曉討論"問題的檢査報告」, 『潘曉討論: 一代中國靑年的思想初戀』370면).

39 이 문제와 관련하여 더 자세한 토론이 궁금하다면 이 책 제2장 '계몽과 혁명의 이중변주'의 마지막절을 참고할 것.

40 이 책 제3장 '포스트사회주의 역사와 중국 당대 문학비평관의 변천'에서 이러한 — 실제로는 반성 없이 집단주의에 대한 지나친 반발로 '자아'의 정의를 내리는 — 사조가 당대 중국대륙 문학에 가져온 영향에 대해 상당히 진전된 비판을 전개한 바 있다. 관심있는 독자는 이 글을 참고하기 바란다.

41 적절한 말을 찾지 못해 그냥 기독교의 어휘를 차용했을 뿐 이를 꼭 기독교적 의미로 이해할 필요는 없다. 이 단어는 그저 심신의 위로에 도움이 되는 직접적이고 효과적인 자원을 집단이 개인에게 제공한다는 의미로 이해하면 된다.

제2장 •

● 2014년 10월 24~26일 베이징 구러우시(古樓西)극장에서 베이징 민생근대미술관, 중국미술학원 트랜스미디어예술학원이 주최하고 인터아시아스쿨이 후원한 '아시아사상운동 보고: 2014년 인간사상 포럼'이 열렸다. 이 글은 바로 이 포럼의 제6 쎄션에서 같은 제목으로 발표했던 발표문의 앞부분 4개 절을 수정하여 만든 것이다. 그 시점에서 그런 방식으로, 오랫동안 생각해온 문제를 발표할 수 있게 된 것은 순전히

가오 스밍(高士明) 덕분이다. 원래 가오 스밍과 내가 이 포럼의 발표자, 토론자, 사회자를 결정하기로 했기 때문에 내가 발표자로 나서는 것은 적절치 않았다. 그러나 가오 스밍은 나와 나의 동료들이 20세기 중국혁명에 대한 연구를 벌써 몇년째 진행해왔는데 생각만 많고 결과물은 많지 않으니 이번 기회에 우리들의 연구를 객관화할 수 있도록 추동할 필요가 있다면서 어떻게든 나에게 발표를 맡기려고 했다. 그러나 그렇게 되면 다른 5개 쎄션과 균형이 맞지 않는 문제가 생겼다. 천 광싱(陳光興), 쉬 바오창(許寶强), 류 즈웨이(劉志偉), 원 톄쥔(溫鐵軍) 등 네명이 발표하는 지식운동에 대해서는 이미 출판물도 많고 관련 활동도 많다. 사꾸라이 타이조오(櫻井大造)의 천막운동(민중이 직접 연출하고 연기하는 민중연극운동)도 비록 출판된 것은 많지 않지만 그 대신 몇십년간 계속된 연출활동이 이미 동아시아에서 상당히 광범위한 영향력을 발휘하고 있다. 그에 비해 나와 내 동료들의 연구활동은 아직 출판된 것도 극히 적고 대중적 소통은 더 제한적이다. 그러니 다른 발표자들은 자기가 참여해온 운동의 상황을 정리하여 그 속에 축적된 지식과 방향을 드러내면 되지만 우리는 그렇게 하기 어려웠다. 그러자 가오 스밍은 내가 중국미술학원 특강에서 특히 주목했던 혁명과 포스트혁명 문제를 다뤄보면 어떻겠느냐고 제안했다. 이 문제는 매우 중요하고 많은 사람들이 흥미를 갖고 있을 뿐만 아니라 그가 보기에 내가 혁명/포스트혁명을 다루는 방식이 매우 독특하므로 청중도 나와 내 친구들의 지적 노력에 관심을 보일 만하다는 것이었다. 나도 그렇게 하면 청중이 수긍할 수 있을 것 같았다. 다만 나에게 혁명/포스트혁명이란 하나의 문제가 아니라 일련의 문제들이기 때문에 한번의 발표로 압축한다는 것은 거의 불가능했다. 그래서 가오 스밍과 상의하여 그중 하나의 문제를 택하기로 하고 '계몽과 혁명' 관련 주제로 결정하게 되었다. 그후 예비발표를 하는 과정에서 이 문제 역시 한시간 남짓 동안에 논하기는 매우 어렵다는 것을 알게 됐고, 그 때문에 어쩔 수 없이 가장 직접적이고 가장 핵심만을 건드리는 방식으로 발표문을 작성하게 됐다. 「계몽과 혁명의 이중변주」의 초고는 이렇게 해서 만들어졌다. 그 행사에서 토론을 해주었던 스즈끼 마사히사(嶺木將久), 쉬 진위(徐進鈺), 백지운, 장 쑹런(張頌仁) 선생들에게 감사를 전한다. 그들의 토론과, 나중에 개인적으로 진행된 리 즈위(李志毓), 웨이 춘(衛純) 등의 토론은 급하게 쓴 발표문을 고치는 데 많은 도움이 됐을 뿐 아니라 한가지 사실을 깨닫게 해주었다. 애초 발표시간 때문에 어쩔 수 없이 취했던 방식, 즉 구체적인 역사적 사실들을 생략한 채 역사적 심층기제의 논리만 단도직입적으로 논하는 방식은 관련 지식이 많지 않은 청중에게는 매우 낯설 수 있지만 한편으로는 특정한 문제 ─ 매우 중요한 구조적 위상을 지닌 역사지만 그에 대한 우리의 이해는 모호하거나 심지어 의식하지도 못했던 문제 ─

를 즉각적으로 대면하게 만드는 효과가 있다는 사실이었다. 이 깨달음 때문에, 원래 발표가 끝나면 글을 대폭 수정하여 다시 쓰려던 계획을 포기하고 발표문 앞부분의 4개 절을 성실히 고치되 초고를 작성할 때 취했던 글쓰기 방식과 감각을 유지하고자 애썼다. 이번 글은 내가 한번 고친 후 다시 천 밍, 리 즈위, 허 하오(何浩), 신 즈후이(辛智慧), 짱 칭(臧淸)에게 읽어달라고 부탁했고, 그들의 의견을 수렴하여 다시 수정한 것이다. 이 자리를 빌려 그들과 스즈끼 마사히사, 쉬 진위, 백지운, 장 쑹런, 웨이 춘, 그리고 특히 가오 스밍에게 진심으로 감사의 말을 전하고 싶다.

1 呂芳上『革命之再起: 中國國民黨改造前對新思潮的回應』, 臺北: 中央硏究院近代史硏究所 2015.

2 당시 시대를 풍미했던 사조의 핵심논리를 이해하기 위해 가장 손쉬운 방법은 黎澍 「消滅封建殘餘影響是中國近代化的重要條件」(『未定稿』 1978년 제1기; 『歷史硏究』 1979년 제1기)과 王小强 「農業社會主義批判」(『未定稿』 1979년 제49기; 『農業經濟問題』 1980년 제2기)을 함께 읽는 것이다. 역사적·이론적으로 야심만만하고 극히 웅변적인 이 두편의 글은 오늘날 거의 잊힌 상태지만 실은 매우 중요한 텍스트라고 할 수 있다.

3 물론 운 좋게 봉건주의의 폐해를 받지 않았다고 여겨진, 그중에서도 특히 생명의 원초적 충동과 본능을 유지하고 있다고 여겨진 문화적 표현, 생활의 표현, 예술의 표현들만은 면책되었으며 그로부터 문화예술적 영감을 얻을 수 있다고 간주되었다.

제3장 •

● 이 글은 역사와 관념의 상호관계를 고찰함으로써 한편으로 '문학은 인간학이다' '문학은 언어의 예술이다'라는 1980년대에 유행한 논제의 특수한 역사적 함의를 살펴보고자 한다. 또 한편으로는 80년대라는 특수한 맥락에서 형성된 특수한 논의들이 어떻게 90년대 이래의 문학 관념과 사조의 변화를 제약하며 영향력을 행사하는가를 밝히고자 한다. 이를 통해 지금의 문학이 직면한 곤경에 대해 시대적 추세를 강조하고 이론을 강조하는 것은 미성숙한 것이라는 식의 통상적인 논의 각도와는 다른 방식으로 토론을 제안하고자 한다. 시대적 추세는 단지 문학사조의 방향을 결정하는 중요한 원인일 뿐, 하나의 관념적 성찰이 시대가 부여한 과제를 짊어지고 나아갈 수 있는가 여부야말로 그 사조가 역사적 깊이와 미학적 효력을 가질 수 있는가를 결정짓는 관건이다. 이 글은 2001년 말에 썼던 논문의 개요를 수정한 것이다. 당시의 개요는 앞으로 더 충분하고 체계적인 장문을 쓰기 위한 하나의 밑그림으로, 각각의 주장과 주장 사이의 연결논리에 중점을 두었을 뿐 증거를 들어 논증하거나 구체적으로

분석하는 작업은 하지 않았다. 다행히 이번에 그 개요를 공개적으로 발표하여 가르침을 구할 기회가 생겼으니 원래는 빠져 있는 부분을 꼼꼼히 보충해 넣어야 할 터이다. 하지만 개요 자체의 분량이 이미 상당히 많아 그저 약간의 수정을 가하는 데 그쳤다. 이 점 미리 독자에게 밝히고 양해를 구하는 바이다. 홍 쯔청(洪子誠), 천 광싱, 장 닝(張寧), 리 양(李楊), 양 녠췬(楊念群), 장 메이(江湄), 장 즈창(張志强)을 비롯한 여러 선생님과 벗들이 글의 초고를 읽고 여러모로 지적해주었다. 진심으로 감사의 뜻을 전한다.

1 이 글에서는 광의의 용법으로 '문학비평'을 사용한다. 즉 통상적으로 일컫는 문학비평 외에 상당부분의 중국 당대문학에 관한 연구도 포함한다.

2 『미학의 차원』(審美之維, The Aesthetic Dimension)은 1978년 미국 보스턴의 비콘 (Beacon) 출판사에서 발행한 저작으로 마르쿠제 미학사상의 마지막 완결판 — 마르쿠제는 79년 별세했다 — 이라 할 수 있다. 『미학의 차원』의 중국어판은 세 종류가 있는데 이 글에서 사용한 것은 리 샤오빙(李小兵)의 번역본이다. 리 샤오빙의 번역본은 역자 본인이 편역한 마르쿠제 미학문집 『審美之維』, 北京: 三聯書店 1989, 제1판, 203~57면에 수록되어 있다. 이 글의 인용문은 이 책 203면에서 가져왔고, 그외 이 글에서 인용한 마르쿠제의 원문도 모두 이 책의 같은 논문에서 가져왔다. 분량을 줄이기 위해 앞으로 자세한 면수는 표기하지 않는다.

3 일단 범죄를 야기하는 금기를 없애고 나면 인성은 자연스럽게 아름다워질 것이라는 가설은 1980년대 많은 언술과 분위기 속에 공통으로 존재했다. 이 가설 및 그것과 상통하는 감수성을 바탕으로 문혁 이후 상당 기간 비록 작품성은 좀 떨어지지만 심금을 울리는 많은 문학작품이 창작되었다.

4 역사와 현실 경험으로 볼 때, 인도주의는 대부분의 경우 복잡한 역사와 현실 문제를 대면하고 분석하고 해결하는 데 별 도움을 주지 못했다. 그러나 이전 시기의 폭력과 불공정 등에 대한 그들의 심리적 불안감이 워낙 컸기 때문에 인도주의는 왕왕 두드러지게 문제적 이론과 실천을 바로잡는 데 직간접의 심리적 동력이 되기도 했다.

5 1980년대 지식계에 기본적으로 이런 분위기가 형성된 것은 다음과 같은 세가지 상황과 관련된 것으로 보인다. 첫째, 정치적 억압, 국가의 전면적인 자원 통제와 물질적 결핍, 정신적 트라우마 등에 대한 생생한 기억이라는 특수한 역사적 상황, 둘째, 서구의 주류 현대성에 대한 다층적 이해와 연구의 결핍이라는 특수한 지식상황, 셋째, 서구에 대한 단순한 동경이 오히려 본토 비판에 도움이 된다고 생각했던 일부 사람들의 전략적 의식이다.

6 그처럼 다양하고 내부적으로 차이도 큰 문학, 예술, 미학, 철학, 심리학 사조들을 모

두 '모더니즘'이라는 이름 아래 포함시켰다는 것은 매우 흥미로운 일이다. 모든 유파가 저마다 다르게 지칭했던 19세기의 전통을 부정하고 역시 유파마다 호칭은 달랐지만 과거와는 다르다고 생각되는 새로운 경험을 찾으려 시도했다는 점을 제외하면 그들이 도대체 얼마나 공통점을 갖고 있었는지 개괄하기란 매우 어려워 보인다. 왜냐하면 그중 일부 유파는 다른 유파에 대한 반성과 비판에서 시작되었고, 또 어떤 유파들은 하나가 다른 하나를 직접 대체한 것은 아니라도 양자의 관념과 방향이 너무나 다르거나 심지어 대립되기 때문이다. 게다가 하나의 조류로 분류되는 작가들이라 하더라도 서로 매우 다른 경우도 많다. 그 내부로 깊이 들어가 아주 세밀하게 연구하지 않고서는 서구 모더니즘을 전면적이고 정확하게 이해한다는 것은 거의 불가능하다. 그 과정은 몽롱하고 천박하며 심지어 잘못된 1980년대 중국의 모더니즘 이해를 성찰하고 바로잡는 과정이 될 것이다. 그러나 그외에도 학계에는 또다른 과제가 남아 있다. 즉 80년대 중국의 모더니즘 규정은 다른 나라의 학계와 어떻게 달랐는가, 어떻게 모더니즘의 공통 특징과 조류 하나하나의 특징을 규정하고 개술했는가를 비교하고, 어떤 역사적 위치와 방향에서 모더니즘을 옹호하고 그 자원을 활용했는가, 그 활용 논리와 전략은 무엇이었는가를 관찰하는 것 등이 그것이다. 이런 작업이야말로 80년대를 정확하게 이해하고 파악하는 데 불가결할 뿐만 아니라 90년대와 오늘을 이해하는 데에도 지대한 도움이 될 것이다. 이렇게 말하는 것은 많은 면에서 현재가 80년대를 계승하고 있기 때문이다. 그뿐 아니라 더 중요한 것은 자각적이고 합당한 역사연구는 늘 우리로 하여금 이론적으로 충분히 정리되었다고 생각되는 부분이라도 여전히 우리는 모종의 방식으로 역사를 계승하고 있을 뿐만 아니라 그 속에는 왕왕 가장 청산되어야만 할 부분이 포함되어 있다는 사실을 알게 해주기 때문이다. 당연하게도, 이러한 역사연구는 우리 자신과 우리가 처한 현 시대에 대한 통찰을 제공해줄 것이며, 이는 이론적 방식이 결코 제공해줄 수 없는 것이다.

7 계몽 사조와 모더니즘 사조 사이의 복잡한 관계는 역사적 인식과 이론적 인식이라는 풍부한 이중가치를 지닌 학술과제임이 분명하다. 앞으로 이 과제에 대해 전문적으로 토론할 수 있기를 희망한다.

8 '정합'이라 하지 않고 '조합'이라 한 것은 당시 문학계가 이들 이론과 비평 조류를 아직 충분히 파악하여 소화하지 못한 단계였기 때문이다. 그렇다고 해서 '조합'이라는 말이 가치폄하적 의미로 쓰인 것은 아니다. 오히려 대부분의 흥미로운 창조는 바로 불충분한 파악이나 심지어 오독과 밀접한 관련이 있다.

9 후자가 1980년대 중반 이래 대학의 학문에 미친 영향은 매우 크다. 예를 들어 90년대에 대학의 감각을 변화시켰던 학술규범 토론이 진행되었는데, 이 토론은 암묵적으

로 지식과 사상의 대립을 전제로 했을 뿐 아니라 무엇이 지식인가에 대해서도 편협한 이해를 기반으로 했기 때문에 알게 모르게 실증적인 역사 지식과 사회과학 지식을 지식의 전형으로 여기는 결과가 나타났다. 이는 자연히 문학과에 불리한 평가방식이기 때문에 문학연구자들은 이에 대응하여 내부연구, 외부연구라는 구분에 입각한 텍스트 '정독' 능력과 방법을 역사학이나 인류학 같은 다른 학과와는 구별되는, 문학 연구와 비평만의 전문적 특색을 보여주는 표지로 확립했다. 그러나 특색 있는 '정독'이 그와 같은 위치로 격상됨에 따라 전체 문학과에는 분석을 필요로 하는 후과가 나타나게 되었다.

10 또한 1980년대 중후반의 창조력 관념은 심지어 그것에 속박된 작가들로 하여금 한 걸음도 물러서지 못하고 기존의 문체와 언어 스타일을 점점 더 정교하게 버리는 작업을 하는 자원봉사자가 되게 만들었다. 그것은 심지어 독자에게 성공적인 미학적 쾌감도 제공할 수 없었다.

11 인문정신 논쟁에서 주로 1980년대 정신을 계승한 문학비평가로 구성된 이른바 '인문정신파'와 대립했던, 90년대 약진했던 문학비평가들의 공방전략을 분석해보면 매우 흥미롭다. 왜냐하면 한편으로 그들은 반억압, 독재해체를 강조하고 관념적 자아의 우선적 지위를 강조함으로써 80년대적 주류 논리를 탈취했으면서 또 한편으로는 반억압과 자아추구를 절대화함으로써, 즉 80년대 중후반 주류 논리를 극단화하고 엘리트의 억압과 거대서사의 억압을 반대함으로써 이제 80년대 정신을 직접 계승한 사람들을 도덕적으로 존경받는 지위에 올려놓았기 때문이다. 이와 같은 공방전략의 유효성은 한편으로 우리에게 당시 인문정신과 비평관점 자체의 부족함을 보여주고 또 한편으로는 이 사람들의 자기 도덕성에 대한 옹호 논리가 얼마나 허위적이었는지를 보여준다.

12 문화연구의 또다른 문제는 그 고전적 과제들이 모두 서구의 특정한 역사와 현실적 맥락에서 형성된 것으로서, 중국 고유의 많은 문제들은 아직 문화연구의 시야에 포섭되지 못했을 뿐 아니라 중국 문화연구자의 문제의식이나 문제감각을 재구성하지도 못했다는 점이다. 이 문제가 해결되기 위해서는 반드시 '문화연구의 중국적 자주화' 과정을 거쳐야만 할 것이다.

13 錢永祥「馬克思主義的原始動力與現代課題」,『當代』(臺北) 1987년 제11기에서 재인용.

제4장 •

• 나는 2001~02년 무렵 '엘리트 통합과 하층의 포기인가, 점진적 민주와 위기의 극

복인가'라는 문제의 연구에 매달렸다. 이 글은 그중에서 현대 사상관념의 변천 부분을 발전시킨 것이다. 이 부분을 특별히 뽑아서 발전시키게 된 것은 2002년 11월 홍콩을 방문했을 때 진행된 간 양(甘陽) 선생님과의 대담, 그리고 홍콩중문대학 중국문화연구소에서 같은 주제로 발표했을 때 진 관타오(金觀濤), 천 팡정(陳方正), 류 칭펑(劉靑峰), 류 칭(劉擎) 등 여러 선생님들이 해주신 제안 때문이었다. 2003년 1월 초고를 완성한 뒤 쑨 거(孫歌), 양 녠췬, 마오 단(毛丹) 등 여러 선생님과 친구들이 읽어주었고, 특히 류 칭 선생님이 자세한 비평을 해주셨다. 2004년 5월 그들의 비평과 코멘트를 바탕으로 수정고를 썼다. 그 두번째 원고에 대해 첸 융샹(錢永祥), 양 전더(楊貞德), 선 쑹차오(沈松僑), 장 샹(張祥), 린 퉁치(林同奇) 선생님들이 부분적 혹은 전체적인 코멘트를 해주었고, 그것을 바탕으로 나는 2005년 9월에 다시 세번째 수정고를 완성했다. 장 메이, 장 즈창, 천 이중(陳宜中)이 이를 읽고 또 가르침을 주었다. 그런 덕분에, 어쩔 수 없이 제출한, 지금 여러분 앞에 놓인 이 마지막 원고가 나올 수 있었다. 이처럼 많은 분들이 이 글을 쓸 수 있도록 재촉하고 수정하는 데 직접적으로 도움을 주었다. 그외에도 이 글에서 언급하는 문제들에 대해 왕 옌(王焱), 쑨 거, 장 즈창, 양 녠췬, 수 웨이(舒煒), 자오 강(趙剛), 양 전더, 천 제잉(陳介英) 등 여러분과 토론을 하면서 많은 도움을 받았다. 이 자리를 빌려 그 모든 분께 진심으로 감사를 드린다.

 글이 너무 길어지거나 지지부진해지지 않도록 이 글에서는 '자유주의'와 '신좌파'라는 보편화된 명칭에 대해 별다른 검토 없이 그대로 사용했다. 하지만 그렇다고 해서 이 두개의 명칭이 이미 야기했거나 야기할 수도 있는 결과에 대해서까지 의식하지 못하는 것은 결코 아니다. 상당부분 내가 이 글을 쓰게 된 내적 동기 중의 하나는 바로 이 두개의 명칭 배후가 실제로 부응하는 현실상황을 분명히 할 때라야만 그 명칭을 비로소 사용할 수 있으며, 대강 문자만 보고 뜻을 짐작하는 사람들에게 그 명칭 자체가 야기할 수 있는 연상작용, 암시 등에 의해 오도되거나 좌우되는 것을 최대한 피할 수 있다는 생각이었다.

 또한 이 명칭을 사용한다고 해서 이 글의 분석이 그 두개의 진영으로 분류되는 사람 혹은 스스로 그중 어떤 진영에 자신이 속한다고 생각하는 사람들을 충분히 모두 포함하는 것도 아니다. 이 글의 목적이 이번 사상논쟁을 이렇게 드러나게 하는 주도적 논리를 분석하고 드러내는 데 있긴 하지만, 두 진영에 속한다고 분류되거나 혹은 스스로 속해 있다고 여기는 사람들이 언제나 그 주도적 논리에 의해 제한받거나 좌우되는 것은 아니기 때문이다. 특히 논쟁과정에서의 선명한 입장이나 극단적 태도 때문이 아니라 그 지식적·사상적 활력과 공헌 때문에 두 진영의 대표적 인물이라고 평가되는 사람들에 대해서는 이 글처럼 간단명료하게 그 핵심을 보여주는 작업만 갖고는 가장 활력 있고 공헌이 많았던 부분을 다 포괄할 수 없다. 가장 경험해볼 만하고 소화해야 하는 그 부분의 공헌을 정말로 충분히 이해하고 파악하기 위해 무엇보다 확실한 방법은 바로 그들 하나하나에 대한 세밀하고 문제의식을 가득 담은 개별 연구일 것이다.

1 汪暉「'新自由主義'的歷史根源及批判」,『臺灣社會研究季刊』2001년 제42기.

2 甘陽「中國自由左派的由來」, 陳祖爲·梁文韜 篇『政治理論在中國』, 香港牛津大學出版社 2001.

3 물론 1992년 중국의 개혁이 구조적으로 새로운 특징을 갖고 다시 출발함으로써 초래된 부정적 결과는 다양한 방면을 포괄한다. 예를 들어 사회문화적으로 '안정적 발전' 담론은 89년 사건의 정신적 그늘과 함께 사회적 심리상태와 문화적 상태를 제약하는 데 가담했다. 즉 89년 사건 이후 국가와 거리를 두려 했던 심리상태나 '안정적 발전' 담론은 실제로 공적 참여를 격려하지 않았고, 국가는 관리들이 경제발전이나 형식적 안정과 무관하다고 생각되는 사안을 무시해버리는 행정방식에 녹색등을 켜주는 등 곳곳에서 도덕적·정신적·문화적 악영향을 가져왔다.

4 1989년 사건 이후 한동안 국가는 "네가지를 견지하자(四個堅持)"라고 선전했지만, 그것은 일반인들에게 부정적 피로감과 대충 따라하면 된다는 심리를 만들어냈을 뿐 국가가 기대했던 어떤 선전효과도 거두지 못했다. 이것만 보아도 '안정적 발전' 담론이 당대에 그처럼 영향력을 발휘했던 주요 원인은 국가 선전의 힘이 아니라 바로 당대 중국인들의 특정한 역사적 심경과 그 심리상태였음을 알 수 있다. 이 비교를 통해 우리는 또 '안정적 발전' 담론이 중국 당대 국가정권을 공고화하는 데 갖는 실질적 의미를 확실히 느낄 수 있다.

5 1980년대 중후반 중국대륙 지식계는 상당한 정도로 민주, 자유, 헌정, 법치 같은 개념에 공감대를 형성하고 또 그에 관한 이상화된 상상을 공유하고 있었지만, 아직 명확하고 영향력 있는 자유주의 담론의 형태가 형성된 것은 아니었다. 89년 민주운동의 실패 후 현 국가에 대한 통한 때문에 90년대 초기 대다수 지식인들은 스스로를 자유주의자라고 여겼지만 자유주의에 대한 지식이 거의 없었던 그들의 자유주의는 기껏해야 심정적 자유주의라 부를 수 있을 것이다. 내가 아는 한 90년대 중국대륙에서 공개적이고 비교적 완전한 체계를 갖춘 자유주의 담론은 '공공논총(公共論叢)' 시리즈(제1권 劉軍寧 編『市場邏輯與國家觀念』, 北京: 三聯書店出版 1995)가 출판되면서 비로소 형성되었다.

6 당시에도 이렇게 지나치게 단순한 반급진주의 조류에 반감을 가진 사람들이 없었던

것은 아니다. 예를 들면 1990년대 중반 무렵 영향력이 급상승했던 주 쉐친(朱學勤)이 단순한 반급진주의 조류에 문제를 제기한 바 있다. 당시 그의 저술을 읽어보면 그가 반급진주의 조류에 문제를 제기한 것은 결코 20세기 중국의 급진주의를 긍정해서가 아니라 급진주의 속의 도덕적 이상주의를 떼어내어 당대 중국 정치와 사회를 비판하는 동력과 자원으로 삼기 위해서였음을 알 수 있다. 이렇게 시류와는 판이했던 생각은 당시 중국의 자유주의가 단순한 반급진주의의 굴레를 벗어날 수 있는 절호의 계기가 될 만도 했다. 그러나 아쉽게도 주 쉐친은 비판이란 인성을 원칙으로 삼는 이상에서 출발하는 비판이어야 한다고 한정했으며, 실천적 기획과 설계는 도덕적 이상주의 바깥의 정치적·제도적 실천의 영역으로 돌려버렸다. 그러나 이처럼 실제 정치나 제도의 조작영역과는 전혀 무관하게 단지 인성적 이상을 출발점으로 삼는 비판기획에만 의지하는 경우 그 비판기획이란 직관적으로 인도에 위배되는 행위와 제도정책만을 비판하라는 것인지, 만약 그렇다면 직관적으로는 분명히 알 수 없지만 실제 그 현실적 결과로 보면 인도적 가치에 위배되는 행위나 정책, 제도적 설계는 비판하면 안된다는 것인지 알 수가 없다. 이처럼 급진주의는 긍정하지는 않으면서 그것의 이상주의는 구해내고자 하는 주 쉐친의 노력과 그것이 도출한 결론에는 분명 문제가 적지 않다. 한편으로 비판에 대한 그의 한정은 비판적 분석을 필요로 하는 많은 경우에 대해서까지 비판을 취소하는 것과 같고 따라서 비판이 사람들이 그것에 기대하는 책임을 다할 수 없게 만든다. 특히 사회적·정치적 위기 자체가 현존하는 정치·제도 영역의 실천적 결과이거나 위기 자체가 그 정치적·제도적 실천에 의해 무시될 때, 그 현실을 힘써 분석하고 비판하지 않는 것은 바로 자칭 '비판'이 '비판'으로 불릴 만한 자격이 있는 것인지 의심스럽게 만든다. 또 한편으로 현실의 문제나 위기가 일반적인 실천적 사고로 해결될 수 없을 때 비판이 그 복잡한 현실 문제와 위기 자체를 분석하지 않고 단지 이상적 원칙에서 출발하여 비판만 한다면 그 비판은 주 쉐친이 염려했던 대로 충분한 역사감각과 현실의 건설적 의미를 결여한 혁명 또는 사회적 변동의 촉매가 되어버릴 가능성이 있다.

 이와 같은 사고 자체의 내재적 한계로 인해 1990년대 주 쉐친은 당시 다른 자유주의자들이 주목하거나 건드리지 못한 중요한 문제를 건드렸음에도 불구하고 당시 중국의 자유주의를 더 풍부한 역사적 감수성과 현실에 대한 예민함과 분석력을 가진 길로 이끌지 못했다. 그뿐 아니라 그가 반대했던, 어떤 의미에서는 그와 마찬가지로 원칙적 당위로 구축된 신좌파가 흥기함에 따라 그는 자신의 이론으로 신좌파의 논리를 극복할 수도 없었다. 그리하여 반급진주의 사조가 명백히 쇠퇴하고 있는 최근 몇 년 동안 그는 오히려 당시 그가 비판했던, 정치와 사회 차원에서 주로 좌익을 겨냥했던 반급진주의적 심리와 감각 속으로 돌아가버렸다. (주 쉐친의 변화와 그 변화에 내재된 사상적 원인을 이해하기 위해 가장 손쉬운 방법은 90년대 전반에 나온 그의 저서『道德理想國的覆滅』, 上海三聯書店 1994 초판, 제9장과 2003년 그 개정판에 새로 실린 부록「陽光與閃電: 近代革命與人性改造」를 보는 것이다.)

7 물론 이것도 당시 국제적으로 유행했던 자유주의 사조와 관련되며, 동시에 과거 중국 역사에 대한 일부 지식인들의 결론, 즉 계획경제는 국가가 사회와 개인을 통제하는 유력한 수단이라는 경험적 결론과 밀접한 관련이 있다.

8 이런 상황은 중국 당대 자유주의의 일부 대표적 인사들이 그것을 인도적 관심과 비판정신이 풍부한 '인문자유주의'와 온통 시장을 숭배하고 시장경제의 성장에만 관심을 쏟는 '경제자유주의'로 구분할 때까지 계속되었다. 이를 명확히 구분했던 자유주의자들은 반드시 더 총체적인 관심을 시장을 분석하고 규정하는 무기로 삼을 때에만 비로소 시장 앞에서 자유주의가 자신의 책임을 다할 수 있음을 분명히 깨닫게 되었다. 만약 신좌파가 굴기한 후가 아니라 그전에 먼저 이런 구분이 이루어졌더라면 논쟁에서 자유주의가 상대방에게 그처럼 많은 비판의 구실을 허용하지 않았을 것이고 그처럼 수동적이지 되지도 않았을 것이다.

9 1990년대 중국의 자유주의가 그 이론적 약점 때문에 현실에 대한 첨예한 인식과 파악 능력을 상실했다고 해서 자유주의자들의 진심과 비판의 용기까지 의심하는 것은 결코 아니다. 예컨대 90년대 가장 영향력 있었던 중국 자유주의의 대표적 논자 중 한 사람인 리 선즈(李愼之)의 「비바람 갈마들던 50년(風雨蒼黃五十年)」은 내가 본 90년대 중국대륙의 글 중에서 가장 용기 있는 비판글이었다.

10 王紹光「建立一個强有力的民主國家: 兼論"政權形式"與"國家能力"的區別」,『挑戰市場神話: 國家在經濟轉形中的作用』, 香港牛津大學出版社 1997.

11 추이 즈위안은 '제도적 창신과 제2차 사상해방'이라는 논제 아래 세편의 글을 썼는데, 「制度創新與第二次思想解放」(초고는『二十一世紀』1994년 8월호 게재); 「再論"制度創新與第二次思想解放": 兼答各位評論者」(초고는『二十一世紀』1995년 2월호 게재); 「三論制度創新與第二次思想解放」이 그것이며 모두 추이 즈위안의 저서『第二次思想解放與制度創新』, 香港牛津大學出版社 1997 초판에 수록되어 있다.

12 甘陽「文化中國與鄕土中國: 哈佛大學"文化中國"會議發言綱要」(1997년 9월 작성),『將錯就錯』, 香港牛津大學出版社 2000 초판.

13 甘陽「社會與思想叢書緣起」(1993년 10월 작성). 이 글은 '사회와 사상 총서'(甘陽 主編, 제1권 香港牛津大學版 1994)의 각권에 모두 수록되어 있다.

14 바로 그런 점에서 나는 어떻게 이론을 학습하고 사용할 것인가라는 문제 자체의 복

잡성에 대해 충분한 자기반성이 없다는 것이야말로 1990년대 지식사상계의 내용적 수준에 결정적 영향을 미친 요소 중의 하나라고 생각한다.

15 나는 2001년 당시 '엘리트 통합과 하층의 포기인가 점진적 민주와 위기의 극복인가'라는 연구를 준비하면서 이들 정책과 제도 문제에 주목하게 되었다. 바로 이들 문제의 명백함으로 인해 나는 왜 많은 현실문제를 자기 관심의 출발로 삼았던 중국대륙 지식인들이 결국에 가서는 오히려 중국대륙의 현실 자체를 누락하게 되는가라는 문제를 고민하게 되었다.

제5장 *

● 2012년 10월 12~19일 개최된 제9회 상하이비엔날레에서는 비엔날레측과 인터아시아스쿨 공동주최로 '2012년 아시아사상계 상하이 포럼: 변동하는 세계, 변동하는 사상'이라는 포럼이 8일간 열렸다. 나는 그중 18일 아시스 난디(Ashis Nandy) 선생 발표의 토론자로 참여했다. 이 글은 두 부분으로 구성된 그날 토론문 첫부분의 수정증보판이다. 첫부분에서 다룬 문제와 관련하여 나중에 변화가 생겼기에 2013년 11월 새로운 자료를 참고하여 당시 토론문의 첫부분을 대폭 수정, 보완한 것이다. 독자들에게 특별히 이 점을 미리 밝혀둔다. 2013년에 수정한 원고는 대만의 『人間思想』 제5집(2013)에 수록되었고, 거기에 약간의 오탈자만 교정한 원고가 스즈끼 마사히사 교수의 편역으로 이 글과 같은 제목의 나의 논문집 『中國が世界に深く入りはじめたとき』, 東京: 靑土社 2013에 수록되었다. 2014년 상반기에 다시 상당부분 수정을 가한 2차 수정원고를 중국의 『開放時代』 2014년 6월호에 발표했다. 이 책에 실린 글은 그것을 다시 한번 수정한 것이다. 따라서 앞서 발표된 판본들과 내용에 차이가 있는 경우에는 이 글을 기준으로 참고하기 바란다. 너무나 운 좋게도 2013년 원고와 2014년의 두번째 수정원고 모두 많은 친구들로부터 진지한 코멘트를 받았다. 세번째 수정판인 이 글은 되도록 만전을 기하기 위해 아예 천 밍을 비롯한 여러 친구들에게 먼저 보여주고 가까스로 관문을 넘을 수 있었다. 이 자리를 빌려 그 친구들에게 진심으로 감사의 마음을 전하는 바이다.

1 당시 비판적 사조를 주도했던 사람들은 현실과 그들의 비판 사이의 관계를 묻는 질문에 자신들은 상상의 공간, 사상의 공간을 열고자 한다고 대답하곤 했다. 그러니까 현실의 사회와 경제가 어떻게 발전해가야 하는지에 대해 그들은 아직 자신있게 운용할 만한 구조적 사고를 갖고 있지 못했던 것이다.

2 관련 사조들의 상황에 대해서는 黃平·崔之元 主編 『中國與全球化: 華盛頓共識還是北京共識』, 北京: 社會科學文獻出版社 2005 참고.

3 이론적으로 오늘날 말하는 '공영'은 과거 '쌍영'에 비해 훨씬 많은 영역을 포함한다. 하지만 실제 현실에서 '공영'은 경제에 편중되었던 과거 '쌍영'과 별반 다르지 않다.

4 여기서 내가 "효과적일 수 있었던"이라고 표현한 것에 주의해주기 바란다. 내가 의도적으로 이처럼 신중한 표현을 사용한 것은 이 단락에서 내가 행한 분석이나 정리를 조금만 더 전개해보면 다음과 같은 매우 복잡한 문제들에 가닿기 때문이다. 첫째, 고대 중국이 지금의 중국이 되기까지는 주변을 자신의 역사-문화 속으로 끌어들이는 부단한 과정이 존재했다. 이 과정에서 '중국'이 이들 주변에 대해 "자기의 마음을 미루어 남을 헤아리고" "자기가 서고자 하면 다른 사람을 먼저 서게 하고 자기가 이르고자 하면 다른 사람을 먼저 이르게" 했던 것은 반드시 '선'이었을까? 아니면 늘 '자기'는 '선'이라 여기고 '남'은 '악'이라 여겨 억지로 '강요'한 것일까? 분명한 것은 다양한 역사마다 구체적 사건에 대한 구체적 분석이 필요하다는 점이다. 둘째, 설령 동일한 역사-문화 내부에 있다고 확신하더라도 사람과 사람 사이에 "자기의 마음을 미루어 남을 헤아리고" "자기가 서고자 하면 다른 사람을 먼저 서게 하고 자기가 이르고자 하면 다른 사람을 먼저 이르게 하는" 것은 반드시 '선'일까? 만약 그렇다면 어떤 의미에서의 '선'일까? 설령 '선'이라 해도 '미루어 헤아리는' 사람이 느끼는 '선'이 아닐까? 또 '자기'는 어떤 노력을 해야만 '미루어 헤아리고' '이르는' 행위가 '선'이 될 수 있는 능력을 갖게 되는 것일까? 이들 문제는 분명 진지하게 따지고 물어야 할 큰 문제들이다. 하지만 이 글의 주제나 분량상 여기서 더 논의를 전개하기는 어렵기 때문에 대신 "효과적일 수 있었던"이라는 신중한 표현을 사용함으로써 이들 문제에 마땅히 내주어야 할 여지를 남겨두고자 했다.

5 난디의 저작은 매우 많다. 저서로 *Alternative Sciences* (1980); *At the Edge of Psychology* (1980); *The Intimate Enemy* (1983); *Traditions, Tyranny, and Utopias* (1987); *Barbaric Others: A Manifesto on Western Racism* (1993); *The Illegitimacy of Nationalism* (1994); *The Savage Freud and Other Essays on Possible and Retrievable Selves* (1995); *Time Warps* (2002); *The Romance of the State And the Fate of Dissent in the Tropics* (2007); *Time Treks* (2007) 등이 있고, 그밖에 공저와 단독 또는 공동으로 엮은 책도 여럿 있다. 옥스퍼드대학교출판사(OUP)는 난디의 논문선집으로 *Exiled at Home* (2003); *Return from Exile* (2003); *A Very Popular Exile* (2010) 세권을 출판했고, 난디와 그의 정신세계에 대한 해설서로 Vinay Lal, ed., *Dissenting Knowledges, Open Futures: The Multiple Selves and Strange Destinations of Ashis Nandy* (2000); Ashis Nandy, Jajhanbegloo, and Ramin Nandy, *Talking India: Ashis Nandy in Conversation With Ramin Jahanbegloo* (2006)를 출판했다. 난디의 중국어 번역서는 아직 많지 않다. 지금까지 단행본으로

는『民族主義的不正當性─泰戈爾與自我的政治』, 臺北: 行人 2014, 논문집으로『民族主義,眞誠與欺騙:阿希斯·南迪讀本』, 上海人民出版社 2012;『貼身的損友: 有關多重自身的一些故事』,臺灣社會硏究社 2012 등이 있을 뿐이다. 그의 또다른 중국어 논문 몇편이『後/植民知識狀況』, 上海人民出版社 2012;『從西天到中土: 印中社會思想對話』, 上海人民出版社 2014에 실려 있다. 중국어로 된 수준 높은 번역서와 소개서가 더 많이 나오기를 고대한다.

6 여기서 내가 "피식민을 겪어보지 못한"이라는 말에 인용부호를 사용했음에 주의해주기 바란다. 사실 대만·홍콩·마카오의 경험은 차치하고 중국대륙의 현대사만 보더라도 복잡한 '반(半)식민' 문제, 만주국 문제, 항일전쟁 시기의 점령구 문제 등이 존재한다. 따라서 "피식민을 겪어보지 못한"이라는 말에 인용부호를 붙인 것은 우선 중국대륙이 통째로 식민지가 된 적은 없음을 가리키고, 나아가 1949년 이래 지금까지도 중국대륙이 이들 현대 중국의 피식민·반식민 경험에 대해 그 복잡성을 희생시키지 않으면서도 그것을 충분히 직시하고 안치할 수 있는 좋은 방법을 찾지 못했음을 지적하고자 한 것이다.

저자 후기

1 여기서 어떤 독자들은 이미 좌파들이 이같은 작업을 하고 있지 않느냐고 물을지 모른다. 확실히 지금 중국대륙에는 점점 더 많은 좌파들이 중국 공산혁명과 마오 시대에 대한 연구에 투신하고 있으며 훌륭한 성과도 내고 있다. 역사연구자가 아닌 좌파들도 1980, 90년대에 유행했던 수많은 관념과 이해에 대해 엄정한 비판을 하곤 한다. 어떤 의미에서 좌파는 역사적·관념적 청산작업을 이미 수행하고 있다고 할 수 있는 것이다. 다만 중국의 좌파는 90년대 후반 이래 심각한 빈부격차 같은 현실에 기반하여 탄생했기 때문에 아직까지는 그들이 생각하기에 이들 문제에 특별히 유효하다고 생각되는 좌파적 가치에서 출발하여 지나치게 과도하고 성급하게 역사에 주목하고 역사를 평가하려는 경향이 있다. 그리하여 역사를 대할 때 인내심이 부족하고, 역사 본연의 맥락에서 출발하여 역사를 이해하고 평가하는 깊이가 부족하다. 특히 좌파가 그다지 중시하지 않는 70대 말 80년대 초에 대해 그들은 성급하게 자기가 친숙한 가치에서 출발하여 '편 가르기(選邊站)'를 하는 인상을 준다. 즉 자기가 친숙하게 느껴지는 관념과 역사는 과도하게 변호하는가 하면 반대로 자기에게 친숙하지 않은 관념이나 역사는 충분히 꼼꼼하게 이해하려 들지 않는다. 그 결과 그 시기에 대한 좌파들의 인식은 흔히 유행하는 '발란반정(撥亂反正)'이라는 이해와는 정반대로 '발정반란(撥正反亂)', 즉 사회주의에서 신자유주의로 전향한 것에 다름 아닌 시기가 되

는 것이다. 물론 '발정반란'식의 역사인식개념은 중국대륙의 오늘날 관념세계에서
는 그 나름의 현실적 의미를 지니며 우리가 특별히 주의해야 할 일련의 역사적 현상
과 요소들을 부각해줄 수 있다. 그러나 한가지 부인할 수 없는 것은 '발정반란' 의식
하의 역사적 작업은 당대 중국대륙 역사 속의 '사상의 무의식'을 찾아내는 데는 도움
이 되지 않는다는 사실이다.

2 중공중앙선전부 조직이 편찬한 『시 진핑 총서기 중요강화 독본』(習近平總書記系
列重要講話讀本, 北京: 學習出版社·人民出版社. 이하 『독본』)은 2014년 6월판과
2016년 4월판 두가지 판본이 있다. 이 글의 인용은 이 두가지 판본을 모두 활용했
다. 어떤 독자는 왜 분량이 50%나 증가된 2016년판에서 전부 인용하지 않았느냐고
물을지도 모르겠다. 확실히 2016년판은 2014년판 출판 이후 시 진핑 담화에 많은
내용이 새로이 추가됨에 따라 장절의 순서를 바꾸고 새로운 장절을 추가했으며 원
래 장절의 내용도 많이 수정했다. 그러나 그 핵심 감각이나 이해, 기본 논리는 모두
일맥상통하며 변함이 없다. 따라서 이 글이 논하고자 하는 부분에서는 2014년판이
나 2016년판 모두 내용적으로 서로 모순되거나 상충하지 않는다. 단지 이러한 이해
를 가능하게 하는 배후의 감각적 근거가 어떤 때는 2016년판에 더 잘 드러나는가 하
면 어떤 때는 2014년판에 더 잘 드러나기도 한다. 따라서 같은 의미인데 2014년판과
2016년판의 표현이 다를 때는 문제를 설명하는 데 더 편리한 판본을 인용했다.

3 중공중앙선전부와 중공중앙조직부는 2014년과 2016년에 모두 『『독본』의 조직학
습에 관한 통지」(關於認眞組織學習『習近平總書記系列重要講話讀本』的通知, 이
하 「통지」)를 내려보냈다. 「통지」는 전체 당원들에게 『독본』을 학습하라고 요구했
을 뿐 아니라 "각급 당교와 행정학원, 간부학원은 『독본』을 교육내용에 편입시키
고, 각 고등학교는 『독본』을 교사와 학생들의 이론학습 교육에 중요한 교재로 사용
하며, 각급 당위원회 강사단은 『독본』의 내용을 둘러싸고 기층당원과 군중에 대한
선전 및 강연 활동을 잘 조직하라"라고 요구했다(2014년 「통지」는 2014년 『독본』
의 판권지와 차례 사이 면, 2016년 「통지」는 http://money.163.com/16/0406/05/
BJUR3C8T00253B0H.html 참고). 중공중앙은 이 책을 매우 중시했으며 그 결과
2014년 『독본』이 발행된 지 2개월도 채 안되었을 때 이미 발행부수는 1,000만부를
넘었다(http://cpc.people.com.cn/n/2014/0818/c64387-25482425.html).

옮긴이의 말

어디 보자. 처음 이남주 선생님의 제안으로 허 자오톈의 책을 내기로 한 게 2015년 여름이었으니 번역원고를 출판사에 넘기기까지 꼬박 3년이 걸렸다. 1년 안에 출판하자던 계획이 순전히 나 때문에 이만큼이나 늦어진 셈이다. 출판을 고대해왔을 저자를 생각하면 몸 둘 바를 모르겠고, 긴 시간 묵묵히 기다려준 출판사 편집진에도 면목이 없다. 겨우(?) 논문 다섯편 번역에 3년이나 걸린 그럴듯한 이유라도 있으면 그나마 덜 미안하련만…… 다행히 해제 겸 머리말을 이선생님이 따로 쓰신다 하니 나는 변명 삼아 사담이나 좀 해볼까 한다.

내가 이 책의 저자인 허 자오톈과 처음 인사를 나눈 것은 2005년 타이베이에서 열린 어느 학술회의에서였다. 그때 나는 막 박사학위를 마치고 베이징 칭화대학교에 방문학자로 있었고, 허 자오톈은 베이징대 중문과 석사를 마치고 그 전해에 막 중국사회과학원 문학연구소에 자리를 잡은 참이었다. 1967년생인 그는 당시 30대 후반에 불과했지만 국가핵심잡지인 『문학평론(文學評論)』 이론주편(1996~2004)이자 1990년대 후반 학술운동을 대표하던 『학술사상평론(學術思想評論)』(1997~2004, 총 11권)의 주편으로서 제법 명망이 높았다.

그런데 활자로만 접하던 또래의 연구자를 알게 된 반가움에도 불구하고 우리는 첫 만남에서 이렇다 할 교분을 쌓지는 못했다. 하지만 그 첫 만남은 내게 지금도 강렬한 인상으로 남아 있다. 식사자리의 한담 중에 그가 베이징 한인타운 왕징(望京)에 가보면 마치 중국이 한국의 식민지 같다고 말했던 것이다. 그것이 한국인인 나를 배려해 꺼낸 화제이고 별 악의 없는 말임을 알면서도 순간 발끈한 나는, 왕징이 한국의 식민지면 LA 차이나타운은 중국의 식민지겠네라고 비아냥거리고 말았다. 누군가 재빨리 화제를 돌렸지만 삽시간에 자리에는 싸한 긴장과 어색함이 감돌았다. 그것이 나와 허 자오톈을 비롯해 그날 자리에 있던 동아시아 연구자들의 다양한 식민지경험 콤플렉스와 지식인으로서의 비판적 자의식들이 부딪친 결과였고, 사실 동아시아 지식인들이 대면할 때 흔히 볼 수 있는 장면임은 나중에 알았다. 아무튼 그때의 머쓱함 때문이었는지 그후로도 나는 베이징대 중문과에서 박사후 연구를 하며 2009년 봄까지 머물렀고 이런저런 학술활동에서 여러번 그를 만나 인사를 나눴지만 더이상 교류의 진전은 없었다.

　　뜻밖의 기회가 생긴 것은 2012년 초여름 서울에서였다. '동아시아 비판적 잡지 회의' 참석차 그가 서울에 왔고, 환영만찬을 하던 신촌의 어느 식당에서 나란히 앉게 된 우리는 처음으로 긴 얘기를 나누었다. 당시 나는 다층적 중국을 매개로 한국전쟁과 아시아 냉전문화의 관계를 통찰하는 국제학술회의를 기획 중이었고 마침 옆에 앉은 허 자오톈에게 중국쪽 발표자 추천을 부탁했다. 그는 무척 반가워하며 자신이 주도하던 세미나팀의 젊은 연구자들을 추천해주었고 그뒤 자연스럽게 연구와 시사, 일상 문제에 이르기까지 꼬리에 꼬리를 물고 이야기가 이어졌다. 식사자리였으니 길어야 고작 한두 시간이었을 텐데 자리가 파할 무렵 우리는 놀랍게도 베이징에 머물던 그 긴 시간을 내가 왜 허송했는지 안타까워할 만큼 서로 가까워져 있었다. 어떻게 그럴 수 있었는지 지금 생각해도 불가사의하다.

그후로 '인터아시아스쿨' '아시아청년포럼' 활동을 함께 하면서 나와 허 자오톈은 더 많은 이야기를 나누고 더 깊은 신뢰를 쌓아갔다. 특히 그의 초대로 나는 2013년부터 그가 주도하는 중국사회과학원 당대사연구팀의 학술회의에 매년 참가하게 됐고, 해가 다르게 깊고 풍부하고 예리해지며 발군의 도전적 연구자 대오로 성장하고 있는 젊은 연구자들과도 친분을 나누게 됐다. 그들 한가운데에 바로 치열하게 고민하는 중국 사상가로서, 새로운 연구대오를 단련시키는 동료이자 스승으로서, 중국 각지 다양한 분야의 연구자들을 소통시키는 조직가로서의 허 자오톈이 서 있었다. 그리고 허 자오톈에 대한 깊은 신뢰가 그들 연구대오를 지탱하는 동력임을 깨닫는 데는 그리 오래 걸리지 않았다. 허 자오톈은 종종 스스로를 '뒷방 늙은이' 취급하며 주변의 '젊은이'들에게 더 많은 기회를 주려고 전전긍긍한다. 나는 이제 겨우 쉰을 넘은, 나와 두살밖에 차이 나지 않는 그가 늙은이 행세하는 게 우스워 짓궂게 놀리곤 하지만, 그들 대오에서 허 자오톈의 학술적 권위와 신망과 영향력이 실제보다 그를 나이 들어 보이게 하는 건 분명하다.

허 자오톈은 2012년 서울 방문에서 얻은 가장 큰 수확이 나를 알게 된 것이라고 말했지만, 사실은 나야말로 그랬다. 그와의 교류를 통해 내가 얻은 수확은 지적 교류 이상이었다. 그는 늘 내 발언을 경청하고 존중하며 과분할 정도로 의미를 부여해준다. 물론 그것은 내 발언이 정말로 훌륭해서라기보다는 그의 귀와 마음이 한껏 열려 있기 때문이다. 그런 태도야말로 중국 전역의 연구자들을 발굴하고 격려하며 전진하게 하고 한데 불러모을 수 있게 만드는 그만의 특성이자 장기이기도 하다. 물론 내게도 그의 칭찬은 내 시각에 대한 확신을 심어주고 연구자로서 위태

롭던 자존감을 세워주었을 뿐 아니라 더 분발하도록 용기를 주었다. 심지어 내가 여러가지 인간적 문제로 힘들어 할 때 그와 친구들은 "우리는 무조건 네 편이야"라며 다독여주기도 했다. 그것은 내가 한국에서는 경험해보지 못한, 생활기반이 전혀 다른 사람들이기에 가능한 종류의 무조건적인 신뢰와 지지였고 뭉클한 격려였다. 허 자오톈과 친구들은 그렇게 연구자이자 생활인으로서 오랜 슬럼프에 빠져 있던 내게 바다 너머의 귀한 위로가 되어주었다. 그러니 정말로 더 큰 수확을 얻은 건 그가 아니라 나임에 분명하다.

이 책의 번역은 순전히 그 고마움에서 시작됐다. 논문실적 압박에 번역은 꿈도 못 꾸는 사치가 된 지 오래인데다 어렵기로 소문난 허 자오톈의 글은 제대로 번역할 자신도 없었다. 정말로 그간의 고마움과 의리만 아니라면 결코 시작하지 않았을, 못했을 일이다.

막상 시작하고 보니 번역은 생각했던 것보다 백배는 더 어려웠다. 일단 내용을 정확하게 파악하는 데 애를 먹었다. '당대 중국 사상의 무의식'이라는 제목이 무색하지 않게 이 책은 그야말로 개혁개방 이후 중국의 역사해석과 사상사에 대한 메타담론인지라 기존의 연구지평에 대한 이해가 전제되어야 내용 파악이 가능한 지적 도전이었다. 설령 맥락을 파악했다 해도 여전히 번역은 쉽지 않았다. 아니, 오히려 거기서부터가 더 문제였다. 그의 독특한 문체 때문이다. 일단 그의 문장은 무척 길고 고집스럽다. 한 문장이 열줄을 넘는 경우가 다반사고 심지어 한 단락이 한 문장으로 된 경우도 있다. 그리고 같은 단어군이 부단히 반복되며 어지간해서는 생략하거나 지시대명사로 대체하는 경우가 드물다. 반복적인 단어군과 긴 문장들을 그 논리적 호흡과 결을 잘 살펴서 적절히 나누고, 주어를 많이 생략하는 우리말 습관에 어색하지 않도록 고치는 일은 생각보다 결코 쉽지 않았다. 가장 난감했던 것은 그가 사용하는 생경한 어휘들이었는데, 아이러니하게도 그 어휘들은 현학적이거나 유행하는 이론적 개념어들이어서가 아니라 오히려 너무 익숙해서 생경하게 느껴진다. 이를테면 '역사'와 '현실'은 너무나 익숙한 단어지만 허 자오톈은 그것을 '역사-현실'이라고 변용함으로써 역사와 현실 사이의 변증법적 추동관계나 그 중첩성을 포함한 양자 간의 관계적이고 구조적인 의미까지 포섭하고자 한다. 따라서 '역사-현실'을 우리말로 '역사적이고 현실적인'이라고 옮기면 읽기에는 훨씬 매끄럽지만 저자가 '역사-현실'이라는 조합을 통해 지시하고자 했던 관계적이고 구조적인 의미망은 미끄러져나가버린다.

사실 따지고 보면 이런 것은 모든 번역자가 직면하는 고충에 불과할지도 모른다. 다만 이 책은 저자의 꼬장꼬장한 분석, 숨이 차는 긴 문장, 익숙한 어휘들의 낯선 변용, 강박적인 반복서술로 인해 그 고충이 훨씬 컸다고 엄살을 좀 떨고 싶을 뿐이다. 정말로 지난 3년, 내게 이 책의 번역은 그야말로 몸부림이었다. 재임용, 승진, 논문, 프로젝트, 육아, 노쇠한 부모님, 게다가 박근혜 정부와 탄핵정국까지, 스펙터클한 삶의 압박 속에서 끝이 보이지 않는 이 번역은 점점 더 구박덩어리로 변했다. 번역이 막히거나 지긋지긋해질 때면 심지어 허 자오톈이 원망스럽기도 했다. 허 자오톈이 아니라 허 자오톈 할아버지가 썼대도 그만 포기하고 싶었다.

그런데 어느날, 그 길고 촘촘하고 강박적인 문장들 속에서 문득, 고군분투하고 있는 허 자오톈이 보였다. 흔들거리는 작은 돌멩이들을 디디며 물살 거센 강을 거슬러올라가듯, 빼곡하게 새까만 활자들 위로 더듬더듬 위태위태 발을 내딛고 있는 그가 말이다. 중국에 관한 담론이나 근대를 해석하는 이론은 넘쳐나지만 허 자오톈은 그것들을 믿지 않는다. 오히려 역사-현실에 발 딛고 서지 않은, 주로는 서구에서 온 이론과 개념들이야말로 당대 중국의 종종의 현실적 패착과 만연한 정신적 허무주의를 낳은 주범일 수 있다고 여기기 때문이다. 그렇다고 그가 중국 대륙 '당사자'의 경험을 절대적 진실로 떠받드는 것도 아니다. 그에 의하면 이론이 그러하듯 당사자성이라는 것도 '투명'하기보다는 '불투명'할 때가 대부분이기 때문이다. 그러니 남들처럼 이미 검증된 '투명한' 이론이나 경험연구를 통하는 손쉬운 방법을 마다하고 오로지 자신의 관찰과 사색에 기대어, 기존 개념에 포섭되지 않는 새로운 언어로 역사-현실의 '불투명성'을 더듬어 파헤쳐가는 일이 잘 닦은 고속도로를 달리듯 거침없을 리 만무하다. 행여 하나라도 놓칠세라, 행여 하나라도 잘못 표현할세라, 그의 언어들이 영원히 더듬거리고 신중하고 어색하고 반복적이고 강박적일 수밖에 없음은 당연할지 모른다. 그리하여 한 편의 원고를 몇년에 걸쳐 몇번씩이나 고쳐 쓰고 그것도 부족해 친구들의 의견을 구한 후 또 고쳐 쓰면서 부단히 없는 길을 닦아가는 그는 참으로 집요한 정신계의 전사(戰士) 같다.

그의 그 집요함이, 언제부턴가 현실과 세계에 대한 대결의식을 놓아버린 채 대충 살고 있는 나의 정신적 나태함을 자꾸만 들여다보게 만들었다. 그간 이 책의 번역이 그처럼 고통스러웠던 것도 사실은 허 자오톈 때문이 아니라 나 자신 때문이었는지 모른다. 그의 그 집요함에 나를 비추어 직시하는 것이 두렵고 부끄러워서 어떻게든 도망가려고 핑곗거리를 찾느라 그리 엄살을 떨었지 싶다. 그 사실을 퍼뜩 깨달은 후에도 나는 여전히 한심했지만, 그나마 다행스러운 건 덕분에 저자의 집요함을 집요함답게 번역해야 한다는 생각을 하게 됐다는 거다. 그러자 어떻게든 한국어로 어색하지 않게, 매끄럽게 번역해야 한다는 나의 강박도 어느 결에 사라졌다. 매끄러운 의역은 저자의 강박적 자의식을 미장(美粧)

해버릴 테니까. 오히려 아무도 가지 않은 길을 찾기 위한 저자의 고군분투 과정과 하나라도 놓치지 않으려 애쓰는 강박, 언어 선택에 드러나는 고심의 흔적들, 그리고 그로부터 빚어지는 종종의 어색함과 생경함을 그대로 드러내어 독자가 직접 저자에게 가닿게 해야 한다는 생각이 그제야 든 것이다. 그후로는 우리말로 바꿨을 때 무슨 뜻인지만 알 수 있으면 좀 팍팍하고 어색하더라도 최대한 저자 자신의 단어와 그 배열과 어감을 살리려고 애썼다. 덕분에 후반 작업은 훨씬 수월하게 진행됐다.

그럼에도 불구하고, 저자가 아니라 역자의 필력 부족으로 저자의 뜻을 어색하게 전하거나 잘못 번역한 부분도 많을 것이다. 번역을 마칠 때면 늘 걱정이지만 이 책은 유독 더 자신이 없다. 번역의 부족함에 대해서는 동료들과 독자들의 넓은 아량과 질정을 바라 마지않는다. 또 한번 그럼에도 불구하고, 피상적 관찰이 범람하는 한국의 중국이해가 이 책을 통해 조금이라도 더 깊어지기를 기대해본다.

끝으로 마지막까지 기다리고 격려해주신 이남주 선생님과 창비 편집부, 늘 옆에서 응원해준 남편과 그동안 한뼘이나 더 자란 딸 단비, 답답할 때 함께 수다 떨어주고 어려운 번역까지 도와준 김남희, 김정수 선생에게 이 자리를 빌려 진심으로 감사의 마음을 전한다. 그리고 오늘은 여전히 전전긍긍하고 있을 허 자오톈에게 오랫동안 미뤄뒀던 답장을 써야겠다. 바다 건너의 무한한 경의를 담아서.

2018년 11월 초겨울 문턱의 새벽,
혜화동 연구실에서
임우경

찾아보기

ㄱ

간 양(甘陽) 235, 236, 328

「강력한 민주국가의 건립: '정권형식'과 '국가능력'의 구분을 겸하여 논함」 231

『강철은 어떻게 단련되었는가』 48

개인의 양지(良知) 110, 111

개인주의 124~26, 134

개혁사조 107, 122, 123, 320

거대역사 38, 47, 126

경제주의 10, 12, 108, 121, 275, 280, 321

「계몽과 구국의 이중변주(啓蒙與救亡的雙重變奏)」 11, 145, 146, 148, 149, 166, 173, 176

공산주의적 신인간 창조 25, 26, 48, 49, 110, 112

공영(共贏) 269, 270, 276, 285, 287, 333

『공인일보(工人日報)』 31, 115, 316, 321

구조적 감수성(結構性感受力) 251, 254~56

국제와의 접궤(與國際接軌) 132, 265~68

꼬와꼽스끼, 레세끄(Leszek Kołakowski) 210, 211

ㄴ

난디, 아시스(Ashis Nandy) 281~83, 288, 332, 333

남순강화(南巡講話) 132, 189, 219, 221~23, 268

낭만주의 73, 188, 210

『누구를 위해 살며 어떻게 사람노릇을 할 것인가(爲誰活着, 怎樣作人)』 49, 318

ㄷ

당국체제(黨國體制) 134

당사자 8, 26, 27, 30, 33, 34, 45, 99, 186, 192, 250~56, 297~300, 310, 317, 318

덩 샤오핑(鄧小平) 126, 132, 189, 219, 221~23, 267, 268, 305

도광양회(韜光養晦) 268, 269

돌을 더듬어가며 강을 건넌다(摸着石頭過河) 305~09

ㄹ

『레이 펑 일기(雷鋒日記)』 48

로빈슨, 조앤(Joan Robinson) 282~84

롼 밍(阮銘) 115, 320~22

루 위에강(盧躍剛) 30~34, 316, 317
리 쩌허우(李澤厚) 11, 145~50, 166, 167,
173~76, 316

ㅁ

마 샤오둥(馬笑冬) 39, 46, 317, 319, 320
마르쿠제(Herbert Marcuse) 186, 187, 208
~14, 325
『마르크스주의의 주요 흐름』 210
마오 쩌둥(毛澤東) 9, 22~26, 29, 30, 37,
39, 40, 46, 48, 49, 51, 54, 56, 58, 60, 73,
101~03, 109~12, 114, 117, 123, 126,
130, 136, 147, 154, 165, 177, 294, 296,
297, 315, 322, 328, 334
맑스주의 24, 25, 73, 151~53, 155, 168,
169, 171, 174, 210~12, 307
맑스주의 미학 186, 187, 208, 210~12
모더니즘 194~97, 199~202, 204, 205, 326
문학은 언어의 예술 191, 192, 198, 201,
210, 294, 324
문학은 인간학 191~93, 201, 210, 294, 324
문혁 10, 23, 26, 30, 37, 50, 54, 56~61, 66,
67, 69~73, 78, 87, 99~101, 104, 105, 109,
111~15, 121, 122, 125, 129, 131, 132, 135
~37, 140, 145, 147, 149, 166, 167, 176,
177, 186, 187, 193, 192, 209, 214, 294,
296, 297, 299, 325
문화연구 185, 191, 206~09, 327
문학연구 185, 190, 191, 198, 207, 208, 327
『미학의 차원』 186, 209, 210, 213, 325
민감함에서 비롯된 지식(來自敏感的知識)
251, 255, 256

ㅂ

반개혁파 99, 100
반근대운동 145~47, 166, 176
발란반정(撥亂反正) 296~98, 334
발전이야말로 불변의 도리(發展才是硬道
理) 222, 224, 273
베이징 콘센서스 266, 267, 269
병약상발(病藥相發) 297, 298
봉건성 147
비판적 리얼리즘 73, 74

ㅅ

사상의 무의식 291, 293, 295, 296, 310, 312,
335
사회공정 232, 238, 239, 242
사회공정론 240
사회주의 리얼리즘 187, 191, 198, 208, 211,
319
사회주의 실천 9, 10, 12, 14, 23~25, 112~
14, 119, 123, 124, 126, 129, 193, 234
3개 대표(三個代表) 240
3개 자신감(三個自信) 267, 268
삼돌출(三突出) 이론 188
생활감각 9, 16, 61, 276
서학동점(西學東漸) 33, 34
선봉파 198~205, 213
세계감각 264, 265, 267~69, 284, 286, 295
소비주의 22, 27, 29, 107, 129, 134, 185
소외 논쟁 206
스트라우스, 레오(Leo Strauss) 135
시 진핑(習近平) 267, 300, 301, 302, 305,
335
시 진핑 체제 15
『시 진핑 총서기 중요강화 독본(習近平總

書記系列重要講話讀本)』 300, 335

「시대의 인식적 요구와 인문지식사상의
새 출발(時代的認知要求和人文知識思想
的再出發)」 136

시장이데올로기 13, 129, 185, 189, 204,
206, 207, 229

신계몽 사조→신계몽주의

신계몽주의 7, 8, 10, 11, 33, 34, 107, 122,
123, 146, 148, 149, 176~80, 320

신문화운동 11, 54, 150~53, 166~68, 171
~74, 178

신시기 30, 43, 96, 101, 105, 115~17, 125,
140, 141, 189, 209, 214, 296~98, 318

신좌파 5~7, 12, 14; 209, 219, 220, 231, 233,
235~41, 247, 249, 266, 294, 295, 328, 330,
331

싸르트르(Jean Paul Sartre) 195

쌍영(雙贏) 269, 270, 272~74, 276, 277,
283, 285, 333

ㅇ

「악마파 시의 힘(摩羅詩力說)」 151

안정적 발전 담론 219, 222~25, 230, 236,
240, 241, 249, 329

역사-관념 28, 30, 36, 55, 107, 137, 139

역사-관념-교육 71, 72

역사-구조 69, 71, 72, 79, 82, 96, 131, 146,
147, 149, 166

「역사의 재난은 역사의 진보로 보상해야
한다」 115

역사-현실 6~8, 12, 14~16, 28, 35, 43, 56,
96, 106~09, 115, 117, 119, 123, 124, 149,
170, 219, 245, 255, 292, 293, 298~300,
302, 310, 311

왕 사오광(王紹光) 231~33, 235, 236

워싱턴 콘센서스 266, 267

의미감 37~39, 49, 57, 62, 82, 83, 96~98,
100~02, 105, 108, 111~13, 115, 121, 123,
128, 130, 170, 276

이론의 불투명성 7, 10, 245, 246, 255~57

이론의 투명성 7, 8, 245, 246, 256, 257

이상주의 10, 23, 26, 27, 29, 46, 49, 51,
54~56, 64, 66, 67, 71, 76, 79, 102~04,
112, 113, 117~19, 124, 126, 127, 129,
130, 180, 205, 214, 288, 320, 330

인도주의와 소외 논쟁 32, 34, 122, 123

인문정신 논쟁 135, 206, 327

인생의 의미 토론→판샤오 토론

「인생의 의미를 생각하는 이들에게 바침」
115, 321, 322

ㅈ

자본주의 사회주의 대토론 32

자아감각 175, 264, 268, 269, 284

자아쓰기 13, 197, 199, 210

자아표현 13, 194, 196, 197, 204

자유주의 6, 7, 134, 217, 219, 220, 222, 223,
225~30, 233, 234, 236~40, 242, 243, 328
~31

자유주의-신좌파 논쟁 6, 219, 231, 237,
240, 241, 247, 328

장력이 있는 경험(有張力的經驗) 251, 255,
256

정감-의식-심리-가치감각 16, 161~64

정신사 8, 21~24, 26~30, 35, 36, 44, 76,
77, 109, 113, 114, 118, 119, 124, 127, 138

조반파(造反派) 60

주관은 자아를 위하고 객관은 타인을 위

한다(主觀爲自我, 客觀爲別人) 31, 87~
90, 94, 95, 108, 116, 117, 119, 120, 322
주체성 논쟁 193
중국 공산혁명 11, 110, 145~48, 150, 152,
154~74, 334
중국 사회주의 234
중국 특색 사회주의 267, 301, 302
중국공산당 제18차 전국대표대회(18전
대) 267, 285, 286
중국모델론 267, 269
「중국사회의 각 계급 분석(中國社會各階
級的分析)」 154
중국식 모더니즘 200, 204, 205
중국식 포스트모더니즘 201~04, 207
『중국청년(中國靑年)』 9, 31, 36, 37, 39, 43
~46, 115, 316, 317, 321, 322
『중국청년보(中國靑年報)』 31, 115, 316, 321
중국혁명 10, 11, 23, 129, 146, 154, 155,
158, 161, 164, 165, 321, 323

ㅊ
책임있는 대국 268, 269
최상위 설계(頂層設計, top level design) 306,
307~09
추이 즈위안(崔之元) 233~36, 331
친 후이(秦暉) 227, 230, 238

ㅋ·ㅌ·ㅍ
코이노니아(κοινωνία, 團契)적 관계 129
톈안먼사건 29, 126, 129, 130, 188, 189,
219, 221~23, 225~28, 233, 236, 241, 329
판 이(潘緯) 46, 106, 317, 319, 320
판샤오(潘曉) 토론 8~10, 21, 30~109, 112
~25, 128, 132, 136, 290, 316~22
89년 민주운동→톈안먼사건
89년 사건→톈안먼사건
패도(霸道)국가 263
평화공존 5원칙 276
피식민 경험 280~83, 334

ㅎ
허 칭롄(何淸漣) 227, 230, 238
허무주의 8~10, 12, 21, 27, 28, 44, 109,
112, 113, 118, 119, 126, 135, 290, 294
헤겔(G. W. F. Hegel) 65, 73, 75, 76
현대성 9, 28, 41, 127, 128, 193, 209, 235,
236, 325
화평굴기(和平崛起) 268, 288
화해사회(和諧社會) 274, 275
황 샤오쥐(黃曉菊) 39, 46, 106, 317~20
후 진타오(胡錦濤) 133, 267, 273, 284~87
후 차오무(胡喬木) 45, 46, 317, 318, 321

허 자오톈(賀照田) 1967년 헤이룽장성에서 태어났고 베이징대에서 문학 석사학위를 받았다. 현재 중국사회과학원 문학연구소 연구원으로 재직 중이며 중국미술학원시각중국연구원 특별초빙연구원, 『인간사상(人間思想)』 중국판 편집장, 『대만사회연구(臺灣社會研究)』 편집위원을 겸직하고 있다. 대만 둥하이대, 칭화대, 청궁대, 일본 토오꾜오대 등에서 객좌교수를 역임했다. 18세기 중반 이래 중국의 정치사, 사상사, 현대문학을 연구하며 현대 중국의 주류 사조를 반성적으로 고찰하는 작업을 하고 있다. 저서로 『당대 중국의 지식감각과 관념감각(當代中國的知識感覺與觀念感覺)』 『중국이 세계로 깊이 들어갈 때(中國か世界に深く入りはじめたとき)』 『사회주의가 위기에 처했을 때(當社會主義遭遇危機)』 『고뇌에서 출발하다(从苦悩出发)』 등과 10여 종의 편서가 있다.

임우경(任佑卿) 1969년생. 연세대 중문과에서 「중국의 반전통주의 민족서사와 젠더」로 박사학위를 받았고 베이징 칭화대 방문학자, 베이징대 중문과 박사후연구원, 성공회대 동아시아연구소 HK교수 등을 역임했다. 현재는 성균관대 동아시아학술원 HK교수로 재직 중이며 『인간사상』 대만판 편집위원, 한국냉전학회 편집이사로 있다. 한국전쟁 시기 중국의 국민동원과 여성, 동아시아 냉전의 정착과 그 성격에 관해 연구하고 있다. 저서로 『근대 중국의 민족서사와 젠더』 『이동하는 아시아: 탈/냉전과 수교의 문화정치』(편저) 『'냉전' 아시아의 탄생: 신중국과 한국전쟁』(편저) 『동아시아 연구, 어떻게 할 것인가』(공저) 등이, 역서로 『시인의 죽음』 『적지지련』 등이 있다.

현대 중국의 사상적 곤경

초판 1쇄 발행 / 2018년 11월 30일

지은이 / 허 자오톈
옮긴이 / 임우경
펴낸이 / 강일우
책임편집 / 정편집실·이하림
조판 / 박지현
펴낸곳 / (주)창비
등록 / 1986년 8월 5일 제85호
주소 / 10881 경기도 파주시 회동길 184
전화 / 031-955-3333
팩시밀리 / 영업 031-955-3399 편집 031-955-3400
홈페이지 / www.changbi.com
전자우편 / human@changbi.com

한국어판 ⓒ (주)창비 2018
ISBN 978-89-364-8288-6 93910